상담자 윤리

강진령 · 이종연 · 유형근 · 손현동 공저

相談者 倫理

학지사

머리말

왜 우리나라 상담자 양성기관에는 상담자 윤리 관련 과목이 정식 교육 과정에 포함되어 있지 않을까? 왜 우리나라 학회에서 제정된 윤리강령에는 영역별로 세분화된 지침이 마련되어 있지 않을까? 왜 우리나라에는 윤리강령에 수록된 다양한 윤리 기준 조항을 해석하고 설명하기도 한 사례집이 없을까? 이러한 일련의 질문들은 오래전에 품었던 의구심이었다. 그러나 그동안 우리나라 상담학계도 많은 변화를 거듭하면서 이미 많은 부분이 해결되어 왔다. 상담자 윤리에 관한 당시의 궁금증은 바로 저자들이 이 책의 집필에 관심을 갖게 된 동기이면서 이 책을 출판하게 된 강력한 드라이브 역할을 하였다.

이 책의 집필 목적은 상담자로 하여금 내담자 또는 잠재적 내담자들에게 책임 있는 서비스를 제공할 때 반드시 숙지하고 있어야 할 윤리 기준에 대한 인식을 높이는 한편, 상담 관계 또는 상담 장면의 안팎에서 흔히 발생할 수 있는 윤리적인 쟁점들을 살펴보기 위함이다. 이 책을 집필하기 위해 저자들은 한국상담학회, 한국상담심리학회, 한국학교상담학회, 미국상담학회(American Counseling Association), 미국심리학회(American Psychological Association), 미국학교상담자협회 (American School Counselor Association)와 같은 국내외의 주요 학회에서 제정ㆍ공포한 상담자 및 심리치료자 윤리강령 및 지침과 이와 관련된 연구물들을 검토하였다.

윤리 기준은 전문가의 품행과 책임에 대해 기본 틀을 제공하는 지침으로, 내담자를 보호하고 전문가의 지위를 분명히 밝히기 위한 목적을 가지고 전문가 집단에서 제정한다. 상담자는 윤리 기준을 참조함으로써 윤리적으로 문제가 없는 상담 서비스를 제공하는 한편, 상담의 효과를 높일 수 있다. 그러나 이러한 중요한

의의가 있음에도 불구하고 최선의 진리를 포함하고 있지 못할 뿐 아니라 윤리적 딜레마에 대해 사전에 준비된 명확한 답변을 제공할 수 없다는 한계가 있다. 상담자가 흔히 직면하게 되는 비밀보장, 다중 관계, 사전동의 그리고 상담자 역량 등과 같은 주요 윤리 쟁점들에 대해 상담자들이 관심을 갖도록 하는 것도 이 책을 집필하게 된 목적이다.

이 책은 모두 3부로 구성되었다. 제1부에는 '상담자 윤리의 기초'가 되는 내용들을 모았다. 제1장에서는 '상담 윤리의 개요'로, 상담윤리의 기초개념, 윤리적 상담의 구성요소, 상담자 윤리강령, 그리고 상담에서의 법적·윤리적 문제를 다루었다. 제2장에서는 '상담자의 윤리적 의사결정', 즉 윤리적 판단 양식, 주요 윤리원칙, 그리고 윤리적 의사결정 모형을 소개하였다. 제3장에서는 '상담자의 윤리발달'에 관한 것으로, 상담자 발달과 상담자의 윤리발달을 다루었다. 제4장은 '윤리와 법'에 관한 내용으로, 법과 윤리의 관계, 상담자의 주요 법적 책임, 그리고 상담자가 알아야 할 주요 법령과 판례 정보 검색에 관한 내용으로 구성하였다.

제2부는 '상담윤리의 주요 현안'에 초점을 맞추었다. 제5장은 '비밀보장(confidentiality)', 즉 비밀보장의 의미와 중요성, 그리고 한계를 다루었다. 제6장은 '사전동의'에 관한 부분으로, 사전동의의 필요성과 의미, 사전동의의 내용, 사전동의 방식, 특수집단과 사전동의, 그리고 사전동의에 관한 연구 결과를 소개하였다. 제7장에서는 '상담자의 가치와 윤리'에 관한 내용, 즉 상담자 가치에 대한 접근, 상담자의 가치, 가치 갈등 그리고 특정 가치와 윤리를 다루었다. 제8장은 '다중 관계(multiple relationships) 및 경계'로, 다중 관계의 정의, 역동성, 선행연구 결과, 다중 관계 관련 의사결정 시의 고려사항, 그리고 경계와 관련된 주요 논제들로 구성하였다. 제9장에서는 '상담자의 역량과 전문적 책임'을 소개하였다. 즉, 전문직으로서의 상담, 상담자의 역량과 직업관, 전문적 역량, 역량의 개발 및 유지, 역량 부족에 대해 다루었다.

제3부는 '상담 장면에서의 윤리'에 초점을 맞추었다. 제10장에는 '부부 및 가족상담 윤리'에 관한 내용으로, 부부 및 가족상담에서의 비밀보장, 사전동의, 이익의 상충, 역량, 그리고 부부 및 가족상담에서의 윤리적·전문적 의사결정 단계

를 소개하였다. 제11장과 제12장은 각각 '집단상담 윤리'와 '사이버 상담 윤리'를 다루었다. 집단상담 윤리에서는 집단상담자의 역량, 집단상담에서의 사전동의, 비밀보장, 다중 관계를 다루었으며, 사이버 상담 윤리에서는 사이버 상담의 위치, 사이버 상담 실태, 사이버 상담의 특징, 사이버 상담 관계와 윤리, 그리고 사이버 상담에서의 비밀보장에 관하여 집중 논의하였다. 끝으로, 제13장은 '수련감독 윤리'에 관한 내용, 즉 수련감독자의 역할과 책임, 수련감독에서 핵심적인 윤리 문제들에 초점을 맞추었다. 그리고 추가로, 부록에 '한국상담학회 윤리규정' '집단상담학회 윤리강령' '아동청소년상담학회 윤리강령' '대학상담학회 윤리강령' '진로상담학회 윤리강령' '학교상담학회 윤리강령' '초월 · 영성상담학회 윤리강령' '가족상담학회 윤리강령' '상담심리사 자격규정(한국상담심리학회 윤리강령)' 그리고 한국심리학회 심리학자 윤리규정과 미국상담학회 윤리규정을 수록하였다.

　이 책의 저술 작업은 생각처럼 쉽지 않았다. 책을 쓰는 작업과정에서는 '시작이 반이요, 마무리가 반'이라는 말을 떠올리곤 했다. 막상 출판을 하면서도 한 가지 작업을 완성하는 데서 오는 성취감보다는 아쉬움이 앞선다. 미흡한 점은 추후 동료 전문가들의 가감 없는 지적과 피드백을 통해 열심히 배우는 자세로 수정 · 보완할 것이다. 이 책이 완성되기까지 원근 각지의 여러 은인들에게 신세를 많이 졌다. 상담 관련 학회 관계자 여러분들과 기꺼이 교정을 맡아 주었던 대학원생들, 그리고 원고가 완성되기까지 물심양면으로 지원해 주신 김진환 사장님께 특별한 감사를 드린다. 끝으로, 여러 가지로 부족하나마 이 책이 상담을 비롯한 정신건강 전문가들의 윤리적인 서비스 제공과 대한민국의 상담 발전에 일조할 수 있기를 기대해 본다.

2009년 9월
저자 대표

차 례

제 3 부 **상담 장면에서의 윤리**

부록

제 1 부

상담자 윤리의 기초

제1장

상담자 윤리의 개요

- 우울증 문제로 상담소를 찾았던 20대 후반의 미혼여성은 자신의 상담자였던 30대 초반의 남성 상담자와 상담을 종결한 지 6개월 후에 다시 만나 교제를 시작하였다. 상담자의 행위는 윤리적인가?
- 상습적인 음주 문제로 상담을 받아 오던 30대 직장인이 상담자에게 만취 상태에서 저지른 심각한 범죄행위를 털어놓았다. 상담자는 이럴 때 어떤 조치를 취해야 하는가?
- 자녀 양육권 문제로 재판 중인 부모가 상담자에게 13세 된 자녀의 상담 기록을 법원에 제출해 줄 것을 요구하였다. 이때 상담자는 어떤 조치를 취해야 하는가?
- 대학의 학생 상담소에서 전임 상담자로 근무하고 있는 상담자는 특정 기법과 전략에 대한 교육과 연수를 받은 적이 없는 동료 상담자가 이 기법을 내담자에게 적용하고 있는 사실을 알게 되었다. 이 상담자가 취해야 할 조치와 절차는 무엇인가?

상담자는 내담자의 사적인 관심사와 호소내용을 경청하고, 대안을 숙의하며, 보다 나은 삶을 위한 선택을 할 수 있도록 돕는 역할을 담당한다. 다른 사람을 돕는 과정에서 상대방의 내면세계에 깊숙이 개입하기도 한다. 내담자를 보다 효과적으로 돕기 위해 상담자는 전문지식과 역량을 갖추고자 지속적으로 노력하고 전문가로서의 정체감을 발달시키기도 한다. 한 영역의 전문가로서 상담 관련 전문가들로 구성된 단체에 가입하여 다른 전문가들과 함께 활동하면서 전문가에게 요구되는 사회적 책무를 보다 깊이 인식하기도 한다.

상담자에게는 내담자를 돕기 위한 전문지식의 습득뿐 아니라 상담 실제에의 적용능력이 요구된다. 그러나 전문지식을 상담 실제에 적용하여 긍정적 성과를 도출해 내기 위해서는 상담자 윤리에 대한 지식과 실천의 중요성을 아무리 강조해도 지나침이 없다고 하겠다. 즉, 윤리적 상담은 내담자는 물론 상담자와 상담 성과를 보호하는 기능을 한다. 윤리적 상담을 위해 상담자는 무엇보다도 각 학회와 소속 기관에서 제정·공포한 상담자 윤리규정에 대해 잘 알고 있어야 한다. 윤리기준에 대한 지식은 상담자가 흔히 부딪힐 수 있는 윤리적 딜레마를 능히 극복할수 있도록 돕는 최소한의 의사결정의 잣대 역할을 하기 때문이다. 윤리적 갈등 상황에서 현명한 판단을 내릴 수 있다는 것은 윤리적 추론을 전개하고 의사결정 기술을 발전시켜 불필요한 윤리적 갈등에 휘말리지 않으며, 내담자에 대한 상담 서비스의 질을 한껏 높일 수 있는 역량을 갖추고 있음을 의미한다. 뿐만 아니라 정신건강 관련법에 대한 기본 지식을 갖춘다면 그만큼 법과 윤리, 그리고 임상적 차원의 다양한 현안들을 구분할 수 있고 윤리적 상담을 수행할 수 있는 기본 역량을 갖추었다고 볼 수 있다. 상담의 실제에 영향을 미치는 법률 지식은 내담자와의 관계에서 법적 문제 발생을 예방하고, 문제 발생 시 신속하게 대처할 수 있게 해 주기 때문이다.

그동안 상담에 대한 요구와 인식이 급격하게 변하고 상담 서비스의 범위가 점차 확대되면서 상담자의 법적 책임과 윤리에 관한 관심 또한 점차 증가되어 왔다. 그러나 상담자의 비윤리적 행위에 대한 구체적인 자료와 연구는 여전히 미비한 실정이다. 내담자는 심리적으로 혼돈 상태에 놓여 있거나 좌절과 실망을 거듭하고 낙담한 상태에서 전문가의 도움을 필요로 하므로 상담자의 언행은 자칫 내담자에게 심각한 영향을 미칠 수 있다. 따라서 내담자의 권리 옹호와 정신건강 증진을 위해서는 무엇보다도 상담자의 윤리적이고 책임 있는 행동이 요구되는 것도 바로 이러한 이유 때문이다. 이러한 점에서 상담과 관련된 법적, 윤리적 문제에 대한

이해를 높이는 한편, 다양한 윤리적 갈등 상황에 효과적으로 대처할 수 있는 지침
이 요구되는 것이다. 이 장에서는 상담자가 전문가로서의 사회적 책무를 다하는
데 윤리적 상담의 의의는 무엇이고, 윤리적 상담의 구성요소는 무엇이며, 각 학회
에서 제정한 상담자 윤리강령, 이와 관련된 연구, 그리고 윤리적 상담의 실천방안
에 대해 개략적으로 살펴보기로 한다.

1. 기초개념의 이해

상담자를 비롯한 정신건강 전문가는 도움을 필요로 하는 사람들을 도울 수 있는
전문가로서의 역량을 갖추고 있다고 공신력 있는 기관으로부터 인정받은 사람이
다. 이러한 점에서 상담자, 심리학자 그리고 심리치료자들은 삶의 과정에서 혼란
을 겪거나 고통스러워하거나 정신적 상처를 입은 사람들에게 직·간접적으로 희
망을 안겨 주고 있다. 상담 서비스의 잠재적 소비자들은 상담이나 심리치료가 사
람들에게 좀 더 명확하게 생각하는 법을 알려 주고, 보다 자기 향상을 추구하는
방식으로 행동하게 하며, 정신장애 발생을 예방하고, 기분 좋은 상태를 유지하는
법을 가르치는 과정 혹은 매개체라고 믿는다. 그러므로 이 과정에서 상담자의 윤
리적 상담은 상담과정과 성과에 직접적으로 영향을 미치는 중요한 요인이라 하겠
다. 여기서는 상담윤리의 기초개념으로 윤리, 도덕, 법의 개념을 비교해 봄으로써
윤리적 상담이란 무엇인가에 대해 알아보기로 한다.

1) 윤리와 도덕

윤리(倫理, ethics)와 도덕(道德, morality)은 서로 중첩되는 의미를 지니고 있어
서 자주 혼용되기도 한다. 이 두 가지 개념은 선과 악 혹은 옳고 그름에 관한 판단
의 의미를 포함한다. 그뿐 아니라 인간의 품행과 관계, 그리고 가치관과 연관성이
있다. 그러나 윤리와 도덕은 의미상 엄연히 구분되는 개념이다. 일반적으로 도덕

적 행위는 문화나 사회의 거시적 맥락 속에서 결정된다. 상담자가 자신의 행동이 도덕적이라고 판단하는 것은 그의 가치관에 토대를 두고 있고, 가치관은 그가 속한 문화와 종교적 신념으로부터 영향을 받아 온 산물이다. 그러므로 특정 사회나 문화권에서의 도덕적 행동은 다른 사람 혹은 다른 사회의 구성원들에게는 부도덕한 행동으로 평가될 수 있다. 예컨대, '다른 사람에게 피해를 주는 행동을 하지 말라.'와 같은 원칙은 대부분의 문명사회에서 통용되는 도덕률이지만, 이러한 도덕적 원리들이 어떻게 해석되고 실행되는가는 문화권마다, 그리고 동일 문화에 속한 개인마다 서로 다르다. 따라서 도덕적 품행의 기준을 결정하기 위해서는 개인의 신념체계와 이 체계가 삶의 모든 측면에서 다른 사람들과 상호작용하는 데 어떤 영향을 주는가를 고려해야 한다.

반면, 윤리는 인간의 품행과 도덕적 의사결정에 관한 철학에 속해 있는 규율이다. 정신건강 전문가들은 윤리를 다른 사람들과의 관계에서 보여야 할 품행이나 행위의 기준(Levy, 1974) 또는 전문직 실천 기준이나 합의된 규정에 따른 수용 가능하거나 선한 행위의 실천(Cottone & Tarvydas, 2003)으로 정의하기도 한다. 사람들은 제각기 윤리적 입장을 발전시킴으로써 다른 사람들을 대하는 방식을 정하고, 다른 사람들이 자신을 대하는 방식을 기대하며, 선한 행동과 그렇지 않은 행동에 대한 결정을 내리는 데 지침으로 삼는다. 윤리를 상담이라는 전문직과 관련지어 보면, 전문가 집단의 일원으로서 옳고 그름으로 판단되는 일련의 품행에 해당된다. 그러면 윤리 그리고 도덕과 비교할 때, 과연 법은 어떤 특성을 지니고 있는가?

2) 윤리와 법

법(法, law)은 도덕처럼 사회를 통해 창출되지만 도덕과 다르고, 윤리처럼 조문화(條文化, codified)되지만 윤리와는 다르다. 법은 사회의 구성원들이 더불어 살아가기 위한 기본 원칙으로 발의되어 사회가 합의한 규정이다. 이런 점에서 법은 일반적이면서도 매우 구체적인 특성이 있다. 특히 형법(刑法, criminal laws)은 공존의 원칙을 파기하는 사람들을 구속하며 정부가 집행한다. 반면, 민법(民法, civil laws)은 사회 구성원들로 하여금 더불어 살아가는 원칙을 강화하는 역할을 한다. 일반적으로 상담에서 법과 윤리 사이에 갈등의 소지는 거의 없지만 매우 중요한 차이가 있다. 즉, 법은 사회가 감당할 수 있는 최소한의 행동 기준을 명하고 있는 반면, 윤리는 전문직에서 기대하는 이상적인 기준을 반영한다는 사실이다.

법은 선출된 공무원들이 제정 · 공포하고 경찰이 집행하며, 판사가 해석 · 적용한다. 반면, 윤리는 상담 전문직의 구성원들이 제정 · 공포하고 학회와 관련 기관의 윤리위원회와 자격관리위원회가 해석 · 적용 및 집행한다. 단, 미국의 경우는 각 주정부의 면허국(licensing board)에서도 유사한 업무를 관장한다. 롤리와 맥도널드(Rowley & MacDonald, 2001)는 문화와 범문화 개념을 이용하여 "법과 윤리는 어떻게 세계가 작동되는지에 대해 서로 다른 이해를 토대로 한다."(p. 422)고 논의하였다. 이러한 점에서 상담자는 윤리나 도덕과는 다른 법의 특성과 법의 작동 절차를 이해해야 하는 한편, 법조인들과 협력적 동반 관계를 발전시킬 필요성이 있다고 하겠다.

3) 윤리적 상담의 의의

윤리적 상담은 내담자에게 이익이 되는 반면, 비윤리적 상담은 상담자에게 이익이 된다(연문희, 강진령, 2002)는 말이 있다. 일부 상담자들은 자신이 국가나 공신력 있는 학회에서 발급하는 소정의 자격증을 소지하고 있다는 사실만으로 다른 사람들의 문제해결을 위한 기법과 전략을 충분히 갖추고 있고, 자신의 전문적 서비스에 대해 당연히 일정한 보수를 받아야 한다는 점을 강조한다. 게다가 적절한 교육과 훈련, 그리고 인증을 받지 않은 사람들이 동일한 서비스를 제공하는 행위를 금해야 한다고 국가나 관련 학회에 경고하기도 한다. 책임 있는 전문가가 된다는 것은 도움을 필요로 하는 사람의 심리적 고통을 완화시켜 주는 기술과 능력을 상담에 적용하여 긍정적인 성과를 산출해 낼 수 있음을 말한다. 뿐만 아니라 전문가로서 반드시 준수해야 할 일과 해서는 안 되는 일을 구분하여 자신의 직무를 완수하는 것이다. 그렇지 않다면 상담자는 전문적인 교육과 훈련을 받지 않고 이에 걸맞은 자격증이나 면허증 없이 일반인들을 상대로 길거리에서 불법적으로 영업을 하는 약장사나 다름이 없을 것이다.

그러나 다행스럽게도 실제 장면과 실험적 상황에서도 상담과 심리치료의 긍정적 효과를 과학적으로 입증한 많은 연구물들이 발표되었다(예, Lambert, 2003; Seligman, 1995; Sexton, Whiston, Bleuer, & Walz, 1997). 이처럼 긍정적 효과가 있다고 발표되어 온 상담과 심리치료는 과연 윤리적으로 수행되어 왔는가? 윤리적 상담을 판단하는 기준은 4가지 차원, 즉 ① 효율적인 개입을 위한 충분한 지식과 기술, 그리고 판단력, ② 인간의 존엄성과 내담자의 자유 존중, ③ 상담자의 역할에서 오는 힘과 권위의 책임 있는 사용, ④ 상담이라는 전문직에서의 공적 역량 증진을 위한 방법의 실행 여부가 포함된다. 이러한 측면을 고려해 윤리적 상담을 실천하는 일은 매우 단순해 보이지만 실제로는 그렇지 않다. 첫 번째 차원에서의 필요 요건은 상담자들이 전문적 지식을 갖출 수 있게 하는 질 높은 교육일 것이다. 미국에서는 상담자가 되기 위한 필수과정에 각 주에서 실시하는 면허시험 통과, 수련감독자의 지도 감독하의 사례 경험, 그리고 지식과 기술을 입증할 수 있는 지속적 교육에의 참여를 포함시키고 있다. 이 외에도 윤리적 상담 여부를 가늠할 수 있는 또 다른 요소로는 내담자의 욕구와 권리를 최우선적으로 고려하였는지, 내담자를 이용하여 사리를 추구하지는 않았는지, 그리고 내담자와 사업적 거래가 있지 않았는지 등이 될 수 있다.

그러나 실제로 상담의 효과를 높이고, 내담자를 존중하며, 전문직으로서의 좋은 평판을 이어 나갈 수 있는 일련의 요인들을 결정하는 일은 훨씬 더 복잡하다. 내담자를 돕는 과정에서 어떤 개입 방법이 실제로 도움이 될 것인가에 대해 거의 알려지지 않는 경우가 있는가 하면, 이미 효과가 검증된 개입 방법이라도 내담자에 따라서는 기대되는 만큼의 효과가 나타나지 않는 경우도 있기 때문이다. 급속히 변해 가는 시대의 조류 속에서 상담 지식과 기술을 지속적으로 업그레이드하는 일도 생각처럼 그리 쉬운 일은 아니다. 문헌 연구를 게을리하거나 특정 영역에서의 연수를 이수하지 않은 상담자의 전문적 서비스의 효율성을 입증할 수 있는가?

그렇다면 상담의 효과를 높이는 데 필요한 지식은 얼마나 최근의 것이어야 하는가? 아무리 근면하고 잘 훈련된 상담자라 하더라도 자신감 없이 행동을 하는 경우가 있는데, 이러한 경우 이 상담자는 비윤리적인 전문가로 정죄되어야 하는가?

또한 내담자로 하여금 자신의 삶에 대한 선택의 자유를 존중한 결과, 최선의 이익과 반대되는 결과가 예견된다면 상담자는 과연 어떠한 선택을 해야 하는가? 내담자가 비생산적이거나 자기 파괴적인 선택을 고려하고 있다면, 상담자는 의도적으로 내담자와 이에 대해 논의를 할 것이고, 내담자가 긍정적인 잠재성을 발견할 수 있도록 돕기 위해 보다 적극적인 작업을 할 것이다. 때로 어떤 선택의 결과에 대해 함께 논의해 봄으로써 내담자의 마음을 변화시키고자 할 것이다. 그러나 상담자의 노력이 허사가 되는 경우가 발생하기도 한다. 그러면 내담자가 후회할 가능성이 매우 높아 보이는 선택을 하지 못하게 가로막음으로써 내담자의 선택의 자유 혹은 시행착오를 통한 학습의 자유를 제한하기 위해 상담자의 힘과 권위를 사용해도 좋은가? 상담자의 행위는 과연 전문가로서의 힘과 권위를 남용하고 있는 것인가? 아니면 적절하게 적용하고 있는 것인가? 문화적·사회적 요인들은 내담자의 선택이 최선인가 아닌가의 결정에 어떤 영향을 미치는가? 안타깝게도 이러한 질문에 관한 명확한 답은 없다.

끝으로, 내담자를 돕는 행위를 일반인들이 이해하지 못하고 오히려 상담자들을 의심하는 경우가 발생하기도 한다. 예를 들어, 상담자는 내담자가 자신의 정보와 자료를 방출해도 좋다고 동의하지 않거나 법정의 지시가 없다면, 범죄행위의 용의자에 대해서도 비밀보장(confidentiality)의 원칙을 준수해야 하는가? 과연 내담자에 대한 상담자의 충실함은 전문가로서의 공신력을 가져다주는가? 이 또한 그리 단순한 문제는 아니다. 이러한 원칙에 따라 전문가로서 살아간다는 것은 보기보다 훨씬 복잡하다. 그러면 여기서 상담자들이 비윤리적 상담으로 빠지기 쉬운 생각들에는 어떤 것들이 있는지 살펴보기로 하자.

4) 비윤리적 상담과 관련된 독백

앞서 논의한 것과 같이 윤리적 상담과 비윤리적 상담을 올바르게 판단하여 구분하기란 말처럼 그리 쉽지 않다. 상담자들이 흔히 할 수 있는 자신의 행위를 정당화하는 자기 독백의 예를 들어 보자.

- "윤리적 문제로 보지 않으면 비윤리적일 수 없는 것이지."
- "윤리 기준에 위반되는 사실을 모르고 한 행위를 비윤리적이라고 보면 안 되지."
- "어떤 행위든지 이를 아는 사람이 없는 한 비윤리적이라고 볼 수 없지."
- "내담자가 불만을 제기하지 않는 한 윤리적 문제로 성립될 수 없겠지?"
- "남들도 다 하는데 내가 한다고 해서 비윤리적이라고 할 수 없지."

위에 열거된 윤리적 상담과 관련된 자기 독백의 예문들 외에도 셀 수 없이 많고 다양한 예가 있을 것이다. 유료상담의 경우, 내담자가 상담료를 지불할 능력이 없다고 해서 상담 서비스를 거부해야 하는가? 상담자의 도움으로 인생의 전환점을 맞게 된 내담자나 그 부모가 감사의 뜻으로 가져온 선물을 받아야 하는가? 내담자와 오랫동안 상담을 해 왔지만, 앞으로도 별 진전이 없을 것이라는 사실을 알고 있으면서도 상담을 계속하는 경우는 윤리적인가? 내담자의 문제해결에 더 이상 도움이 되지 않는다고 판단한 상담자가 내담자를 다른 상담자에게 의뢰하려고 하지만, 내담자가 계속해서 상담받기를 원한다면 상담을 계속해야 하는가? 이처럼 상담자의 윤리와 관련되어 쉽게 판단할 수 없는 많은 예들이 있다. 이러한 점들을 고려할 때, 윤리적이고 책임 있는 전문가가 된다는 것은 가히 다양한 도전에 지혜롭게 대처하고 현명하게 판단할 수 있는 능력이 필수불가결하게 요구되는 일이라 하겠다.

5) 윤리적 상담을 위한 자원

상담자에게 책임 있는 윤리적 판단을 내리기 위한 중요한 자원의 하나는 윤리 기준의 철학적 토대를 설명하는 방대한 양의 문헌들이다. 다양한 연구물들을 통해 윤리 기준과 이론들이 정의되었고 윤리 기준의 구체적인 조항들에 대한 근거가 마련되었기 때문이다. 본질적으로 이런 문헌들에서는 전문가의 행위에 관한 기준을 노인들의 지혜와 연결 지어서 어렵고 혼란스러운 윤리적 딜레마에 대처하는 방법으로 활용하기도 한다. 철학적인 문헌은 또한 책임 있는 전문가들의 행위의 기초가 되는 가치와 미덕을 명확히 구분함으로써 전문가의 입장에서 가치 판단이 필수적인 윤리적 상담을 두드러지게 하는 역할을 한다. 저자(예, Freeman, 2000; Urofsky & Engels, 2003)에 따라서는 도덕철학을 상담 전문가들에 대한 윤리교육에 폭넓게 통합해야 한다는 주장을 강하게 펼치기도 한다.

상담자의 윤리적 판단을 돕기 위한 자원으로는 철학적인 내용을 담은 문헌 외에도 상담의 실제에서 구체적인 윤리적 문제를 탐색한 문헌들을 들 수 있다. 한국은 여전히 보다 많은 연구가 요구되는 실정인 데 반해, 미국에서는 지난 35년여 동안 윤리에 관한 문헌들의 출판이 꾸준히 증가되었다. 이러한 서적과 논문들은 새롭게 부상하고 있는 상담 영역에서 책임 있게 대처하려는 전문가들에게 큰 도움이 되고 있다. 그 이유는 이 영역에 대해 윤리강령은 상담자의 윤리적 품행에 대한 구체적인 지침을 제공해 주지 못하기 때문이다. 상담이 종결된 내담자와의 성적 접촉이나 HIV에 감염된 내담자의 비밀보장의 한계 등과 같이 논쟁의 여지가 있는 문제 영역에서 이러한 출판물들은 상담 전문가들에게 논쟁 차원과 해당 문제에 대한 전문가들의 견해에 영향을 미치는 중요한 요인들에 대한 감각을 제공해 주기도 한다. 그 결과, 상담 전문가들이 가장 책임 있는 방식으로 상담 업무를 수행하도록 격려하는 성과를 올리게 되었다.

2. 윤리적 상담의 구성요소

　사람들은 과연 어떤 기준에 따라 도덕적으로 또는 부도덕적으로 행동하는가? 상담자들은 다른 전문가가 상식 이하의 행위를 저질렀다는 소식을 들을 때면 흔히 이러한 의문점을 떠올릴 것이다. 이러한 의문점을 해소할 수 있는 이론적 토대를 마련한 연구자가 있었다. 레스트(Rest, 1983, 1994)는 사람들이 어떻게 윤리적 결정을 내리는가에 관한 연구를 수행함으로써 윤리적 의사결정 과정을 이해할 수 있는 유용한 틀을 마련하였다.

　레스트는 타인의 복지에 영향을 줄 수 있는 행동으로서의 도덕적 행위에 대해 정의를 내렸다. 예를 들어, 이웃집에 무단으로 침입하여 절도 행위를 시도하는 사람을 목격한 사람이 있다고 하자. 범법 행위의 목격자가 취하는 행동은 이웃의 안녕에 영향을 주기 때문에 도덕적 용어로 정의된다. 만일 목격자가 경찰에 신고한다거나 강도에게 겁을 주어 달아나게 하는 등 이웃에게 이익이 될 수 있는 조치를 취한다면, 그 행위는 도덕적인 것으로 간주된다. 돕고자 취한 행위가 도리어 해가 되거나 경찰이 도착하지 않거나 강도가 아무런 반응을 보이지 않는다고 하더라도 목격자가 취한 행동이 도덕적이라는 점에 대해서는 이의가 없을 것이다.

　따라서 도덕적 행위가 되기 위해서는 행위 자체가 반드시 성공적일 필요는 없다는 의미가 된다. 바꾸어 말해서, 설령 이웃사람이 강도를 당해 위험에 처하지 않더라도 목격자가 아무런 조치도 취하지 않는다면, 그 행위는 결과에 관계없이 도덕적인 것으로 보기 어려울 것이다. 즉, 사람은 누구나 자신의 안녕과 복지를 포기하면서까지 도덕성을 수호해야 하는 것은 아니라는 것이다. 바로 이러한 이유로 위험을 무릅쓰고 다른 사람들을 돕고자 한 사람들을 사회에서 영웅으로 대우하는 것이 아닐까? 다른 사람의 안녕을 위해 자신의 안위를 돌보지 않는 사람들의 행위는 도덕적 의무를 뛰어넘는 영웅적 행동으로 인정받는 것이다. 레스트는 도덕적 행위가 전제되어야 하는 경우에 필요한 4가지 구성요소들, 즉 ① 도덕적 민감성, ② 도덕적 추론, ③ 도덕적 동기, ④ 도덕적 품성을 제시하였다. 윤리적 상담의 구성요소를 이해하기 위한 방안으로 먼저 도덕적 민감성부터 살펴보기로 하자.

1) 도덕적 민감성

도덕적 민감성(moral sensitivity)은 타인의 복지에 이로운 상황을 인지하는 과정이다. 앞서 예시된 상황에서 침입자가 이웃집 현관문의 자물쇠를 열려는 장면을 목격한 사람은 그 침입자가 이웃집 현관문을 열지 못할 수도 있다고 생각할 수 있다. 사람들 중에는 아직 전개되지 않은 장면을 말없이 응시하면서 강도의 침입을 비판하거나 그 강도가 자신의 집을 택하지 않은 것에 감사히 여길 수도 있다. 그러한 반응을 보이는 사람들은 이웃을 위해 당연히 개입해야 하고 자신의 복지에 독자적인 관심을 가질 책임이 있다는 기본 가정을 하지 못한다는 것을 알 수 있다. 이러한 반응을 보이는 사람들을 도덕적 민감성이 결여되어 있다고 간주할 수 있다.

상담 장면에 적용해서 정리하면, 도덕적 민감성은 내담자, 다른 동료 상담자, 그리고 일반 대중에 대해 상담자 자신의 행동이 관련되어 있다는 사실을 깨닫는 것을 말한다. 만일 상담자가 내담자에 관한 우스꽝스러운 일화를 다른 사람들 앞에서 공개했다면, 이러한 행위는 내담자의 복지를 고려했다고 보기 어렵다. 즉, 전문가로서 자신의 행위의 도덕적 의미를 간과한 셈이 된다. 물론 상담자는 악의로 부도덕한 행동을 취하지 않았을 수도 있지만, 부도덕한 행위는 흔히 행위의 결과와는 무관하게 발생하는 경향이 있다. 예를 들어, 상담의 첫 회기를 시작하면서 내담자에게 비밀보장의 한계에 대해 설명하지 않기로 작정한 상담자가 있다고 하자. 그 이유는 이러한 절차가 지나치게 형식적이고 내담자의 실제 방문 목적에 위배될 수 있다는 판단에서였다. 상담자의 의도는 내담자에게 해를 입히지 않고 실제로 선의의 목적을 가지고 즉각적으로 내담자의 현안과 관심거리에 초점을 맞추기 위함이었다. 그러던 어느 날 상담 회기를 시작할 무렵, 내담자는 상담자에게 자신이 자살 생각을 가지고 있다고 털어놓았다. 물론 자신이 상담자에게 말하는 것은 무엇이든지 비밀보장이 될 것이라는 잘못된 믿음을 가지고 말이다.

잘 알려진 것과 같이, 내담자가 자살하려는 중대한 위험에 처해 있다면, 상담자는 윤리강령이나 법적인 측면에서 비밀보장의 원칙을 파기해야 한다. 만일 내담자가 미성년자라면 내담자 부모의 알 권리까지 고려해야 한다. 내담자가 이미 자신의 비밀을 드러내고 나서 상담자가 내담자에게 비밀보장의 한계를 설명한다면, 내담자는 심한 배신감을 느끼고 이에 따라 상담의 성과에 부정적인 영향을 미칠 것이다. 내담자의 입장에서는 비밀보장에 관한 원칙을 사전에 알지 못함으로써 자신의 사적인 정보의 노출 여부 혹은 시기에 대한 선택의 권리를 빼앗긴 것처럼 여길 수 있기 때문이다.

그러므로 상담 초기에 내담자에게 비밀보장의 한계를 설명하는 일을 형식적인 것으로 여겼던 상담자는 오히려 도덕적 불감증을 드러낸 셈이 되고, 결국 전문가로서 비윤리적인 행동을 취한 것으로 판단될 것이다. 물론 다른 관점에서 보면, 자살 생각을 상담자에게 털어놓는 일은 궁극적으로는 내담자에게 유익한 선택일 수 있다. 극단적인 생각을 털어놓을 수 있을 만큼 상담자는 내담자의 신뢰를 얻었다고 볼 수 있기 때문이다. 그럼에도 불구하고 내담자가 사적인 정보를 공개함으로써 초래될 수 있는 결과를 잘 이해하지 못하는 상황이라면, 앞서 언급한 것처럼 예기치 않은 배신감이 들 수 있고, 상담자와의 신뢰 관계가 깨짐으로써 오히려 자살충동을 촉진하는 결과를 초래할 수 있다. 이와는 달리 내담자가 상담자와의 신뢰 관계가 형성되었고 비밀보장의 한계에 대한 원칙을 이해하는 상황에서 자신의 사적인 정보를 노출한다면, 이와 같은 극단적인 결과를 수반하지는 않을 것이다. 다음으로 도덕적 추론에 대해 알아보자.

2) 도덕적 추론

도덕적 행동의 두 번째 구성요소는 도덕적 추론(moral reasoning)이다. 도덕적 추론이란 도덕적 차원들이 포함된 것으로, 인식된 상황에 대해 대안들을 통한 사고과정을 말한다. 언뜻 도덕적 추론은 마치 방법적이고 논리적인 과정인 것처럼 보인다. 그러나 도덕적 추론은 일반적으로 심사숙고 없이 급속도로 진행되며, 인지적 측면뿐 아니라 정서적 측면에서 이루어지는 경향이 있다. 앞서 제시된 예에서 이웃집 현관에 침입한 사람을 발견한 목격자가 재빠르게 행동을 취하여 이웃을 위해 유익한 조치가 무엇인가를 순간적으로 생각하는 과정을 거친다. 경우에 따라서는 범죄 신고전화 112나 가까운 파출소에 신고하는 일 외에는 다른 대안이 떠오르지 않을 수 있다. 아니면 몇 가지 다른 대안, 즉 몰래 밖으로 나가 이웃사람들의 도움을 요청하거나 방어용으로 보관해 오던 몽둥이를 가지고 오는 행동들을 떠올려보기도 할 것이다.

이처럼 도덕적 추론은 대안들을 평가하고 가장 최선의 결정을 하는 과정을 말한다. 상담자가 윤리적 갈등이나 딜레마에 부딪힐 때, 전문가로서 취해야 할 최선의 대안들을 일일이 평가해 보고 결정하는 과정이 이에 해당된다. 콜버그(Kohlberg, 1984)는 자신의 연구에서 모든 사람들이 윤리적 현안에 대해 동일한 방식으로나 도덕적 성숙에 따라 추론하지는 않는다고 보았다. 그는 실제로 생물학적 성숙과 사회적 경험을 토대로 도덕성 발달의 단계모형을 구안해 냈다. 일부 연구자들 (Bombara, 2002; Uthe-Burow, 2002; Welfel & Lipsitz, 1983)은 높은 도덕성 발달 수준에 있는 상담자들이 보다 더 전문가 윤리강령에 명시된 기준에 따라 윤리적 결정을 내린다고 주장했지만, 다른 연구들(Doromal & Creamer, 1988; Fox, 2003; Royer, 1985)은 이러한 주장을 반박하고 있다. 다음으로는 도덕적 동기가 있다.

3) 도덕적 동기

도덕성의 세 번째 구성요소는 도덕적 동기(moral motivation)다. 여러 대안들을 평가하고 난 후 가장 도덕적인 대안을 선택하고 나면, 그다음은 그대로 실행할 것인지의 여부를 결정해야 한다. 다른 상담자가 내담자에게 부적절한 행동을 하는 장면을 목격하거나 알게 된 상담자가 있다고 가정해 보자. 그 상담자가 상담 약속을 제대로 이행하지 않고, 서류 작업을 소홀히 하기도 하며, 음주 상태에서 상담에 임했고, 때로 술주정을 하는 듯한 언사를 보이기도 했다고 하자. 이때 상담자는 그 문제의 상담자 행동이 내담자의 안녕과 복지, 그리고 상담 서비스를 위협할 수 있으므로 이 상황을 도덕적 딜레마로 인식할 것이다.

몇몇 상담 관련 학회의 윤리강령에서는 다른 상담자의 비윤리적 행위를 목격한 상담자의 책임에 대해 규정하고 있다(American Counseling Association, 2005, Section H.2.a; American Psychological Association, 2002, Sections 1.04, 1.05). 이러한 상황에 놓인 상담자는 우선 도덕적 대안들을 검토해 본 뒤 최선의 선택은 그 동료 상담자에게 문제의 심각성을 지적하고, 내담자에게 보이던 행동의 수정을 요구하는 것이라고 결론을 내릴 것이다. 이 시점에서 상담자는 스스로에게 '현재 내가 아는 것을 실행하기로 선택하는 것이 과연 옳은 일일까?'라는 질문을 던질 것이다. 만일 이 질문에 긍정적으로 답하게 되면, 상담자는 도덕적 행위에 한 발짝 다가서는 셈이 된다. 그러나 그렇지 않다면, 도덕적 행위는 실행되지 않을 것임과 동시에 이 시점에서 설득력 있는 가치관이 방해를 받게 된다. 전문가의 윤리적 가치는 단순히 한 사람에게만 작동되는 가치가 아니라 도덕관념의 수준이 높은 가치관에 우선권이 주어지기 때문이다.

이때 만일 문제의 상담자 상황이 악화되면 상담소 일을 그만두게 될 것이고, 결과적으로 자신의 내담자 수가 늘고 수입도 오를 것이라는 사실을 상담자는 알게 될 것이다. 상담자는 윤리 의식보다 조직이나 전문가 집단에서의 조화에 가치를 두고 다른 상담자들과의 사이에 갈등을 유발하거나 잠재적 따돌림의 모험을 하지 않기로 결심할 수도 있다. 다시 말해서, 상담자의 윤리적 가치관의 힘은 다른 가치들과 견주어 검증되는 과정이라는 것이다. 만일 윤리적 가치들이 선행된다면, 상담자는 책임 있는 행동을 취하기로 결정하는 셈이 된다.

이와 관련된 연구로 심리학 전공 대학원생들에게 윤리적 갈등 상황에 처해 있다고 가정해 보도록 제시했을 때, 그들 중 약 50%는 그들이 해야 한다고 알고 있는 것을 실제로 할 것이라고 응답하였다(Bernard & Jara, 1986). 반면, 비슷한 비율의 학생들과 현직 학교 상담자들이 자신들이 반드시 해야 한다고 믿는 것보다 덜 실행에 옮길 것이라고 응답한 연구들(Betan & Stanton, 1999; Fox, 2003; McDivitt, 2001)도 있다. 이러한 문제에 대한 의사결정에 정서가 중요한 역할을 하는데(Betan & Stanton, 1999), 행동으로 옮기는 것을 더 염려하고 그 효과에 대해 덜 바람직하게 여기는 사람들은 비윤리적인 상담자를 덜 신고하는 경향이 있었다. 그러나 개업 심리학자들의 경우는 이보다는 다소 나은 편이어서 적어도 1/3 정도의 심리학자들이 윤리적 가치를 택하였다(Bernard, Murphy, & Little, 1987; Smith, McGuire, Abbott, & Blau, 1991; Wilkins, McGuire, Abbott, & Blau, 1990). 이러한 연구들을 통해 강한 영향력이 있는 가치들이 어떻게 존재할 수 있고, 지적·정서적 과정에 어떻게 영향을 미치는가를 알 수 있다.

윤리적 의사결정은 항상 의식적인 것은 아니다. 상담자들은 가장 책임 있는 선택을 실행하지 않기로 선택할 때 지적 부조화를 경험하기도 한다. 상담자들은 스스로를 윤리적으로 보고 싶어 하는 경향이 있기 때문에 자신이 윤리적 선택을 거부한다면 긍정적인 자기 평가를 어떻게 유지할 것인가라는 딜레마에 빠지게 된다. 정신적 불편함을 해소하기 위해 상담자들은 문제를 재정의할 수도 있다. 술에 취한 상태에서 상담에 임하는 동료 상담자에 대해 상담자는 자신이 목격한 행동을 재해석한 나머지, 그 동료 상담자가 실제로는 취하지 않았고 상담 약속을 지키지 못한 것은 생각보다 그리 자주 있는 일은 아닐 것이라고 묵인하고 싶어 할 수 있다. 상담자는 그 상담자가 술을 마신 것이 아니라 건강상의 이유로 약을 먹은 것이 행동에 영향을 미쳤을 것이라고 스스로를 설득할 수도 있다. 물론 이것이 사실일 수도 있지만, 그러한 행동의 이유가 윤리적 책임을 모면하기 위한 것이라면 그 가설은 결코 입증될 수 없고 진실 또한 규명될 수 없을 것이다. 이처럼 진실을 왜곡함으로써 상담자는 문제의 상담자에게 고통스러운 직면을 피하게 할 수 있고 여전히 자신을 윤리적이라고 여길 수 있을 것이다. 이러한 부류의 자기기만은 비교적 자주 발생할 수 있다.

만일 상담자가 전문가의 윤리 의식을 최우선적인 가치로 여기는 환경에서 근무한다면, 자기기만을 할 가능성은 그만큼 감소될 것이다. 수련감독자나 상담기관의 관리자 위치에 있는 상담자들은 윤리 의식의 중요성을 부하 직원들에게 강조함으로써 그들의 책임 있는 행동을 촉진할 수 있다. 기꺼이 윤리적 행동을 취하는 직원들은 보상을 받을 것이고 윤리적 행동을 취하는 것에 대해 불이익을 받지 않는 조직의 분위기가 조성될 것이다. 그러나 특정 현안에 대한 법 또는 윤리강령이 명확하지 않으면 윤리적 가치를 벗어나기 쉬우며(Wilkins, McGuire, Abbott, &

Blau, 1990), 적대적인 근무 분위기나 기관의 문화는 구성원의 윤리적 행동 경향성을 억압할 수 있다(Vansandt, 2002).

또한 사회적 · 정치적 요인들도 개인의 윤리적 선택 능력에 영향을 미칠 수 있다. 사회적 기준은 때로 윤리적으로 행동하는 것을 매우 어렵게 하기도 한다. 예컨대, 동성애자라는 이유로 따돌림당하는 사람이 있다면 당연히 이를 제지해야 하겠지만, 사회 분위기에 따라서는 자칫 사회적 고립을 자초할 수 있는 위험 부담을 감수해야 하는 경우도 있을 것이다. 이와 마찬가지로 소규모의 동질적인 지역사회의 구성원들은 사회적 비난이 두려워 도덕적으로 잘못되었다고 판단되는 법안을 지지할 수도 있다. 이처럼 무엇이 윤리적인가에 대한 정의는 문화에 따라 달라질 수 있다(Pedersen, 1995, 1997). 서구 문화에서는 개인의 자율성에 최우선적인 가치를 부여하지만, 동양 문화에서는 집단의 조화에 가치를 두는 경향이 있으므로 문화권에 따라 윤리적 상담의 정의가 다를 수 있다. 그러므로 문화는 문화적 가치를 지배하는 가치뿐 아니라 어떤 측면에서는 윤리적이라는 말의 정의에도 영향을 미친다. 윤리적 상담의 구성요소로는 도덕적 동기 외에도 도덕적 품성이 있다.

4) 도덕적 품성

도덕적 품성(moral character)은 도덕적 행동의 측면, 즉 실제로 도덕적 행위를 실천하는 것에 관한 것이다. 도덕적 행위를 실천하려면 열정, 정결함, 도덕적 용기와 같은 미덕이 요구된다. 이러한 특성이 부족하거나 결여된 사람들은 도덕적 행위를 실천하기에 앞서 자신의 마음이 변하거나 실천 의지를 이내 철회하게 된다. 또한 저항에 부딪히면 스스로 꾸며 낸 구실을 대면서 도덕적 행위의 실천을 회피하기도 한다. 술에 취한 상태로 상담에 임한 상담자의 예를 다시 든다면, 그의 비윤리적 행위에 대해 자신의 관심과 솔직한 감정을 표출한 상담자가 문제의 상담자가 화를 내거나 자신의 처지를 호소하는 말을 듣고 나서 주춤하게 되거나 적극적으로 근무 중 음주 행위를 중지할 것을 요구하지 못하는 경우다. 도덕적 행위는 실행에 옮기지 않으면 결코 나타날 수 없다는 특성이 있다. 때로 도덕적 계획의 실천을 참는 것은 불편함과 개인적 희생이 따르기도 한다. 그렇기 때문에 도덕적 행동의 실천에는 정결과 품성이 요구되는 것이다. 온갖 압력에도 불구하고 상담자가 내담자의 목적과 복지에서 자신의 눈을 떼지 않는 것은 그리 쉬운 일이 아니다. 그러기에 전문직에 요구되는 윤리강령을 철저히 준수하는 다른 전문가들과 함께 근무할 수 있다는 것은 도덕적 행위를 실행하는 데 따르는 어려움을 훨씬 줄일 수 있는 중요한 요인이라 할 수 있다.

3. 상담자 윤리강령

윤리 기준은 전문가의 품행과 책임에 대해 기본 틀을 제공하는 지침이다. 상담자는 윤리 기준을 참조함으로써 윤리적으로 문제가 없는 상담 서비스를 제공할 수 있을 뿐만 아니라 상담의 효과를 높일 수 있다. 전 세계적으로 정신건강 전문가들이 모이는 조직, 즉 상담, 심리학, 정신의학, 사회복지 관련 학회들은 이들의 전문적 활동에 대한 폭넓은 지침을 제공하는 윤리강령을 구비하고 있다. 이처럼 다양한 학회들의 윤리강령은 공통점이 있는가 하면 차이점도 있다. 특히 우리나라의 주요 학회들을 비롯한 미국의 학회 대부분이 일반 기준만을 제정, 공포한 반면, 미국심리학회(American Psychological Association: APA)에서는 영역별로 세분화된 지침을 마련했다는 특색이 있다. 예를 들어, 민족, 언어, 문화가 다른 사람들에 대한 심리 서비스 제공자들을 위한 지침(APA, 1993), 동성애자 및 양성애자 내담자들을 위한 심리치료 지침(APA, 2000), 다문화 교육, 연수, 연구, 상담 및 조직 변화에 관한 심리학자들을 위한 지침(APA, 2003), 그리고 기록 보관 지침(Committee on Professional Practice and Standards, Board of Professional Affairs, 1993)이 있다. 이처럼 전문가들로 구성된 학회나 협회의 윤리 기준이나 윤리강령을 제정·공포하는 것에는 어떤 의의가 있는가?

1) 윤리 기준의 의의

윤리강령은 내담자를 보호하고, 상담자에게는 지침을 제공하며, 전문가의 지위를 분명하게 밝히기 위한 목적으로 전문가 집단이 제정한다. 그러나 이러한 중요한 의의가 있음에도 불구하고 윤리강령은 최선의 진리를 포함하고 있지 못할 뿐 아니라 윤리적 딜레마에 대해 사전에 준비된 명확한 답변을 제공할 수 없다는 한계가 있다. 게다가 시대의 흐름에 따라 윤리에 관한 의식과 지식이 지속적으로 변하여 주기적으로 개정작업이 요구되기도 한다. 약 10년마다 윤리강령을 개정해 온 미국상담학회(American Counseling Association: ACA)와 미국심리학회는 각각 2005년과 2002년에 가장 최근의 개정판을 출판하였다. 윤리강령 외에도 미국 학회들의 경우는 사례집을 발간하여 윤리강령에 수록된 다양한 윤리 기준 조항을 해석하고 설명하기도 한다.

미국의 주요 학회에서 발간된 대표적인 사례집으로는 『미국심리학회 윤리강령 2002 개정지침(A Guide to the 2002 Revision of the American Psychological Association's Ethics Code)』(Knapp & VandeCreek, 2003), 『사회복지 윤리 기준: 미국사회복지학회 윤리강령(Ethical Standards in Social Work: A Review of the NASW Code of Ethics)』(Reamer, 1998), 그리고 『미국상담학회 윤리 기준 사례집(ACA Ethical Standards Casebook)』(Herlihy & Corey, 2006)을 들 수 있다. 그러나 사례집이 아무리 유용하게 만들어졌다고 하더라도 상담자 개개인의 충분한 자료와 정보를 통한 판단과 선의를 결코 대체할 수는 없다. 이들은 복잡한 상황에서 어려운 결정을 내리는 데 반드시 사용되어야 하는 도구인 셈이다. 그래서 상담자는 단지 법이나 윤리 조항을 따르기보다는 훨씬 높은 수준에서 윤리적으로 행동할 것이 요구된다.

그러므로 상담자를 비롯한 정신건강 전문가는 최소한 자신의 전문 영역에 관한 윤리 기준을 숙지하고 있어야 한다. 그러나 실제 상담 장면에서 이 기준을 적용한다는 것은 일종의 도전일 수 있다. 상담자가 윤리적 결정을 내릴 때 윤리 기준은 일반적인 지침을 제공하지만, 구체적인 상황에서 상담자가 취해야 할 행동에 대해서는 명확하게 제시하지 않기 때문이다. 윤리적 갈등에 처하게 될 때, 상담자는 이를 해결할 수 있는 일련의 조치를 취하는 데서 종종 윤리적 딜레마에 빠지기도 한다. 이처럼 윤리 기준은 상담자가 취해야 할 행동을 구체적으로 명시하지 않는다는 특징이 있다. 따라서 상담자는 독자적으로 윤리 기준을 구체적인 상황에 맞추어 해석하고 적용해야 한다. 뿐만 아니라 자신이 직면한 상황의 맥락과 내담자에 대한 이해를 토대로 윤리적 딜레마를 어떻게 다룰지를 결정해야 한다. 이러한 관점에서 볼 때, 윤리강령은 책임 있는 전문가의 행동을 위한 요리책이 아니라(Welfel, 2006), 오직 제한된 사안들에 대해 지침을 제공할 뿐이라는 사실을 상담자는 명심해야 할 것이다. 이러한 이유로 윤리강령은 책임 있는 전문가 행동을 위한 필요조건을 충족시킬 수는 있지만 충분조건은 충족시키지 못한다고 할 수 있다. 따라서 상담자는 자신이 속한 단체의 윤리 기준을 숙지할 뿐만 아니라 윤리강령의 한계를 염두에 두어야 한다.

2) 윤리 기준의 목적

상담자들은 순간순간 윤리적 결정을 내려야 하고 그 결정에 따른 책임을 감수해야 하는 상황에 처해 있다. 이러한 과정은 일정한 시간이 요구되고 경우에 따라서는 다른 동료 상담자나 수련감독자의 자문이 필요한 경우도 있다. 윤리강령은 다음 세 가지 목적을 충족시키고 있다(Herlihy & Corey, 2006). 첫째, 건전한 윤리적 품행에 관하여 전문가들을 교육하기 위함이다. 상담자들이 윤리 기준을 읽고 생각해 봄으로써 전문가로서 자신의 행위를 지속적으로 모니터링하게 되고, 자신의 업무상 직면하는 문제들을 다룰 때 자신의 가치관을 명확하게 정리하는 데 도움을 줄 수 있다. 둘째, 윤리 기준은 전문가의 책무성에 대한 구조(structure) 또는 틀(framework)을 제공한다. 상담자는 자신의 행동을 감시할 뿐만 아니라 다른 상담자들의 윤리적 품행을 독려해야 할 의무가 있다. 상담자들로 하여금 내담자나 학생들의 복지를 보호하고 직무상 과실을 사전에 예방하기 위해서는 윤리강령의 정신 안에서 상담 업무를 수행하는 것이 가장 좋은 방법들 중 하나다. 셋째, 윤리강령은 상담 업무를 개선하는 데 촉매 역할을 한다. 상담과정에서 윤리와 관련되어 의문점이 생길 때, 상담자는 해석하고 적용할 수 있는 윤리 기준을 검토함으로써 윤리적 갈등을 해소하는 데 도움을 줄 수 있다. 만일 일정한 지침 없이 상담 업무를 수행한다면, 윤리적 딜레마의 해결은 오로지 상담자에게 맡겨질 것이고, 이때 발생하는 혼란스러움은 이루 말할 수 없을 것이다.

그러므로 상담자들은 윤리강령 제정의 근본 목적이 내담자의 이익을 극대화시키는 상담 서비스를 제공함으로써 내담자의 복지를 보호하기 위함이라는 사실을 결코 잊어서는 안 된다. 또한 윤리강령은 일반인들 혹은 잠재적 내담자들을 보호하고 전문가들에게 업무 수행을 안내함으로써 가능한 한 최선의 서비스를 제공할 수 있도록 돕기 위한 것이다. 이런 목적은 윤리강령을 이상적 목적과 현실적 목적으로 구분한다면, 이상적 목적에 해당되는 것으로(Bersoff, 2003), 전문직에 종사하는 구성원들이 직면하게 되는 윤리적 문제들을 해결하기 위한 지침을 제공한다. 그러나 한편으로 윤리강령은 현실적인 목적으로 윤리적 문제에 대한 결정을 내릴 수 있는 다수의 전문가들의 견해를 정당화하는 수단으로 작용할 수도 있다. 이런 점에선 윤리강령이 시대착오적이고 보수적이며 민족 중심적이고 정치적 타협의 산물로 여겨질 수 있다. 그러나 현실이 이렇다고 해서 근본적인 도덕률을 충분히 연구하고 이를 입증할 만한 증거자료를 확보하는 일을 결코 포기해서는 안 된다. 과연 윤리적인 상담자가 되려면 어떻게 해야 하는가? 단순히 상담자가 속한 학회나 협회 또는 기관의 윤리강령을 숙지하고 이를 준행하면 되는가? 윤리적인 상담자가 되기 위해 그 밖에 필요한 것은 무엇인가? 필경 상황에 따라 이 질문에 대한 대답은 다를 것이다.

3) 윤리 기준의 한계

앞서 논의한 것과 같이 상담자가 윤리적으로 책임 있는 서비스를 제공하는 데 윤리 기준은 다양한 측면에서 한계를 지니고 있다. 일반적으로 상담 장면에서 부딪히는 사안에 따라서는 윤리강령으로만 해결할 수 없고, 조항에 따라서 명확성과 정확성이 결여되어 그 정도를 헤아리기 어려운 경우도 있다. 게다가 윤리강령은 적극적이기보다는 반응적인 경향이 있어서 단순히 윤리강령과 사례집을 공부했다고 해서 윤리적인 상담이 보장되는 것은 아니다. 적잖은 내담자들은 상담자가 윤리적 상담을 하고 있는지의 여부를 판단하거나 결정할 수 있을 만큼의 충분한 지식이나 경험이 없을 수도 있다.

또한 갈등은 때로 여러 기관의 윤리강령들 사이에서뿐 아니라 한 윤리강령 내에서도 나타날 수 있다. 특히 여러 학회에 소속되어 있으면서 각 학회에서 자격증을 받은 상담자들은 여러 윤리강령의 틀 내에서 상담 서비스를 제공할 책임이 있는데, 기준이 통일되어 있지 않아서 혼란을 초래할 가능성이 항상 잠재해 있다. 그리고 윤리강령은 기관의 규정과 상충될 수 있고 문화적 차이로 갈등을 일으킬 수도 있다. 따라서 윤리강령은 기관의 규정과 문화적 틀 안에서 이해되어야 한다. 전문가들로 구성된 학회에서 제정, 공포된 윤리강령이더라도 학회 구성원 전원의 다양한 견해를 전적으로 수렴할 수 없기 때문에 회원마다 이에 대한 다양한 생각과 견해를 갖고 있을 것이다. 그러므로 어떤 상담자라도 자신의 개인적인 가치관과 윤리강령의 기준이 갈등을 일으킬 수 있다는 점을 항시 염두에 두어야 한다.

포페와 바스퀴즈(Pope & Vasquez, 1998)는 형식적인 윤리 기준이 윤리적 책임을 충족시킬 수 있을 만큼 적극적이고 사려 깊으며 창의적일 수 없음을 분명히 밝히고 있다. 이들은 윤리강령을 숙지하고 있다고 해서 상담 장면에 그대로 적용될 수는 없다는 점을 분명히 하고 있다. 왜냐하면, 내담자마다 독특한 상황에 처해 있고 서로 다른 해결책을 원하기 때문이다. 이러한 점에서 볼 때, 윤리적 상담자가 된다는 것은 단순히 일련의 규정이나 지침을 따르는 일보다 더 복잡한 과정이다. 지금까지 살펴본 윤리 기준의 한계점들을 고려해 볼 때, 윤리강령이 윤리적 추론과 판단에 필요한 사안들을 한꺼번에 충족시켜 줄 수 있을 것으로 기대하는 것은 다소 무리라는 잠정적인 결론에 이르게 된다.

4) 윤리 기준의 내용 요소

상담자의 품행과 판단에 지침 역할을 하는 윤리강령으로는 각 상담 관련 학회가 제정한 윤리 기준들이 있다. 미국의 경우는 일찍이 미국상담학회(ACA)의 윤리 기준(Ethical Standards), 미국학교 상담자학회(ASCA)의 학교 상담자 윤리 기준(Ethical Standards for School Counselors), 그리고 집단작업전문가협회(Association for Specialists in Group Work: ASGW)의 집단상담자 윤리지침(Ethical Guidelines for Group Counselors)을 제정ㆍ공포하여 이미 수차례에 걸쳐 시대에 걸맞는 수정 작업을 거쳐 오늘에 이르고 있다. 우리나라는 한국상담학회 그리고 한국심리학회 산하의 한국상담심리학회가 상담자 윤리강령을 제공ㆍ공포하였다. 지금까지 제정ㆍ공포된 상담 관련 학회의 윤리강령과 최근 판의 발표 연도는 〈표 1-1〉과 같다.

주요 학회의 윤리강령들 중 비교적 구체적으로 상담자의 윤리적 행위를 규정하고 있는 윤리강령으로는 미국상담학회의 것을 들 수 있다. 미국상담학회가 2005년에 개정ㆍ발표한 미국상담학회 윤리규정(ACA Code of Ethics)의 골자는 〈표 1-2〉와 같다(자세한 내용은 부록의 미국상담학회 윤리규정 참조).

이미 반복하여 언급한 것처럼 윤리강령은 상담자가 준수해야 할 가장 기본 원칙만 제시한다. 상담자는 상담자 교육과 훈련을 시작할 때부터 법적ㆍ윤리적으로 올바른 태도를 형성해야 할 책무가 있다. 여기서 올바른 태도란 상담자가 떠맡을 책임을 인식하고, 사전에 전문 상담에 필요한 지식을 소유하며, 책임감 있게 행동하도록 노력하는 것을 의미한다. 윤리 기준을 제정하는 목적은 무엇보다도 상담자로 하여금 자기 조절의 기초를 제공함으로써 정부의 법규와 간섭으로부터 벗어나 자율성을 확보하기 위함이다. 이러한 견지에서 윤리규정은 학회 회원들의 행동 기준을 명시함으로써 내담자와 상담자를 함께 보호하는 기능을 한다. 윤리 기준은 내담자가 상담자를 업무상 과실로 고소한다면, 상담자의 행동을 판단할 기준이 되는 지침을 제공함으로써 상담자를 보호하기도 한다.

그러나 윤리 기준이 아무리 잘 만들어졌다고 하더라도 모든 경우에 적용하기에는 한계가 있다. 그러므로 상담자는 법적·윤리적 문제들에 대한 학술지를 구독하거나, 다른 전문가들에게 조언을 구함으로써 모호하거나 부족한 부분을 보충해야 한다. 비록 윤리 기준의 적용 범위가 제한되어 있지만, 윤리 기준은 합당한 상담자의 행동에 대한 기준으로는 거의 유일한 자원인 셈이다. 그런데 윤리규정에 없는 상황이 발생하면 어떻게 해야 하는가? 이런 경우는 윤리규정 중 가장 기초적인 규정을 도출한다는 원칙에 입각해서 판단해야 한다. 기본 원칙에 따라 구체적

〈표 1-1〉 주요 학회의 윤리강령

학회명	최근 판 발표연도	윤리강령
한국상담학회	2007	윤리규정
한국상담심리학회	2005	윤리강령
American Association for Marriage and Family Therapy: AAMFT	2001	AAMFT Code of Ethics
American Counseling Association: ACA	2005	Code of Ethics
American Mental Health Counselors Association: AMHCA	2000	Code of Ethics of the American Mental Health Counselors Association
American Psychiatric Association: APA	2001	The Principles of Medical Ethics With Annotations Especially Applicable to Psychiatry
American Psychological Association: APA	2002	Ethical Principles of Psychologists and Code of Conduct
American School Counselor Association: ASCA	2004	Ethical Standards for School Counselors
Association for Counselor Education and Supervision: ACES	1995	Ethical Guidelines for Counselor Supervisors
Canadian Counselling Association: CCA	1999	CCA Code of Ethics for Psychologists
Commission on Rehabilitation Counselor Certification: CRCC	2001	Code of Professional Ethics for Rehabilitation Counselors
Feminist Therapy Institute: FTI	2000	Feminist Therapy Code of Ethics
International Association of Marriage and Family Counselors: IAMFC	2002	Ethical Code for the International Association of Marriage and Family Counselors
National Association of Social Workers: NASW	1999	Code of Ethics
National Organization for Human Services: NOHS	2000	Ethical Standards of the National Organization for Human Services

〈표 1-2〉 미국상담학회 윤리규정

범주	내용
전문 Preamble	
A. 상담 관계 / The Counseling Relationship	A.1. 내담자 복지 / Welfare of Those Served by Counselors A.2. 상담 관계에서의 사전동의 / Informed Consent in the Counseling Relationship A.3. 타인의 서비스를 받는 내담자 / Clients Served by Others A.4. 해 입힘 피하기와 가치주입 / Avoiding Harm and Imposing Values A.5. 내담자에 대한 역할 및 관계 / Roles and Relationships With Clients A.6. 개인, 집단, 기관, 사회 수준에서의 역할 및 관계 / Roles and Relationships at Individual, Group, Institutional, and Societal Levels A.7. 복수 내담자 / Multiple Clients A.8. 집단작업 / Group Work A.9. 불치병 내담자의 임종 보살핌 / End-of-Life Care for Terminally Ill Clients A.10. 상담료 및 물품 교환 / Fees and Bartering A.11. 종결 및 의뢰 / Termination and Referral A.12. 테크놀로지 적용 / Technology Applications
B. 비밀보장, 증언 거부, 사생활/ Confidentiality, Privileged Communication, and Privac	B.1. 내담자 권리 존중 / Respecting Client Rights B.2. 예외 / Exceptions B.3. 타인들과의 정보 공유 / Information Shared With Others B.4. 집단 및 가족 / Groups and Families B.5. 사전동의 능력이 결여된 내담자 / Clients Lacking Capacity to Give Informed Consent B.6. 기록 / Records B.7. 연구 및 연수 / Research and Training B.8. 자문 / Consultation
C. 전문가 책임 / Professional Responsibility	C.1. 기준에 대한 지식 / Knowledge of Standards C.2. 전문적 역량 / Professional Competence C.3. 홍보와 내담자 구인 / Advertising and Soliciting Clients C.4. 전문적 자질 / Professional Qualifications C.5. 무차별 / Nondiscrimination C.6. 공적 책임 / Public Responsibility C.7. 다른 전문가에 대한 책임 / Responsibility to Other Professionals
D. 다른 전문가들과의 관계 / Relationships With Other Professionals	D.1. 동료, 고용인 및 피고용인과의 관계 / Relationships With Colleagues, Employers, and Employees D.2. 자문 / Consultation

E. 평가, 사정, 해석 / Evaluation, Assessment, and Interpretation	E.1. 일반 / General
	E.2. 사정 도구 사용과 해석 역량 / Competence to Use and Interpret Assessment Instruments
	E.3. 사정에서의 사전동의 / Informed Consent in Assessment
	E.4. 유자격 전문가에게 자료 방출 / Release of Data to Qualified Professionals
	E.5. 정신장애 진단 / Diagnosis of Mental Disorders
	E.6. 도구 선정 / Instrument Selection
	E.7. 사정 실시 조건 / Conditions of Assessment Administration
	E.8. 사정에서의 다문화적 현안 및 다양성 / Multicultural Issues/Diversity in Assessment
	E.9. 사정 채점 및 해석 / Scoring and Interpretation of Assessment
	E.10. 사정 보안 / Assessment Security
	E.11. 낡은 검사 및 시기가 지난 결과 / Obsolete Assessment and Outdated Results
	E.12. 검사 제작 / Assessment Construction
	E.13. 법정 평가: 법적 소송 절차를 위한 평가 / Forensic Evaluation: Evaluation for Legal Proceedings
F. 수련감독, 연수 및 교수 / Supervision, Training, and Teaching	F.1. 상담자 수련감독 및 내담자 복지 / Counselor Supervision and Client Welfare
	F.2. 상담자 수련감독 역량 / Counselor Supervision Competence
	F.3. 수련감독 관계 / Supervisory Relationship
	F.4. 수련감독자 책임 / Supervisor Responsibilities
	F.5. 상담 수련감독 평가, 개선 및 인증 / Counseling Supervision Evaluation, Remediation, and Endorsement
	F.6. 상담자 교육자의 책임 / Responsibilities of Counselor Educators
	F.7. 학생 복지 / Student Welfare
	F.8. 학생 책임 / Student Responsibilities
	F.9. 학생 평가 및 개선 / Evaluation and Remediation of Students
	F.10. 상담자 교육자와 학생 간의 역할 및 관계 / Roles and Relationships Between Counselor Educators and Students
	F.11. 상담자 교육 및 연수 프로그램에서의 다문화 및 다양성 역량 / Multicultural/Diversity Competence in Counselor Education and Training Programs
G. 연구 및 출판 / Research and Publication	G.1. 연구 책임 / Research Responsibilities
	G.2. 연구 참여자의 권리 / Rights of Research Participants
	G.3. 연구 참여자와의 관계(연구에 집중적 혹은 광범위한 상호작용이 포함되는 경우) / Relationship With Research Participants (When Research Involves Intensive or Extended Interactions)
	G.4. 결과 보고 / Reporting Results
	G.5. 출판 / Publication
H. 윤리 문제해결 / Resolving Ethical Issues	H.1. 기준 및 법 / Standards and the Law
	H.2. 위반 혐의 / Suspected Violations
	H.3. 윤리위원회와의 협력 / Cooperation With Ethics Committees

인 조항을 만들고 조항에 따라 상황을 규제하기 때문에 법규에 없는 상황을 처리해야 할 때 사후에 책임시비에 휘말리지 않고 방어할 수 있으려면 원칙에 입각해서 행동해야 한다.

4. 상담의 법적 · 윤리적 문제

실제적인 위반 횟수를 정확하게 알 수는 없지만, 상담자는 누구나 알게 모르게 윤리적 부주의를 범할 수 있다. 윤리 기준을 무시하거나 상담에서의 윤리적 측면을 외면하는 일은 윤리위원회의 보고서나 학회의 제재에서 볼 수 있는 것보다 훨씬 더 많을 것이다. 상담자에 따라서는 그러한 행동이 습관화된 것처럼 보이는 경우도 있을 정도다(Pope, Tabachnick, & Keith-Spiegel, 1987). 역사적으로 상담과 심리치료는 의학과 마찬가지로 일종의 자선을 베푸는 사업으로 간주되었다. 적어도 일반인들을 돕는 의로운 역할을 담당하므로 최악의 경우라도 단지 효과가 없는 것으로 끝나면 그만이라는 생각을 하던 시절이 있었다. 그러나 이러한 생각은 크게 잘못된 것으로, 부적절하며 효과가 없고 온당치 않은 상담과 심리치료는 내담자들에게 해악이 되는 한편, 오히려 그냥 내버려두는 것보다 그들의 문제를 더욱 악화시키는 결과를 초래할 수 있다는 사실이 입증되어 왔다(Lambert, 2003; Hubble, Duncan, & Miller, 1999). 상담자의 비윤리적 행위는 내담자에게 어떤 영향을 미치는가?

1) 비윤리적 상담의 폐해

한 사람의 전문가로서 상담자의 비윤리적 행동은 내담자에게 여러 측면에서 해를 입힌다. 무엇보다도 전문가의 도움을 구하기 위해 상담 서비스 혜택을 받을 수 있는 잠재적 내담자들의 자발성을 크게 훼손시킬 수 있다. 상담자가 가장 흔히 범할 수 있는 윤리적 문제로 내담자와의 성적 접촉이 꼽혀 왔다. 상담자가 내담자를 성적으로 유린하는 경우, 내담자는 심각한 정도의 폐해를 입게 된다(Bouhoutsos, Holroyd, Lerman, Forer, & Greenberg, 1983; Brown, 1988; Williams, 1992). 이들의 연구에 따르면, 상담자의 비윤리적 행위에 영향을 받은 내담자는 자살을 시도하거나 입원치료를 받았으며, 상담 전의 사적인 문제 외에도 추가적인 심리적 고통에 시달리게 된다는 사실이 밝혀지기도 했다. 또한 이러한 문제들은 시간이 지나도 고통이 사라지지 않고 장기간 지속되며, 만성적 문제로 발전할 가능성이 높다는 사실이 입증되기도 했다.

베이츠와 브로드스키(Bates & Brodsky, 1989)는 성학대가 한 생명을 얼마나 황폐화시키는지를 사례를 통해 보여 주었다. 이들은 착취적인 상담자와의 경험이 내담자로 하여금 모든 정신건강 전문가에게 확대 적용하게 하여 문제가 발생하더라도 전문가의 도움 요청을 꺼려 하는 경향이 있다는 점을 지적하였다. 포페(Pope, 1990)는 심리치료자의 성적 유린을 성폭행이나 근친상간의 효과와 비교하였다. 이러한 행동이 법적으로 미치는 파급 효과 역시 만만치 않아서 사례에 따라서는 직무상 과실 혐의로 민사법정에 가게 되거나, 형사법정에서 명예훼손, 비방또는 학대 혐의로 형을 받음으로써 상담자로서의 직위를 박탈당하는 사태까지 이어지기도 하였다(Crawford, 1994).

2) 비윤리적 상담 예방을 위한 조치

대부분의 전문가 학회나 협회는 산하에 윤리위원회가 있어서 그 기관에 소속된 회원들의 품행을 감독하는 역할을 담당하고 있다. 윤리위원회의 주요 목적은 학회 회원들에게 윤리강령을 교육하고 학회에 소속된 상담자들의 비윤리적 상담으로부터 일반인들을 보호하기 위함이다. 윤리위원회는 정기적인 모임을 통해 학회 회원들을 상대로 비윤리적 행동 혐의로 신고된 사건의 처리를 담당한다. 내담자의 권리를 존중하는 차원에서 상담자는 필요한 경우 내담자에게 윤리 관련 문제를 제기하는 방법을 설명해 줄 의무가 있다는 점을 강조하기도 한다. 일단 회원의 비윤리적 행위에 대한 제소가 발생하면, 윤리위원회는 즉시 조사에 착수하고 그 사건을 심의하여 적법한 절차에 따라 조치를 취한다. 조사 결과 구체적인 혐의가 없는 것으로 판명되기도 하지만, 만일 신고된 내용대로 상담자의 윤리 기준 위반 사실이 발견되면 위반 내용의 경중에 따라 적절한 제재가 내려진다. 일반적으로 가능한 제재로는 견책, 집행유예 혹은 일정 기간의 정직, 회원으로 하여금 소속 기관으로부터의 사임 권고, 회원의 파면 권고 혹은 지속적인 수련감독이나 개인 치료 등과 같은 구체적인 교정조치 과정 참여 권고 등이 있다.

회원 자격 박탈이나 정직은 보통 학회에서 회원들에게 가할 수 있는 가장 심각한 수준의 제재에 속한다. 회원들은 윤리위원회의 결정에 이의를 제기할 수 있다. 미국의 경우, 일단 이의 제기 과정이 완료되거나 이의 제기 마감 시간이 지나면, 정직 혹은 회원 자격 박탈과 같은 제재 사실을 전문기관의 저널에 인쇄하여 공표한다. 이어서 주정부나 국가의 면허증이나 자격증 담당 기관은 학회에서 추방된 정신건강 전문가에 대해 독자적인 조사에 착수해서 면허증이나 자격증을 취소한다. 학회 추방 조치가 내려진 사례들은 대체로 그 정도가 심각해서 흔히 위법행위에 대해 법정에서 심판을 받기도 한다. 그래서 적잖은 사례들이 민사 및 형사재판으로 이어져 언론에 보도되기도 한다.

3) 윤리적 상담 실천을 위한 방안

상담 장면에서의 윤리 문제가 점점 복잡해지고 소송의 가능성이 항상 잠재해 있으므로 상담자는 윤리적 양심과 도덕적 책임을 깊이 인식하고 상담에 임해야 하겠다. 이는 상담의 목표, 이론적 접근, 특별한 개입 등이 가지는 도덕적·철학적 의미를 심도 있게 생각해 보고, 자기를 성찰해 보며, 자기직면을 하는 작업을 말한다. 상담자가 윤리적 상담을 실천할 수 있는 방안으로 키치너(Kitchener, 1984)는 윤리적 상담을 위한 5가지 원칙을 제시하였다(〈표 1-3〉 참조). 이 원칙은 윤리규정으로 대처할 수 없거나 누락된 부분을 처리하는 데 중요한 지침이 될 수 있다. 자세한 윤리원칙은 제2장 '상담자의 윤리적 의사결정' 중 제2절 '주요 윤리원칙'에서 다루었다. 윤리적 상담 실천을 위한 방안은 다음과 같다.

〈표 1-3〉 키치너의 윤리적 상담을 위한 5가지 원칙

주 제	내 용
자율성 존중 Respect for Autonomy	• 내담자는 자신의 행동을 스스로 결정하고 처리할 수 있는 자율적인 존재다. • 상담자는 내담자가 자기 행동에 책임질 것을 기대하고 존중해야 한다.
비유해성 Nonmaleficience	• 상담자는 다른 사람에게 손해를 주거나 해를 입히거나 위험에 빠뜨리지 않아야 하고 이러한 행동을 적극적으로 피해야 한다.
선의 Beneficience	• 상담자는 다른 사람에게 선행을 베풀겠다는 의도를 가지고 행동해야 한다. • 무능하거나 부정직한 사람은 내담자의 성장이나 복지에 아무런 도움을 줄 수 없다.
공정성 Justice	• 상담자는 인종, 성별, 종교를 이유로 내담자를 차별하지 말아야 한다. • 시민들은 모든 서비스를 동등하게 받을 권리가 있다.
충실성 Fidelity	• 상담자는 내담자를 돕는 일에 열정을 가지고 충실하게 임해야 하며, 약속을 잘 지켜야 한다. • 상담자는 계약을 위반하거나(상담 시간을 사전 통보 없이 취소하거나 비밀 엄수를 위반하기) 신뢰를 저버리는 행위를 해서는 안 된다.

첫째, 전문가들로 구성된 합법적인 단체가 제정한 윤리 기준을 숙지한다. 윤리적 상담을 위한 첫 번째 요건은 소속 단체의 윤리규정을 숙지하는 것이다. 그러나 윤리규정을 잘 아는 것도 중요하지만, 교육과 훈련 과정에서 윤리적 딜레마에 관한 토론 기회를 자주 갖는 것이 필요하다(예, AIDS에 감염된 환자에게 자살할 권리가 있는가?). 왜냐하면, 윤리적 의사결정은 개방성과 자기비평을 통해 지속적으로 발전하는 과정이기 때문이다. 이러한 측면에서 상담자는 때로 개인의 질병을 야기하고 유지시키는 중요 사회병리 현상을 시정하기 위해 사회의 현안에 관심을 갖고, 사회의 건설적 변화를 위한 모임에 능동적으로 참여하는 것도 좋은 기회가 될 것이다. 여성에 대한 차별, 노인 복지, 소수민족에 대한 처우 문제, 노숙자 복지 문제, 아동학대 등과 같은 사회 문제를 개선하기 위한 사회 참여는 상담자의 윤리의식에 긍정적인 영향을 미칠 것이다.

둘째, 상담자 자신의 개인적 혹은 전문가로서의 한계를 인식한다. 윤리적 상담자는 자신의 교육과 훈련 정도를 넘어서는 진단이나 상담을 하지 않으며, 능력 이

상의 심각한 문제가 있는 내담자를 상담하지 않는다. 만일 이러한 상황에 처한다면, 반드시 수련감독자나 경험이 풍부한 상담자와 상의해야 한다. 자기직면은 개인적으로 해도 좋지만 동료들과 대화를 통해 보충할 필요가 있다. 상담과 관련해서 취하는 여러 조치들이 과연 타당한지 검토하기 위해서는 수련감독자나 다른 상담자들과 적극적으로 의견을 교환하는 것도 한 가지 방법이다. 이를 통해 다른 사람의 관점을 배우고 공동으로 검토해 봄으로써 윤리적 문제의 해결 방법을 터득할 수 있다. 이러한 견지에서 볼 때, 상담자 교육과 훈련과정에 상호 의견교환을 통해 윤리적인 책임감을 갖도록 하는 기회가 포함되어야 한다. 상담 관련 학회 대부분의 윤리강령에서 상담자는 자신의 능력 범위와 기법의 한계를 인식하고 그 범위 안에서 전문가로서의 서비스를 제공하고 기법을 사용하고 의견을 제시해야 한다는 점을 분명히 밝히고 있기 때문이다.

셋째, 내담자가 서면을 통해 선택할 수 있는 절차를 개발·적용한다. 이러한 조치는 내담자의 권리를 보호하는 가장 좋은 방법이면서 상담자에게는 만일의 경우를 대비하여 근거 자료를 확보할 수 있게 한다. 내담자는 상담자와의 관계 형성과 유지에서 공식적인 선택을 하는 데 필요한 자료를 제공받을 권리가 있다. 서면을 통해 내담자에게 제공되어야 할 내용은 다음과 같다.

- 상담의 일반 목표
- 내담자의 책임
- 관계를 규정할 법적·윤리적 기준
- 상담료
- 상담과정의 대략적 기간
- 내담자의 사례가 상담자의 동료나 수련감독자와 토의될 가능성

- 내담자에 대한 상담자의 책임과 능력
- 비밀보장에 대한 한계와 기대
- 상담자의 자격과 배경
- 내담자가 기대할 수 있는 서비스
- 상담과 관련된 위험 요소
- 상담을 통한 혜택

미국상담학회(2005)는 상담자/내담자 관계에 관한 일반 지침에 회원들이 상담을 할 때나 상담을 시작하기 전에 상담 관계에 영향을 미칠 수 있는 상담의 목표,

목적, 기법, 절차에 대한 규칙이나 한계 등에 관해 알려 주어야 한다는 점을 명시하고 있다. 또한 일방경(one-way mirror), 비디오 녹화나 오디오 녹음 등은 내담자의 결정에 영향을 미칠 수 있으므로 이 사실에 대해 사전에 내담자의 허락을 받을 것을 권장하고 있다. 만일 상담 내용을 녹음 혹은 녹화하는 경우, 수련감독자의 주 관심이 내담자에게 있기보다는 상담자의 행동에 있음을 알려 줌으로써 내담자의 불안을 감소시킬 수 있다. 특히 미성년자와 상담을 시작하기 위해서는 부모가 반드시 이 사실을 알고 있어야 하고 부모의 동의가 있어야 한다. 단, 예외적으로 산아제한, 낙태, 약물 오남용, 아동학대, 기타 위기 문제에 대한 상담의 경우는 아무리 미성년자라고 하더라도 부모나 보호자에게 알린다거나 동의를 구하지 않아도 상담을 받을 권리를 부여하고 있다. 이러한 경우, 미성년자의 상담자는 보호자의 역할을 겸하게 된다.

넷째, 내담자와의 전문적 관계는 서로의 이익을 위해 존재한다는 점을 명심한다. 상담자가 자신의 가족 및 일가친척을 상담해도 좋은가? 이 질문에 대한 대답은 '할 수 없다.'다. 한 가지 이유는 다중 관계(multiple relationships), 즉 서로가 너무 가까운 관계여서 상담자의 욕구가 가족의 문제와 맞물려 있기 때문이다. 또다른 이유는 상담 관계의 특수성, 즉 상담자가 더 강하고 영향력이 있는 입장에 서게 되어 상담자가 내담자를 교묘하게 이용할 가능성이 있기 때문이다. 미국심리학회(2002)의 윤리강령에는 내담자와의 다중 관계에 관한 규정이 포함되어 있다. 다중 관계에 대해서는 추후 보다 심층적으로 논의될 것이다. 이 규정에 따르면, 상담자는 내담자의 의존과 신뢰를 악용하지 않기 위해 자신의 욕구와 내담자에 대한 자신의 강력한 위치를 항상 인식하고 있어야 한다. 상담자는 다중 관계 혹은 전문가로서의 판단을 흐리게 하거나 내담자를 이용할 위험이 있는 관계를 피하기 위해 노력해야 하며 다른 능력 있는 전문가에게 의뢰하고 상담 관계를 종결시켜야 한다.

다섯째, 어떤 경우도 내담자와의 신체적 접촉은 피한다. 그러나 문화권에 따라서는 성적 접촉이 아닌 신체적 접촉은 때로 도움이 되기도 한다. 성적 접촉이 아닌 신체적 접촉으로 적절한 경우는 다음과 같다.

- 부모의 사랑이 결핍되어 사회적으로나 정서적으로 성숙하지 못한 내담자를 상담할 때
- 슬픔이나 외상 경험을 겪고 있는 사람에 대한 위기 상담을 할 때
- 정서적 지지를 해 줄 때
- 인사할 때나 상담을 끝낼 때

상담자와 내담자 간의 성적 친밀성에 대한 문제는 전문 문헌에서 많은 관심을 받아 왔다. 모든 전문가 윤리강령은 아무리 치료적인 목적이나 긍정적인 상담 결과를 산출해 낸다고 하더라도 내담자와의 성관계는 비윤리적이라는 점을 구체적으로 밝히고 있다. 지난 수년 동안 미국 내에서 미국심리학회의 윤리위원회에 제기된 문제 중 가장 빈도가 높은 단일 유목은 성적인 문제다. 그러면 일단 치료 관계가 종료된 내담자와 친밀한 관계를 갖는 것은 어떠한가? 윤리강령에 따르면, 치료 관계가 종결된 후에도 상담자는 지속적으로 자신의 행위에 책임을 져야 한다. 과거 내담자와의 성관계는 시간이 경과하거나 치료자의 의도에 관계없이 명백히 비윤리적이라는 점을 명심해야 한다.

여섯째, 상담자는 예외적인 경우를 제외하고 상담 중 내담자가 노출한 사적인 내용에 대한 비밀을 유지한다. 비밀 유지는 신뢰할 만하고 생산적인 내담자/상담자 관계의 형성에 필수적인 요소다. 비밀 유지는 윤리 문제를 넘어서 법적 문제에 해당될 정도로 중요한 사안이다. 내담자가 사생활을 누설하지 않을 것이라고 상담자를 신뢰하지 않는 한, 진정한 치료나 내담자의 변화는 일어나지 않기 때문이다. 지킬 수 있는 비밀 유지의 정도를 규정하는 것은 바로 상담자의 책임이다. 상담자는 자신이 근무하고 있는 기관의 규정과 내담자의 독특한 상황을 고려하여 비밀 유지에 관한 결정을 스스로 내려야 한다. 윤리 기준에 정확히 정의되지 않은 경우, 상담자가 전문적인 판단을 해야 하기 때문이다. 그러나 비밀 유지가 내담자나 타인에게 심각한 해를 끼칠 때 그 비밀은 지켜져서는 안 된다. 이러한 이유로 미국상담학회의 윤리 기준도 내담자나 타인에게 명백하고 긴급하게 위험이 된다고 판단되면 상담자는 개인적인 조치를 적절하게 취하거나 소관 부처에 알려야

한다고 명시하고 있다.

　치료 관계에서 얻어진 정보는 상담 목적을 위해서만 다른 사람과 의논할 수 있고, 명백히 그 사례와 밀접히 관련 있는 사람과 토의할 수 있다. 상담 초기에 내담자에게 치료 관계의 어떤 부분에 대해서는 수련감독자나 다른 상담자들과 토의할 수도 있다는 사실을 알려 주는 것이 좋다. 미국상담학회(2005)의 안내지침에 따르면, 상담자는 능력 있는 전문가라면 어떤 사람에게도 내담자에 대한 자문을 구할 수 있지만, 내담자와의 관계에서 비밀 유지의 한계를 분명하게 알려야 한다. 그러나 예외가 있다면, 법적으로 상담자가 반드시 보고해야 하는 상황으로 내담자가 자신이나 타인에게 위험한 행동을 할 때, 미성년 내담자가 근친상간, 강간, 아동학대 혹은 여타 범죄의 희생자라고 생각될 때, 내담자가 입원할 필요가 있다고 판단될 때, 그리고 정보가 법적인 문제가 될 때다.

5. 요 약

　상담자, 심리학자 그리고 기타 정신건강 전문가들은 전문적인 조력자들이므로 조력에 대한 약속을 충실히 이행하고 부도덕한 전문가들로부터 일반인들을 보호해야 할 의무가 있다. 윤리적으로 행동한다는 것은 역량을 갖추고 있고, 내담자의 복지를 최우선적으로 생각하며, 자신의 힘과 능력을 책임 있게 사용하고, 품행에 유의해서 전문직 종사자로서의 평판을 드높이는 것을 의미한다. 윤리적 딜레마에 처할 때, 상담자는 윤리 관련 문헌을 살펴볼 필요가 있다. 이 분야의 문헌들은 도덕적 행동의 구성요소를 이해할 수 있는 틀을 제공해 주기 때문이다. 또한 전문가들로 구성된 학회의 윤리 기준 혹은 윤리강령과 자신의 소속 기관의 규정을 참조해야 한다. 이러한 기준에는 해당 분야의 전문가들이 모여 그 전문직을 윤리적으로 수행하기 위한 윤리적 품행을 위한 조항들이 포함되어 있기 때문이다. 그리고 철학적인 문헌을 고찰해 보는 것도 도움이 된다. 이러한 문헌들은 전문가 윤리강령의 토대를 이루고 있는 윤리 기준과 이론에 대해 상담자의 이해를 돕기 때문이다. 뿐만 아니라 전문가 윤리에 전문성을 갖춘 다른 상담자들이 출간한 서적과 연구자들의 출판 논문을 고찰해 보는 것도 좋은 방법에 해당된다. 이 학자들은 새로이 주목을 받는 상담유형의 윤리적 측면을 논의하고 사회적으로 심각한 윤리 관련 문제에 대해 중요한 정보와 자료를 제공하고 있기 때문이다. 이러한 자원들은 다양한 측면에서 윤리적 갈등에 처한 상담자의 의사결정을 돕는 지침 역할을 한다. 그러나 궁극적으로는 상담자 개개인이 자신의 행동에 전적으로 책임을 져야 한다는 사실을 명심해야 할 것이다.

비윤리적 행동에 관한 기록을 살펴보면, 내담자와의 성적 접촉이 상담자의 비윤리적 행위로 윤리위원회에 신고되거나 법원에 고소 고발된 규정 위반 사례들 중 가장 빈번한 것으로 드러났다. 객관성을 유지하기 어렵게 하는 다른 형태의 다중 관계 또한 반복적으로 발생하고 있는 것으로 판명되었다. 비밀보장 침해, 자살 내담자에 대한 조치 미흡, 그리고 부적절한 상담료 징수 등과 같은 자격 미달인 사람의 상담 또한 반복적으로 재발되곤 하는 문제에 속하는 것으로 조사되었다. 비윤리적 상담의 형태와 정신건강 전문가의 특성 사이에는 거의 상관관계가 없지만, 한 가지 예외가 있다. 남성 상담자 또는 심리치료자들은 여성 상담자 또는 심리치료자들에 비해 내담자, 이전 내담자, 학생 그리고 수련생과 성적 비행에 빠지는 경향이 높다는 사실이다.

상담과 심리치료와 관련된 윤리강령과 법 조항은 상당 부분 중복되어 있다. 그러나 어떤 것은 갈등을 유발시키기도 한다. 더욱이 법은 문제 행동을 제거하려는 의도가 있는 반면, 윤리강령은 선하고 바람직한 행동을 정의해 놓고 있다. 정신건강 전문가들은 그 법을 준수하면 내담자들에게 해가 될 것을 염려해서 법을 무시하는 경우도 있는 것으로 조사되었다. 그러므로 상담자는 가능한 결과에 대해 심각하게 심사숙고하고 이해한 후에 실행에 옮겨야 한다. 법적 문제를 피하기 위한 가장 좋은 보험은 윤리강령에 관한 지식과 이에 따라 윤리강령의 토대가 되는 기준과 실천이라 하겠다.

제 2 장
상담자의 윤리적 의사결정

인간은 갈등 상황에 직면했을 때 어떻게 행동할 것인지를 판단하고 결정할 것을 요구받는다. 이러한 상황에서 어떤 결정을 하기 위해서는 판단 및 결정에 필요한 기준이나 원칙이 필요하다. 결국 갈등 상황에서 이루어지는 특정 행동이 윤리적인 것이 되기 위해서는 우선 판단 및 결정의 기준이나 원칙이 윤리적인 것이어야 하며, 이러한 윤리적 기준이나 원칙에 부합하는 의사결정을 하고, 그에 따라 행동을 해야만 한다. 상담자 역시 인간이며 상담 실천 장면에서 여러 가지 갈등 상황에 직면하게 되는 것은 당연하다.

따라서 이 장에서는 윤리적 행동이 되기 위한 상담자의 윤리적 판단 양식들을 알아보고, 이러한 윤리적 판단의 근거가 되는 상담자의 기본적인 윤리원칙을 살펴볼 것이다. 아울러 이에 근거하여 상담자가 윤리적 의사결정을 할 수 있도록 도와주는 상담자의 윤리적 의사결정 모형을 제시하고 각 단계에 대해 자세히 설명할 것이다.

1. 윤리적 판단 양식

키치너(Kitchener, 1984, 2000)는 윤리적 판단 양식을 직관적 판단 양식(intuitive ethical judgment)과 비판적·평가적 판단 양식(critical-evaluative ethical judgment)으로 나누었다. 갈등 상황에서 어떤 판단을 해야 할 경우, 어떤 사람들은 감이나 직관에 따라서 즉각적으로 판단하는가 하면, 어떤 사람들은 직면한 상황에 대해서 철저하게 분석하고 윤리적 지식과 원칙에 기초하여 심사숙고한 다음에 판단한다는 것이다.

도덕적 또는 윤리적 판단을 할 때, 사람들은 보통 직관적 수준에서 판단한다. 도덕적 판단은 꽤 자연 발생적인 경향이 있으며 감정 또는 그 사람의 통상적인 도덕적 감각을 통해 동기화된다. 이때의 통상적인 도덕적 감각은 도덕적인 것(being moral)과 관련된 과거의 학습과 그 사람의 품성(character)에서 도출된다(Kitchener, 2000). 그러나 직관적 판단에 따른 추론은 완전하게 의식적으로 인식하고 심사숙고한 후에 선택하는 것은 아니다. 예를 들어, 생명의 위협을 무릅쓰고 타인을 구하려 한 사람을 인터뷰해 보면, 이 영웅들은 무엇이 자신을 그렇게 용감하게 만들었는지에 관해 명백하게 말을 하지 못한다. 다른 행동이 전혀 떠오르지 않았다거나 다른 생각이 나지 않았었다고 말한다. 단지 그들은 행동했을 뿐이라는 것이다. 만약 이를 기사화한다면, 기자들은 그들의 이러한 행동의 동기가 영웅적 특성이나 영적 신념에서 기인한 것이라고 언급할 수도 있다. 그러나 아무도 그들의 범상한 행동에 대한 철학적 근거를 제시하지 못할 것이다. 레스트(Rest, 1983, 1994)는 자신의 도덕성 모형에서, 이러한 영웅들은 즉각적인 도덕적 민감성을 소유하고, 좋은 직관적인 도덕적 추론을 사용하며, 강한 도덕적 동기를 가졌고, 그들이 느낀 것을 곧바로 실행하는 데 단호하다고 기술하였다.

그러나 모든 사람이 그러한 감탄할 만한 윤리적 직관을 가지고 있는 것은 아니다. 위기에 처한 사람들을 외면하는, 즉 도덕적으로 둔감한 사람들도 있다. 재미있는 것은 이들 또한 그들의 동기를 명확히 말하지 못하는 경향이 있다는 것이다.

이러한 도덕적 둔감성은 일반 시민들에게만 한정된 것이 아니라 상담자들에게도 나타날 수 있다. 예를 들어, 1960년대와 1970년대에 매커트니(McCartney, 1966)와 같은 정신건강 전문가들은 내담자와의 성적 친밀함이 치료자들에게 도움이 되는 바람직한 행위이며 내담자와의 섹스는 몇몇 장애를 위한 '치료법'으로 법제화되어야 한다고 주장하였다. 또한 19세기 중반에 소위 'drapetomania'라고 불리는 새로운 의학적 진단은 '집에서 도망치는 질병'이라는 의미였는데, 주인으로부터 도망치려고 시도하는 노예들을 진단하는 데 사용되었다(Szasz, 1971). 노예 상태에서 벗어나 자유를 선택하는 노예는 정신적으로 질병을 가지고 있다는 것이다. 이러한 사례들을 보면 전문가들이 윤리적인 민감성이 결여되어 있거나 윤리로서 비윤리를 합리화하려 하였음을 알 수 있다.

따라서 상담자들이 책임 있는 윤리적 선택을 하도록 하는 데 상담자들의 직관에 의존하는 것이 그리 현명치 않은 접근 방법임을 알 수 있다. 키치너(Kitchener, 1984, 2000)는 믿을 만한 근거에 기초하여 적절한 윤리적 판단을 하려면 전문가 기준(standards), 윤리적 지식, 윤리원칙 등에 입각해 철저히 분석을 한 후에 판단을 해야 한다고 주장하였다. 이러한 분석은 그 전문직의 가치와 도덕적 비전에 기초해야 한다(Cohen & Cohen, 1999; Hill, 2004; Meara, Schmidt, & Day, 1996). 그렇지 않으면 그 과정은 공허한 지적인 과정으로 변질되기 쉽기 때문이다. 키치너는 이러한 방법을 윤리적 의사결정을 정당화하는 '비판적·평가적' 수준이라 명명하였고, 윤리적인 논제가 이렇게 비판적으로 검토될 때만 대중들이 전문가의 특이한 직관으로부터 상처받지 않게 된다고 하였다. 직관 자체가 의사결정을 하는 데 충분치 않다는 시각은 직관을 무시해야만 한다는 것을 의미하는 것이 아니다. 그러나 전문직은 윤리원칙에 입각한 윤리적 의사결정을 해야 하고, 이를 전문적인 행동의 기준으로 삼아야 한다.

2. 주요 윤리원칙

상담자는 기본적인 윤리원칙에 따라 사고해야 특정 사례에 대해 논의할 때 질서와 일관성을 부여할 수 있다(Beauchamp & Childress, 2001). 또한 상담자는 윤리원칙을 이해해야 관련성이 없어 보이는 사례들 간의 패턴을 더 잘 발견할 수 있고, 자신의 윤리적 직관도 더 잘 이해할 수 있다. 키치너(Kitchener, 1984)는 뷰챔프와 차일드레스(Beauchamp & Childress, 2001)와 드레인(Drane, 1982)의 연구를 기초로 하여 조력전문가의 5가지 주요 윤리원칙을 자율성 존중, 비유해성, 선의, 공정성, 충실성으로 정리하여 제시하였다. 이 원칙 중 어떤 것도 절대적으로 적용되는 것은 아니다. 예를 들어, 어떤 사람이 자신이나 타인에게 해를 가했다면, 상담자는 해를 가한 그 사람을 병원에 입원시키는 선택을 할 수 있을 것이다. 이러한 비자발적인 입원은 자율성을 저해하지만 인간의 생명을 보호하는 데 기여한다. 대부분의 철학자들이 윤리원칙을 '명백히 적용해야 할 사항'으로 기술하지만, 이는 동등한 또는 더 큰 의무와 상충될 때가 아닌 상황에서 적용되는 것을 의미한다.

그렇다면 상담자가 알아야 할 윤리원칙들은 어떤 것들인가? 다음은 키치너(Kitchener, 1984)가 제시한 5가지의 각 원칙들에 대한 정의와 이를 아래 병수의 사례에 적용하여 논의한 것이다.

병수는 열일곱 살의 고등학생으로 운동 코치에게 과거에 자신이 새 아빠로부터 성적 학대를 받았다고 말했고, 운동 코치는 이 사실을 학교당국에 신고했다. 결국 병수는 학교 상담자인 김 선생과 상담을 하게 되었는데, 4회기의 상담을 하던 중에 병수는 자신이 새 아빠에게 성적 학대를 받았다고 한 말은 거짓말이었다고 이야기했다. 그 이유를 묻자, 그는 자신의 새 아빠가 어머니를 여러 번 폭행하여 어머니가 새 아빠와 헤어지게 만들려고 그 이야기를 꾸며낸 것이라고 말했다.

1) 자율성 존중

자율성 존중(respect for autonomy)은 각 개인의 자유와 존엄성에 대한 존중을 의미한다. 즉, 사람들은 타고난 존엄성을 갖고 있기 때문에, 모든 개인의 선택은 타인으로부터 강요되어서는 안 되며 스스로 선택할 수 있는 자유를 보장받아야 한다. 자율성에 함축되어 있는 또 다른 측면은 스스로의 선택에 대한 책임을 져야 한다는 것이다. 그러나 자율성 존중은 한계를 가지고 있다. 한 사람의 행동이 다른 사람의 자유를 침해하거나 자신의 선택이 갖는 의미를 이해할 수 없는 경우는 자율성이 존중될 수 없다. 즉, 아주 어린아이들이나 심한 정신장애를 가진 사람들, 정신병을 앓고 있는 사람들은 자신의 선택이 자신이나 타인에게 주는 함축적 의미를 이해할 수 없기 때문에 행동의 자율성을 갖지 못한다. 이런 상황에서는 그 개인을 대신하여 타인이 간섭하게 된다.

윤리적 갈등 상황에 처한 상담자는 고려하고 있는 대안들 중에서 어떤 대안이 이 원칙에 가장 부합하는가를 물음으로써 자율성 존중의 원칙을 활용할 수 있다. 병수의 사례에서도 자율성에 대한 존중은 중요하다. 만약 그가 성인과 동일한 자율성을 인정받을 수 있다면, 병수의 바람이 실질적으로 다른 사람에게 해를 끼치지 않는 수준에서 상담자는 비밀보장에 대한 그의 바람을 존중해야만 한다. 그럴 경우 두 가지의 질문이 제기될 수 있는데, 병수는 성인과 동일한 자율성을 인정받을 수 있는가와 그의 행동은 타인에게 어느 정도 해를 끼칠 수 있는가 하는 것이다. 윤리 관련 문헌을 살펴보면, 17세 청소년은 자율적으로 행동할 수 있을 정도로 충분히 성숙되었다고 볼 수 있다(Gustafson & McNamara, 1987). 이를 바탕으로 김 선생은 병수가 거의 모든 자율성을 인정받을 수 있다고 결정한다. 성적 학대 사실에 관한 병수의 진술이 타인에게 해를 끼칠 가능성에 대한 분석 결과, 우선 새 아빠에게는 그의 직장, 정서적 안정성, 결혼, 양자 양육 능력 및 개인적 자유에 영향을 미칠 수 있고 어머니에게는 심리적 고통과 남편이 겪는 괴로움에 따른 고통을 줄 수도 있다. 자율성 존중의 원칙에 충실하기 위해서는 병수가 바라는 것이 김 선생의 결정에 분명히 반영되어야 한다. 그러나 내담자가 바라는 것이 타인에게 해를 끼칠 수 있다고 우려된다면, 상담자는 내담자의 선택권에 대해 신중히 생각하여 의사결정을 해야 한다.

2) 비유해성

두 번째 윤리원칙인 비유해성(nonmaleficience)은 의학윤리에 근간을 두고 있다. 의사들은 환자를 치료하되 절대 그들에게 상처를 입히거나 해를 끼치지 않아야 된다는 것이다. 마찬가지로 상담 전문가들도 내담자에게 해를 끼치지 않을 것이라고 확신할 수 있는 개입 방법만을 사용할 의무가 있다. 이 의무는 상담자들이 내담자를 위한 치료의 위험성을 인식 및 평가해야 하고 그에 맞게 행동해야 함을 의미한다.

상담의 여러 측면들이 때로는 내담자들을 불편하게 할 수도 있고, 더 나은 기분을 느끼기 전에 일시적으로 기분이 더 나빠지게 할 수도 있다. 예를 들어, 아동기에 신체학대를 당한 경험을 극복하기 위해 노력하는 사람은 상담을 시작할 때보다 그러한 경험이 현재의 기능에 미치는 영향을 검토하는 상담을 받는 과정 중에 더 혼란스러워할 수도 있다. 한동안 그 사람은 수면장애를 겪을 수도 있고, 자주 울 수도 있으며, 일이 손에 잡히지 않을 수도 있다. 만약 이러한 개입이 결과적으로 도움이 되지 않거나 혹은 내담자가 일시적인 부정적 효과가 있을 수 있는 개입 방법에 동의하지 않는다면, 이 상담은 해가 될 것이다. 만약 상담자가 긍정적인 효과가 있는 것으로 알려진 개입을 능숙하게 실행할 수 있는 능력이 있고 이 내담자에게 이 개입 방법이 효율적이라는 것을 확신한다면, 상담자는 비유해성의 원칙을 따르고 있는 것이다. 여기에서 전문가가 더 고려해야 할 사항은 예기치 않은 상담의 부정적 영향이 없는지를 살피고 이에 대응하기 위해 내담자의 진전 상황을 모니터하는 것일 것이다.

비유해성 원칙의 또 다른 측면은 해를 입힐 수 있는 행동을 하는 것보다는 아무런 개입을 하지 않는 것이 오히려 더 나을 수 있다는 것이다. 상담 전문가는 설령 내담자나 동료들이 어떤 개입 방법을 요구하거나 상담자가 그 방법 이외에 아무

것도 할 수 있는 것이 없는 경우라 하더라도, 그것이 해가 될 수도 있는 방법이라면 사용해서는 안 된다. 비유해성 원칙은 상담자가 숙련되지 않았다면, 서투른 솜씨로 해를 끼칠지도 모를 행동을 하는 것보다는 아무것도 하지 말 것을 요구한다.

병수의 사례에 비유해성의 원리를 적용할 때, 우선 김 선생이 병수의 동의 없이 정보를 노출했을 때 병수에게 미치는 해로움은 무엇이고 각각의 대안이 낳는 해로움은 무엇인가를 분석해야만 한다. 즉, 상담자는 병수의 정신 상태, 정서적 안정성, 그리고 상담 내용을 공개함으로써 병수에게 나타날 수 있는 충동적이고 파괴적인 행동 경향 등을 조심스럽게 숙고해야 한다. 또한 비밀을 공개하는 것이 병수에게는 상담을 그만두게 하는 원인이 될 수도 있으며, 최소한 상담자 자신을 신뢰하지 않게 되고 이제 다른 사람들에게 상담받기를 꺼리게 될 수도 있음을 인식할 필요가 있다. 아울러 상담자는 내담자와의 신뢰할 만한 상담 관계를 해치는 결과를 초래할 수 있다는 점도 고려해야 한다. 그런 다음 상담자가 취할 수 있는 각각의 대안으로 병수의 가족 구성원들이 입게 되는 해를 평가해야만 한다. 다른 측면에서 보았을 때, 새 아빠에게 학대를 받았다는 주장이 계속되고 이것이 진실이 아니라면, 엄마와 새 아빠 둘 모두에게 해를 입힐 것이다. 마지막으로 상담자는 내담자의 가족 구성원들이 받을 상처와 내담자가 겪게 될 상처를 비교하여 고려할 필요가 있다. 만약 병수는 약간의 불편함을 경험하고 그의 새 아빠는 범죄의 판결을 받으며 엄마는 이혼을 할지 모를 상황이라면, 그러한 정보는 상담자인 김 선생이 심사숙고해야 할 부분이다. 비유해성의 원칙은 상담자로 하여금 내담자, 학생 또는 연구 참여자들이 상담을 시작하던 때보다 최소한 더 악화되지 않게 그들의 경험을 마무리할 수 있도록 그들의 힘을 지혜롭게 사용할 것을 요구한다.

3) 선 의

세 번째 윤리원칙은 선의(beneficience), 즉 선한 일을 해야 할 책임이다. 상담자들은 자신을 전문 조력가라고 공표하므로, 그들은 상담 서비스에 적극적으로 참여하는 사람들에게 진정한 도움이 되도록 할 의무를 가지고 있다. 또한 일반적으로 사회와 잠재적인 내담자가 될 사람들을 도울 의무도 가진다. 그러나 이러한 의무는 대중에게 서비스를 제공하는 모든 직장인들에게 요구되는 것은 아니다. 구두, 복사기 또는 장난감 등을 만드는 사람들은 자기 스스로를 조력자라고 선전하지 않으며, 따라서 윤리적으로 그들은 도움을 주어야 할 의무도 없고 단지 사람들에게 해를 끼치지 않을 상품을 만들어 내면 되는 것이다. 물론 그러한 직업인들이 다른 이들을 돕는 것은 바람직하나, 조력자들이 돕는 것과는 근본적인 차이를 보인다. 즉, 그들이 다른 이들을 돕는 것은 자신이 하는 일의 본질에 따라 부과된 의무는 아니라는 점이다. 또한 선의의 원칙은 상담자가 자기 능력의 한계 내에서 활동하고 공공복지를 신장시킬 것을 명시하고 있는 윤리강령 조항에도 나타나 있다. 무능한 방식으로 활동한다는 것은 전문가가 약속하고 내담자도 기대하고 있는 도움을 줄 수 없음을 의미한다.

선의는 또한 상담자가 내담자에게 전반적인 도움을 줄 수 있는 전문적 활동에 전념할 것을 요구하므로, 상담과정에서 이루어지는 각 활동의 유익성 여부를 결정하는 것은 윤리적인 갈등 상황을 해결하는 데 중요하다. 선의는 전문가가 단순히 자신의 내담자가 상처를 받지 않도록 하는 것만으로는 충분하지 않다. 상담자의 개입은 첫째로 내담자에게 해를 입히지 않아야 하고, 둘째로 유익한 것을 해야 한다는 데 기초를 두어야만 한다.

병수의 사례에 적용된 선의는 병수가 해를 입는 것을 피하는 것뿐만 아니라, 상담 후에 더 좋게 마무리할 수 있는 해결을 보는 것이다. 나아가 선의는 어떤 활동 과정이 전 가족을 진정으로 가장 잘 도와줄 수 있는가를 김 선생이 평가해야만 한다는 것을 의미한다. 김 선생은 또한 비밀보장 원칙을 위반한 것이 고등학교 상담자로서의 그의 역할에 미치는 영향을 검토해야 한다. 만약 병수가 한 말을 상담자가 상담실 밖에서 이야기하고 이 사실을 다른 학생들이 알게 된다면, 아마도 그들은 상담이 도움이 될 수 있을 때조차도 상담 서비스를 이용하지 않을 것이다. 이는 상담자가 자신이 봉사할 모든 사람들을 계속 도울 수 있는 해결책을 찾아야 한다는 것을 보여 준다. 결국 병수의 사례에서는 병수에게 선의를 베풀어야 할 상담자의 책임이 다른 고려사항보다 우선해야 하지만, 선의의 모든 측면들이 탐색될 필요가 있다.

4) 공정성

공정성(justice)은 공정하게 활동할 책임이다. 이 원칙은 상담자들이 전문적인 활동을 할 때 어느 한쪽으로 치우치지 않고 모든 사람의 존엄성을 인정할 것을 요구하는 것이다. 공정성은 공정하고 차별하지 않는 것을 의미하며, 한 집단을 정형화할 때 이 원칙을 위반할 위험성이 가장 커진다. 상담자가 인종, 나이, 성, 문화 및 실제 문제와 직접적인 관련이 없는 다른 어떤 변인들에 기초해 편파성을 보이는 것은 불공정한 것이므로 피해야 한다.

그러나 공정성은 단순히 차별하지 않은 것만을 의미하는 것은 아니다. 공정성은 곤란을 겪고 있는 사람들에게 추가적인 서비스를 제공하여 차별당하지 않도록 도와주는 것까지도 포함한다. 예를 들어, 교육자는 같은 준거를 활용하여 모든 학생들의 수행을 평가해야 하는 책임을 지고 있다. 그러나 만약 한 학생이 청각장애를 가지고 있다면, 교사가 그 학생을 다른 학생들과 일률적으로 같이 대하는 것은 불공정할 것이다. 대신, 공정하기 위해서는 그 학생이 가진 듣는 문제를 인정하고 효과적으로 의사소통할 수 있도록 교수 환경에 적응시켜야 할 것이다. 그러나 일단 그렇게 적응이 되고 나면, 동일한 수행 기준이 적용되어야 공정할 것이다. 장애 때문에 교직원이 그 학생의 활동에 더 관대하게 성적을 부여하는 것은 비윤리적일 수 있다.

이외에도 공정성의 원칙은 모든 사람들이 상담 서비스를 받을 수 있어야 한다는 점도 포함한다. 이를테면, 돈을 지불할 수 없어 상담을 받기 어려운 사람들이나 언어가 다른 사람들을 거부하는 것은 비윤리적이다. 그렇다고 공정성의 원칙에 따라 상담자들이 감당할 수 없을 정도로 가난한 내담자들을 받아야 한다거나 그들이 여러 개의 언어를 구사할 것을 요구하는 것은 아니다. 다만 상담자들이 그러한 경우에 차선책을 찾아 현실적인 대안을 찾도록 도와주어야 한다.

이 원칙을 병수의 사례에 적용하면, 김 선생은 병수와 그 가족들의 복지 이외의 변인들이 자신의 윤리적 추론에 개입되지 않도록 자신의 다른 청소년 내담자들처럼 병수를 대해야 한다. 예를 들어, 지역사회에서 병수 부모가 갖는 지위가 김 선생의 행동에 영향을 주어서는 안 된다. 마찬가지로, 만약 김 선생이 새 아빠를 싫어하거나 병수의 엄마를 자신의 엄마와 동일시하고 있다는 것을 깨닫는다면, 이러한 자신의 개인적인 감정을 병수와의 비밀보장과 관련된 의사결정을 하는 데 개입시키지 않아야 공정성의 원칙에 부합한다. 만약 김 선생이 병수와 그의 가족을 공정하게 대할 수 없으면, 병수를 공정하게 대할 수 있는 상담자에게 의뢰해야 한다.

5) 충실성

다섯 번째 윤리원칙인 충실성(fidelity)은 약속과 진실에 충실하는 것이다. 특히 충실성은 내담자에게 충심을 다하는 것이다. 상담자는 자신의 이익보다 내담자의 이익을 우선시해야 하며 심지어 그러한 충심이 불편하고 거북할 때조차도 내담자에게 충실해야 한다. 충실성은 상담자와 내담자 간에 신뢰를 이끌어 내는 데 핵심적인 역할을 한다. 만약 상담자의 말이나 행동이 믿을 수 없으면 신뢰가 생기는 것은 불가능하다. 게다가 내담자는 약하고 상담자는 힘을 가지고 있기 때문에 더욱 충실성이 필요하다. 그렇다고 이것이 무조건 정직해야만 한다는 것은 아니다. 내담자가 지루하게 이야기를 한다고 느끼거나 내담자의 정치적 관점에 동의하지 않는다고 해서 상담자가 그러한 모든 생각들을 내담자에게 말할 의무는 없다. 그러한 정보가 내담자들에게 미치는 영향에 대해서 고려하는 것이 필요하다. 그러나 다른 원칙에 위배되지 않는다면 가장 중요한 의무는 여전히 진실함이다.

또한 충실성의 원칙은 소속 기관과 동료 전문가들에게도 충실해야 함을 의미한다. 상담자들은 보수를 받는 대가로 전문적인 서비스를 제공하겠다고 고용주와 계약을 했기 때문에 그 계약 사항을 충실하게 이행해야 한다. 상담자들은 자신의 전문적 지위를 이용하여 이익을 얻는 대신에, 그들은 전문직의 규칙에 맞게 행동할 것과 다른 전문가들을 존중할 것에 동의한다. 만약 상담자가 윤리적 갈등 상황에 직면하고 있다면 상담자가 고려 중인 행동들 가운데 어떤 것이 고용주와 약속한 것들에 가장 충실할 수 있는 것인지를 스스로에게 자문해 볼 필요가 있다.

병수의 사례에서, 충실성은 김 선생이 병수와 그에게 한 약속에 충실할 것을 요구한다. 만약 병수의 부모와 묵시적으로 약속이 이루어졌다면, 그 약속들에도 충실해야 하는 의무를 가진다. 만약 병수와 그의 부모님에 대한 충실성이 충돌한다면, 김 선생의 첫 번째 의무는 내담자를 우선시하는 것이다.

3. 윤리적 의사결정 모형

윤리적 의사결정에 관한 모형은 여러 가지가 있으나, 보편적으로 활용하고 있는 모형은 키치너(1984, 2000)가 고안한 것이다. 이 모형은 윤리적 문제에 관해 심사숙고하는 단계적인 방법을 제공하고 있다([그림 2-1] 참조). 이를 단계별로 구체적으로 살펴보면 다음과 같다.

1단계: 상담의 윤리적 측면에 대한 민감한 반응

상담 회기 중에 윤리와 관련해 상담자에게 가장 요구되는 것은 잠재적인 윤리적 갈등 상황을 알아차리고 정의하는 것이다. 그러나 실제로 상담자들은 상담과정에서 윤리적 갈등 요소들을 잘 밝혀내지 못한다. 실제로 레스트(Rest, 1984)는 대학원 교육이 전문가로서의 기술적인 측면에 초점을 맞추는 반면, 윤리적 측면을 돌아보게 하는 데는 거의 무관심하다고 지적하였다. 린지(Lindsey, 1985)와 볼커(Volker, 1983)는 연구 대상자였던 상담자와 심리학자의 1/3 이상이 녹음된 모의상담 상황에서 윤리 문제를 제대로 인식하지 못하고 있음을 발견하였다. 심지어 조사 대상의 25%는 연구자가 윤리 문제에 관해 추가로 질문을 하였을 때조차 윤리 문제에 대해 인식하지 못하였다. 같은 측정 방법을 사용하였던 포드벨스키와 웨이스게르버(Podbelski & Weisgerber, 1988)도 상담을 공부하는 학생의 25%가 윤리적 문제를 인식하는 데 실패하였다고 보고하였다. 좀 더 최근의 연구(Fleck-Henderson, 1995; Flower, 1992)에서는 사회사업 및 심리학 분야의 학생과 현장 전문가들 사이에서 도덕적 감수성이 둔감화되고 있다는 결과를 보여 준다.

상담자의 윤리 의식을 향상시키고 그들의 개인적인 도덕적 비전과 가치를 전문직에서 요구하는 도덕적 비전 및 가치와 일치시키려면 어떻게 해야 하는가? 윤리학자들은 이를 위한 몇 가지의 방법들을 추천한다. 가장 좋은 방안으로 추천된 것은 전문직의 윤리 의식 함양을 위해 공식적인 교육과정에 교과목으로 개설해서 전문가의 윤리적 정체성을 발달시키는 것이다(Handelsman, Gottlieb, & Knapp, 2005). 전문적인 기준과 도덕적 의사결정 과정을 다루는 교과목을 수강하도록 하는 것은 상담자가 상담의 윤리적 측면에 대한 의식을 높일 수 있다(Dinger, 1997;

1 단계	상담의 윤리적 측면에 대한 민감한 반응
2 단계	사례와 관련된 사실과 이해 당사자 구체화
3 단계	갈등 상황에서 핵심 문제와 가능한 대안 정의
4 단계	전문가 윤리 기준과 관련 법률 및 규정 참조
5 단계	관련 윤리학 문헌 탐색
6 단계	기본적인 윤리원칙과 이론을 상황에 적용
7 단계	수련감독자나 동료로부터의 자문
8 단계	심사숙고 이후의 결정
9 단계	관련자들에게 알린 뒤 결정 내용 실행
10 단계	실행 내용의 반성

[그림 2-1] 윤리적 의사결정 모형

Eberlein, 1987; Wilson & Ranft, 1993; Ziebert, Engels, Kern, & Durodoye, 1998). 상담자가 대학원을 졸업한 이후에는 지속적인 교육과 동료와의 의사소통을 통하여 윤리적 민감성을 키울 수 있다. 특히 사례가 복잡한 경우에 동료 전문가의 견해를 듣는 것은 상담자의 독단적이고 편파적인 시각에 균형을 맞출 수 있도록 도와준다. 실제로 학교 상담자와 지역사회의 전문가가 윤리적 문제로 다툼이 있을 때, 자문을 받은 것이 큰 도움이 되었다는 연구들도 있다(Bombara, 2002; Cottone, Tarvydas, & House, 1994).

상담자의 윤리성을 향상시키기 위한 두 번째 방안은 사례분석과 토의를 중심으로 윤리성 훈련을 하는 것이다. 과거에 윤리적 갈등을 다루어 본 경험이 있는 상담자는 새로운 윤리 문제에 직면하였을 때 좀 더 경각심을 갖는다.

상담자의 윤리성을 향상시키기 위한 세 번째 방안은 파렴치하거나 미숙한 사람만이 비윤리적 행동을 할 것이라는 생각을 바꾸는 것이다. 많이 알려진 윤리 위반 사례들은 세상을 놀라게 할 만한 것들만 다루고 있기 때문에, 그러한 잘못된 결론을 내리는 것이다. 힐(Hill, 2004)이 지적하였듯이, 상담자는 종종 윤리를 부차적이고 중요하지 않은 것으로 보고 있으며, 전문가의 전문적 활동에서도 규칙이나 규정에만 관심을 갖는 경우가 많다. 윤리적 갈등 상황은 거의 발생하지 않으며 자신이 관심만 기울이면 인식할 수 있을 것이라 믿는 것은 잘못된 생각이다. 또한 이러한 생각을 가지고 윤리적 결정을 하는 것 또한 잘못된 것이다. 상담자는 윤리적 갈등 상황의 공통성, 복잡성, 난해성을 인식할 필요가 있다. 아무리 좋은 의도를 가지고 있고 근본적으로 덕이 많은 상담자라도 조심하지 않으면 종종 내담자에게 심각한 해를 끼칠 수 있다. 윤리적 민감성을 높이기 위한 실천적인 조치로서, 상담자는 모든 접수면접과 진행 중인 회기에 대한 윤리적 측면을 검토할 수 있는 규약을 만들어 둘 필요가 있다. 접수면접 양식이나 상담 기록부에 잠재적 윤리 문제에 관한 질문을 추가하는 것은 상담자로 하여금 자신이 실수할 수도 있는 문제를 자각하는 데 도움을 준다.

마지막으로 상담자는 정신건강 분야에 입문하려는 자신의 가치와 동기를 통찰할 필요가 있다. 윤리적 민감성은 전문가 윤리에 관한 지식과 배경뿐 아니라 개인적인 원칙과 철학이 전문직과 일치할 경우에 높아진다. 편협한 자기 이익만 추구하는 사람은 윤리적 민감성을 갖기가 힘들다. 지속적으로 윤리적 행동을 하려면, 윤리적인 행동의 저해 요인에 맞서는 이타적 동기와 굳은 의지가 필요하다. 인간 문제에 대한 진정한 열정과 봉사를 하겠다는 확고한 신념은 윤리적 민감성을 확보하는 데 필수적인 것이다. 미국상담학회의 윤리 기준(ACA, 2005)과 미국심리학회의 윤리원칙(APA, 2002)은 둘 다 상담자의 개인적 가치가 내담자에 대한 상담자의 의무를 저해하지 말아야 함을 강조하고 있다.

2단계: 사례와 관련된 사실과 이해 당사자 구체화

상담자가 윤리적 문제와 관련된 상황에 직면할 수 있다는 사실을 알았다면, 사례에 나타난 사회적·문화적 맥락을 포함한 모든 관련된 정보를 정리할 필요가 있다. 앞에서 제시한 병수의 사례에서 김 선생이 가장 먼저 할 일은 그 상황과 관련된 세부 내용과 그것의 사회문화적 맥락에 관한 모든 정보가 유용한 것인지의 여부를 스스로 묻는 것이다. 밝혀진 사실은 차후에 이루어지는 모든 추론의 근거가 된다. 관련된 사실을 무시하는 것은 전문가로 하여금 잘못된 추론이나 불만족스러운 윤리적 결과를 낳게 할 수 있다. 병수의 사례에서 김 선생이 파악해야만 하는 몇 가지 관련된 사실들에는 병수의 비밀보장에 관한 생각, 현재 병수의 정서적 건강 상태, 병수와 부모와의 관계, 이 일로 영향을 받는 사람 등에 관한 내용 등이 포함된다. 이러한 정보는 내담자로부터 또는 내담자에 대한 상담자의 평가를 통해서 얻을 수 있다. 이 사례에서 김 선생은 이러한 대부분의 질문에 관해 병수로부터 논리적으로 신뢰할 만한 대답을 들을 수 있으며, 추가적인 자료를 위해 자신의 전문적 판단과 내담자와의 치료적 만남에 의존할 수 있다. 중요한 정보를 얻을 수 없는 경우에, 상담자는 내담자의 비밀보장을 저해하지 않고 그 정보를 얻을 수 있는 방법들을 강구하여야 한다.

또한 중요한 사실의 윤곽을 파악하는 데 중요하게 고려해야 하는 측면은 내담자이외에 그 상황과 관련이 있는 다른 이해 당사자가 누구인가를 확인하는 것이다.

이해 당사자는 상담자의 행동을 통해 도움을 받거나 해를 입을 가능성이 있는 개인 및 집단으로 정의된다(Garcia et al., 2003; Treppa, 1998). 내담자가 미성년자일 경우, 부모나 보호자들은 자녀의 복지에 대한 궁극적인 책임이 있으므로 중요한 이해 당사자가 된다. 다른 이해 당사자의 복지가 내담자의 복지보다 우선할 수는 없지만, 가능하다면 상담자는 모든 이해 당사자의 복지가 보호될 수 있는 대안을 고려해야 한다. 이 사례에서 분명한 이해 당사자는 병수의 어머니, 새 아빠, 형제 및 다른 가족 구성원들이다.

3단계: 갈등 상황에서 핵심 문제와 가능한 대안 정의

일단 사례와 관련된 사실들과 이해 당사자가 명확해지고 나면, 상담자는 기본적인 윤리적 문제나 관련된 윤리적 문제의 유형을 분류해야 한다. 병수의 사례에서 주된 논제들은 내담자에게 가장 이익이 되는 것이 무엇인지가 분명하지 않을 때 그의 복지를 향상하는 방법, 다른 가족 구성원의 복지가 위태로울 때 상담자가 미성년자의 비밀을 보장할 수 있는 수준, 추후상담에서 내담자의 진술이 학대를 당했다는 주장과 일치하지 않을 때 학대 사실을 조사하는 아동복지 담당자와 의사소통할 상담자의 법적 의무에 관한 문제 등이 포함된다.

다음으로 상담자는 다양한 대안들을 브레인스토밍할 필요가 있다. 그런 다음에는 이러한 대안을 평가해야 한다. 상담자는 이러한 과정에서 나온 대안들이 직관적인 것일 수 있음을 인정하고 자신의 개인적인 도덕적 가치가 의사결정에 어떻게 영향을 미치고 있는지를 인식해야만 한다. 트레파(Treppa, 1998)는 정신건강 전문가들이 합리적인 대안들에 대한 개방성을 높이기 위해선 자신이 가진 가치와 선호에 적극적으로 직면해야 한다고 충고한다. 힐(2004)은 상담자들이 윤리적 갈등 상황에 직면하면 '다른 사람들은 상담자로서뿐 아니라 한 개인으로서 나의 행동에 대해 뭐라고 할 것인가?'라고 자문할 필요가 있다고 하였다. 병수의 사례에서 김 선생의 대안들에는 아무에게도 말하지 말고 비밀을 유지하면서 내담자로 하여금 다음에 무엇을 할 것인지를 결정하게 하는 방법, 병수가 불편해 하더라도 그의 부모에게 사실을 말하기 위해 비밀보장을 위반할 필요가 있음을 그에게 알리는 방법, 병수의 불편에도 불구하고 아동지원센터의 조사관을 불러 병수가 한 말에 관해 조사하도록 하는 방법, 병수에게 자신의 어머니나 조사관에게 스스로 말하도록 권하지만 병수가 동의하지 않으면 말을 하지 않는 방법, 병수에게 스스로 정보를 말하거나 김 선생이 말할 수 있도록 허락했을 때 상담을 계속할 수 있다고 충고하는 방법, 일주일을 기다려 병수의 입장에 변화가 있는지를 지켜보고 나서 비밀 유지 위반여부에 대해서 결정하는 방법 등이 있을 것이다.

따라서 3단계의 마지막 부분에서 상담자는 윤리적 갈등 상황의 유형을 광범위하게 정의하고 잠정적인 결론을 내려야 한다. 물론 더 많은 자료를 읽고 자문을 구함으로써 추가적인 대안을 얻을 수 있을 것이다. 그러나 결국 이 시점에서는 몇 가지의 적용 가능한 대안 목록이 결정되어야 한다. 각 대안의 장점을 평가하는 과정은 몇 개의 단계를 통해서 이루어진다. 적절한 대안 목록을 만들었다고 확신하지 못하는 전문가는 자신이 결정적인 정보나 대안을 간과하지 않았음을 확인하기 위하여 이 시점에서 믿을 만한 동료들로부터 자문을 받는 것이 좋다. 대안들에 대한 문서화된 기록을 남기는 것은 추론과정과 각 단계들을 통해 취해진 조치들에 대한 자료를 정리하는 것이므로 아주 유용하다.

4단계: 전문가 윤리 기준과 관련 법률 및 규정 참조

일단 상담자가 윤리적 문제와 그에 대한 대안을 확인했다면, 다음 단계는 윤리강령을 참조하여 이를 어떻게 적용할 것인지 결정하는 것이다. 윤리강령에 따르면 비밀보장이 중요하기는 하지만, 병수의 사례에서는 법과 미성년자인 병수의 지위, 분명하고 급박한 위험 상황 등 때문에 이것이 제한적일 수 있음을 지적하고 있다. 윤리강령에 따르기 위해서는 김 선생이 병수의 아동학대 주장에 대하여 비밀보장을 해야 하는가? 이 상황이 누군가에게 심각하고 예견 가능한 해를 끼칠 수 있는가? 이 상황에서 부모를 포함시키는 것은 적절한가? 그리고 그렇게 하는 것은 병수에게 최상의 이익이 되는가?

　궁극적으로 윤리강령은 상담자에게 고려해 볼 수 있는 대안을 제시하지만, 그 갈등 상황에 대한 해결책을 제공하지는 않는다. 김 선생은 학교 상담자로 일하고 있기 때문에, 이러한 상황에서 그녀는 학교 상담자를 위한 윤리 기준을 참조할 수 있다. 한편, 모든 윤리강령은 상담자에게 기존의 법에 맞게 행동하도록 안내한다. 이는 상담자가 어떤 문제와 관련하여 제정된 법률과 규정을 참고할 필요가 있음을 의미한다. 병수의 사례에 관한 윤리적 의사결정에서 김 선생의 다음 과제는 자신의 행동과 관련된 법률이나 법안이 있는지 여부를 알아보는 것이다. 회원들에게 학회의 행동지침을 따르기 위해서 법을 위반하라고 요구하는 전문 학회는 없기 때문에 그럴 리는 없겠지만, 만약 법적 요구가 윤리규정 조항과 상충된다면 상담자는 윤리강령보다는 법령을 따라야 한다.

5단계: 관련 윤리학 문헌 탐색

　5단계는 동일한 윤리적 문제를 경험한 상담자와 학자들의 생각을 탐색하기 위해 전문 서적을 참조하는 단계다. 이 문헌을 연구하는 것은 상담자로 하여금 전문가들의 견해를 파악하고 그 상황에 관하여 이전에는 생각하지 못했던 측면들을 인식하는 데 도움을 준다. 복잡한 윤리적 문제에 관해 다른 전문가들의 문헌을 읽는 것은 힘겨운 윤리적 의사결정을 하는 데 수반되는 외로움을 덜어 주는 이점이 있다.

　병수의 사례에서 김 선생은 병수가 한 말에 대하여 비밀을 유지해야 하는 상황에서 어떤 결정을 해야 하는지를 제시하는 문헌을 찾아볼 수 있다. 이와 관련하여 어떤 학자들은 비밀보장 수준은 그 학생의 성숙도와 관련되며 그의 최상의 이익에 관해 좀 더 충분히 정의할 것을 제안한다. 반면에 다른 학자들은 비밀보장은 상담을 원하는 청소년들에게 가장 중요한 문제 중의 하나이며 실제로 그들의 비밀보장에 대한 권리는 성인과 같은 정도로 존중받아야 한다고 믿고 있다. 이러한 문헌들의 내용을 바탕으로, 김 선생은 병수의 나이(17세)가 의미가 있으며 병수의 부모에게 그가 한 말에 대한 비밀을 지키기로 결정한다.

한편, 다른 학자들은 상담자와 자녀 간의 상담 내용을 알고 확인할 수 있는 부모들의 권리를 포기하라고 그들을 설득할 것을 주장한다. 김 선생이 부모나 조사관들에게 병수가 한 말을 즉각적으로 전달하는 것은 아마도 병수의 나이가 어리고 성숙도도 낮다고 결정한 때문일 것이다. 따라서 김 선생이 비밀보장을 즉시 파기하는 선택은 병수와 추가적인 논의가 있은 후에 허락을 받기로 결정한다. 김 선생은 여전히 좀 더 나은 대안이 있는데 그것을 모르고 있는 것은 아닌지 걱정한다. 아울러 김 선생은 학대에 대한 병수의 폭로 때문에 부모들이 겪고 있는 고통을 무시하거나 경시해서는 안 된다고 생각한다.

6단계: 기본적인 윤리원칙과 이론의 상황 적용

이 단계에서 상담자는 윤리강령의 기저에 있는 기본적인 윤리원칙들을 각 상황에 적용한다. 특정한 갈등 상황에 윤리원칙을 적용할 때 여러 원칙들 간에 충돌이 생길 수 있다. 병수의 사례에서, 어떤 원칙을 우선하느냐에 따라 정반대의 결론이 유도될 수 있다. 자율성 존중의 원칙은 병수의 자유와 그의 의사결정에 대한 책임을 강조하는 반면에, 비유해성의 원칙은 무엇이 옳은 것인가의 척도로서 병수와 다른 사람들에게 미치는 해로움 정도를 살펴본다. 충실성의 원칙은 비밀 유지를 하는 것이 약속에 충실한 것을 의미하고, 선의의 원칙은 이야기를 하는 것이 전체 가족에게 최선이라고 제안한다.

이러한 상충되는 결과들을 어떻게 조정할 것인가? 앞서 밝혔듯이, 몇몇 학자들은 비유해성이 가장 중요한 윤리원칙이고 이러한 요건은 다른 윤리원칙들보다 우선되어야 한다고 주장한다. 상담 내용을 타인에게 이야기하는 것이 내담자의 동의 없이 이루어질 때, 핵심 논제는 그것이 내담자에게 주는 해로움의 본질과 강도다. 자율성, 선의, 충실성 그리고 공정성의 원칙들은 부차적인 역할을 수행한다. 상담자의 궁극적인 목표는 모든 윤리원칙들을 지킬 수 있는 방법을 찾는 것이나, 그들의 가장 중요한 과제는 내담자에게 끼칠 수 있는 해로움의 가능성을 줄이는 것이다.

병수의 얘기로 돌아가서, 문제의 요점은 병수가 지금 진실을 말하고 있는지의 여부 또는 그가 학대에 대하여 최초로 언급한 시기에 관한 것이다. 만약 병수가 실제로 학대를 당했다면, 이러한 학대 사실을 부정함으로써 발생하는 해로움은 병수에게 심각한 문제다. 만약 그가 어머니를 돕기 위한 잘못된 방법으로 실제로 학대 사실을 꾸며 냈다면, 그 거짓말로 병수가 입는 해는 본질과 심각성에서 다를 수 있다. 이 둘 중 어떤 경우라도 김 선생은 병수의 잠재적인 상처를 고려해야 한다. 아울러 경우에 따라서는 병수 이외의 다른 사람들도 상처를 입을 위험에 처할 수도 있는데, 만약 실제로 학대가 없었다면 부모들 또한 불필요하게 해를 입을 수도 있다.

비유해성의 원칙에 따르면, 상담자는 무엇이 진실인지에 관해 가능한 한 최대한으로 확인해야 할 의무를 가지고 있다. 즉, 김 선생은 병수가 학대에 대한 종전의 주장을 취소한 동기에 대해 더 잘 알기 위해 병수와 더 많은 논의를 할 필요가 있다. 김 선생은 가장 해가 적은 대안을 결정하기 위해 실제로 일어났던 것에 관해 충분히 알고 판단을 내릴 필요가 있다. 처리과정에서의 주의해야 할 사항은 나머지 다른 세 가지의 원칙과도 맞아야 한다는 것이다. 만약 학대가 없었다면, 자율성에 대한 존중 차원에서 김 선생은 병수가 자신의 가족들이나 아동서비스센터의 조사관들에게 자신의 거짓말을 고백하도록 도울 수도 있다. 병수에게 자신의 행동이 주는 시사점들을 스스로 탐색하고, 자신 때문에 발생한 해를 자기 스스로 원상태로 되돌려야 된다는 통찰을 얻도록 도움을 줄 수도 있다. 그러한 접근은 선의의 의무와도 일치한다. 병수가 자신의 행동에 대해 책임을 지도록 돕는 것은 그가 좀 더 성숙하게 행동하도록 도와주는 것이며 이는 분명히 바람직한 결과를 낳을 것이다. 병수가 거짓말을 하도록 만든 좌절과 공포에 대해 이야기하도록 격려하는 것은 가족 전체에게 이익이 되고 실제로 가족 내에서 있었던 폭력에 대해 개입하는 결과가 될 수도 있다. 만약 병수가 스스로 자신의 거짓말을 자백하기로 한다면, 김 선생은 병수나 그의 가족에게 한 어떠한 약속도 깨지 않는 것이다.

7단계: 수련감독자나 동료로부터의 자문

윤리적인 갈등 상황은 내담자와 상담자 모두를 지적·정서적으로 힘들게 할 수 있다. 신뢰하는 동료로부터의 객관적인 피드백은 문제에 대한 보다 넓은 관점, 고려하지 못했던 사실에 대한 새로운 관점, 추가적인 관련 문헌 등을 제공받을 수 있다. 또한 자문은 종종 윤리적 의사결정을 숙고하게 만들고 편안함을 제공하며 상담자가 자주 느끼는 도덕적·정서적 고립감을 덜어 준다. 동료들이라고 해서 쉽고 간편한 답을 가지고 있는 것은 아니지만, 함께 공유할 수 있는 경험과 열정을 가지고 있다. 동료와의 자문은 모든 의사결정 단계에서 이루어질 수 있으며 7단계로만 제한할 필요는 없다. 예를 들어, 어떤 이는 사례와 관련된 사실들을 명료화하거나 혼동되는 윤리규정의 조항을 해석하는 것에 대하여 동료로부터 정보를 구할 수도 있다.

동료에게 내담자의 기록이나 정보를 제공할 것인지의 여부는 자문에 대한 내담자의 동의 여부에 달려 있다. 상담자는 내담자 혹은 법적인 권한을 가진 사람의 동의를 받아 동료나 감독자에게 내담자의 기록을 제공할 수 있다. 그러한 동의를 받지 않은 상담자들은 내담자의 신원이 보장될 수 있는 방법으로만 그 사례를 협의할 수 있다. 이는 대개 이름 등과 같이 다른 전문가들에게 내담자의 신원이 드러날 수 있는 정보들을 숨기는 것을 의미한다.

동료들로부터 자문을 받을 때, 상담자들은 상황과 관련된 사실, 관련 윤리 기준에 대한 그들의 이해, 윤리 문헌과 윤리원칙들이 그 사례에 적용되는 방법에 관한 그들의 해석, 그리고 어떤 대안들을 가장 신뢰할 수 있는가에 관한 그들의 평가 등의 내용에 관해 의견을 청취해야 한다. 이를 좀 더 구체적으로 살펴보면, 윤리적 대안들을 결정하는 데 어떤 사실들을 가장 중요한 것으로 보는가? 내가 고려하지 않은 것은 무엇인가? 내가 간과하거나 잘못 이해하고 있는 사회문화적 고려사항은 무엇인가? 윤리강령에 대한 나의 해석은 정확한가? 윤리강령 중에서 내가 확인하지 못했으나 적용 가능한 다른 조항은 무엇인가? 이번 의사결정에 도움이 될 만한 책이나 논문들을 알고 있는가? 윤리원칙들에 대한 나의 분석은 논리적으로 옳은가? 가장 신뢰할 수 있는 선택에 대한 나의 평가는 당신의 판단과 일치하는 가? 당신은 이 갈등 상황을 어떻게 해결할 것이며 왜 그런 선택을 하는가? 등에 관해 상담자는 자문자로부터 피드백을 받을 필요가 있다.

어떤 갈등 상황을 명료화하는 과정과 그것을 해결하기 위해 취한 단계는 상담자로 하여금 자신의 생각을 명료하게 하며 과거에 인식하지 못했던 생각들을 완전히 의식하게 만든다. 자기 개방의 과정이 내담자가 자신의 문제를 좀 더 분명하게 볼 수 있도록 돕는 것처럼, 동료와 윤리적 갈등 상황에 관해 논의하는 것도 상담자로 하여금 논제들에 대해 좀 더 충분한 통찰을 얻도록 하는 데 도움을 준다. 실제로 듀케(Duke, 2004)는 심리학자들이 윤리적인 갈등 상황에 대해 동료들로부터 자문을 받을 때, 자신의 반응에 좀 더 확신과 만족감을 갖게 되며 자신의 선택에 대한 합리성을 더 잘 개념화할 수 있다는 것을 발견하였다. 만약 상담 전문가가 자격증을 획득하기 위해 수련감독을 받고 있거나 훈련 경험을 쌓고 있다면, 수련감독자로부터의 자문은 필수적인 사항이다. 수련감독자와의 논의가 가장 먼저 이루어져야 하며, 수련감독자의 피드백은 최종 의사결정을 하는 데 동료들의 피드백보다 훨씬 더 비중 있게 고려해야 한다. 수련감독자들은 대개 상담 현장에서 훈련생을 지지하거나 실제적인 조언을 함으로써 그들이 잘 활동할 수 있도록 돕는다. 그러나 비록 수련감독자가 하는 조언이라 하더라도, 윤리 기준에 위배되는 어떠한 충고도 따라서는 안 된다. 수련감독을 받는 사람에게도 책임이 있지만 "수련감독자가 나에게 그렇게 하라고 했어."와 같은 말은 변명이 될 뿐이다.

8단계: 심사숙고 이후의 결정

이전 단계에서 자료 수집과정이 종료되었기 때문에, 이 단계에서는 수집된 정보를 가지고 개인적으로 숙고하는 진지한 과정이 시작된다. 상담자는 이러한 개인적인 심사숙고 과정을 통해 가장 윤리적인 대안을 선택해야 하며 그 대안을 실행하기 위한 계획을 세워야 한다. 예를 들어, 병수의 사례에서 김 선생은 어떤 일이 있었는지에 관해 최대한 확인하고 그의 새로운 증언을 좀 더 완전하게 탐색하기 위해 병수를 같은 날 다른 시간에 다시 부르는 문제를 심사숙고할 수 있다. 만일 병수가 학대에 관한 이야기를 꾸며 냈다면, 상담은 그의 행동이 의미하는 것이 무엇인지와 이미 가해진 피해를 복구하는 방법을 그가 이해할 수 있도록 도와주는 데 초점을 맞추어야만 한다. 김 선생은 그에게 사실대로 말하라고 협박하거나 강요해서는 안 되며, 그가 자신이 한 행동의 의미를 직면하고 일을 올바로 해결할 책임을 질 수 있도록 돕는 과정에 몰두할 것이며 김 선생은 잠시 동안 비밀을 유지할 것이다. 만일 병수가 추가적인 상담을 받은 후에도 태도에 변함이 없다면, 김 선생은 자신의 결정에 대해 다시 한번 심사숙고해야 한다. 김 선생은 여전히 비밀을 유지할 수 있으나 그 당시의 의사결정 과정을 재고해야 한다. 만일 병수가 학대받은 사실을 고백한 순간 그에게 닥칠 결과가 두려워 거짓말을 하고 있다고 믿는다면, 김 선생은 비밀을 유지해야 하며 동시에 그의 고민을 해결할 수 있는 대안을 찾기 위해 함께 노력해야 할 것이다.

이러한 개인적인 심사숙고 단계에서 가장 중요한 것은 상충되는 가치들을 검토하는 것이다. 상충되는 가치란 한 사람의 행동에 영향을 주는 서로 다른 개인적 가치로 윤리적 선택을 더 어렵게 만들 수 있다. 그러나 모든 사람들은 각자 다른 가치를 가지고 있으며, 이것은 큰 문제가 되지 않는다. 본래 상충되는 많은 가치들은 윤리적인 장점도 가지고 있다. 예를 들어, 가족에게 재정적 지원을 해야 하는 전문가의 책임과 직장 동료와 조화로운 관계를 맺어야 할 책임은 둘 다 가져야 할 좋은 가치다. 이러한 상충되는 가치들은 상담자가 전문적이고 윤리적인 가치를 선택하는 능력이 부족할 때 문제가 된다. 각 상담자들이 윤리적인 선택을 하지 못하도록 자극하는 상충되는 가치에는 대개 자신에게 미치는 부정적인 결과에 대한 걱정, 다른 동료나 수련감독자로부터 지지받지 못하면 어떻게 할까에 대한 걱정, 혹은 옳은 일을 하는 것이 자신의 인생을 보다 더 복잡하게 만들 수도 있다는 두려움 등이 있다. 상담자가 이와 같은 요인들을 인식할 때, 이러한 압력을 완화시킬 수 있는 계획을 수립할 수 있으며 보다 책임감 있게 행동할 가능성이 증가한다.

또한 상담자는 윤리적 선택의 대가를 인정해야 한다. 때때로 윤리 기준을 따르는 것은 보다 더 많은 일과 스트레스, 걱정 등을 유발할 수 있다. 예를 들어, 김 선생은 진실을 확인하기 위하여 병수와의 추가적인 상담 시간을 확보해야 하며, 비밀을 유지하려 하다 보면 부모, 조사관 심지어 학교 행정가들까지도 화나게 할 위험성이 있다. 윤리적으로 행동한다는 것은 종종 수련감독자를 무시한다거나 현재의 직장을 잃을 수 있음을 의미할 수도 있다. 이러한 대가에 솔직하게 직면함으로써, 상담자는 그것을 최소화하거나 제거할 윤리적인 방법을 발견하거나 최소한 예기치 않았던 대가로부터 자신을 보호할 윤리적 방법을 발견할 수 있다. 또한 상담자는 윤리적 선택의 결과로서 발생하는 좋지 않은 결과에 대응할 수 있다.

물론 모든 선택이 어렵고 힘든 것은 아니다. 문제에 대해 알리고 의사결정을 해야 한다고 믿는 상담자들은 전문직의 최상의 가치에 대해 프로 의식과 충실성을 느낀다. 그들은 그들의 도덕적 용기에 자부심을 가지며 미래에 직면할 문제에 대해서도 자신감을 가진다.

9단계: 관련자들에게 알린 뒤 결정 내용 실행

9단계는 아주 단순한 것처럼 보이지만, 의사결정을 하는 것보다 그것을 수행하는 것이 더 어렵다. 상담자는 믿을 만한 동료로부터 자문을 받거나 윤리강령이나 문헌 등을 다시 읽어 봄으로써 윤리적인 선택을 일관되게 유지하는 데 도움을 받을 수 있다. 이러한 윤리적인 용기를 갖기 위해서는 몇 가지 자원이 필요하다. 그러한 자원에는 인간의 도덕적 인격, 행동 실패의 결과에 대한 인식, 유혹을 최소화하기 위해 환경을 구조화하는 것, 습관 등이 있다.

전문가가 윤리적인 의사결정을 실행할 준비가 되었을 때는 수련감독자에게 알릴 필요가 있다. 수련감독자는 선택 내용과 그것을 선택하게 된 근거에 대해 알아야 할 법적 · 윤리적 권한을 가지고 있다. 그런 다음 상담자는 다른 사람들과 의논할 필요가 있다. 그 밖에 누구에게 알려야 하는가? 내담자를 가장 먼저 고려해야 한다는 것은 두말할 나위가 없다. 만약 김 선생이 병수와의 비밀을 다른 누군가에게 알려야겠다고 결정하였다면, 자신의 결정 사항을 병수에게 반드시 알려야 한다. 병수는 김 선생의 결정 사항에 대한 논리적 근거를 알아야 하고 김 선생과 이에 대해 의논할 시간을 가져야 한다. 자율성의 원칙에 따라 내담자에게 알리는 것은 필수적인 사항이며, 윤리적으로 더 중요한 문제가 관련되어 있지 않다면, 그것은 필수적인 것이다.

예를 들어, 간혹 내담자가 누군가에게 폭력을 행사할 것이라고 말할 때, 상담자는 예고된 피해자에게 이를 경고하기 위해 비밀보장을 못할 수도 있다. 이러한 상황에서 상담자가 내담자에게 비밀보장을 하지 못했음을 알리는 것은 이를 통해 피해자에게 더 큰 해를 끼칠 가능성이 없다고 생각될 때만 이야기해야 한다. 만약 내담자가 아동이라면 부모나 보호자에게 알릴 필요가 있다. 각각의 경우에 진정으로 정보를 요구하는 사람들만 그것을 얻을 수 있어야 한다. 비밀보장에 대한 내담자의 권리는 가능한 한 최대로 존중되어야 한다. 녹음, 사례 기록, 기타 파일 형태로 상담자의 의사결정 내용에 대해 공식적으로 정리하는 것은 이 단계의 마지막 부분이다. 결정된 선택 내용과 그러한 결정에 대한 근거에 관한 정보를 기록하는 것은 상담 전문가에게 그러한 의사결정에 대한 차후의 도전으로부터 아주 유용한 보호막을 제공한다.

10단계: 실행 내용의 반성

경험은 반성하지 않으면 소모적인 것이며, 반성과 연결된 경험만이 진정한 통찰을 제공할 수 있다. 그러한 반성은 상담자로 하여금 자신의 행동이 책임질 수 있는 것인지, 차후의 갈등 상황에 직면하게 될 때 피해야 하는 행동은 무엇인지, 상담자의 생각에서 잘못된 점은 무엇인지 등을 되돌아볼 수 있는 기회를 제공해 준다. 또한 반성은 다음에 발생할 수 있는 윤리적인 논제를 좀 더 신속하게 인식하고 좀 더 효과적으로 다룰 수 있도록 윤리적 민감성을 증가시킨다. 특히 이 단계에서 상담자는 스스로에게 '나는 윤리적 문제들이 발생했을 때 그 상황을 윤리적인 차원으로 접근을 하였는가? 나는 윤리강령을 효과적으로 이용하기 위해 그에 대해 충분히 알고 있었는가? 필요할 때 보다 쉽게 볼 수 있도록 내 개인 서가에 비치할 윤리 서적은 무엇인가? 나는 얼마나 효율적으로 자문을 하였는가? 나는 무엇을 개선할 수 있었는가? 내가 의사결정을 하는 데 영향을 미친 상충되는 가치와 여타의 압력을 얼마나 잘 확인하였는가? 내가 더 잘할 수 있었던 것은 무엇인가? 그 밖에 내가 남다르게 수행할 수 있었던 것은 무엇인가? 내가 자랑스러워하는 것은 무엇인가? 이 상황은 상담자이자 개인인 나를 얼마나 변화시켰는가? 나는 유사한 문제에 직면한 다른 상담자를 돕는 데 이 경험을 얼마만큼 활용할 수 있는가?' 등의 질문에 답해야 한다.

이러한 반성은 의사결정 내용이 완전히 실행되고 그 결과가 알려진 다음에 시작된다. 따라서 마지막 두 단계 사이에서 다소 지연이 발생될 수도 있다. 상담자는 경험을 통하여 최대한의 이득을 얻을 수 있도록 이 단계를 수행하는 데 각별히 주의를 기울여야 한다.

4. 요 약

이 장에서는 우선 상담 실천과정에서 직면하게 되는 윤리적 갈등 상황에서 윤리적 의사결정의 기초가 되는 인간의 판단 양식에 대해 살펴보았다. 즉, 인간의 윤리적 판단 양식에는 통찰에 따른 직관적 판단 양식과 심사숙고를 통한 비판적 · 평가적 판단 양식이 있다. 통찰에 따른 직관적 판단 양식은 신속한 판단을 할 수 있는 장점이 있으나 예측 가능성이 떨어지고 부정확한 판단의 가능성이 높은 반면, 비판적 · 평가적 판단 양식은 예측 가능성이 높고 정확한 판단의 가능성이 높으나 시간이 오래 걸리는 단점이 있다. 따라서 상담자는 심사숙고를 통한 의사결정을 자주 연습함으로써 신속한 판단을 할 수 있도록 노력할 필요가 있다.

또한 의사결정을 하려면 그 준거가 있어야 하는데, 상담에서 윤리원칙에는 자율성 존중, 비유해성, 선의, 공정성, 충실성 등의 5가지가 있다. 윤리적 갈등 상황에 직면한 상담자는 이러한 윤리원칙에 입각하여 이를 위반하지 않는 선에서 의사결정을 해야 한다.

마지막으로 의사결정 10단계 모형을 제시하였는데, 이러한 의사결정 모형은 상담자들이 윤리적 갈등 상황에 직면하였을 때 이 모형에 따라 의사결정을 하면 그 결정이 윤리적인 결정이 될 가능성을 높여 준다. 따라서 이러한 윤리적 의사결정 단계를 정확하게 인식하고 연습을 통해 체득함으로써 상담자의 윤리적 실천 가능성을 제공할 필요가 있다고 하겠다.

제 3 장
상담자 윤리발달

윤리적 결정은 보통 분명하지 않은 특성을 가진다. 어떤 상황에서는 옳은 대응 방법이었다 하더라도 다른 비슷한 사례에서는 꼭 옳다고 볼 수 없는 경우도 있다. 그래서 윤리적 결정은 선악이 분명한 흑백 지대라기보다는 회색 지대에 있다고 표현되기도 한다(Huey & Remley, 1990). 윤리적 결정은 사회의 변화에 따른 주요 윤리적 관심사의 변화에 따라 달라질 수 있지만 상담자가 발달해 감에 따라서도 변화할 수 있다.

상담자 발달에 대한 연구는 플레밍(Flemming, 1953)이 상담자의 경험 수준에 따라 수련감독 방법도 달라져야 한다는 점을 강조하면서 시작되었다. 호간(Hogan, 1964)에 이르러 발달 수준이라는 용어를 사용하면서부터 본격적으로 상담자에 대한 발달이 주목을 받기 시작하였다. 이후 1980년대에는 많은 학자들(Hart, 1982; Hess, 1980; Loganbill, Hardy, & Delworth, 1982; Skovholt & Ronnestad, 1992; Stoltenberg, 1981; Wiley & Ray, 1986)이 상담자 발달 모형을 제안하였다. 이 발달 모형들에서 상담자는 상담 경력이 많아짐에 따라 인지적 · 정서적 · 사회적 · 윤리적 그리고 대인관계 영역들이 어떻게 발달해 가는지를 보여 준다. 상담자 발달 모형은 여러 가지 발달 영역 중 어떤 것을 강조하는지에 따라 조금씩 차이를 보이지만, 상담자 발달과 관련된 국내외 연구 동향을 개관한 연구(김진숙, 2001; 최한나,

2005; Worthington, 1987)와 발달 관련 문헌들을 살펴보면 점차 상담자의 인지적 · 정서적 · 관계적 부분까지 관심이 확대되고 있으며 전생애적인 관점으로 변해 가고 있다. 국내에서도 김계현(1992)이 이론적 연구들을 개관하여 상담자 교육 발달단계를 설정하였다. 그러나 상담자의 발달 양상을 간단히 표현한다면 '전문적 복잡성(complexity)'의 발달이라 할 수 있다(Whiting, Bradley, & Planny, 2001).

　상담자의 발달에 대해 조망하는 것은 상담자가 어떻게 유능한 상담자가 되어 가는지, 그리고 특히 이 장에서 다룰, 상담자가 어떻게 윤리적 감수성과 결정 능력이 발달하는지에 대해 이해할 수 있게 해 준다. 이 장에서는 윤리적인 문제를 이해하고 윤리적 갈등을 해결해 가는 데 필요한 상담자의 개인적 발달과정에 초점을 두려 한다. 먼저 윤리적 발달에 영향을 주는 상담자의 인지발달 연구에 대해 개관하고, 초심 상담자에서 전문 상담자로 변해 가는 상담자로서의 전반적인 발달단계별 특징에 대해 알아볼 것이다. 그리고 상담자의 윤리발달에 대한 이론적 가설 모형들을 소개할 것이다.

1. 상담자 발달

　상담자는 지속적으로 윤리적인 결정을 내린다. 이런 윤리적 결정은 다양한 정보를 수집하고 처리해야 하는 복잡한 과정이다. 상담자가 어떤 정보를 얼마나 많이 처리해서 결정을 내리는지, 그리고 얼마나 독립적으로 결정하였는지 하는 것은 상담자의 인지발달 정도에 따라 달라질 수 있다. 이 절에서는 상담자의 인지발달 측면을 살펴보고 종합적으로 상담자들이 어떠한 발달단계를 거치는지에 대해 살펴볼 것이다.[1]

---

1) 이 절의 내용은 강진령과 손현동(2006), 손현동(2007a)이 상담자 발달에 대해 개관한 부분을 발췌하였다.

1) 상담자의 인지발달

성인은 피아제(Piaget, 1954)의 인지발달단계 중에서 형식적 조작기에 해당된다. 이 시기의 인지 특성은 추상적 · 가설적 · 연역적 · 체계적 · 조합적 사고가 가능하다는 것이다. 15~18세가 되면 대부분의 사람들이 형식적 조작기에서 나타나는 최소한 몇 가지 특징을 보인다. 그렇다면 모든 성인들은 형식적 조작기의 특징을 보이는가? 대학생과 성인 인구 중 50% 미만만 형식적 조작 수준에서 문제해결 전략을 사용한다는 연구(Langer & Kuhn, 1971)가 있었다. 이에 대해 피아제 (1972)는 거의 모든 성인이 형식적 조작 수준에서 추론하는 능력이 있지만 모든 분야에서 그런 능력을 보이는 것은 아니고, 흥미롭거나 생존을 위해 절대적으로 중요한 문제에 대해서만 그러하다고 설명하였다. 그러므로 성인들은 자신들이 잘 알고 있거나 집중적인 훈련을 받은 분야에서 최상의 인지적 조작 능력을 보이는 것을 알 수 있다(Fischer, 1980; Fischer, Kenny, & Pipp, 1990; Shaffer, 2005).

좀 더 구체적으로 전문가들이 보이는 특성 중 하나로 일관되게 지적되고 있는 것이 추상적 사고다. 이것은 매 순간의 의사결정 과정에서 수집한 정보와 자신이 가진 경험을 비교하고 대조한 결과를 바탕으로 대안이나 다양한 가능성을 이끌어 낼 뿐 아니라, 새로운 상황에서도 신속하고 현명하게 처리해 나갈 수 있도록 한다(김정한, 2003). 실제로 추상적 사고와 관련된 전문가 집단에 대한 연구들 (Anderson, 1981; Chi, Feltovich, & Glaser, 1981; Ericsson & Smith, 1991; Glaser & Chi, 1988; Larkin, 1983; Patel & Groen, 1986; Tan, 1997; Voss, Greene, Post, & Penner, 1983)을 종합해 보면, 한 분야의 전문가들은 그 전문 분야에 입문한 사람들에 비해 질적으로 다른 추론을 하며, 초점을 두는 문제의 형태가 다르고, 결국은 다른 결론을 도출한다는 것이다. 또한 전문가는 전문 영역에서의 기술 수행에서 오류 없이 문제를 빠르게 해결하며(Gentner, 1988), 문제를 전문 영역에서 더 깊은 수준으로 보고 해석한다(Chi, Feltovich, & Glaser, 1981; Tan, 1997). 초심자와 전문가 모두가 개념적인 범주를 사용하지만 전문가는 의미론적이고(semantically) 원리에 바탕을 둔(principle-based) 것이라면, 초급자의 범주는 구문론적이고(syntactically) 겉으로 드러난 현상 지향적인 특징을 보인다. 이를 전문성 발달의 측면에서 바라보면 개념적인 범주가 더 복잡하고 깊은 수준으로 발달해 감을 알 수 있다.

헌트(Hunt, 1971)는 이와 같은 추상적 사고의 발달이 '구체적 개념 수준' '구체적 · 추상적 개념 수준' '추상적 개념 수준'의 단계로 진행된다고 하였다. 첫 번째 단계인 구체적 개념 수준에서는 사고가 구체적인 경향을 띠며, 규칙은 고정되어 있고 변화하지 않는 것으로 생각한다. 이 단계에서는 가장 확실한 한 가지 방법만을 선호하며, 구조화 정도가 높은 학습을 매우 좋아하는 특성을 보인다. 두 번째 단계인 구체적 · 추상적 개념 수준에서는 감정의 중요성을 인식할 뿐만 아니라 문제해결을 위한 대안적 전략의 중요성을 인식한다. 이 단계에서는 새로운 아이디어에 대해 개방적이며 다소 모호한 상황을 편하게 받아들이는 특성을 보인다. 세 번째 단계인 추상적 개념 수준에서는 대안을 중요시하고 균형을 잡을 수 있으며, 위험을 감수하려 하고 협력을 가치 있게 여긴다. 또한 자신이 한 행동의 결과를 전적으로 수용하며 요구를 잘 이해하고 적절하게 반응할 수 있고 다양한 전략을 사용하는 것이 이 단계의 특징이다.

앞의 인지발달 연구 결과들을 종합하면 숙련된 전문가들은 형식적 조작기의 고도로 발달된 특성들을 보이지만 초보 단계의 사람들은 그렇지 않다는 것을 알 수 있다. 즉, 성인들의 전반적인 인지발달 측면에서는 형식적 조작기의 특징을 모두 가지지만, 전문 영역 내에서 초심자들이 보이는 인지적 특징들은 미숙한 형식적 조작기 혹은 형식적 조작기 이전의 특징을 보이며, 점차로 형식적 조작기 수준의 인지적 특성을 고도로 발달시키는 방향으로 발달한다. 그러나 초보 단계에 있는 사람들이 보이는 미숙한 추리 능력은 형식적 조작기 수준의 추론 능력이 없어서라기보다는 단지 그 분야에 대한 경험이 부족한 것이라 볼 수 있다(Shaffer, 2005). 결국 상담자의 전반적인 사고는 형식적 조작기의 특성들이 더욱 심화되고 사고의 폭이 넓어지고 깊이가 깊어지는 방향으로 발달해 간다고 정리할 수 있다.

2) 상담자의 종합적인 발달 특징

이상의 상담자 발달 문헌 고찰 결과를 종합한 발달단계와 특징은 다음과 같다. 발달단계들은 [그림 3-1]에서와 같이 '의존' '유사 의존' '상호 의존' 그리고 '독립'이며, 주요한 특징은 발달 수준이 높아지면서 점차로 의존 특성은 줄어들고 독립 특성은 늘어난다는 것이다. 독립적인 상태를 수련감독자 수준이라 보고 수련 중인 상담자의 발달을 초급, 중급, 숙련의 세 가지 단계에 맞추어 설명하면 다음과 같다.

초급 단계는 '의존(dependence)'의 단계로, 이 수준의 상담자는 수련감독자에게 의존적이고 모방적이며(Borders & Leddick, 1987), 자신과 타인에 대한 자각이 부족한 특징을 보인다. 수련감독자가 어떤 활동을 할 것인지를 지시해 주길 바라며, 성공에 대한 동기는 높지만 많은 불안을 느낀다. 또한 자신을 상담자로 규정할 때 내적인 갈등을 경험하고 혼란을 느낀다. 그리고 수련감독자로부터 독립하고자 하는 노력들에 대해 의심스러워하고 외적인 갈등을 느낀다. 초급 단계는 매우 위험한 시기이기 때문에 초급 상담자들은 그들의 발달적인 요구에 알맞으면서도 전문성을 키울 수 있는 지원을 많이 받아야 한다. 그럴수록 이들이 상담 관계에서 희생양이 되거나 소진(burnout)이 될 수 있는 가능성이 줄어든다(Farber, 1984).

발달 수준	초 급 (의존)	⇒	중 급 (유사 의존)	⇒	숙 련 (상호 의존)	⇒	수련감독자 (독립)
의존 특성	• 의존적 • 모방적 • 불안 • 지시해 주길 바람 • 갈등 · 혼란		• 지시해 주길 바람		• 부족한 기술에 대한 자문		• 자신의 고유한 능력과 차이를 인식
독립 특성	• 동기 높음		• 자율적		• 자율적		• 스스로 수련 감독

[그림 3-1] 발달 수준별 의존과 독립 특성

중급 단계는 '유사 의존(pseudo-dependence)'의 단계로, 수련감독자로부터 독립하고 싶어 하지만 아직은 자신이 해야 할 일에 대해 지시를 받고 싶어 한다. 즉, 수련감독자에게 의존적이면서도 반면에 자율적이고 싶어 한다(Stoltenberg, 1981). 이 수준의 상담자들은 자신의 결점을 이해하고 보완할 방법을 찾는다.

숙련 단계는 '상호 의존(interdependence)'의 단계로, 전문가로서 동등한 입장에서 다른 전문가에게 자문을 받고자 한다. 이 수준에서의 관심은 전문적인 발달과 개인적인 정체성이며(Whiting, Bradley, & Planny, 2001), 수련감독자로부터 독립하고자 한다(Littrell, Lee-Borden, & Lorenz, 1979). 넬슨과 존슨(Nelson & Johnson, 1999)은 이 단계를 전환 단계(transition stage)라고도 하였으며, 자신감, 독립 그리고 수련감독자의 역할 감소가 이 단계의 특징이다. 수련감독자는 상담자가 가진 기술 중 부족한 점에 대해서만 자문하는 역할을 한다.

끝으로 수련감독자 단계는 '독립(independence)'의 단계로, 충분히 독립적으로 일할 수 있는 단계다. 가장 높은 발달 수준으로 다른 상담자들과 비교하여 자신의 고유한 능력과 차이를 인식한다(Stoltenberg, 1981). 이 수준의 상담자는 스스로 수련감독이 가능하며(Littrell, Lee-Borden, & Lorenz, 1979), 필요에 따라 통찰을 얻기 위한 자문을 요청할 수도 있다. 그리고 다른 상담자를 수련감독해 주기 위한 훈련이 필요한 단계다.

이상으로 상담자의 발달에 대한 개략적인 특징들을 살펴보았다. 그러나 발달은 상담자의 전체 능력 영역에서 동시에 일어난다기보다는 차별적으로 일어난다는 점과, 단순한 선형적 발달이 아닌 순환적으로 나타난다는 점에서 복잡한 양상을 띤다고 할 수 있다(Loganbill, Hardy, & Delworth, 1982). 즉, 차별적으로 발달이 일어난다는 것은 상담자마다 어떤 능력이 초급 단계에 있고, 다른 몇 가지는 중급 단계 또는 숙련 단계에 있을 수 있다는 것이다. 그리고 발달이 순환적으로 일어난다는 것은 상담자의 능력이 점차 향상되어 가면서 다른 발달단계로 진입하지만 이 발달단계에서도 이전 발달단계에서 다루었던 주제들이 되풀이되어 나타나며, 이렇게 주제들이 되풀이될 때마다 초점이 되는 능력을 더 깊은 수준으로 향상시킨다는 것이다.

2. 상담자의 윤리발달

법과 상담자 윤리규정은 사회 정의를 실현하고 전문적인 상담 실천을 돕기 위해 만들어졌다. 그러나 법과 윤리규정은 다양한 각각의 상황마다 상담자에게 어떤 결정을 해야 하는지에 대해 알려 주지는 않는다. 그렇기 때문에 상담자는 자신의 고유한 윤리적 스타일에 따라 윤리적 결정을 하게 된다. 이것은 각 상담자가 윤리적 결정에서 중시하는 판단 요소가 있다는 것을 의미한다.

도덕발달 이론은 상담자들이 판단할 때 중시하는 요소가 발달과정에 따라 변한다는 것을 보여 준다. 그리고 그 발달의 방향은 사회의 명령 준수에 대한 실제적인 보상을 기대하거나, 위반 시 처벌에 대한 두려움 때문에 사회의 명령을 따르는 단계에서 도덕적 원리들을 내면화하고 이러한 이상들을 따르는 방향으로 진행된다는 것이다. 이러한 내면화는 도덕적 성숙으로 가는 결정적인 이정표 역할을 한다. 왜냐하면, 내면화를 통해 외적으로 통제되는 행동으로부터 내적 기준과 원리에 따라 지배되는 행동으로 바뀌게 되기 때문이다(Shaffer, 2005). 이 절에서는 상담자의 윤리발달과 관련 있는 도덕발달 이론과 그에 따른 윤리발달 단계를 소개할 것이다. 우선 피아제와 콜버그(Kohlberg)의 도덕발달 이론과 이를 바탕으로 한 반 후스와 패러다이스(Van Hoose & Paradise, 1979)의 윤리적 지향 단계, 호프만(Hoffman, 1970)의 도덕적 · 윤리적 행동 분류, 페리(Perry, 1970)의 윤리발달 단계, 스페리(Sperry, 2005, 2007)의 윤리발달 순으로 살펴볼 것이다.

1) 피아제와 콜버그의 도덕성 발달과 윤리발달

피아제(1965)와 콜버그(1973)의 도덕성 발달 이론은 도덕발달에 대한 관점 중 가장 대표적이라 할 수 있다. 이들은 도덕성을 정직, 성실, 신의, 자비 등과 같은 미덕들을 수집해 놓은 것이 아니라 발달과 경험에 따라 성숙해 가는 정의(正義)에 대한 생각이라고 보았다(Van Hoose & Kottler, 1985). 인지발달 이론은 도덕성 발달을 설명하는 대표적인 이론으로, 이들의 도덕적 판단에 관한 대부분의 이론과 연구는 인지발달 이론에서 파생된 것이다. 도덕성 발달의 인지적 측면은 피아제가 최초로 제시하였으며, 피아제의 이론을 기초로 콜버그는 피아제 도덕성 발달 이론을 정립하였다(정옥분, 2005). 도덕성 발달의 방향은 어린아이가 미숙한 도덕성을 통해 세상과 관계를 맺고 더 정교하고 높은 수준의 도덕성 단계로 발달하여, 각 개인들이 인간의 권리를 보호하면서도 자신의 신념과 일치하는 윤리적 결정 능력을 가질 수 있게 된다고 하였다.

우선 피아제(1965)는 도덕성 발달단계를 타율적 도덕성(heteronomous morality)과 자율적 도덕성(autonomous morality)의 두 단계로 구분하였다. 그는 도덕성의 발달이 외부 권위로부터 만들어진 규칙에 순종하는 경향에서 개인적으로 의미 있는 도덕 규칙을 발달시키는 방향으로 전개된다고 하였다. 우선 타율적 도덕성 단계에서는 규칙을 신이나 부모와 같은 권위적 존재가 만든 것이라고 믿으며, 이 규칙을 변경할 수 없는 것으로 여기기 때문에 이를 위반하면 벌을 받아야 한다고 생각한다. 왜냐하면, 이 단계에서는 주관성과 객관성을 구분할 수 없을 뿐 아니라, 자신을 세상의 중심으로 놓는 자기중심성(egocentricity)이 발현되기 때문이라고 하였다. 또한 모든 도덕적 문제에는 옳고 그른 것이 있으며, 규칙을 따르는 것이 항상 옳은 것이라고 믿는다. 이러한 옳고 그름의 판단에는 행위의 의도성보다는 행동의 결과만이 중요한 판단 근거가 된다. 자율적 도덕성 단계에 이르게 되면 아동은 점차 규칙이 사람이 만든 것이고 그 규칙을 변경할 수 있다고 생각하고, 도덕적 판단에서 상황적 요인을 고려하는 융통성을 보인다. 또한 규칙을 위반하더라도 항상 벌이 따르지 않는다는 것을 스스로의 경험을 통해 알게 된다.

피아제는 타율적 도덕성에서 자율적 도덕성으로 발달하는 데는 인지적 성숙과 사회적 경험이 중요한 역할을 한다고 보았다. 인지적 요소로는 자기중심성의 감소와 역할 수용 능력의 발달을 들 수 있으며, 도덕적 문제를 여러 가지 각도에서 조망해 볼 수 있게 해 준다. 또한 사회적 경험은 대등한 사회적 위치에서의 상호작용으로, 대등한 위치에서의 접촉은 더 융통성 있고 자율적인 도덕성 발달에 도움을 준다고 하였다(정옥분, 2005).

콜버그는 피아제의 발달 이론에 큰 영향을 받았으며, 도덕성 발달 이론을 더 정교화하였다. 콜버그(1976)의 가장 위대한 공헌은 피아제의 도덕성 발달단계 이론을 바탕으로 도덕성 발달단계를 구성한 것이라 할 수 있다(〈표 3-1〉 참조).

콜버그도 인지적 발달을 중시하였으며, 각기 상이한 도덕성 발달단계에서는 각기 다른 인지 능력이 필요하다고 하였다. 전인습적 수준에서는 자기중심적인 특징을 보이며, 인습적 수준에 도달하기 위해서는 다른 사람의 견해와 입장을 이해할 수 있어야 한다(Walker, 1980). 그리고 후인습적 수준의 도덕적 추론을 하기 위해서는 형식적 조작적 사고가 필요하다(Tomlinson-Keasey & Keasey, 1974; Walker, 1980). 다른 말로 바꾸면, 구체적 조작기의 인지 수준에서는 후인습적 도덕 수준을 가질 수 없다는 것으로 인지적 발달이 우선시되어야 한다는 것을 의미한다.

연령과 도덕성 발달 수준과 관련하여 살펴보면, 일반적으로 4단계의 법과 질서 지향의 단계는 사실상 20~30대에 이르러서야 비로소 도달하며, 5단계와 6단계의 도덕적 판단은 청소년기보다는 성인기에 이루어진다. 또한 모든 사람이 최고의 도덕 수준에 도달하는 것은 아니고 소수만이 6단계에 이를 수 있다고 하였다. 일반적으로 보통 성인 여성은 3단계, 성인 남성은 4단계에 머문다고 하였다. 실제 우리

〈표 3-1〉 Kohlberg의 도덕성 발달단계

수 준	단 계	특 징
전인습적 Preconventional	벌과 복종 지향	처벌을 피하기 위해 규칙에 복종
	목적과 상호 교환 지향	순진한 도구적 쾌락을 추구하는 단계로 보상을 얻기 위해(자신의 흥미와 욕구 만족) 규범 준수
인습적 Conventional	착한 아이 지향	좋은 관계와 타인의 인정 유지를 위한 규범 준수
	법과 질서 지향	권위를 유지하기 위한 도덕성으로 사회질서를 위해 법을 준수하는 것이 도덕적 행동이라 여김
후인습적 Postconventional	사회계약 지향	사회계약, 개인 권리, 민주적으로 수용된 법을 지향하는 도덕으로 모든 사람의 복지와 권리를 보호하기 위해 법을 준수
	보편원리 지향	개인적인 양심의 원칙에 따른 도덕으로 스스로의 비난을 피하기 위해 규범을 준수하며, 관습과 법보다는 보편원리(인간의 존엄성, 평등성, 정의 등)에 따라 행동

나라 연구에서도 대학생들의 경우 3단계에 속하는 비율이 50~58%이며, 4단계에 속하는 비율은 29~66%의 범위로 보고되었다(신아상, 윤용웅, 1986).

반 후스와 패러다이스(Van Hoose & Paradise, 1979)는 콜버그(1971)의 도덕성 발달 이론을 바탕으로 상담자들의 윤리적 지향 단계에 접목하였다. 이들은 상담자들이 연령과 특정 경험이라는 상황 안에서 발달단계를 따라서 성숙해 간다고 가정하였다. 또한 통찰이나 자각을 통해 상담자들은 더 복잡한 윤리적 추론 단계로 발달해 간다고 하였다. 이들이 제안한 윤리적 지향의 발달은 윤리적 판단 시 외적인 변인들에 전적으로 의존하는, 그리고 처벌을 두려워하는 행동 동기에 따르는 것으로부터 시작하지만, 이 발달은 상담자가 윤리적 판단을 내리는 데 내담자에 대한 자신의 책임에 주로 관심을 가지는 일련의 내적으로 정의된 원칙에 따르는 방향으로 전개된다고 하였다(Welfel & Lipsitz, 1983). 이들이 설정한 윤리적 지향 단계는 처벌 지향, 기관 지향, 사회적 지향, 개인적 지향, 원칙이나 양심 지향의 5단계다.

- **1단계: 처벌 지향(punishment orientation)** 이 단계의 상담자들은 윤리적 결정에서 외적인 원리에 전적으로 의지한다. 상담자들의 결정, 제안, 일련의 행동들은 규칙이나 기준에 정확하게 맞는지에 기초해 있다. 즉, 나쁜 행동은 벌을 받아야 하고, 선한 행동은 보상을 받아야 한다는 입장이다. 이 단계에서의 주요 관심은 '윤리적 결정이 어떤 물리적인 결과를 낳을 것인가?'이며, 여기에 과도하게 주의를 기울이는 특징을 보인다. 윤리적 갈등 상황에서 이 단계의 상담자들의 추론은 절대적이고 원칙적이다. 이상과 같은 신념은 내담자와의 관계에서도 적용되는데, 내담자가 규칙을 어기면 처벌을 받아야 한다고 믿는다.

- **2단계: 기관 지향(institutional orientation)** 이 단계에서의 윤리적 판단의 기준은 상담자가 속해 있는 기관의 정책이나 규칙에 근거한다. 즉, 결정, 제안, 일련의 행동들은 기관의 규칙이나 정책에 정확하게 맞는지에 기초해 이루어진다. 이 단계에서의 옳은 윤리적 선택이란 상사의 기대에 부합하는 것으로, 기관의 정책이나 규칙에 대해 의문을 제기하지 않는다. 그렇기 때문에 기

관 상사와 갈등의 여지는 거의 없다. 기관의 정책을 만든 사람들도 오류에 빠질 수 있는 존재라는 것을 거의 인식하지 않으며, 많은 상황에 내재된 복잡성을 사실상 알아차리지 못한다.

- **3단계: 사회적 지향**(societal orientation)　이 단계에서의 윤리적 추론은 기관 지향에서 벗어나 사회의 전체적인 복지에 대한 생각에 근거한다. 사회 기준을 유지하는 데 대한 의무감을 느끼며, 자신의 행동에 대한 다른 사람들의 인정에 관심을 둔다. 개인과 사회 간에 갈등이 생기면 개인보다는 사회를 중시한다. 결국 이 단계의 윤리적 행동의 특성은 사회 기준 유지, 다른 사람들의 인정, 사회와 대중들의 법에 근거한 것이라 할 수 있다.

- **4단계: 개인적 지향**(individual orientation)　이 단계는 윤리적 추론이 내적인 지향으로 바뀌었다는 것을 의미한다. 그래서 판단의 근거는 무엇이 개인에게 최선인가 하는 것이다. 즉, 이 단계에 있는 상담자의 주요 관심은 법을 위반하지 않는 것과 다른 사람의 권리를 침해하지 않으면서 개인의 욕구를 충족시키는 데 있다. 법과 사회 복지에 관심을 보이기는 하지만 개인, 즉 내담자의 복지가 최우선이다.

- **5단계: 원칙과 양심 지향**(principle and consciousness orientation)　이 단계에서 윤리적이라는 것은 상담자의 양심과 정의에 대한 개인적인 결정이라고 정의되며, 이때의 양심과 정의는 자신이 가지고 있는 내적인 윤리적 규율에 일치하는 것이다. 이 단계의 상담자는 윤리적 결정을 내리는 데 상담자에게 영향을 주는 외적인 압력이나 상황적 요소를 고려하지 않는다. 대신 자신이 가진 원칙을 반영한다. 즉, 자신이 선택한 양심의 원칙과 내적인 윤리 공식과 일치하고, 옳다고 여기는 것에 따라 상담자는 행동을 결정한다. 결국 이 단계의 상담자는 전문가 윤리 조항 밑으로 흐르고 있는 원칙을 이해하고 있다는 것을 의미한다.

2) 호프만의 도덕성 발달 지표와 윤리발달

호프만(Hoffman, 1970)은 도덕성 발달이 잘된 사람들에게는 네 가지 특징이 있는 것으로 보았다. 이러한 사람들은 ① 한계에 대해 잘 알고 있고 순응할 줄 알며, ② 권위는 합리적이고 공정한 것이라고 인식하며, ③ 필요하면 부적절한 충동을 억제할 수 있으며, ④ 다른 사람들에 대해 사려 깊다. 그리고 호프만은 도덕성 발달을 보여 줄 수 있는 다음의 4가지 지표를 제안하였다. 상담자들도 이와 같은 윤리발달 과정을 따를 것이라 가정할 수 있다(Hummel, Talbutt, & Alexander, 1985). 각 발달 지표는 다음과 같다.

- **내재화된 도덕 지침** 상담자는 유혹을 떨칠 수 있는 능력이 있다. 상담자는 발각될 염려가 없더라도 비윤리적인 상담을 하지 않는다. 다른 사람보다는 자기 자신을 기쁘게 하려는 데 동기가 있다.

- **죄책감** 뭔가를 잘못하면 기분이 나빠진다. 윤리적으로 적절한 행동이 무엇인지 알려 주는 내재화된 양심이 있다.

- **개인적인 기준** 외부에서 부과된 것보다는 자신의 개인적인 신념과 도덕적 기준에 따르는 능력을 가진다.

- **행동에 대한 책임** 자신의 행동 결과에 대한 책임을 수용한다.

3) 페리의 사고와 윤리발달

페리(Perry, 1970)는 사고와 윤리발달 과정을 연결하여 설명하였다. 그는 사고와 윤리발달이 이분법적 사고(dualistic thinking), 다면적 사고(multiple thinking), 상대적 사고(relative thinking), 헌신(commitment)과 책임(responsibility)이라는

자리(position)에 따라 이루어진다고 보았다.

우선 이분법적 사고 단계에서의 특징은 불확실하거나 다양한 현실은 없다고 믿기 때문에 절대적인 답이 있다고 믿는 것이다. 그리고 책임보다는 권위(Authority)에 복종하는 경향을 보인다. 이 시기에는 옳고 그름, 좋고 나쁨 등으로 현상을 양극화하는 이분법적 사고를 한다. 이러한 이분법적 사고는 발달이 진행됨에 따라점차 다양성을 수용할 수 있는 다면적 사고로 이동한다. 계속해서 대부분의 지식과 의견은 절대적으로 부여된 것이 아니라 시대 상황적 맥락에 따라 바뀔 수 있다는 진리의 상대성을 이해하게 되면서 다면적 사고는 상대적 사고로 바뀐다. 이 상대적 사고 상태에서는 일상에서 경험하는 사태나 현상에 대해 자신이 갖고 있는생각과 판단이 잘못일 수 있다는 가능성을 이해하고 인정할 수 있게 된다. 이 상대적인 사고는 시놋(Sinnot, 1989)도 주장하였으며, 상담자들이 진리 혹은 진실이라는 것을 주관적이고 상대적인 것으로 이해한다는 것이다. 즉, 지식이란 절대적이고 고정불변의 것이 아니라 여러 개의 타당한 견해 중 하나일 수 있다는 사실을이해하게 된다는 의미다. 마지막으로 헌신과 책임 단계에 이르면 상대적 사고에서 생기는 정체성 상실과 지향 상실(disorientation)의 위협을 해결하고 도덕적 가치에 헌신하게 된다. 그리고 이러한 헌신은 곧 선택한 가치들과 이것을 충족시킬방법에 대한 책임과 결합된다.

4) 스페리의 윤리 관점과 윤리발달 단계

스페리(Sperry, 2005)는 현재 이루어지고 있는 상담 윤리 실천을 세 가지 관점으로 구분하였다. 이 관점들은 연속적인 것이며, 관점 I과 관점 III은 양 극단 근처에 위치하고 관점 II는 그 중간 지점에 있다. 각 상담자는 이 관점의 어느 한 지점에 해당된다. 스페리는 이러한 관점들을 상담자의 순차적인 윤리발달로 직접 연결시키지는 않았다. 다만, 관점 I은 훈련생이나 초심 상담자에게 더 많이 나타나는 특성으로, 그리고 관점 III은 숙련 상담자들에게 더 많이 나타나는 특성으로 기술하였을 뿐이다. 이후 스페리(2007)는 이 관점을 확장하여 네 단계의 윤리발달

과정에 대한 가정을 만들었다. 우선 스페리(2005)가 제안한 상담자의 윤리적 관점
은 다음과 같이 정리될 수 있다.

- **관점 Ⅰ** 이 관점을 가진 상담자들은 윤리와 상담이 연결되어 있다거나 통합
되어 있는 것으로 보지 않는다. 윤리적 사고는 윤리 조항이나 기준, 법 조항에
서 금지하고 있는 것들에 초점을 두고 있다. 그래서 윤리적 행동의 목표가 위
기를 관리하는 데 있다. 대부분의 경우, 전문적인 윤리를 개인적 복지와 통합
되어 있는 것으로 보지 않기 때문에 개인적 윤리와 전문적 윤리가 분리되어
있다. 이 관점은 발달적으로 상담 훈련생이나 초심 상담자의 요구와 일치하는
것으로 윤리 조항이나 법 조항을 특정 상황이나 환경에서 윤리적 문제를 해결
하는 지침으로 본다. 하지만 일부 숙련된 상담자들에게서도 이러한 관점을 볼
수 있다.

- **관점 Ⅱ**   관점 Ⅱ는 관점 Ⅰ과 관점 Ⅲ의 중간 지점을 나타내며, 관점 Ⅲ으로
전환되는 과정을 말한다. 윤리 조항과 기준에 따르려고 노력하면서도 동시에
자기성찰 결과, 상황적으로 생각해 봐야 할 점, 스스로를 돌보려 하는 마음 등
을 고려하고자 한다. 이 관점을 가진 상담자들은 개인적 및 전문적 가치에 관
심을 가진다. 대부분의 상담자들이 관점 Ⅰ과 관점 Ⅲ 사이 어딘가에 위치한
다고 할 수 있다.

- **관점 Ⅲ**   이 관점에서는 윤리적 전통뿐 아니라 전문적인 윤리 조항과 자신의
개인적 윤리를 통합할 수 있도록 해 준다. 즉, 윤리와 전문적인 상담 실천이
통합적으로 연결된다. 미덕과 가치가 중요한 윤리 조항, 기준, 규칙으로 간주
된다. 초점은 선한 행동과 미덕, 윤리적 이상, 특성 발달, 개인적 삶의 철학을
개인의 전문적 목표와 진로 야망에 통합하는 것이다. 자기를 돌보는 것이 가
치 있게 여겨지며 이 관점에서의 핵심으로 간주된다. 왜냐하면, 전문가가 자
기 스스로를 잘 보호하면 할수록 다른 사람을 더 잘 살필 수 있기 때문이다.

윤리적 의사결정을 할 때는 개인, 관계, 조직에 대해 고려하는 것뿐 아니라 전문적 · 맥락적 · 윤리적 영역에 대한 고려가 포함되어 있다. 윤리적 감수성은 이 관점에서 핵심적이다. 말할 것도 없이 이 관점은 긍정적인 윤리를 반영하고 있다. 숙련 상담자에게서 볼 수 있는 관점이다.

스페리는 위와 같은 관점을 네 단계의 윤리발달 과정으로 확장시켰다. 각 발달 단계에 있는 상담자들이 윤리적 문제를 질적으로 다른 방식으로 처리하고 반응할 것이라고 가정한다. 즉, 윤리적 갈등을 처리하는 데 어린아이와 같이 윤리 조항을 있는 그대로 해석하고 의존하는 단계에서 성인과 같이 윤리규정들의 정신을 이해하고 해석하는 단계로 발달할 것이라는 것이다. 스페리가 밝힌 윤리적 발달단계는 다음과 같다.

• **1단계** 이 단계의 초심 상담자들은 있는 그대로 받아들이고 윤리적인 의사결정에서 경직된 특성을 보인다. 윤리규정과 법규에 이의를 제기할 수 없다고 여기며, 각각의 상황에서 가장 적당한 윤리와 법규가 무엇인지를 알고 싶어 한다. 또한 많은 경우 윤리적 문제에 대해 윤리규정에서 정하고 있는 그대로 적용하려는 입장을 가지고 있어서 윤리규정을 외우려는 특징을 보이기도 한다. 몇몇 초심 상담자들은 윤리적 결정에 대한 책임에 너무 부담을 가져서 위기 상황에 처하지 않기 위한 관리에만 지나치게 매몰되기도 한다. 다행히도 이 단계의 상담자들이 직면하는 윤리적인 상황들은 보통 명확하거나 모호하지 않은 경우가 많다. 설령 복잡한 사례가 있더라도 어렵지 않게 다른 전문가에게 자문을 구한다. 초심 상담자들에게 이러한 자문은 힘든 의사결정 과정에서 안내와 지지의 역할을 해 준다는 점에서 매우 유용하고 필요한 것이라 할 수 있다(Stoltenberg, McNeill, & Delworth, 1998). 하지만 어떤 초심 상담자들은 간섭받고 싶어 하지 않고, 윤리적 문제나 윤리규정, 법령 등에 대해 비교적 무관심한 태도를 보이기도 한다. 이런 경우는 자문을 거의 요청하지 않는다. 이 모두가 1단계 상담자들의 특성이라 할 수 있다.

- **2단계** 이 단계의 상담자들은 1단계의 상담자보다 좀 더 유연해지는 특징을 보인다. 윤리규정과 법령을 보는 관점이 계율보다는 하나의 지침으로 보는 경향이 있다. 일반적으로 이들은 윤리적인 요구가 내담자의 복지를 존중하고 지원하기 위한 것임을 잘 알고 있으며 이를 지키려 노력한다. 그럼에도 불구하고, 이 단계의 상담자들은 때때로 '무엇이 내담자에게 가장 이익이 되는 것인가'라는 점에서 윤리적 또는 법적인 문제들이 그들의 의견과 갈등을 일으키면, 이들의 처리를 피하기도 한다. 이들의 발달적인 요구는 자율성이기 때문에, 훈련자나 수련감독자는 갈등을 일으키는 선택에 대해 이 단계의 상담자가 조심스럽게 숙고해 볼 수 있도록 도와야 한다. 이때 훈련자나 수련감독자는 지속적으로 사례를 감독하면서도 상담자의 자율성을 격려해야 하기 때문에 어려운 부분이지만 도전거리가 되기도 한다. 그래서 이 시기의 윤리적 결정은 이 단계의 상담자와 수련감독자 간에 갈등이 본격화시키는 핵심 부분이 된다(Stoltenberg, McNeill, & Delworth, 1998). 이 단계의 어떤 상담자들은 공개적으로 윤리 조항이나 법률을 무시하거나, 또는 그들에게 동의해 주는 자문자만 선택적으로 찾아다닐 수도 있다.

- **3단계** 이 단계의 상담자는 2단계의 상담자보다 더욱 유연해지고 윤리규정이나 지침을 더 넓은 관점, 즉 내담자의 권리와 전문적인 책임을 모두 포함하는 관점에서 볼 수 있게 된다. 윤리규정이나 법령을 윤리적인 추론의 종료점이 아니라 시작점으로 보는 경향이 커진다. 결국, 이들은 윤리규정을 그대로 받아들이기보다는 다시 한번 검토해 보는 한편, 대안을 만들어 내고 권리와 책임 간에 균형을 맞추는 결정을 내린다(Sperry, 2007). 그리고 이에 더하여 이 단계의 상담자들은 더 개인화된 전문적인 윤리규정을 개발하고 싶어 한다. 그들이 개인적 · 전문적으로 성숙해 감에 따라서, 전문가로서의 정체성과 개인으로서의 정체성(성, 정신세계, 기타 개인차나 고유함 등)이 충분히 통합되도록 하는 작업을 시작할 수 있는 환경을 제공한다(Stoltenberg, McNeill, & Delworth, 1998). 또한 삶에서도 개인이면서도 전문가로서의 균형을 추구하

는데, 특히 개인과 전문가로서의 가치 면에서 균형을 잡으려 한다.

- **4단계**   이 단계의 상담자들은 윤리규정과 법에서 요구하는 것을 알고 있으면서도 이것들을 뛰어넘는다. 즉, 능력을 넘어 전문가적 판단으로, 무해성을 넘어 자기인식(self-knowledge)의 단계로 가게 된다. 자신의 특성과 미덕을 지속적으로 계발하고 윤리적인 도전에 직면하여 용기 있게 행동한다. 보통 이들은 강하고 건강한 관계를 세우고 유지하는 것을 윤리적인 감수성과 유능한 상담 실천의 핵심으로 간주한다. 그리고 3단계에서 시작한 개인과 전문가로서의 정체성 통합은 지속된다. 이들은 전문가로서의 자기(self)를 공고히 하는 과정에서, 높은 수준의 전문가로서의 능력과 윤리적인 감수성 모두가 반영된 전문적 상담 실천가로서 통합된 철학을 수립한다. 또한 이 전문적 상담 실천의 철학은 자신의 개인적 삶의 철학과 편안하게 통합되며 자신의 고유한 스타일, 신념, 가치들을 반영한다.

3. 요 약

상담자는 다양한 영역에 대한 복잡성이 증가해 가는 방향으로 발달한다. 인지, 정서, 대인관계 등에서 지속적으로 발달을 하며, 이것들은 윤리적 감수성과 결정 능력에 영향을 준다. 이 장에서는 상담자의 전반적인 발달과 윤리적 발달에 대한 조망을 통해 상담자가 어떻게 윤리적 감수성과 결정 능력이 발달하는가에 대해 알아보았다.

우선 피아제의 발달 이론과 전문가들의 발달에 대한 이론들을 종합하면, 상담이라는 전문 영역 내에서 상담자들이 보이는 인지적 발달은 미숙한 형식적 조작기 혹은 형식적 조작기 이전의 특징을 보이다가, 점차로 형식적 조작기 수준의 인지적 특성을 고도로 발달시키는 방향으로 발달한다고 정리할 수 있다. 특히 이러한 인지발달의 방향은 형식적 조작기 특성들의 심화, 사고 폭의 확대와 심화, 상대적·실용적·목표 지향적인 사고를 하는 것이다. 상담자 발달의 특성들을 종합해 보면 상담자들의 발달단계는 의존, 유사 의존, 상호 의존 그리고 독립의 단계를 거치며, 발달의 주요한 특징은 발달 수준이 높아지면서 점차로 의존 특성이 줄어들고 독립 특성이 늘어난다는 것이다.

상담자의 윤리발달은 상담자의 추상적 사고의 복잡성과 독립적인 자아발달에 영향을 받게 되며, 윤리적 판단 시 외적인 변인들에 의존하는 단계에서 내적으로 정의된 원칙에 따르는 방향으로 전개된다. 그리고 상담자들은 진리 혹은 진실이 주관적이고 상대적인 것이라고 이해하게 되며, 결국 헌신과 함께 자신이 선택한 가치들과 이들을 충족시킬 방법에 대해 책임질 수 있는 방향으로 발달한다. 또한 상담자는 발달 수준이 높아짐에 따라 자신의 특성과 미덕을 더욱 계발하고, 윤리적인 도전에 직면하여 용기 있게 행동하며, 높은 수준의 전문가로서의 능력과 윤리적인 감수성 모두가 반영된 전문적 상담 실천가로서의 통합된 철학을 수립한다.

이상으로 제기되었던 상담자의 윤리발달에 대한 모형들은 기존의 도덕발달 이론에 기초한 것들이다. 그러나 상담자들을 대상으로 높은 수준의 도덕발달과 윤리적인 결정 간의 관계에 대해 조사한 연구들의 결과는 아직까지 일관성이 없다. 즉, 어떤 연구들(Bombara, 2002; Uthe-Burow, 2002; Welfel & Lipsitz, 1983)의 경우는 높은 도덕발달 수준을 보이는 상담자들의 윤리적 결정이 전문적 윤리 기준에 더 잘 맞는다고 결론을 내리는 반면, 다른 연구들(Doromal & Creamer, 1988; Fox, 2003; Royer, 1985)에서는 그렇지 않다는 결과를 보여 주고 있다. 향후 더 많은 연구가 요구되는 부분이다.

그리고 아직까지 국내 상담자의 윤리발달에 대한 연구는 거의 찾아보기 힘들다. 실제로 우리나라 상담자들이 이러한 윤리발달 모형에 따라 발달해 가는지에 대한 많은 연구가 필요하다. 이렇게 발달에 대한 연구를 바탕으로 상담자 윤리발달에 대한 모형이 확인되거나 수정될 수 있어야 상담자의 발달 수준별로 어떤 윤리 교육이 필요한지에 대한 내용과 방법이 결정될 수 있기 때문이다.

제 4 장
상담자 윤리와 법

상담자 윤리는 전문가들이 서비스를 제공할 때 전문가들끼리 또는 내담자와 대중들과의 관계에서 지켜야 하는 행동 규범이다. 이러한 윤리는 상담 전문가 단체에서 그 구성원들의 윤리적 행동을 규정하기 위해 제정되며, 이를 지키지 않는 경우 제재를 가하는 특징이 있다. 제1장에서 언급한 것과 같이 윤리는 전문직에서 기대하는 이상적인 기준을 반영하며, 그 안에는 전문직에서 추구하는 가치가 포함되어 있다.

반면, 법은 사회의 구성원들이 더불어 살아가기 위한 기본 원칙이며, 사회가 합의한 규정이다. 특히 의사나 상담자와 같이 특별한 훈련이나 경험을 가지고 서비스를 제공하는 사람들에게는 한 개인으로서 법을 준수해야 할 뿐 아니라, 그 전문성에 따른 추가적인 의무와 법적 책임이 요구된다. 사회는 상담 서비스를 제공하는 전문가들에게도 이들이 지켜야 할 법을 제정하여 지키도록 하고 있다. 이 법은 국민들의 대표 기관인 국회에서 제정되며, 법을 어겼을 경우는 엄한 처벌을 한다. 전문가들이 제정한 윤리 조항에서는 가장 심한 처벌이 전문가 집단에서 추방하는 것이지만, 법에서는 형사상의 처벌 또는 민사상 책임을 져야 하는 점에서 크게 구분된다.

상담 전문가들이 직무와 관련되어 법정에 설 때 법에 대해 몰랐다는 것은 변론의 여지가 없다. 상담 전문가들은 자신의 업무와 관련된 법적 권한과 책임을 알고 있어야 하며, 이에 맞게 상담 서비스를 제공해야 할 의무를 가지고 있다. 또한 이런 법에 대해 아는 것은 상담 활동에 필요한 법적 보호를 받을 수 있으며 동시에 법률을 위반하는 것을 예방할 수 있는 길이 될 것이다.

이처럼 상담자에게는 윤리규정뿐만 아니라 법에도 맞는 적합한 행위를 할 것이 요구되지만, 법과 윤리는 세상이 어떻게 운영되어야 하는가에 대한 견해가 서로 다르다(Rowley & MacDonald, 2001). 이러한 이해의 차이로 종종 상담자는 윤리와 법 사이에서 갈등을 느끼기도 한다. 상담자는 이러한 갈등 상황에서 어떻게 대처해야 할 것인지에 대해서도 알고 있어야 할 필요가 있다.

국내에서 상담에 대한 수요는 최근 급속하게 늘고 있는 추세이지만, 아직 상담 서비스 제공에서 지켜야 할 것들을 법률로 규정하고 있는 것들이 많지 않은 상황이다. 그리고 아직까지 형사상이나 민사상의 기소를 당한 사례도 보고되지 않았다. 그러나 상담 서비스가 더욱 확대된다면 향후 상담자들이 피소될 가능성은 그만큼 증가할 것이라는 사실을 예상할 수 있다. 이 장에서는 윤리와 법 간의 관계에 대해 자세히 살펴보고, 법과 윤리 간의 갈등 가능성과 그 해결 방안에 대해 알아볼 것이다. 그리고 상담자의 주요 법적 책임에는 어떠한 것들이 있는지를 국내 법 조항을 통해 알아보기로 한다.

1. 법과 윤리의 관계

상담자와 내담자 관계는 상담자 윤리뿐 아니라 법의 영향을 받는다. 윤리규정은 법을 초월해 제정되지 않으며, 오히려 법과 정책을 더욱 분명하게 하기 위해 만들어진 것이라 할 수 있다(Cottone & Tarvydas, 2007). 이 절에서는 규범으로서의 법의 속성과 그 특징을 알아보고 윤리와의 차이점에 대해 다루었다. 그리고 법과 윤리와의 갈등 가능성을 밝히고 그 해결 방안에 대해서도 논의하였다.

1) 규범으로서의 법

인간은 사회적 관계 속에서 이해관계가 충돌한다. 이러한 이해관계의 대립과 갈등을 해결하고 공존의 질서를 이루어 나가기 위해서는 사회적 행동을 규제할 기준이 필요하다. 즉, 사회 존속을 위한 규범을 만들어 지키고, 이것으로부터 이탈하는 것을 방지할 제도적인 사회적 제어 장치로서 규범을 의식적으로 요구한다(홍성찬, 2008). 공동생활에서 스스로 지켜야 할 도덕, 윤리, 종교, 관습, 법 등의 사회적 규범을 사회 구성원들이 스스로 준수함으로써 사회생활의 안정과 발전이 보장되는 것이다.

고대의 미개한 사회에서는 도덕, 윤리, 관습, 종교 등에 따라서도 사회질서의 유지가 가능하였다. 그러나 사회가 복잡해지고 다양해지면서, 그리고 그 규모가 커지면서 복잡하고 다양한 사회 구성원들 간의 분쟁을 해결하기 위해서는 분명하고, 객관적이고, 공정하며, 확인 가능한 판단 기준이 필요하게 되었다. 기존의 도덕과 윤리, 그리고 관습은 명확하게 그 내용을 알기 어려울 뿐 아니라, 그것들로는 각종 형태들의 분쟁들을 합리적으로 해결하기 어려워진 것이다. 또한 사회질서를 강력하게 유지하기 위해, 그리고 개인이나 소수 집단의 이익 추구만이 아닌 공동체 전반의 이익을 추구하기 위해서는 강력한 강제력을 가진 법이 필요하게 되었다.

법은 국가가 공권력을 행사하기 시작하면서부터 사용되었다고 할 수 있다. 근대로 오면서 시민들은 사회 구성원들 스스로 민주적인 입법과정에 따라 규범을 제정하고, 모든 구성원들이 법 규범을 존중하여 따르게 되었다. 이제 사회는 법의 지배 위에서만 유지되고 존속될 수 있으며, 법이 정한 질서의 테두리 안에서 자유롭게 삶을 영위할 수 있게 되었다(김문현 외, 2006).

2) 법의 규범적 특성

법은 사회규범이다. 사회규범으로서의 법의 특징은 다음과 같이 네 가지 정도로 정리해 볼 수 있다(권재열 외, 2006; 안중만, 2001).

첫째, 법은 행위규범이다. 법의 대상은 사람의 행위로 제한한다. 이러한 행위는 사람의 의사(意思)에 따라 외부적으로 나타나는 신체적인 동정(動靜)을 말한다. 즉, 법은 그 사람의 내면에 있는 의사를 문제 삼는 것이 아니라 이러한 의사가 외부로 어떻게 행위로 나타났는가를 문제 삼는다. 따라서 법은 인간 행동의 판단을 위한 잣대로서 해야 할 행위와 하지 말아야 할 행위를 결정하는 기준이다.

둘째, 법은 사회규범이다. 법은 사회질서의 유지를 위해 개인에게 일정한 행위를 요구하거나 금지하는 사회적 행위규범으로서 사회생활의 목적을 실현하기 위해 지켜야 할 사회규범이다. '마땅히 그러해야 하는' 관계를 나타내는 당위의 법칙으로서 특정인을 대상으로 하는 것이 아니라 사회 구성원 전체, 즉 평균인을 대상으로 하는 사회의 행위규범이다.

셋째, 법은 목적규범이다. 법은 사회 구성원이 사회생활을 영위하기 위하여 사회질서를 유지할 목적으로 성립되는 목적규범이다. 즉, 법의 궁극적인 목적은 사회 구성원인 인간의 행복이나 선을 효과적으로 달성하는 데 있다. 따라서 법은 사회의 특정한 공동 목적을 달성하기 위한 준수규범으로 국가권력이 강제하는 목적규범이다.

넷째, 법은 강제규범이다. 법은 정치적으로 이루어진 국가라는 사회 속에서 스스로 실효성을 갖기 위해 강제라는 수단을 가지는 강제규범이다. 즉, 법은 국가권력으로 유지되며 강제되기 때문에 그 위반에 대하여 일정한 불이익이나 제재를 가함으로써 준수가 강제되는 국가적 규범이다. 이때 국가가 가지는 권위는 절대적이므로 법은 절대적 규범이며, 법은 국가기관에서 제정한 것으로서 권력적 규범이다.

3) 법과 윤리의 비교

상담자 윤리는 상담 실천에 요구되는 최소한의 기준을 지키도록 하는 것이고, 전문가 스스로 감찰하고 규제하는 방식으로 운영된다. 그러나 대중의 건강과 안전, 그리고 복지를 꼭 지켜야 할 필요가 있을 때는 법으로 제정하여 강제력을 띤다. 이처럼 상담자 윤리가 내담자를 보호할 뿐 아니라 전문가들의 자율적인 규율을 보장하기 위해 만들어졌다면, 법적 기준은 국가와 지역사회에서 전문적인 수행이라고 받아들일 수 있는 것과 관련되어 있다(Huey & Remley, 1990). 이처럼 법과 윤리는 차별적인 요소가 많은데 이를 비교해 보면 다음과 같다.

우선 법이 사회에서 용인할 수 있는 최소한의 행동 기준을 정한 것이라면, 윤리는 전문가로서 기대되는 이상적인 기준을 나타낸다(Remley & Herlihy, 2005). 법이 국회의원들이 제정하고, 경찰이 집행하며, 판사가 해석하는 반면, 윤리는 상담 전문가들이 제정하고 윤리 위원회나 자격관리 위원회에서 해석하고 집행한다. 그렇기 때문에 윤리규정은 해석에 대한 가능성이라는 면에서 법에 비해 그 범위가 더 크다. 즉, 법은 처벌을 전제로 하여 그 대상이 되는 행위를 구체적으로 법률로 규정되어 있을 경우에만 적용하기 때문에 법률에 대한 해석의 가능성이 적다면, 전문가 윤리규정은 하나하나의 행위를 규정하기보다는 행위의 원칙들을 정하기 때문에 법률에 비하면 해석의 여지가 크다고 할 수 있다. 그리고 그 제재라는 측면 역시 법에서는 위법행위에 대해 구체적으로 처벌규정을 두고 있으나, 윤리규정에서는 윤리 위반 행위에 대한 구체적인 처벌규정이 없기 때문에 전문가 단체에서 그 행위의 경중을 따져 처벌의 수위를 결정하는 방식을 따르고 있다.

사설 상담실에서 근무하는 어떤 상담원이 하루는 한 변호사로부터 전화를 받았다. 그 변호사는 상담원이 상담을 했던 진수가 최근에 폭력 혐의로 입건되어 진수의 정신건강에 대한 기록이 필요해서 전화를 했다는 것이다. 진수에게 이 정보를 상담자에게 요청해도 좋다는 허락을 받았다는 말도 덧붙였다. 상담자는 진수가 자신의 내담자였는지에 대해서도 언급할 수 없으며, 내담자가 서면으로 된 동의서를 제출해야 제삼자에게 구체적인 정보를 줄 수 있다고 설명하였다. 변호사는 필요한 서면 동의서를 가지고 있으니 전문가적인 판단으로 생략하고 알려 달라고 계속해서 부탁하였다(Rowley & MacDonald, 2001).

로울리와 맥도널드(Rowley & MacDonald, 2001)는 윤리와 법의 차이에 대해 다른 문화를 가지고 있기 때문에 때로는 갈등을 일으키기도 한다는 문화적 관점에서 비교하여 설명하였다. 즉, 윤리와 법은 세계가 어떻게 운영되는지에 대한 이해가 다르기 때문에 각자는 자연히 다른 행위를 낳는다는 것이다. 다음의 예는 상담자와 법조인의 관점뿐 아니라 행동 방식의 차이로 나타날 수 있는 예다.

위 예에서 변호사는 진수에 대한 정보가 비밀보장이 되어야 한다는 것을 알고 있을 수도 있다. 그러나 고객인 진수를 위해서는 매우 중요한 자료이기 때문에 정보를 요구했을 수 있다. 또한 상담원에게 전화로 연락한 것은 필요한 정보를 알려 주기 위한 절차를 전문가적으로 판단해 생략해 주기를 바란 것일 수 있다.

상담자는 윤리와 법이 가진 문화가 어떻게 다른지에 대해 이해하는 것이 필요하다. 그리고 이러한 차이를 인정하고, 상담 서비스를 실천할 때 법과 관련된 문제에 대해서는 법률 자문을 구하는 것도 매우 중요하다는 사실을 알아야 한다.

4) 법과 윤리 간의 갈등

기본적으로 상담자 윤리는 법의 테두리 내에서 제정되기 때문에 윤리와 법 간의 갈등이 많이 나타나는 것은 아니다. 특히 우리나라 현행 법률에서 상담자들에게 의무로 규정하고 있는 것은 '비밀보장의 의무'와 '신고의 의무'뿐이므로 갈등 가능성은 그만큼 적다 할 수 있다. 이에 비해 미국의 경우는 상담 서비스 제공과 관련된 법과 판례가 많아 그만큼 여러 측면에서 법과 윤리 간의 갈등의 소지가 있으며, 실제로 이러한 갈등에 대해 지적되기도 하였다(Mappes, Robb, & Engels, 1985).

이 절에서는 국내에서 윤리와 법 간의 갈등 가능성이 있는 비밀보장과 신고의 의무와 관련된 부분으로 제한하여 설명하고자 한다. 내담자의 사생활을 보호하기 위한 비밀보장 의무는 상담자 윤리뿐 아니라 각종 법을 통해서도 규정되고 있는 부분이다. 이와는 달리 상담자들에게 비밀보장의 의무를 깨고 관계 기관에 반드시 신고하도록 법률로 규정하고 있는 것이 신고의 의무다. 비밀보장과 관련된 윤리규정은 제5장 '비밀보장'에서 자세히 다루고 있기 때문에, 법으로 규정하고 있는 부분에 대해서만 이 장의 2절 '상담자의 주요 법적 책임'에서 상세히 다루기로 한다. 여기서는 비밀보장과 신고의 의무와 관련된 윤리와 법 간의 갈등을 톰슨(Thompson, 1990)의 윤리규정과 법 간의 상호작용 개념을 중심으로 풀어 설명하였다.

우선 톰슨(1990)은 윤리규정과 법 간에 6가지의 상호작용이 있을 수 있다고 하였다. 윤리적인 측면은 윤리적인 것과 비윤리적인 것으로 구분할 수 있고, 법적인 측면은 합법적, 불법적, 법규정이 없는 세 가지로 나눌 수 있다는 것이다. 각각의 경우를 살펴보면 〈표 4-1〉과 같다.

6가지의 상호작용 중에서 법과 윤리 간의 갈등이 가장 큰 부분은 '윤리적이지만 불법적인 경우'와 '비윤리적이지만 합법적인 경우'라 할 수 있다. 그러나 앞서 밝힌 것과 같이 우리나라 현행법에서 상담 서비스 제공에 대한 법률은 비밀보장과 신고의 의무에 한정될 수밖에 없기 때문에 비윤리적이나 합법적인 경우는 찾아볼 수 없어 윤리적이지만 불법적인 경우에 대해서만 살펴보기로 하자. 다음의 사례들은 윤리적이지만 불법적인 경우다.

위 두 사례 모두에서 상담자는 내담자와의 비밀보장 의무를 충실히 수행하였

〈표 4-1〉 윤리와 법 간의 상호작용

상 황	설명과 예
윤리적-합법적	합당한 법을 따르는 것으로, 법으로 보호받고 있는 내담자의 비밀을 지키는 것이 그 예가 될 수 있다.
윤리적-불법적	부당한 법에 따르지 않는 것으로, 내담자와의 비밀보장을 지키기 위해 법원에서 비밀을 누설하도록 하는 명령을 거부하는 것이 그 예가 될 수 있다.
윤리적-법률 규정 없음	법률의 규정이 없지만 선행을 하는 것으로, 그 예로는 가난한 내담자들에게 무료로 서비스를 제공하는 것을 들 수 있다.
비윤리적-합법적	부당한 법에 따르는 것이다. 그 예로 미국에서 상담 서비스 홍보에 학회 회원임을 알리거나 다른 사람의 추천장을 사용하지 못하도록 윤리규정에서 규정해서는 안 된다는 법이 있었는데, 이 경우 법에 따른 것이라 할 수 있다.
비윤리적-불법적	합당한 윤리와 법을 어기는 것으로, 법으로 보호를 받고 있는 비밀을 누설하는 것이 그 예다.
비윤리적-법률 규정 없음	어떤 법률도 금지하고 있지 않지만 해를 끼치는 것으로 자신의 권위 욕구를 충족시키기 위해 내담자의 의존성을 키우는 것이 그 예다.

청소년지원센터에서 상담을 받고 있는 초등학교 4학년 홍수는 자주 얼굴이 부어오고 팔 부분에 멍 자국이 여러 개가 보여 상담자가 무슨 일이 있었는지를 물어도 처음에는 친구들과 다투었다고 말을 하였다. 그러다가 상담이 여러 회기 진행된 후에 홍수는 아버지가 술을 드시고 오실 때면 어머니와 아이들을 심하게 때린다고 하였다. 술을 안 드실 때는 너무 친절한데 술을 드시기만 하면 너무 심하게 때려서 견디기 힘들다고 하였다. 그러면서 이 사실을 아무에게도 말해서는 안 된다며 걱정스러운 표정으로 상담자의 다짐을 받으려 하였다. 아버지가 어렵게 교회와 관련된 직장을 잡았고, 월급은 얼마 안 되어도 그 돈으로 가족들이 살고 있는데 이 사실이 알려지면 아버지가 직장을 잃게 될 것이기 때문이라고 하였다. 어머니도 생계를 위해 일을 하려고 하지만 지병으로 밖에서 오랫동안 있을 수 없기 때문에 그럴 형편이 안 된다고 하였다. 그리고 아버지가 술을 드시고 오시면 잘 피해 있으면 되니 염려 말라고 하였다. 상담자는 상담 시작 전 상담 오리엔테이션에서 이러한 경우 상담자가 비밀을 보장하지 못하고, 관계 당국에 신고해야 할 의무가 있다는 것에 대해 설명하였던 것을 상기시켰다. 홍수는 깜빡했다면서 괜히 말했다고 잊어 달라고 하였다. 지금 상황으로는 상담을 받는 것보다 다른 가족들을 지키는 것이 우선이라고 생각하고 있으며, 이미 이웃들이 신고한 적이 몇 번 있지만 그때마다 어머니와 홍수가 나서서 일을 무마했다고 하였다. 상담자는 홍수의 어머니를 만났으나 그냥 홍수의 아픈 마음만 달래 주고 더 이상 개입하지 말았으면 좋겠다고 하였다. 상담자는 홍수와의 상담에 전념하기로 하였다.

고등학교 2학년 여학생인 연서를 상담하던 중, 최근 축제 준비를 위해 동아리 방에서 밤샘 작업을 하다가 남자 선배 두 명이 강제로 연서를 추행하고, 반항하는 연서에게 폭행을 가하여 골절상과 타박상을 입은 사실을 알게 되었다. 연서는 자꾸만 그때의 장면이 떠올라 심한 모멸감을 반복적으로 느끼고 있고, 학교 공부를 거의 할 수 없을 정도다. 그리고 자꾸만 사람들이 쳐다보는 것 같아 고개를 들지 못하고 사람들의 눈을 피하게 되었다고 하였다. 상담자는 18세 미만의 미성년자가 추행 등으로 상해를 입은 경우 수사기관에 신고해야 한다는 것을 알렸다. 하지만 연서는 그렇게 되면 창피해서 학교를 더 이상 다닐 수 없을 뿐 아니라, 부모님께서도 다시는 동아리 활동을 못하게 하실 것이고, 텔레비전에서 보니 성추행 사실을 신고하면 수사과정에서 많이 힘들다는 이야기를 들었다면서 절대 알리지 말라고 하였다. 상담자는 신고를 할 경우 어떤 어려움들이 예측되는지, 해결 방법은 없는지 등에 대해 주의 깊게 내담자와 논의하였다. 그러나 연서는 더 이상 그 이야기는 하지 않았으면 좋겠다고 하였다. 누구에게도 이야기하기가 힘들어서 상담을 신청한 것인데, 한 번 더 신고에 대해 이야기하거나 다른 사람에게 알리면 상담을 그만두겠다고 하였다. 결국 상담자는 상담에 전념하기로 하였다.

다. 특히 두 사례 모두 상담자가 신고의 의무에 대해 사전에 알려 주고 조심스럽게 여러 가지 상황들을 고려한 후 내린 판단이라 할 수 있다. 다만, 홍수의 경우 언제 올지 모르는 임박한 위협에 다시 노출되어야 하기 때문에 상담자 윤리강령에서 "상담 수혜자 개인 및 사회에 임박한 위험이 있다고 판단될 때 상담 수혜자에 관한 정보를 적정한 전문인 혹은 사회 당국에 공개한다."(한국상담학회, 2007)라고 한 비밀보장 유지의 한계 상황이라 할 수 있으므로 논란의 여지가 있다. 그러나 현행법상으로 따져 보면 상담자는 아동학대 사실을 알고도 관계 당국에 신고하지 않았기 때문에 위법행위라 할 수 있다.

이처럼 법률상 신고의 의무는 그러한 사실이 있는 경우 반드시 어떤 행위를 하도록 규정하고 있으나, 상담자 윤리에서는 내담자의 안녕과 복지를 위해 상담자가 '매우 조심스럽게 고려한 후에' 공개하도록 하고 있는 점은 윤리적인 행위를 했음에도 불구하고 위법행위가 되는 경우가 발생할 수 있게 만드는 요인이다. 또한 법률에서는 신고할 장소를 각 법률마다 따로 지정하고 있으나(예, 아동복지법은 '아동보호 전문기관 또는 수사기관', 전염병 예방법은 '의사의 진단 또는 검안을 구하거나 또는 소재지의 보건소장에게 신고'), 윤리규정에서는 '적정한 전문인' 혹은 '사회 당국'으로 규정하고 있다. 그러나 적정한 전문인에 대한 정의가 없기 때문에 상담자가 수련감독자에게 알리면 윤리적 의무를 다했다고 주장할 수도 있는 부분이다.

아직 우리나라에서는 이처럼 신고의 의무에 처했을 경우 상담자들이 어떤 선택을 하는지에 대해 조사된 경우가 없다. 반면에 비밀보장과 신고의 의무 사이의 갈등은 외국 연구에서 많은 관심을 가지고 있는 영역이다. 우리나라보다 아동학대 신고의 의무를 강하게 규정하고 있는 미국에서는 아동학대의 혐의가 있어도 1/3 정도의 상담자들이 관계 당국에 신고하지 않은 것으로 나타났다(Kalichmant & Brosig, 1993). 이렇게 위법행위임에도 불구하고 신고하지 않는 주요한 이유는 두 가지 정도로 정리해 볼 수 있다. 첫 번째는 상담자들이 신고를 함으로써 내담자와의 관계가 나빠지는 것을 염려해서다(McWhirter et al., 2004). 실제로 신고와 상담자/내담자 관계에 대해 조사한 결과(Weinstein et al., 2000), 상담자가 신고한 이후 20% 정도는 상담 관계가 종결되었고, 7%는 관계가 나빠졌으며, 32%는 변화가 없었고, 41%는 개선되었다고 하였다. 또 다른 이유는 상담자들이 신고 때문에 내담자나 그 가족에게 부정적인 영향을 주지는 않을지에 대해 염려해서다. 법은 사건을 흑백논리로 보지만, 상담자들은 다양한 측면을 고려해야 할 필요가 있기 때문이다.

5) 법과 윤리 간 갈등 해결

윤리적 규정과 법이 일치하지 않아 갈등을 일으키는 경우 양측의 의견을 조정하는 것은 매우 어려운 일이다. 전문 상담자 학회에서 법조인 단체나 의회와 협력하여 윤리와 법 간의 갈등을 줄이려는 노력이 선행되어야 하지만, 그 이전에 상담자들이 윤리와 법률 조항 간에 갈등 상황에 처하면 이것을 해결하기 위한 단계를 밟아야 한다. 우선 법과 윤리 이외에 영향을 줄 수 있는 다른 것들에는 무엇이 있는지 살펴봐야 한다(Cottone & Tarvydas, 2007). 왜냐하면, 고용기관의 정책이나 자격 규정 또는 재원 출연 규정 등이 법규정보다 더 큰 관심사가 될 수 있기 때문이다. 그런 후에 다음과 같은 갈등 해결 단계를 밟을 필요가 있다(Remley, 1996).

1. 상담자의 행위와 관련해 이슈가 될 만한 영향력을 미치는 것이 무엇인지 밝

한다.

2. 법률에 대해 의문이 생기면 법률 자문을 받는다.

3. 어떤 특정 상황에 특정 윤리규정을 적용하는 데 문제가 있거나 윤리규정에서 요구한 것이 무엇인지 이해하기 힘든 경우, 동료나 전문가로 인정받는 사람에게 자문을 구한다.

4. 만약 법과 윤리 이외에 영향력을 행사할 수 있는 것들(고용자, 학점 인정 기관, 재원 출연 기관 등)이 상담자에게 불법이라고 인식되는 어떤 특정한 행위를 하도록 제안한다면, 상담자는 그 행위가 진정 불법적인 것인지를 결정하기 위해 법 자문을 구한다.

2. 상담자의 주요 법적 책임

1) 상담자의 주요 법적 책임과 관련된 주요 법률

상담자가 상담 서비스를 제공함에서 법적 책임을 물을 수 있는 주요 법률은 형법과 민법이다. 우선 형법과 민법의 주요 원리는 무엇인지, 그리고 상담자의 어떤 행위에 대해 어떤 책임을 물을 수 있을지 알아보기로 한다.

• **형 법**　우선 형법은 어떤 행위가 범죄이고 그 범죄에 대한 법률 효과로 어떤 형벌을 과할 것인가를 규정한 법규범이다(김헌진, 2007). 이 형법은 일정한 범죄행위를 조건으로 이에 대한 법률 효과를 규정한 가설적인 형태로 이루어져 있다. 예를 들어, '타인의 재물을 절취한 자는 ∼에 처한다.'와 같다. 즉, 일정한 구성요건에 해당되는 행위를 전제조건으로 하여 이에 일정한 법률 효과로서의 형벌을 과하도록 되어 있다. 형법상의 범죄가 성립하기 위한 요건은 구성요건 해당성, 위법성 및 책임성으로 이 중 하나라도 갖추지 못한 경우는 범죄가 성립하지 않는다(박인현, 2000). 우선 구성요건 해당성은 행위자의 구체

적인 사실이 범죄의 구성요건에 해당되는 성질이어야 한다는 것이다. 절도죄에서 '타인의 재물을 절취한' 행위가 이에 해당된다. 다음으로 위법성은 구성요건에 해당되는 행위가 법질서 전체 정신에 비추어 볼 때 허용되지 않는 성질을 말한다. 마지막으로 책임성은 행위자에 대한 비난 가능성을 말한다.

형법에서 상담 서비스 행위에서 가장 관련성이 깊은 조항은 제317조의 '업무상 비밀누설'로 "의사, 한의사, 치과의사, 약제사, 약종상, 조산사, 변호사, 변리사, 공인회계사, 공증인, 대서업자나 그 직무상 보조자 또는 차등의 직에 있던 자, 종교의 직에 있는 자 또는 있던 자가 그 업무 처리 중 취득한 타인의 비밀을 누설한 때는 3년 이하의 징역이나 금고, 10년 이하의 자격 정지 또는 700만 원 이하의 벌금에 처한다."는 것이다. 다만, 법률에서 규정되지 않은 대상에 대해서는 처벌하기 어려운 상황이기 때문에, 상담자들은 형법상의 처벌보다는 다음 절에서 다룰 각종 법률에서 규정된 비밀누설의 경우에 처벌하는 규정에 따를 것이다.

• **민 법**   민법은 시민사회에서의 일반적인 사회생활에 관한 사법으로서 시민이 영위하는 일상생활과 거래 관계를 규율하는 법이다(홍성찬, 2003). 그러나 사회에서 일어날 수 있는 모든 상황들을 법으로 규정할 수 없기 때문에 민법 제1조에 "민사에 관하여 법률의 규정이 없으면 관습법에 의하고, 관습법이 없으면 조리에 의한다."라고 규정하고 있다. 이는 성문법이 있으면 우선적으로 성문법을 적용하고, 만약 성문법이 없으면 관습법, 그다음으로 조리에 따라 재판하여야 한다는 것이다. 관습법은 사회에서 발생한 관행(관습)이 단순하게 의례적인 또는 도덕적인 규범으로서 지켜질 뿐 아니라, 사회의 법적 확신 내지 법적 인식을 수반하여 법원의 판결에 따른 확인 절차를 거쳐 형성된 불문법이다. 그리고 조리는 사물의 도리 또는 사물의 본질적 법칙을 말하며, 사람의 이성으로부터 나온 규범이다. 이렇게 관습법과 조리까지를 적용한다는 점에서 죄형법정주의[1]를 따르고 있는 형법과 다르다 할 수 있다.

민법에서도 불법행위로 규정하는 데는 몇 가지 요건이 성립되어야 한다.

첫째, 행위자의 고의 또는 과실이어야 한다. 타인에게 손해를 입힌 경우에 그 행위가 고의 또는 과실에 기인한 경우만 책임을 지고, 이러한 고의나 과실이 없는 행위에 대해서는 책임을 지지 않는다는 것이다(권재열 외, 2006; 홍성찬, 2003). 둘째, 행위자의 책임 능력이 있어야 한다. 즉, 자기의 행위의 결과를 변별할 수 있는 정신적 능력 내지 판단 능력이 있어야 한다는 것으로, 미성년 자와 심신 상실자는 책임 무능력자로 손해배상 책임을 부담하지 않는다(민법 제753조, 제754조). 셋째, 행위가 위법해야 한다. 넷째, 위법한 행위로 손해가 발생해야 한다. 마지막으로 위법성과 손해 발생과의 인과관계 등이 있어야 한다.

2) 내담자의 사생활 보호와 관련된 법

내담자의 사생활을 보호하기 위한 법률은 크게 두 가지로 나누어 볼 수 있다. 첫 번째는 내담자의 비밀보장 의무를 규정하고 있는 법률이다. 두 번째는 법원에서 내담자의 사생활에 관련된 내용에 대해 증언을 거부할 수 있는 권리를 규정하고 있는 법률이다. 각각에 대해 살펴보면 다음과 같다.

(1) 비밀보장 의무

내담자의 사생활을 보호하기 위해 각종 법률에서 비밀을 엄수할 의무를 규정하

---

1) 죄형법정주의는 법률이 없으면 처벌하지 않는다는 것이다(헌법 제12조 제1항과 제13조 제1항, 형법 제1조 제1항). 이러한 죄형법정주의 원리는 관습법 금지, 형법불소급, 유추해석의 금지, 명확성이라 는 원칙들로 구현되고 있다. 우선 관습법 금지 원칙은 내용이 불명확한 관습법에 따른 처벌을 금지하 고, 처벌은 항상 성문 법률에 따른다는 것이다. 그리고 형법불소급의 원칙은 죄의 성립과 처벌은 행 위 시의 법률에 따라야 한다는 것이다. 유추해석의 금지 원칙은 일정한 행위를 금지하고 있는 법의 규정을 그 가능한 의미 범위를 넘어서 유사한 다른 행위에 적용하는 것을 금지하는 것이다. 마지막으 로 명확성의 원칙은 죄의 성립 요건과 처벌의 내용은 명확해야 한다는 것으로 무엇이 금지 또는 명령 되어 있는지, 또 그에 대한 위반은 얼마나 어떻게 처벌되는지를 일반인이 쉽게 알 수 있어야 한다는 것이다.

고 있다. 이러한 법률로는 국민의 기본적인 인권을 보장하는 '헌법'을 비롯하여 「아동복지법」, 「노인복지법」, 「가정폭력 범죄의 처벌에 관한 특례법」, 「성매매방지 및 피해자보호 등에 관한 법률」, 「성폭력범죄의 처벌 및 피해자보호 등에 관한 법률」, 「청소년 성보호에 관한 법률」, 「사회복지사업법」이 있다. 다음은 각 법률에서 규정하고 있는 비밀누설 금지 규정에 대한 설명이다.

- **헌 법** 우선 사생활 보호와 관련하여 명시적으로 밝히고 있는 첫 번째 법률은 대한민국 '헌법'이다. 헌법 제17조에서는 "모든 국민은 사생활의 비밀과 자유를 침해받지 아니한다."라고 명시하고 있다. 사생활의 자유란 사생활을 자유롭게 영위하는 데 방해받지 아니하며, 사생활의 비밀은 사생활이 부당하게 공개되지 않아야 한다는 것을 말한다. 개인의 자유의지에 대해 간섭하는 것을 의미하는 개인 자율의 침해, 개인에 대한 평가나 신뢰의 훼손, 개인의 심오한 곳에 내재된 자아의 신성불가침의 교란 등 개인에게 정신적 고통이 되는 일체의 행위가 배제되어야 한다는 것을 의미한다.

- **아동복지법** 「아동복지법」은 아동이 건강하게 출생하여 행복하고 안전하게 자라나도록 그 복지를 보장하기 위한 것이 그 목적이다. 이 법 제38조에서는 '비밀누설의 금지'에 대해 규정하고 있다. 즉, 아동복지 사업 또는 아동보호 전문기관을 포함하여 아동복지 업무에 종사하였거나 종사하는 사람은 그 직무상 취득한 비밀을 누설하지 못하며, 이를 위반할 경우는 1년 이하의 징역 또는 500만 원 이하의 벌금에 처하도록 되어 있다. 「아동복지법」에 따라 비밀을 준수해야 하는 상담자들은 「아동복지법」 제14조의 규정에 따라 설치된 아동복지 시설에서 아동의 상담을 담당하는 사람을 말하며, 국가 또는 지방자치단체가 설립한 아동복지 시설이나 관할 시장·군수·구청장에게 신고하고 아동복지 시설을 설치한 경우다. 아동복지 시설의 시설 기준 및 설치 등에 관하여 필요한 사항은 보건복지부령으로 정하고 있다.

• **노인복지법** 「노인복지법」은 노인의 질환을 사전 예방 또는 조기 발견, 질환 상태에 따른 적절한 치료, 요양, 노후의 생활 안정을 위한 조치를 통해 노인의 보건복지 증진에 기여하기 위한 법이다. 이 법 제39조 12항 "비밀누설의 금지"에서 노인복지법에 따른 학대 노인의 보호와 관련된 업무에 종사하였거나 종사하는 자는 그 직무상 알게 된 비밀을 누설하지 못한다. 이 규정을 어길 경우 1년 이하의 징역 또는 300만 원 이하의 벌금에 처하도록 규정하고 있다. 이 법에서 비밀누설의 금지 의무를 지켜야 할 상담자로는 노인복지 상담원으로 사회복지사 3급 이상의 자격증 소지자 중 시장, 군수, 구청장이 공무원으로 임용한 사람 또는 공무원 외의 자로 위촉된 사람이 포함된다.

• **가정폭력 범죄의 처벌에 관한 특례법** 「가정폭력 범죄의 처벌에 관한 특례법」은 가정폭력 범죄를 범한 자에 대하여 환경을 조정(調整)하고 성행(性行)을 교정(矯正)하기 위해 보호처분을 행함으로써 가정폭력 범죄로 파괴된 가정의 평화와 안정을 회부하고 건강한 가정을 가꾸며 피해자와 가족 구성원의 인권 보호를 목적으로 하는 법이다. 이 법 제18조에서는 비밀엄수 등의 의무에서 "가정폭력 범죄의 수사 또는 가정보호 사건의 조사 · 심리 및 그 집행을 담당하거나 이에 관여하는 공무원, 보조인 또는 상담소 등에 근무하는 상담원과 그 장(長) 및 아동의 교육과 보호를 담당하는 기관의 종사자와 그 장(그 직에 있었던 자를 포함한다.)은 그 직무상 알게 된 비밀을 누설하여서는 안 된다."라고 규정하고 있다. 비록 아동의 교육과 보호를 담당하는 기관의 종사자와 그 장에 대한 처벌규정은 없으나 비밀엄수 의무를 위반한 상담소 등의 상담원 또는 그 장은 1년 이하의 징역이나 2년 이하의 자격정지 또는 1천만 원 이하의 벌금에 처하도록 되어 있다. 또한 동일한 법률 제4조에서 가정폭력 피해자의 보호하에 있는 아동이나 피해자인 아동의 학교 교직원은 정당한 사유가 없는 한 해당 아동의 취학 · 진학 · 전학 관련 사실을 가정폭력을 저지른 친권자를 포함한 누구에게든 누설하여서는 안 되도록 하고 있다.

- **성매매방지 및 피해자보호 등에 관한 법률** 「성매매방지 및 피해자보호 등에 관한 법률」은 성매매를 방지하고 성매매 피해자 및 성을 파는 행위를 한 자의 보호와 자립의 지원을 목적으로 한다. 제19조 "비밀엄수 등의 의무"에서 "국가 또는 지방자치단체가 설치·운영하는 성매매 피해 상담소 또는 시장·군수·구청장에게 신고한 후 설치·운영하는 상담소의 장(長)이나 상담원 또는 그 직에 있었던 자는 직무상 알게 된 비밀을 누설하여서는 안 된다."라고 규정하고 있다. 이를 위반할 시에는 1년 이하의 징역 또는 500만 원 이하의 벌금에 처하도록 규정되어 있다.

- **성폭력범죄의 처벌 및 피해자보호 등에 관한 법률** 「성폭력범죄의 처벌 및 피해자보호 등에 관한 법률」은 성폭력범죄를 예방하고 그 피해자를 보호하기 위한 법률이다. 이 법의 제31조 "비밀엄수의 의무"에서 상담소 또는 보호시설의 장이나 이를 보조하는 자 또는 그 직에 있었던 자는 그 직무상 알게 된 비밀을 누설하여서는 안 되도록 규정하고, 이를 위반할 시에는 2년 이하의 징역 또는 500만 원 이하의 벌금에 처하도록 하였다. 이 법에 따라 비밀을 준수해야 하는 상담자들은 국가 또는 지방자치단체가 설치·운영하는 성폭력 피해자 보호시설 또는 시장·군수·구청장에게 신고하고 보호시설을 설치·운영하는 사회복지법인 또는 기타 비영리법인에서 상담 업무를 맡은 사람을 말한다.

- **청소년 성보호에 관한 법률** 「청소년 성보호에 관한 법률」은 청소년 대상 성범죄의 처벌과 절차에 관한 특례를 규정하고 피해 청소년을 위한 구제 및 지원절차를 마련하며 청소년 대상 성범죄자를 체계적으로 관리함으로써 청소년을 성범죄로부터 보호하고 청소년이 건강한 사회 구성원으로 성장할 수 있도록 함을 목적으로 한다. 이 법에서는 피해 청소년뿐 아니라 가해 청소년의 사생활을 보호하기 위해 제18조 "비밀누설 금지"에서는 청소년 대상 성범죄의 수사 또는 재판을 담당하거나 이에 관여하는 공무원이 피해 청소년 또는 가해 청소년의 주소, 성명, 연령, 학교 또는 직업, 용모 등 그 청소년을 특정할 수

있는 인적 사항이나 사진 등 또는 그 청소년의 사생활에 관한 비밀을 공개하거나 타인에게 누설하여서는 안 된다고 규정하고 있으며, 피해 청소년 및 가해 청소년의 주소, 성명, 연령, 학교 또는 직업, 용모 등 그 청소년을 특정하여 파악할 수 있는 인적사항이나 사진 등을 신문 등 인쇄물에 싣거나 방송 또는 정보통신망을 통해 공개되어서는 안 되도록 하고 있다. 또한 보호시설과 상담시설의 장이나 이를 보조하는 자 또는 그 직에 있었던 자는 직무상 알게 된 비밀을 타인에게 누설하여서는 아니 된다. 이를 위반한 자는 2년 이하의 징역 또는 1천만 원 이하의 벌금에 처한다.

- **사회복지사업법** 「사회복지사업법」 제47조 "비밀누설의 금지" 조항에서 "사회복지 사업 또는 사회복지 업무에 종사하였거나 종사하고 있는 자는 그 업무 수행의 과정에서 알게 된 다른 사람의 비밀을 누설하여서는 안 된다."고 규정하고 있다. 비밀을 누설하는 경우는 1년 이하의 징역 또는 300만 원 이하의 벌금에 처한다. 여기에서의 '사회복지 사업'은 다음 각목의 법률에 따른 보호, 선도 또는 복지에 관한 사업과 사회복지 상담, 부랑인 및 노숙인 보호, 직업 보도, 무료 숙박, 지역사회복지, 의료복지, 재가복지, 사회복지관 운영, 정신질환자 및 한센 병력자 사회 복귀에 관한 사업 등 각종 복지사업과 이와 관련된 자원봉사 활동 및 복지시설의 운영 또는 지원을 목적으로 하는 사업을 말한다.

(2) 증언거부권[2]

상담자가 고소를 당한 경우가 아니라면, 상담자가 내담자에 대한 정보를 공개하도록 검찰이나 법원으로부터 요청받는 경우에만 증언할 수 있다. 이 경우 국내의 각 학회들은 비밀보장의 한계 상황이라 하여 정보를 공개하도록 하고 있다. 그렇다면 상담자는 법원으로부터 요청이 있을 경우 반드시 정보를 공개하거나 증언

---

2) 손현동(2007)의 '현행법에 나타난 학교 상담자의 비밀보장과 그 한계 고찰' 중 증언거부와 관련된 내용을 발췌한 것임.

을 해야 하는가?

'비밀보장'이 상담자의 윤리와 관련된 것이라면, 법률에서 이에 해당되는 것이 '증언거부권(privileged communication)'이다. 미국의 경우 재피(Jaffee) 판결이라고 알려진 법원의 결정(Jaffee v. Redmond et al., 1996)으로 정신건강 상담자들은 연방 법원 사건에서 증언거부권을 행사할 수 있는 길이 열렸으며, 몇몇 주(州)에서도 주법(州法)으로도 증언거부권을 보장하고 있다. 그러나 아직까지는 이 판결이 다른 주 그리고 모든 사건에 적용될지에 대해서는 더 지켜봐야 할 필요가 있다(Remley, Herlihy, & Herlihy, 1997).

국내에서 증언거부에 대해 다루고 있는 법률로는 「민사소송법」과 「형사소송법」이 있다. 「민사소송법」 제315조 '증언거부권'에서는 "변호사, 변리사, 공증인, 공인회계사, 세무사, 의료인, 약사, 그 밖에 법령에 따라 비밀을 지킬 의무가 있는 직책 또는 종교의 직책에 있거나 이러한 직책에 있었던 사람이 직무상 비밀에 속하는 사항에 대하여 신문을 받을 때는 증인은 증언을 거부할 수 있다."고 명시하고 있다. 민사소송법 내에서 증언거부권을 행사할 수 있는 대상으로 '상담자' 또는 '심리치료자'가 포함되어 있지 않기 때문에 아직 상담자는 이 법률에 따르면 증언거부권을 보장받지 못한다 하겠다. 다만, 각종 법률에서 상담자들에게 비밀을 지킬 의무를 규정하고 있고 있기 때문에 「민사소송법」상으로는 내담자의 비밀을 지키기 위해 증언을 거부할 수 있는 가능성이 크다 하겠다. 또한 사회 통념상 그리고 많은 법에서 사생활을 보호해야 할 필요가 있는 경우는 비밀을 보장하도록 하고 있고, 현행 민법상으로는 강제적으로 증언하도록 할 수 없기 때문에 상담자는 내담자의 허락이 없고 꼭 해야 할 필요가 없다고 판단된다면 정보 공개나 증언을 거부할 수 있도록 판사에게 요청해야 할 것이다.

그리고 민사상의 사건이 아닌 형사 사건의 경우 「형사소송법」 제149조 '업무상 비밀과 증언거부'에서는 "변호사, 변리사, 공증인, 공인회계사, 세무사, 대서업자, 의사, 한의사, 치과의사, 약사, 약종상, 조산사, 간호사, 종교의 직에 있는 자 또는 이러한 직에 있던 자가 그 업무상 위탁을 받은 관계로 알게 된 사실로서 타인의 비밀에 관한 것은 증언을 거부할 수 있다."고 명시하고 있다. 단, 본인의 승낙이 있거나 중대한 공익상 필요할 때는 예외로 하고 있다. 즉, 내담자가 요구하는 경우는 내담자에 대한 정보를 공개하도록 하면 되겠으나, 내담자가 공개를 거부하는 경우 상담자가 증언을 거부하기 위해서는 거부 사유를 소명하도록 되어 있다. 「형사소송법」에서는 증인이 정당한 이유 없이 선서나 증언을 거부할 때는 50만 원이하의 과태료에 처할 수 있도록 하고 있다. 그러나 형사소송에서 상담자는 내담자와의 상담을 바탕으로 증언을 하는 참고인의 자격이기 때문에 검찰에서 강제소환을 하기 어려운 부분이 있다. 또한 현행법상 강제 소환을 하거나 상담 자료에 대해 강제 집행하려면 법원의 영장이 필요하다. 그렇지만 이 경우 검찰에서 상담자의 증언이 형사상 죄를 입증할 만한 결정적인 자료를 가지고 있다는 것을 법원에 소명하여 받아들여져야 하기 때문에 쉽게 일어나기는 어려운 부분이라 할 수 있다.

현행법상으로 상담자들이 증언거부권을 보장받고 있다고 보기 어렵기 때문에 현재로서는 상담자들이 법원의 요청이나 명령이 있을 경우 내담자의 정보를 공개하는 데 주의를 기울여야 한다. 여러 연구자들(강진령, 이종연, 유형근, 손현동, 2007; Huey & Remley, 1990; Lawrence & Kurpius, 2000)의 제안과 한국상담심리학회 윤리강령(2005)에서 밝히고 있는 것과 같이 법원이 내담자의 허락 없이 사적인 정보를 밝힐 것을 요구할 경우, 내담자와의 관계를 해칠 수 있기 때문에 정보를 요구하지 말 것을 법원에 요청하고, 요청이 받아들여지지 않아 꼭 정보를 공개해야 할 때는 기본적인 것들만을 밝히며, 더 많은 사항을 밝히기 위해서는 사적인 정보의 공개에 앞서 내담자에게 알리도록 해야 할 것이다.

3) 비밀보장의 한계: 신고의 의무

상담자들에게는 비밀보장의 윤리적 · 법적 책임이 있지만 한편으로는 법률로 반드시 신고하도록 정하고 있는 것들이 있다. 이런 신고의 의무에 해당되는 것들로 '아동학대' '청소년 성범죄' '전염성 질병' 등이 있다. 여기서는 각각의 경우에 대한 현행법 조항을 고찰해 보기로 한다.

- **아동학대 신고 의무**   아동학대는 보호자를 포함한 성인에 의하여 아동의 건강·복지를 해치거나 정상적 발달을 저해할 수 있는 신체적·정신적·성적 폭력 또는 가혹 행위 및 아동의 보호자에 의하여 이루어지는 유기와 방임을 말한다(「아동복지법」제2조). 이때의 아동은 18세 미만의 자를 말한다. 특별법인 「아동복지법」은 아동에게 금지하고 있는 구체적인 학대 행위(제29조)와 그에 대한 처벌(제40조)이 무엇인지에 대해 규정하고 있다. 아동들이 학대를 받고 있는 것을 알게 된 경우나 가정폭력 범죄를 알게 된 경우는 누구든지 아동보호 전문기관 또는 수사기관에 신고할 수 있도록 하였으며, 「아동복지법」 제26조 제2항에 해당되는 사람들은 그 직무상 아동학대를 알게 된 때는 즉시 아동보호 전문기관 또는 수사기관에 신고하여야 한다. 여기에서 법률에 해당되는 신고 의무를 가진 상담자들은 「초·중등교육법」상의 교원(전문 상담교사 포함), 아동복지 시설의 종사자 및 그 장, 「장애인복지법」 제48조의 규정에 따른 장애인복지 시설에서 장애 아동에 대한 상담·치료·훈련 또는 요양을 행하는 사람, 「성매매방지 및 피해자보호 등에 관한 법률」 제5조 및 제10조의 규정에 따른 지원 시설 및 성매매 피해 상담소의 장이나 그 종사자, 「모·부자복지법」 제8조 및 제19조의 규정에 따른 모·부자복지 상담소의 상담원 및 모·부자복지 시설의 종사자, 「가정폭력방지 및 피해자보호 등에 관한 법률」 제5조 및 제7조의 규정에 따른 가정폭력 관련 상담소의 상담원 및 가정폭력 피해자 보호시설의 종사자, 아동복지 지도원 및 「사회복지사업법」 제14조의 규정에 따른 사회복지 전담 공무원이다. 그러나 아직까지 신고의 의무를 위반한 경우에 따른 처벌규정은 없는 상황이다. 처벌규정을 만들기 위한 '아동복지법 일부 개정 법률안'(보건복지위원회, 2005. 6.)이 제청되기도 하였으나 통과되지는 못하였다.

- **청소년 대상 성범죄 신고 의무**   「청소년의 성보호에 관한 법률」 제21조 '청소년 대상 성범죄의 신고 의무'에서 누구든지 이 법에서 정한 범죄의 발생 사실을 알게 된 때는 이를 수사기관에 신고할 수 있도록 하고 있다. 하지만 전문

상담교사를 포함한 유치원 교사, 초·중·고등학교 교사, 청소년 보호·교육·치료 시설의 책임자 및 관련 종사자, 청소년 보호센터 및 청소년 재활센터, 청소년 활동시설, 청소년 쉼터, 보육시설, 아동복지 시설, 모·부자복지 상담소의 상담원은 직무상 이 법에서 정한 청소년 대상 성범죄가 발생한 사실을 알게 된 때는 즉시 그 사실을 수사기관에 신고하여야 할 의무와 책임을 부과하고 있다. 또한 제22조에서는 신고 의무자에 대해 청소년 성범죄 예방 및 신고 의무와 관련된 교육을 반드시 하도록 규정하고 있다. 그러나 이 법률에서는 신고의 의무만 있을 뿐 처벌에 대한 규정은 없는 상태다.

이에 반해 「성폭력범죄의 처벌 및 피해자보호 등에 관한 법률」 제22조의 5 '신고 의무'에서는 "18세 미만의 사람을 보호하거나 교육 또는 치료하는 시설의 책임자 및 관련 종사자는 자기의 보호 또는 감독을 받는 사람이 강간이나 추행 등으로 상해와 치상 등을 입은 피해자인 사실을 알았을 경우에는 즉시 수사기관에 신고하여야 한다."고 규정하고 있으며, 정당한 사유 없이 신고 또는 보고를 하지 아니하거나 허위로 신고 또는 보고한 자는 300만 원 이하의 과태료에 처하도록 하고 있다(제36조). 성범죄나 성폭력의 경우 상담자에게 법률로서 신고의 의무를 명시하고 있기 때문에 비밀보장의 한계 상황이라 할 수 있다.

• **학교폭력 신고 의무**   전문 상담교사들을 각급 학교에 배치되도록 했던 「학교폭력 예방 및 대책에 관한 법률」 제18조는 학교 상담자뿐 아니라 일반 시민들에게도 학교폭력 현장을 보거나 그 사실을 알게 된 자는 즉시 학교 등 관계 기관에 신고하도록 하고 있으며, 모든 교원은 학교폭력의 예비와 음모 등을 알게 된 경우 이를 학교장에게 보고하도록 하고 있다. 비록 처벌규정을 따로 두고 있지는 않지만 학생들을 보호하고 감독할 의무를 가지고 있기 때문에 이를 소홀히 할 경우 소송당할 가능성을 배제할 수 없다.

• **가정폭력 범죄 신고 의무**   「가정폭력 범죄의 처벌 등에 관한 특례법」 제4조

'신고 의무'에서는 누구든지 가정폭력 범죄를 알게 된 때는 이를 수사기관에 신고할 수 있다. 특히 아동의 교육과 보호를 담당하는 기관의 종사자와 그 장(長), 「노인복지법」에 따른 노인복지 시설, 「아동복지법」에 따른 아동복지 시설, 「장애인복지법」에 따른 장애인복지 시설의 종사자와 그 장, 「아동복지법」에 따른 아동상담소, 「가정폭력 방지 및 피해자 보호 등에 관한 법률」에 따른 가정폭력 관련 상담소 및 보호시설, 「성폭력 범죄의 처벌 및 피해자보호 등에 관한 법률」에 따른 성폭력 피해 상담소 및 보호시설에 근무하는 상담원과 그 장은 피해자 또는 피해자의 법정 대리인 등과의 상담을 통하여 또는 직무를 수행하면서 가정폭력 범죄를 알게 된 경우는 이를 즉시 수사기관에 신고하여야 한다. 그리고 가정폭력 범죄를 신고한 사람에 대하여 그 신고 행위를 이유로 불이익을 주어서는 안 된다는 것을 규정하고 있다.

• **노인학대 신고 의무**　「노인복지법」 제39조 제6항 '노인학대 신고 의무와 절차'에 따르면, 누구든지 노인학대를 알게 된 때는 노인보호 전문기관 또는 수사기관에 신고할 수 있다. 그리고 노인복지 시설의 장 및 그 종사자, 「장애인복지법」 제58조의 규정에 의한 장애인복지 시설에서 장애 노인에 대한 상담 · 치료 · 훈련 또는 요양을 행하는 자, 「가정폭력 방지 및 피해자보호 등에 관한 법률」 제5조 및 제7조의 규정에 의한 가정폭력 관련 상담소의 상담원 및 가정폭력 피해자 보호시설의 종사자, 노인복지 상담원 및 「사회복지사업법」 제14조의 규정에 의한 사회복지 전담 공무원은 그 직무상 노인학대를 알게 된 때는 즉시 노인보호 전문기관 또는 수사기관에 신고하여야 한다.

• **성매매 피해 사실에 대한 신고 의무**　「성매매 알선 등 행위의 처벌에 관한 법률」 제7조인 '신고 의무'에 따르면, 성매매 피해자 등을 위한 지원시설 및 성매매 피해 상담소의 장이나 그 종사자가 업무와 관련하여 성매매 피해 사실을 알게 된 때는 지체 없이 수사기관에 신고하여야 한다.

• **감염병의 신고 의무**   우리나라 법률에서는 제1군에서부터 제4군까지의 감염병 환자 등으로 의심되는 자가 있거나 그와 유사한 증상으로 사망한 자가 있을 때 학교 등의 다수인이 집합하는 장소에서는 그 기관의 장이 즉시 의사의 진단 또는 검안을 구하거나 또는 소재지의 보건소장에게 신고하여야 한다. 좀 더 자세하게 각 군에 속한 질병의 명을 알아보면 다음과 같다. 1군 감염병은 콜레라, 장티푸스, 파라티푸스, 세균성 이질, 장출혈성 대장균 감염증, A형 간염이다. 2군 감염병은 디프테리아, 백일해, 파상풍, 홍역, 유행성 이하선염, 풍진, 폴리오, B형 간염, 일본뇌염, 수두다. 3군 감염병은 말라리아, 결핵, 한센병, 성병, 성홍열, 수막구균성수막염, 레지오넬라증, 비브리오패혈증, 발진티푸스, 발진열, 쯔쯔가무시증, 렙토스피라증, 브루셀라증, 탄저, 공수병, 신증후군 출혈열, 인플루엔자, 후천성 면역 결핍증[AIDS], 매독, 크로이츠펠트-야콥병(CJD), 변종크로이츠펠트-야콥병(VCJD)이다. 4군 전염병은 국내에서 새롭게 발생하였거나 발생할 우려가 있는 감염병 또는 국내 유입이 우려되는 해외 유행 전염병이다.

　이러한 전염성 질병과 관련하여 한국상담심리학회(2005)와 미국상담학회(2005)에서는 내담자가 감염성이 있는 치명적인 질병이 있다는 확실한 정보를 가졌을 때, 그 질병에 위험한 수준으로 노출되어 있는 제삼자(내담자와 관계 맺고 있는)에게 그러한 정보를 공개할 수 있도록 하였다. 이는 명백히 위험하고 실제적인 위험이기 때문에 내담자가 전염성이 있는 치명적인 질병을 보유하고 있다는 정보를 입수했을 경우, 이를 알아야 할 제삼자에게 정보를 제공하는 것은 비밀보장의 의무를 위배하는 것이 아니며 정당한 일이다. 상담자가 내담자의 주변 인물에게 이 사실을 알려 줄 경우, 상담자는 제삼자에게 이러한 정보를 공개하기 전에 내담자가 자신의 질병에 대해서 그 사람에게 알렸는지, 아니면 조만간에 알릴 의도가 있는지를 확인하도록 하여야 한다. 또한 내담자가 고의로 타인에게 전염시키려 하지 않았고 그럴 의도도 없다는 사실을 확인한 후에 해야 하며, 어떠한 의도로 이 같은 정보를 공개하는지 내담자에게 알려야 한다(한국상담심리학회, 2005).

3. 법령과 판례 정보 검색

우리나라 사정상 상담자가 법률 자문을 쉽게 받기란 어려운 상황이다. 그리고 필요에 따라서 법령을 찾아봐야 할 경우가 있다. 이런 경우 법령과 관련된 정보를 어디에서 얻을 수 있을지에 대해서 알고 있을 필요가 있다. 최근에는 두꺼운 법전을 뒤질 필요 없이 웹상에서 쉽고 빠르게 법령 정보를 검색할 수 있도록 지원하고 있으며, 어려운 법령을 쉽게 이해할 수 있도록 돕고 있다. 이렇게 법령에 관한 포괄적인 정보를 제공하는 주요 공공기관으로는 법제처, 대법원, 국회의 종합법령정보센터 등을 들 수 있으며, 사설 법령 서비스 센터로는 로앤비 등을 들 수 있다.

법제처의 종합법령정보센터는 찾고자 하는 법령을 쉽게 찾을 수 있도록 서비스를 제공하고 있다. 특히 법령 단위뿐 아니라 조문 단위로도 검색이 가능하며, 법령의 명칭, 주제어, 법령 공포 일자 또는 공포 번호 중 한 가지를 입력하여 해당 법령을 찾을 수 있다. 검색어로 찾은 관련 법령들을 모두 볼 수 있는 장점이 있으며,

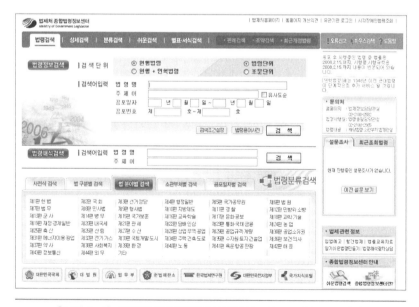

[그림 4-1] 법제처 종합법령정보센터(http://www.klaw.go.kr)

구체적인 법령들에 대해서도 법령 연혁, 개정문, 개정 이유, 변경 조문, 관련 법령, 관련 판례, 관련 해석례 등에 대해서도 제공해 주고 있다.

대법원에서도 법령 검색을 통해 검색어와 관련된 법령 명, 조문 제목, 조문 내용, 부칙, 별표서식을 모두 보여 주고 있는데, 판례에 관한 정보를 다른 웹사이트

[그림 4-2] 대법원 종합법률정보(http://glaw.scourt.go.kr)

[그림 4-3] 국회 법률지식정보시스템(http://likms.assembly.go.kr)

[그림 4-4] 로앤비 통합검색(http://www.lawnb.com)

들에 비해 자세하고도 쉽게 제공해 주는 것이 가장 큰 장점이다. 이외에도 문헌이
나 규칙, 예규, 선례 등에 대해서도 지원해 주고 있다.

로앤비에서는 통합검색 시스템에서 검색어와 관련된 판례 정보, 법령 정보, 행
정 자료, 문헌 정보, 잡지, 서식 정보, 기업 법무, 생활 법률, 법조인 정보, 부가법
률 정보 등 다양한 정보를 한꺼번에 보여 준다는 점에서 매우 강력한 검색엔진이
라 할 수 있다. 다만, 간단한 법령 정보 등에 대해서는 무료로 제공하고 있으나 그
외의 관련된 자료들에 대해서는 유료로 운영되고 있다.

4. 요 약

일반적으로 법은 전문가들이 자발적으로 제정한 윤리규정에 대해 중립적이면
서도 지지하는 입장을 보인다(Cottone & Tarvydas, 2007). 그러나 대중의 건강, 안
전, 복지가 위협을 받는 경우에 한해서는 법이 개입하며, 이러한 경우 법이 전문
가 집단의 윤리규정보다 상위에 위치하게 된다.

　법은 사회에서 용인할 수 있는 최소한의 행동 기준을 정하고 명확한 처벌규정을 가지고 있으나 전문가 윤리는 전문가로서 기대되는 이상적인 기준으로 명확한 처벌규정이 없는 것이 차별적인 특징이다. 법과 윤리는 세상이 어떻게 운영되는가에 대한 이해가 다르다. 그래서 때로는 법과 윤리 사이에서 갈등이 유발되기도 한다. 아직까지 상담이나 심리치료 활동에 대한 법률이 규정된 것은 '비밀보장의 의무'와 '신고의 의무' 정도이고 상담자들이 피소된 사례가 없었으나, 향후 상담 서비스가 확대된다면 상담 서비스 제공과 관련된 법률의 제정이 불가피할 것이다. 또한 그만큼 상담자들이 법과 관련된 사건에 휘말릴 가능성은 증가할 것이다.

　상담자는 이러한 법과 윤리 간의 갈등 상황에서 어떻게 대처해야 할 것인지에 대해 알고 있어야 한다. 또한 상담자는 자신이 가지고 있는 법적 의무가 무엇인지에 대해 정확하게 알고 있어야 할 뿐 아니라 법과 관련된 문제가 발생했을 경우 관련된 법률을 어떻게 찾아보고, 또한 어떻게 자문을 구할 것인지에 대해서도 알고 있어야 한다.

제 2 부

상담자 윤리의 주요 현안

제5장

비밀보장

상담 관계 속에서 알게 된 내담자의 정보를 상담자가 비밀로 유지해 줄 것을 내담자가 확신할 때, 내담자는 자신의 문제해결에 필요한 자신의 이야기를 상담자에게 숨김없이 털어놓을 수 있다. 만약 상담자가 상담을 통해 알게 된 내담자에 관한 이야기를 제삼자에게 누설할 경우, 내담자는 상담을 통해 도움을 받기보다는 오히려 더 큰 정신적 피해와 심리적 충격을 받을 수 있다. 따라서 상담자가 내담자의 상담 내용에 대해 비밀을 지켜 주는 것은 내담자의 상담자에 대한 신뢰 형성과 내담자의 문제해결에 필수적인 요소다(Remley & Herlihy, 2005). 따라서 모든 상담 관련 학회 윤리강령에서는 내담자의 상담 내용에 대해 비밀보장(confidentiality)해 주는 것을 상담자의 중요한 윤리적 책임으로 규정하고 있다. 또한 헌법 등 각종 법률에서도 내담자가 사생활을 보호받을 기본적인 권리를 갖고 있다는 것이 규정되어 있기 때문에, 상담자는 내담자의 사생활을 보호해 주고 비밀보장을 해 주어야 할 법적 책임도 갖고 있다.

그러나 때로 상담자는 내담자가 말한 내용에 대해 비밀보장의 원칙을 지키는 데 한계를 갖기도 하는데, 그 이유는 상담자에게는 내담자 복지뿐만 아니라 사회의 안전에 대한 책임도 있기 때문이다. 따라서 상담자는 내담자의 사생활을 보호해 주고 비밀보장을 해 주어야 할 의무와 책임뿐 아니라 비밀보장의 원칙에 예외가 되는 상황이 있다는 것에 대해서도 잘 알고 있어야 한다. 또한 각 상황에서 내담자의 복지와 사회의 안전에 대한 책임을 다하기 위해 어떠한 조치를 취해야 하는지에 대해 잘 알고 있어야 한다.

이 장에서는 먼저 내담자의 사생활 보호의 핵심적인 부분인 비밀보장의 의미가 무엇이며, 비밀보장이 상담에서 왜 중요한지를 알아보고자 한다. 다음으로 상담자가 내담자의 상담 내용에 대한 비밀보장 원칙을 지킬 수 없는 예외 상황들은 어떤 경우인지, 그리고 상담자가 각 상황에 직면할 경우 고려해야 할 사항과 취해야 할 조치는 무엇인지에 대해 살펴보고자 한다.

1. 비밀보장의 의미와 중요성

내담자의 사생활을 보호해 주고 상담 관계 속에서 알게 된 내담자의 개인적인 정보에 대해 비밀보장해 주는 것은 상담자가 특별히 주의하여 이행해야 할 중요한 윤리적 · 법적 의무다. 상담자가 이러한 의무를 잘 이행하기 위해서는 우선 상담에서 비밀보장은 무엇을 의미하는지, 그리고 상담자가 비밀보장을 하는 것은 왜 중요한지에 대해 잘 이해하고 있어야 한다.

1) 비밀보장의 의미

상담에서 비밀보장은 무엇을 의미하는가? 비밀보장의 의미를 명확히 이해하기 위해서는 상담자들이 때로 혼용하여 사용하는 비밀보장(confidentiality), 사생활 보호(privacy), 증언거부권(privileged communication)은 어떤 관계가 있는지, 그리고 세 용어들 간에는 어떤 중요한 차이가 있는지에 대해 알아볼 필요가 있다.

상담에서 사생활 보호, 비밀보장, 증언거부권은 내담자의 사생활과 개인적인 상담 내용을 보호하기 위해 생겨난 개념들이다. 상담자가 내담자의 사생활을 보호하는 것은 한 개인이 상담을 받고 있다는 것 자체가 사생활이기 때문에 내담가 상담을 받고 있다는 사실과 상담 대기실에서 누구인지 알려지지 않게 하는 것까지도 포함한다. 또한 제삼자에게 상담 회기 녹음을 포함하여 상담 기록을 노출하지 않는 것, 심리검사 결과나 상담 비용에 관련된 서류와 파일을 내담자의 동의 없이 알리지 않는 것 등까지도 포함한다.

비밀보장과 증언거부권은 개인이 기본적으로 사생활을 보호받을 권리(헌법 제17조)가 있다는 것에서 비롯된 개념으로서, 상담자와 내담자 간의 전문적인 관계에 특별히 적용되는 개념들이다. 그렇다면 비밀보장과 증언거부권은 어떤 차이가 있는가? 비밀보장은 주로 윤리적인 의미를 가진 개념으로서, 상담자가 내담자의 사생활을 존중해 주어야 할 의무를 뜻하며, 상담 관계 속에서 알게 된 내담자에 관한 정보를 내담자의 동의 없이 제삼자에게 누설하지 않고 보호해 줄 것이라는 약속을 의미한다. 증언거부권은 소송 절차에서 비밀정보의 공개를 거부할 수 있는 법률 개념으로서, 사생활 보호와 비밀보장보다는 협의의 개념이다. 증언거부권이 법률로 보장되는 경우, 상담자는 법정의 요구가 있더라도 내담자의 동의 없이는 내담자가 상담 관계 속에서 말한 개인적인 내용들을 공개하지 않음으로써 내담자를 보호해 줄 수 있다.

2) 비밀보장의 중요성

상담자가 내담자의 사생활을 보호해 주고 비밀을 보장해 주는 것은 왜 그렇게 중요한가? 첫 번째 이유는 내담자가 자신이 상담 관계 속에서 말한 내용에 대해 상담자가 제삼자에게 누설하지 않을 것이라는 확신을 가질 때, 내담자는 상담자를 신뢰하고 자신의 문제를 해결하는 데 필요한 자신의 이야기를 충분히 솔직하게 털어놓을 수 있기 때문이다. 만약 내담자가 자신이 말한 내용과 관련하여 비밀보장에 대해 확신하지 못한다면, 내담자는 상담자에게 솔직하게 말하지 않을 것이고, 그렇게 되면 상담과 치료가 효과적으로 이루어지기 어렵다. 이와 같이 상담자가 내담자의 상담 내용에 대해 비밀을 보장하는 것은 내담자의 상담자에 대한 신뢰 형성과 내담자의 효과적인 문제해결에 필수적인 요소다. 따라서 모든 상담학회 윤리강령은 내담자의 사생활 보호와 상담 내용에 대한 비밀보장을 상담자가 지켜야 할 중요한 의무로 규정하고 있다.

그러나 상담자는 부지불식간에 내담자의 사생활을 침해할 수 있다. 심리학자들에 대한 주요 연구(Pope, Tabachnick, & Keith-Spiegel, 1987)에서 응답자의 8%가 내담자의 이름을 밝히면서 친구와 이야기를 나눈 적이 있다고 응답하였다. 같은 연구에서 응답자의 절반 이상이 의도적이지는 않았지만 다른 방식으로 비밀보장의 원칙을 이행하지 않은 사실을 인정하였다. 그러나 14년 후에 이루어진 연구(Tubbs & Pomerantz, 2001)에서는, 비록 이 연구의 참여자 수가 다소 작았지만 참여자 중 비밀보장 원칙을 비의도적으로 위반한 적이 있다고 인정한 전문가들이 더 적은 비율인 40%로 나타났다. 이것은 곧 1987년 자료와 비교할 때 통계적으로 유의한 변화가 있었다는 것을 의미하지만 여전히 놀랄 만큼 높은 비율의 심리학자들이 적어도 1회 정도는 내담자의 사생활 보호를 위반했음을 보여 준다.

상담자가 내담자의 사생활을 보호해 주고 비밀을 보장해 주는 것이 중요한 두 번째 이유는 앞서 언급한 첫 번째 이유와 관계가 있다. 상담자는 내담자의 가장 개인적인 부분들, 특히 문제들과 약점들에 대해서 주로 듣고 다루기 때문에, 상담자가 내담자의 사생활을 보호해 주고 비밀을 보장해 주지 않는다면, 내담자는 도움을 받기보다는 오히려 커다란 충격을 받고 피해를 입을 수 있다. 앞서 언급했듯이, 내담자가 사생활 보호를 받을 기본적인 권리를 갖고 있다는 것은 헌법에 명시되어 있다. 상담에서는 내담자의 사생활을 보호하는 것이 중요한 만큼, 제4장의 '상담자 윤리와 법'에서 상세하게 설명하였듯이 헌법 외에도 다양한 법률들, 예를 들면 「아동복지법」, 「노인복지법」, 「가정폭력 범죄의 처벌에 관한 특례법」, 「성매매방지 및 피해자보호 등에 관한 법률」, 「성폭력범죄의 처벌 및 피해자보호 등에 관한 법률」, 「청소년 성보호에 관한 법률」, 「사회복지사업법」에서 상담자는 내담자의 비밀을 엄수할 의무를 규정하고, 이를 위반할 경우 어떤 법적 책임이 따르는지에 대해 명시하고 있다.

이처럼 상담자가 내담자의 사생활을 보호해 주고 비밀을 보장해 주는 것은 상담자가 기본적으로 지켜야 할 원칙이고, 윤리적·법적 의무다. 다음 부분에서 자세하게 다룰 특별한 비밀보장 예외 상황을 제외하고는, 만약 상담자가 이러한 의무를 소홀히 하여 이행하지 않으면 내담자에게 커다란 피해를 입힐 수 있고, 상담자 자신은 자신이 속한 상담학회나 단체에서 제명이나 자격증 상실 또는 경고를 받을 수 있으며, 배임 행위 소송 등의 윤리적·법적 제재를 받을 수 있다.

따라서 상담자는 내담자의 사생활을 보호하고 내담자의 상담 내용을 비밀 유지해 주도록 최선의 노력을 기울일 필요가 있다. 즉, 상담자는 특별한 비밀보장 예외 상황을 제외하고 상담 관계 속에서 알게 된 내담자의 상담 내용을 내담자의 동의 없이는 제삼자에게 절대로 누설하지 않도록 노력해야 한다. 또한 상담자는 수업을 하거나 책을 쓸 때, 전화, 자동응답기, 휴대전화, 이메일, 팩스 등을 송수신할 때, 또는 가족, 친지, 동료들과 이야기를 나눌 때 내담자에 관한 정보를 누설하지 않도록 노력해야 한다. 상담 경력이 많은 코리(Corey)는 상담자로서 내담자의 사생활 보호를 위해 심지어 내담자들이 상담실 출입하는 동안 상담하는 사실이 다른 사람들에게 노출되지 않도록 상담실 위치를 정하는 것에도 주의를 기울이고, 내담자들이 상담실에서 서로 만나지 못하도록 내담자들의 상담 간격을 충분히 두어 상담 시간 약속을 정한다고 한다(Corey, Corey, & Callanan, 2007).

2. 비밀보장의 한계

상담자는 내담자의 사생활을 보호해 주고 비밀을 보장해 줌으로써 내담자의 복지를 위해 힘써야 할 책임을 가질 뿐만 아니라 내담자 주위의 사람들을 포함한 사회의 안전에 대한 책임도 가지고 있기 때문에, 내담자가 말한 내용에 대한 비밀보장의 원칙을 지키는 데 한계를 갖는다. 이런 경우 상담자는 내담자의 정보에 대한 비밀보장의 약속을 파기하고 유출해야 하는 상황에 직면한다. 이런 상황에 직면하게 되면, 상담자는 상담에서 중요한 비밀보장의 원칙을 지키는 것과 내담자와 내담자를 둘러싼 사회의 안전을 위해 비밀보장을 파기해야 하는 상황에 직면해서 많은 스트레스를 경험할 수 있다. 여러 문헌들(강진령, 이종연, 손현동, 2007; 장혁표, 1999; Corey, Corey, & Callanan, 2007; Remley, 2002; Stadler, 1990)에서 비밀
보장과 관련된 문제는 상담자가 가장 자주 접하고 해결하기 어려운 윤리적 문제
중의 하나여서 상담자들이 스트레스를 많이 받는다고 보고되었다. 상담자가 이처
럼 비밀보장 약속을 지키는 것과 관련하여 어떤 식으로 어려움에 직면할 수 있는
지를 다음과 같은 두 사례를 통해 살펴보자.

먼저 상담자가 내담자의 상담 내용에 대한 비밀보장 약속과 내담자 보호와 관련
하여 상담자가 직면할 수 있는 딜레마에 관한 사례로, 미성년자를 상대로 한 상담
사례를 살펴보자.

> 14세인 래리는 부모가 보내서 가족상담소에 오게 되었다. 첫 회기에 상담자는 래
> 리와 그의 부모를 함께 만났다. 여성 상담자는 자신과 래리가 함께 나눈 내용을 비밀로
> 할 것이며, 자신은 래리의 허락 없이는 상담 회기에서 알게 된 정보를 마음대로 공개하지
> 않을 것이라고 래리가 보는 앞에서 부모에게 말하였다. 부모는 비밀보장이 아들과 상담
> 자 간에 신뢰감을 형성하는 데 필수적이라는 점을 이해하는 것 같았다.
>
> 처음에 래리는 상담받으러 오는 것을 꺼려 하였으나, 회기가 진행되어 가면서 마침내
> 그는 자신에게 심각한 마약 문제가 있다고 털어놓았다. 그의 부모는 그가 한때 마약을
> 복용한 사실을 알고 있기는 하였으나, 그는 부모에게 더 이상 마약을 복용하지 않는다고
> 말하였다. 상담자는 그가 불법인 마약을 사용하고 있으며, 어떻게 '매일 학교에서 마약
> 을 복용 하고 있는지'와 마약에 취해 몇 번 죽을 뻔했던 일화들에 대해서 들었다. 결국 상
> 담자는 그가 마약을 복용하고 있다는 사실을 알고 있는 것에 대해 책임지기를 원치 않으
> 며, 마약 복용을 중단하지 않으면 상담 관계를 지속하기 어렵다고 그에게 말하였다. 이
> 시점에서 그녀는 래리가 마약 복용을 중단한다는 조건하에 그의 부모에게 알리지 않기
> 로 동의하였고, 이 상황에 대해 동료 상담자 한 명과 논의할 것이라고 그에게 말하였다.
>
> 래리는 여러 주 동안 확실히 마약을 복용하지 않았다. 그러나 그는 어느 날 밤 메탐페
> 타민이라는 마약을 복용한 상태로 자동차 사고를 크게 당하였다. 이 사고로 그는 신체
> 불구가 되고 말았다. 그의 부모는 분개하며 아들이 마약 복용에 심각하게 빠져 있었다는

사실을 전해 들을 법적 권리가 그들에게 있었다고 주장하며 상담자와 상담소를 상대로 소송을 제기하였다(Corey, Corey, & Callanan, 2007).

다음 사례는 내담자의 상담 내용에 대한 비밀보장 약속과 내담자와 관계를 갖고 있는 사람들의 보호와 관련하여 상담자가 직면할 수 있는 딜레마를 보여 준다. 전염성 질병을 가진 한 내담자를 상대로 한 상담 사례를 살펴보자.

> 엘레나는 28세 남성인 피트를 상담하고 있다. 피트가 갖고 있는 문제는 자신의 파트너인 야곱과의 관계 문제인데, 그는 이 문제를 자신의 원가족 문제 때문에 생긴 것으로 생각하고 상담을 받게 되었다. 지난번 상담에서 피트는 자신이 야곱을 만나기 전, 일시적인 성적 관계를 수 차례 가진 적이 있었고, 이것 때문에 자신이 AIDS 바이러스에 감염됐을까 봐 두렵다고 눈물을 흘리며 자신의 비밀을 털어놓았다. 오늘 상담에서는 그가 검진 결과 HIV 양성인 것으로 확인되었다는 소식을 전했다. 피트는 자신이 야곱에게 이 사실에 대해 말할 수 없는데, 그 이유는 야곱이 이 사실을 알면 자신을 떠날 것이 분명하기 때문이라고 말했다(Remley & Herlihy, 2005).

위 사례들에서 나타난 비밀보장과 관련한 딜레마 상황에 상담자가 적절하게 대처하기 위해서는 비밀보장 원칙의 중요성을 숙지하고 이를 이행해야 할 의무뿐만 아니라, 비밀보장의 예외적인 상황들에 대해 잘 알고, 각 상황에서 어떤 조치를 취해야 할지에 대해 숙지하고 있어야 함을 시사해 준다. 또한 이러한 딜레마 상황에 대비해서 상담자는 상담이 시작될 때와 상담이 진행되는 내내 내담자에게 상담 내용에 대해 비밀보장을 해 준다는 것과 더불어 비밀보장에 예외가 되는 상황에 대해서 알려 주어야 한다. 만약 상담이 시작될 때 상담자가 내담자에게 비밀보장을 해 준다는 것만 내담자에게 말하는 경우, 내담자는 상담자가 상담자의 비밀보장 약속을 믿고 자신의 생각과 느낌과 상황 그리고 심지어는 자신이나 내담자와 관련된 사람들의 복지 또는 소속된 사회에 해를 끼치게 될 계획까지도 말할 수 있기 때문이다. 이렇게 내담자가 자신에 대하여 모두 이야기한 후에야 상담자가 그 내용에 대해 비밀보장을 해 줄 수 없다고 말한다면, 내담자는 상담자에게 가졌던 신뢰를 잃게 되고 상담 관계를 유지하지 않을 가능성이 있다.

또한 상담자는 상담이 시작될 때 비밀보장의 예외 상황에 대해 내담자에게 알렸다 하더라도, 비밀을 유출해야 하는 상황에 직면하면 내담자에게 비밀을 유출해야 되는 사실에 대해 미리 알려야 한다. 내담자가 상담자가 비밀을 유출하는 것을 허락할 때는 상담자가 내담자의 신뢰를 잃는 것을 염려하지 않아도 되기 때문이다. 한편, 내담자 자신이 정보 유출을 원하는 경우는 언제든지 상담자가 비밀보장의 원칙을 파기해도 문제가 되지 않는다. 내담자의 상담 내용에 대해 비밀보장을 해 주는 것은 어디까지나 내담자의 복지를 위한 것이기 때문이다.

그렇다면 상담자가 내담자의 상담 내용에 대해 비밀보장을 해 줄 수 없는 상황에는 어떤 것들이 있는가? 여기서는 상담자가 이처럼 비밀을 보장해 주지 못할 각 상황이 발생할 때 비밀을 지켜 줄 수 없는 이유가 무엇이며, 어떤 조치를 취해야 하는지에 대해 좀 더 구체적으로 살펴보자.

1) 내담자 자신과 사회의 안전 위협

내담자는 상담과정 중에 자기 자신이나 타인 또는 기관에 해를 입힐 의도나 계획에 대해 말할 수 있다. 이때 상담자는 내담자 또는 피해를 입을 당사자를 보호하기 위해 내담자의 의도나 계획을 당사자에게 알려야 할 경고의 의무를 갖는다.

(1) 자해나 자살 위협

내담자가 자신을 해칠 의도나 계획을 말하는 경우, 내담자가 자신의 생명과 관련하여 하고 싶은 대로 할 자유를 갖는다고 주장하더라도 상담자는 내담자를 보호하기 위해 비밀보장의 원칙을 파기할 윤리적 · 법적 의무를 갖는다(Remley & Herlihy, 2005). 그러나 상담자가 내담자를 보호하기 위해서 내담자가 자해나 자살 위협에 대해 말한 내용을 알릴 때는 두 가지 어려운 점이 있기 때문에 신중을 기해야 한다. 첫 번째는 상담자가 내담자의 자해, 특히 자살할 가능성을 항상 정확히 평가하는 것이 쉽지 않다는 점이다. 만약 상담자가 내담자의 자해나 자살 가능성에 대한 확실한 증거가 없는데도 내담자가 자살 가능성이 있다고 판단하여 비밀을 파기하는 행동을 한다면, 상담자는 자신의 과오에 대하여 책임을 면할 수 없다. 하지만 상담자가 항상 정확하게 평가하는 일이 어렵다는 것이 인정되기 때문에, 법에서는 상담자가 갖고 있는 내담자의 정보를 토대로, 그 상담자가 처한 것과 유사한 상황에서 다른 사려 깊은 전문 상담자들이 내릴 평가와 유사한 전문가적 평가를 내릴 것을 요구한다.

두 번째는 자해나 자살 가능성이 분명히 있다고 판단하는 경우는 상담자가 내담자에게 일어날 피해를 예방하기 위해 적절하게 전문가적 의무를 수행해야 한다는 점이다. 만약 상담자가 자살 가능성을 알고서도 적절하게 조치를 취하지 않으면 직무 태만에 대한 과실로 고소당할 수 있다. 소머즈 플래너건과 소머즈 플래너건 (Sommers-Flanagan & Sommers-Flanagan, 1995)은 상담자가 자살 사례와 관련하여 직무 과실을 면하기 위해서 신뢰할 만한 동료 상담자나 수련감독자에게 자문을 구하고, 또한 자살 가능성 평가과정과 자문을 구한 내용에 대해 문서에 기록을 해 두어야 한다고 제안한다.

(2) 사회의 안전 위협

내담자가 내담자를 둘러싼 사람들을 위협할 계획을 말하면, 상담자는 비밀보장의 원칙을 파기하고 그 위협을 받을 당사자를 보호하기 위해 경고할 의무를 갖는다. 상담자의 경고의 의무는 미국에서 일어났던 타라소프(Tarasoff) 사건에 대한 캘리포니아 법정의 결정에 따라 특히 관심을 불러일으켰다.

이 사건은 1969년 8월 버클리 대학 학생상담소에서 상담을 받고 있던 포다 (Poddar)라는 학생이 어느 날 심리학자인 무어(Moore)라는 상담자에게 자신의 여자 친구 타라소프를 죽일 계획에 대해 말한 것으로 시작되었다. 상담자는 학교경찰에게 이 사실을 말하고, 그를 위험인물로 간주해 병원에 입원시켜서 감시해 달라고 부탁하였다. 학교경찰은 그를 구금하여 심문했으나 그가 정상임이 밝혀져 풀어 주었다. 상담자는 학교경찰의 책임자에게 협조를 요청하는 공식적인 편지를 띄웠다. 이후 상담자의 수련감독자는 그 편지를 되돌려 받을 것, 편지와 상담 사례 기록을 파기할 것과 더 이상 그 일에 손대지 말 것을 요구하였다. 여기서 주목해야 할 것은 의도된 희생자나 부모에게 아무런 경고도 하지 않았다는 것이다. 두 달 후에 포다는 타라소프를 살해하였다. 그녀의 부모는 학생상담소가 의도된 희생자에 대한 위협을 알려 주지 않았다는 이유로 대학의 상담자를 상대로 소송을 제기하였으나 지방법원에서 기각되었다. 부모는 항소하였고, 캘리포니아 대법원은 1976년 부모의 상소를 받아들여 의도된 희생자에게 경고하지 않은 것은 무책임한 행동이었다는 판결을 내렸다(Stone, 1976).

이 사건에서 법원은 내담자가 의도한 살해 희생자에게 경고를 하지 못한 것에 대한 법적 책임이 상담자에게 있다고 결정을 내렸다. 이 사건에서 알 수 있듯이, 상담과정 중에 내담자로부터 다른 사람을 해칠 위협에 대한 계획을 듣는 경우는 상담자가 위험에 처한 사람을 보호하기 위해서 당사자에게 그 위협에 대한 정보를 알리는 '경고할 의무'를 갖는다. 이러한 의무를 상담자가 이행하지 않으면 과실 소송에 대한 책임을 면할 수 없게 된다.

2) 내담자의 전염성이 있는 치명적인 질병

내담자가 전염성이 있는 치명적인 질병을 갖고 있다는 내용의 이야기를 상담자에게 말하는 경우, 상담자는 그 병에 전염될 위험이 큰 제삼자에게 알려 주어 보호해야 할 책임을 갖는다. 그러나 상담자는 그 정보를 유출하기 전에 내담자가 자신의 병에 대해 제삼자에게 이야기하지 않았다는 점과 내담자가 빠른 시일 내에 그 사실을 제삼자에게 이야기할 의사가 없음을 확인해야 한다.

그러나 제4장 '상담자 윤리와 법'에서 자세히 살펴보았듯이 상담자가 내담자에게 이처럼 전염될 위험이 있는 치명적인 질병이 있다는 것을 알게 될 경우, 상담자는 내담자의 비밀을 파기하고 제삼자를 보호하기 위해 경고할 때 신중을 기해야 한다. 왜냐하면, 윤리강령에서 상담자는 제삼자인 피해자를 보호하기 위해 상담자에게 비밀을 파기해야 할 의무를 부과하지만, 법률에서는 상담자가 내담자에게 그런 전염성이 있는 치명적인 병이 있다는 것을 확인하는 경우라도 피해 위험이 있는 제삼자에게 누설해야 할 신고의 의무를 상담자에게 부과하지는 않기 때문이다. 우리나라의 경우, 법률에서 다수인이 집합하는 장의 기관장에게 1군 전염병의 경우는 관계 기관이나 보건소에 신고할 의무를 부과하지만, 다른 질병에 대해서는 신고의 의무를 부과하지 않을 뿐더러, 정신건강 전문가들에게는 어떤 질병에 대해서도 신고할 의무를 부과하지 않는다. 미국의 경우에도 멜처트와 패터슨(Melchert & Patterson, 1999)에 따르면, 후천성 면역 결핍증(AIDS)과 같이 흔하지는 않지만 치명적인 병인 경우도, 법률에서 피해 위험이 있는 당사자들에게 경고해야 할 의무를 정신건강 전문가들에게 부과하지 않는다.

코헨(Cohen, 1997)은 내담자가 후천성 면역 결핍증을 갖고 있는 경우 그 질병에 대한 내담자의 비밀을 파기하는 것을 결정하는 데 다음과 같은 윤리지침을 참고할 것을 제안하였다.

- 제삼자에게 피해를 줄 위험이 매우 높다고 할 만한 사실적인 근거가 충분할 때
- 제삼자가 죽음 또는 커다란 신체적 피해 위험이 있을 때
- 상담자가 비밀을 알려 주지 않으면 제삼자의 피해를 예방할 가능성이 없을 때
- 제삼자가 자신이 입게 될 높은 피해 위험을 분명히 예측하거나 이해하지 못할 것으로 보일 때

이러한 상황들에서 상담자가 내담자의 비밀을 지켜 준다면, 제삼자가 입을 피해를 막지 못하게 되어 결국 심각한 피해를 입을 것이다. 따라서 상담자는 내담자에게 전염성이 있는 치명적인 질병이 있는 것을 알게 될 경우, 내담자의 사생활 침해를 최소한으로 적게 하면서 신중을 기하여 제삼자가 피해를 입지 않도록 보호할 상담자로서의 윤리적·법적 의무를 지켜야 할 것이다.

3) 법원의 명령

판사가 내담자가 관련되어 있는 사건을 판결하는 데 상담자가 상담을 통해 알고
있는 내담자에 관한 정보와 상담자의 전문적 관점을 필요로 할 때, 상담자는 내담
자의 비밀을 파기해야 할 때가 있다. 이런 경우, 법원은 상담자에게 내담자의 허
락 없이 내담자에 대한 정보 유출을 명령할 수 있는데, 상담자는 정보를 유출하기
전에 그러한 유출이 내담자나 상담 관계에 해가 될 수 있기 때문에 공개하기를 원
하지 않는다는 요청을 판사에게 할 필요가 있다. 그래도 판사가 판결을 내리는 데
상담자의 정보 공개가 꼭 필요하다고 명령한다면, 가능한 한 상담자는 정보를 공
개하기 전에 내담자에게 그 사실을 알리고, 상담자는 꼭 필요한 최소한의 정보만
공개하고 요구하는 질문과 관련하여 확실히 알고 있는 내용에 대해서만 말해야
한다.

제4장 '상담자 윤리와 법'에서 언급했듯이, 많은 주(州)에서 상담자에게 증언거
부권을 보장하는 미국에서는 이러한 법원의 요구가 있더라도 상담자는 내담자의
비밀을 공개하는 것을 거부할 수 있다. 미국의 경우 "효과적인 심리치료는 환자가
숨김없이 솔직하게 상담자에게 말할 수 있도록 비밀이 보장되는 신뢰할 만한 관계
속에서 이루어질 수 있다."는 1996년 연방법원의 재피(Jaffee) 판결은 상담과 심리
치료의 가치를 인정하는 것이었고, 상담과 심리치료가 성공하기 위해서는 비밀보
장이 매우 중요하다는 것을 확인시켜 주는 것이었다(Corey, Corey, & Callanan,
2007). 이후 미국에서는 연방 법원과 많은 주에서 상담자가 법정의 내담자 상담 내
용에 대한 공개 요구를 거절할 수 있는 증언거부권을 보장받았다.

그러나 아직 우리나라에서는 상담자의 증언거부권을 법으로 보장하고 있지 않
다. 따라서 상담자가 법정으로부터 비밀공개 요구를 받는 경우, 자신이 속한 학회
(예, 한국상담학회, 2007)의 윤리강령에 따라 법원의 요구에 응하되 가능한 한 이러
한 사실에 대해 내담자에게 알리고, 상담자는 판결하는 데 꼭 필요한 최소한의 정
보만 공개함으로써 상담자로서의 윤리적 · 법적 의무를 다하도록 해야 할 것이다.

4) 아동학대나 방치

아동학대나 방치를 알게 되는 경우는 상담자의 윤리강령에도 비밀보장의 원칙을 파기할 수 있는 상황으로 분명하게 명시되어 있다. 또한 아동을 보호하기 위한 여러 법들(예, 「아동복지법」 제2조, 「초·중등교육법」 제19조)에서 아동의 복지 책임을 갖고 있는 자는 18세 미만의 아동이 학대나 방치되고 있다는 것을 발견할 때 아동보호 전문기관 또는 수사기관에 신고하도록 되어 있다. 이처럼 상담자는 내담자로부터 학대나 방치 사실을 알게 되는 경우는 그 사실을 알려 학대나 방치되는 아동을 보호할 윤리적·법적 의무가 있다.

이러한 의무를 적절하게 수행하기 위해서는 상담자가 아동의 학대나 방치 가능성을 정확하게 평가할 수 있어야 하고 시기적절하게 보고할 수 있어야 한다. 상담자가 아동학대나 방치를 알 수 있는 방법은 상담과정 중에 내담자 아동이 학대나 방치 사실을 말하거나 성인 내담자가 아동을 학대하거나 방치하고 있다는 사실을 상담 회기에서 말할 때다. 이외에도 심한 타박상, 매 맞은 자국과 같은 학대 증거, 영양실조, 부모가 아동을 집에 혼자 둔 채 집을 비우는 경우와 같이 방치 사실을 발견하는 경우가 해당된다.

상담자가 아동이 확실히 신체적·정신적·성적으로 학대받거나 방치되고 있다는 것을 파악한 경우는 관계 기관에 신고하여 아동을 보호해야 한다. 상담자는 학대나 방치 사실을 아동 내담자로부터 알게 되든 학대나 방치를 하는 성인 내담자로부터 알게 되든 신고의 의무를 갖는다.

그러나 상담자가 윤리적·법적으로 신고 의무를 갖고 있음을 알고 있다 하더라도 실제 상담 상황에서는 신고가 상담에 미치는 부정적인 영향 가능성 때문에 신고하는 의무를 이행하는 것이 쉽지 않다는 것을 경험한다. 칼리치만과 크레이그(Kalichman & Craig, 1991)에 따르면, 실제로 상담자들이 학대나 방치가 의심되는 경우에도 이를 보고하면 상담에 부정적인 영향을 미칠 가능성을 우려하여 학대 사실이 분명하기 전에는 보고하지 않는 경우가 많다고 한다. 그 이유는 상담자가 아동을 학대한다고 말한 성인 내담자를 신고하게 되면, 계속 그 내담자를 상담하는 것이 쉽지 않을 것이기 때문이다. 그리고 아동이 상담자에게 자신이 부모에게 학대받는 사실을 상담하면서 신고하지 말아 달라는 부탁을 하는 경우도 상담자가 관계 기관에 신고를 해야 할지, 내담자의 부탁을 들어주어야 할지 결정하기가 쉽지 않다. 이러한 경우 상담자는 내담자가 더 이상 학대받지 않도록 아동학대를 신고할 법적 의무와, 내담자와 상담 관계를 계속 유지함으로써 다른 가족 구성원들의 복지도 고려하면서 학대받는 문제를 해결하도록 아동학대 사실에 대해 비밀을 지켜 주는 윤리적 의무 사이에서 많은 갈등을 겪을 수 있다.

상담자는 일단 내담자가 학대받는다는 사실을 안 경우는 이를 보고할 윤리적 · 법적 의무를 갖고 있다는 것을 염두에 두어야 한다. 위의 예들에서처럼 상담자가 스스로 보고 여부 결정을 내리는 것이 어려우면 일차적으로 동료 전문가들에게 자문을 구하고, 나아가 더 필요한 경우 법률가나 아동보호 기관 또는 상담 수련감독자나 상담학회 윤리위원회에 자문을 구하여 신중하게 결정을 내려야 할 것이다.

5) 상담자의 연구, 교육, 출판

상담자는 자신의 상담 능력을 향상시키기 위한 연구와 교육을 위해, 또는 내담자에게 보다 나은 상담 서비스를 제공하기 위해 상담 내용을 상담 사례 발표회 참석자나 상담 전문가 팀 또는 수련감독자에게 공개하거나 상담 사례를 책에 인용할 수 있다. 이러한 경우 반드시 내담자의 신상이 드러나지 않도록 조치를 취해야 하며, 정보를 공개하기 전에 내담자의 동의를 구해야 한다.

6) 미성년자 대상과 학교 장면에서의 상담

내담자가 미성년이면 상담자가 내담자의 비밀을 보장하는 데에 한계가 있다. 우리나라 법률에서 미성년자는 18세 미만의 자를 뜻한다. 미성년자들도 사생활을 보호받을 권리를 갖고 있지만, 자신의 삶을 통제할 수 있는 충분한 지식과 경험을 갖고 있지 않기 때문에 자신에 대한 결정을 내려야 할 때 부모나 보호자의 동의를 받아야 할 때가 있으므로 사생활을 완전하게 보호받을 권리에 제약을 받는다. 「아동복지법」 제4조에 따르면, "부모 등 보호자는 그 보호하는 자녀 또는 아동이 바른 인성을 가지고 건강하게 성장하도록 교육할 권리와 책임을 가진다."라고 명시하고 있다. 따라서 상담자는 미성년자인 내담자의 부모나 보호자가 내담자를 교육하고 지도하는 데 필요하다고 하면서 상담 내용을 알기를 원할 경우, 내담자의 비밀을 보장해 주어야 하는 것이 상담자의 의무라고 하면서 부모나 보호자의 요구를 완전히 거절할 수 없다. 이때 상담자는 내담자의 사생활을 보호해 주고 비밀을 보장해 주어야 하는 책임과, 부모나 보호자의 요구를 존중해 주어야 하는 의무 사이에서 커다란 갈등을 겪을 수 있다. 상담자는 부모나 보호자에게 상담 내용이 비밀보장을 전제로 한 것임을 알리고 내담자에게 직접 물어보도록 제안하거나, 그래도 상담자에게 요청하는 경우 내담자에게 허락을 받은 후 최소한의 정보만을 제공해야 할 것이다.

초·중·고등학교 장면에서 상담받는 내담자는 대부분 18세 미만인 미성년자이기 때문에 비밀보장과 관련하여 특수한 어려움에 많이 직면한다(이종연, 2005; Remley, 2002). 학교에서 상담하는 경우, 상담교사는 미성년자인 내담자들의 부모나 보호자들뿐만 아니라 다른 교직원(담임교사, 교과담당 교사, 학교 행정가 등)의 권리도 존중해 주어야 하기 때문이다. 다른 교직원들이 교육과 지도를 위해 상담교사에게 내담 학생의 상담 내용을 알기 원할 경우, 부모나 보호자의 요구를 받을 때와 같은 방법으로 대처해야 한다. 즉, 상담교사는 그 교직원에게 상담 내용은 비밀보장을 전제로 한 것임을 알리고 내담자에게 직접 물어보도록 제안하거나, 그래도 상담자에게 요청하는 경우는 내담자에게 허락을 받고 나서 다른 교직원을 포함하여 누구에게도 공개하지 않을 것을 당부한 후 최소한의 정보만을 제공해야 할 것이다.

3. 요 약

이 장에서는 상담자가 내담자의 사생활을 보호해 주고 비밀을 보장해 주는 것이 무엇을 의미하고 왜 중요한지에 대해 살펴보았다. 그리고 상담자가 비밀보장 원칙을 지키지 못하는 예외 상황이 있는데, 이러한 상황들로는 어떤 경우가 있는지, 각 상황에서 상담자가 숙지할 사항들은 무엇인지에 대해 알아보았다. 이 장에서 다룬 중요한 내용을 요약하면 다음과 같다.

상담에서 비밀보장은 상담자가 상담 관계 속에서 내담자에 관해 알게 된 내용에 대해 내담자의 동의 없이는 제삼자에게 누설하지 않는 것을 의미한다. 이러한 비밀보장은 상담에서 매우 중요한데, 상담자가 내담자의 상담 내용에 대해 비밀보장을 해 줄 때 내담자는 상담자를 신뢰할 수 있고, 문제해결에 필요한 내담자 자신의 이야기를 상담자에게 숨김없이 털어놓을 수 있기 때문이다. 또한 상담자가 내담자의 상담 내용에 대해 비밀보장을 소홀히 하면 내담자는 상담을 통해 도움을 받기보다는 오히려 더 큰 정신적 피해와 심리적 충격을 받을 수 있기 때문이다. 이처럼 상담자가 내담자의 상담 내용에 대해 비밀을 보장해 주는 것은 매우 중요하므로, 비밀보장은 상담자에게 기본적이고 중요한 윤리적·법적 책임으로 부과되고 있다. 상담자가 이러한 책임을 소홀히 하여 이행하지 않으면 내담자는 커다란 피해를 입을 수 있고, 상담자 자신은 내담자의 신뢰를 잃을 뿐만 아니라 자신이 속한 상담학회나 단체에서 제명이나 자격증 상실 또는 경고를 받을 수 있으며, 배임 행위 소송 등의 윤리적·법적 제재를 받을 수 있다.

그러나 상담자에게는 내담자의 복지에 대한 책임뿐만 아니라 사회의 안전에 대한 책임도 있기 때문에, 상담자가 비밀보장의 원칙을 지키는 데 한계가 있다. 상담자가 내담자의 상담 내용을 비밀보장해 주지 못하는 상황에는 내담자가 자신과 사회의 안전을 위협할 계획을 갖고 있다고 말하는 경우, 내담자가 감염성이 있는 치명적인 질병이 있다고 말하는 경우, 상담자가 법원의 명령을 받는 경우, 상담자가 아동학대나 방치 사실을 발견하는 경우가 해당되는데, 상담자가 이러한 상황들에 직면하면 내담자 또는 내담자를 둘러싼 사회의 안전을 위하여 내담자의 상담 내용을 공개해야 할 윤리적·법적 의무를 갖는다. 이외에도 상담자가 교육이나 연구 또는 출판을 하는 경우, 그리고 미성년자 대상과 학교 장면에서 상담을 하는 경우에 상담자는 내담자의 상담 내용을 공개할 수 있는데, 내담자를 보호하기 위한 적절한 조치를 취한 후 꼭 필요한 정보만 공개하도록 해야 한다.

　결국 상담자는 내담자의 신뢰를 무너뜨리지 않으면서도 내담자를 최대한 보호하고 내담자를 둘러싼 다른 사람들, 그리고 사회의 안전에 대한 책임을 다하며, 나아가 법적으로 과실 소송에 걸리지 않기 위해서는 상담자가 지켜야 할 비밀보장의 의무와 그 한계, 상담자 자신이 속해 있는 상담학회 윤리강령에 제시되어 있는 비밀보장과 관련된 지침, 그리고 법률에 나타나 있는 비밀보장과 관련된 조항들에 대해 잘 알고 있어야 할 것이다. 또한 상담자는 비밀보장과 관련하여 다양하고 구체적인 문제들에 직면할 때 어떻게 적절하게 대처할지에 대한 각종 연수나 학회 워크숍이 있을 때 자주 참여하여 상담자로서 균형 감각을 갖고 여러 가지 윤리적 문제에 대해 적절하게 잘 대처하도록 준비해야 할 것이다. 그리고 비밀보장과 관련하여 판단하기 어려운 문제에 직면할 때, 상담자는 동료 상담 전문가들, 관련 법조인, 자신이 소속해 있는 상담학회 윤리위원회에 자문을 구하는 습관을 가져야 할 것이다.

제**6**장

사전동의

상담에서 내담자가 자신의 성장과 문제해결에 대해 효과적으로 도움을 받기 위해서는 자신의 개인적인 생각이나 행동, 신념 등을 포함하여 사생활에 관한 다양한 이야기들을 상담자에게 말하지 않으면 안 된다. 그런데 만약 내담자가 상담을 시작하기 전에 상담에 대한 충분한 이해 없이 상담에 임할 경우 내담자는 사생활 침해와 관련하여 커다란 피해를 입을 수 있다. 따라서 상담에서는 언제든지 내담자로 하여금 상담에 대해 사전에 충분히 설명을 듣고 동의를 할 수 있는 절차를 제공해 주는 것이 필요하다(Bersoff, 1983).

또한 내담자는 한 인간으로서 자신의 삶을 자유롭게 결정할 수 있는 권리가 있기 때문에 상담 참여 여부와 지속 여부를 스스로 자유롭게 선택할 권리가 있다. 그러나 일반적으로 내담자는 자신들에게 이러한 권리가 있다는 것을 알지 못하고, 특히 상담 상황에 익숙하지 않기 때문에 전문가인 상담자를 신뢰하여 상담 관계 속에서 이루어지는 것들에 대해 의심 없이 받아들이는 경향이 있다(Corey, Corey, & Callanan, 2007). 따라서 상담자는 내담자에게 상담 참여와 지속 여부의 권리가 있음을 알게 해 주고, 상담과정과 상담자에 대해 충분히 설명해 주어 내담자가 상담 참여와 지속 여부를 선택할 수 있는 기회를 주어야 한다.

이 장에서는 상담에서 사전동의(informed consent)가 무엇을 의미하며 왜 필요한지, 상담자가 사전동의 절차를 실시하는 과정에서 필수적으로 포함시켜야 할 내용은 무엇이며 어떤 방식으로 해야 하는지에 대해 알아보고자 한다. 그리고 아동과 청소년을 포함한 미성년 내담자, 인지 능력에 장애가 있어서 이해 능력이 부족한 내담자, 그리고 심리적 문제나 정신질환 때문에 문제를 일으켜 법정과 같은 외부의 압력으로 강제적으로 참여하게 되는 비자발적인 내담자의 경우에 사전동의 절차에서 고려해야 할 사항들은 무엇인지에 대해 살펴보고자 한다. 끝으로 사전동의가 내담자와 상담자에게 어떤 도움이 되는지, 그리고 상담 현장에서 사전동의가 어떻게 얼마만큼 적절하게 적용되고 있는지를 살펴보기 위해 그동안 사전동의와 관련하여 이루어진 연구 결과들을 개관해 보고자 한다.

1. 사전동의의 의미와 필요성

사전동의는 상담자가 상담에 대해 충분하고 적절하게 설명한 것에 근거하여 내담자가 상담에 참여하기로 동의하는 것을 의미한다. 이러한 사전동의는 내담자로 하여금 자신의 권리와 상담자의 책임을 알게 하고, 자신의 자율성과 힘을 인식하게 한다는 점에서 중요하다. 내담자가 자신이 받을 상담에 대해 충분히 설명을 들은 후 상담에 참여하기로 동의하면 상담과정에 기꺼이 참여하고자 하는 동기도 갖게 되어 상담의 성과를 높일 수 있다. 또한 상담에 대한 설명을 들음으로써 내담자는 상담자에게 무엇을 얼마만큼 말할 것인지에 대해서도 스스로 결정하여 자신의 삶, 특히 사생활에 피해를 입을 가능성을 미연에 방지할 수 있다.

상담에서 상담자가 사전동의 절차를 시행해야 하는 것의 필요성은 의료 판례법에서 나왔다(Welfel, 2006). 환자가 의사로부터 자신이 받게 될 치료가 무엇인지, 그리고 그것으로 어떤 위험이 발생할 가능성이 있는지에 대해 설명을 듣지 않아 피해를 입은 경우, 환자가 담당 의사를 상대로 의료 과실 소송을 했을 때 승소한 판례들이 있었다. 이후 법률에서는 환자가 의사로부터 자신이 받게 될 치료에 대해 충분히 설명을 듣고 결정할 수 있는 권리를 갖는다고 규정하였다. 이러한 규정에 따르면, 의사는 일반적으로 치료와 관련된 전문 지식을 갖고 있기 때문에, 환자가 받게 될 치료에 대해 알고 있는 정보를 환자에게 충분하게 알려 주어야 할 적극적인 의무를 갖는다. 예를 들면, 캔터베리 대 스펜스(Canterbury v. Spence, 1972) 사건에서 법원은 의사가 정보를 충분하게 알려 주어야 할 이러한 의무에 대해 다음과 같이 결론을 내렸다.

> 정보를 알려 주어야 하는 의사의 의무는 단순히 환자가 요청할 때 말해 주거나 질문할 때 답변하는 것을 넘어서서 환자가 충분히 생각해 보고 결정을 내릴 수 있도록 하는 데 필요한 정보를 자진해서 알려 주어야 하는 것이다(p. 783).

더 나아가 나탄슨 대 클라인(Natanson v. Kline, 1960)과 오쉐로프 대 체스트너트 로지(Osheroff v. Chestnut Lodge, 1979; Klerman, 1990에서 재인용)의 의료 과실 소송 판례들에서는 의사가 구체적인 내용들, 즉 환자가 갖고 있는 질병의 성격, 치료에 이용될 수 있는 방법, 치료에 따르는 위험과 치료의 성공 가능성, 치료에 대한 대안, 그러한 대안을 시행하는 과정에서 발생할 수 있는 위험에 대해서도 반드시 알려 주어야 할 의무가 있다고 설명했다.

환자가 갖고 있는 자율적 자기결정 권리를 존중해 주어야 할 이러한 의사들의 의무의 중요성을 상담 분야에서도 인식하기 시작하였다. 비록 일부 상담 연구자들은 의료 분야에서 실시하는 사전동의 절차를 상담과정에 적용하는 것에 대해 신중을 기해야 한다고 경고하지만, 대부분의 상담 연구자들은 사전동의 절차가 꼭 필요하다는 데 동의한다(Welfel, 2006). 따라서 의료법 규범들에서 의사의 사전동의 절차 시행 의무를 규정하듯이, 대부분의 상담윤리강령은 내담자들에게 사전동의 절차를 실시할 것을 규정하게 되었다. 예를 들면, 미국상담학회 윤리강령(ACA, 2005)은 상담자가 내담자에게 상담에 관해 설명할 의무를 포함하였고, 내담자는 사전에 그 설명을 듣고 동의 여부를 결정할 권리를 갖고 있으며, 구체적으로 사전동의가 왜 필요하고, 사전동의 절차에 포함되어야 할 내용들은 무엇이며, 특별히 고려해야 할 사항들이 무엇인지, 그리고 일회적이 아니라 지속적인 과정이라는 것에 대해서 명시하고 있다.

　이러한 사전동의가 법적으로 의미를 갖기 위해서는 다음과 같은 세 가지 요소가 충족되어야만 한다(Corey, Corey, & Callanan, 2007). 첫 번째 요소는 내담자가 심사숙고하여 합리적인 결정을 내릴 수 있는 능력을 갖고 있어야 한다는 것이다. 만약 내담자에게 이러한 능력이 부족할 때는 일반적으로 내담자의 부모나 보호자가 사전동의의 권리와 책임을 갖는다. 두 번째 요소는 상담자가 설명하는 내용을 내담자가 충분히 이해할 수 있어야 한다는 것이다. 따라서 상담자는 내담자가 결정을 내리는 데 필요한 정보를 명확하게 설명하도록 노력해야 한다. 세 번째 요소는 내담자가 자유롭게 의사결정을 할 수 있어야 한다는 것이다. 내담자가 어떤 이유로든 언제든 상담에 참여하기를 원하지 않으면, 상담자는 내담자의 권리를 존중해 주어 강제로 참여하도록 하는 일이 없도록 해야 한다. 요컨대, 사전동의 절차에서 이러한 요소들, 즉 합리적인 사고 능력, 상담자의 설명에 대한 이해 능력, 자율적인 의사결정 능력 중 어느 하나라도 내담자에게 결여되면 그 동의는 법적으로 적합하지 않다.

2. 사전동의의 내용

　내담자가 자신이 받게 될 상담에 대해 잘 이해하고 적절한 결정을 내리도록 돕기 위해 상담자가 사전에 알려 주어야 내용에는 어떤 것들이 포함되어야 할까? 상담자가 어떤 상담 장면에서 누구를 상담하느냐에 따라 어떤 내용을 얼마만큼 자세하게 설명해야 하는지, 그리고 특별히 더 강조해야 할 내용이 무엇인지 다를 수 있다. 상담학회 윤리강령(예, ACA, 2005)과 상담 연구자들(Corey, Corey, & Callanan, 2007; Remley & Herlihy, 2007; Sperry, 2007; Welfel, 2006)은 일반적으로 상담자가 사전동의를 얻는 과정에서 반드시 설명해야 할 내용들을 명시하고 있다. 미국상담학회와 상담 연구자들이 제시한 내용들을 바탕으로 하여 상담자가 일반적으로 사전동의 과정에서 내담자들에게 명확하게 설명해 주어야 할 내용들이 무엇인지에 대해 살펴보면 다음과 같다.

1) 상담의 성격

상담자는 자신이 제공할 상담의 일반적인 성격에 대해 명료하게 기술해야 한다. 상담의 성격에 대해서는 내담자로 하여금 자신이 받게 될 상담이 무엇에 목표를 두고, 어떤 이론적 관점을 가지고 어떤 과정을 거치게 될지, 어떤 방식으로 이루어질지, 어떤 기법이 사용될지, 그리고 총 몇 회기를 하고 얼마나 자주 할 것인지에 대한 정보를 자세하게 설명해 주어야 하고, 내담자가 이해할 수 있는 언어로 기술해야 한다. 또한 상담과정 중에 특별한 상담 방법을 사용하거나 실험적으로 사용하는 절차가 있다면 이것에 대해서도 기술해야 한다.

2) 상담자의 경력

상담자는 자신이 갖고 있는 상담 자격증, 학위, 훈련, 전문 영역 및 기술, 이론적 지향, 효과적으로 도움을 줄 수 있는 문제 또는 내담자 유형, 그리고 효과적으로 도움을 줄 수 없는 문제 또는 내담자 유형에 대해 기술해야 한다. 만약 상담이 교육 훈련 중에 있는 인턴이나 보조원들과 이루어진다면 이것에 대해서도 기술해야 하며, 이들이 수련감독을 받으며 상담을 하고 있다면 이것에 대해서도 기술해야 한다. 이와 더불어 상담 회기가 비디오테이프에 녹화되거나 녹음테이프에 녹음될 경우, 이것에 대해서도 알려 주어야 한다.

3) 비밀보장과 비밀보장 예외 상황

상담자는 상담 관계 속에서 알게 된 내담자의 개인적인 정보에 대해 비밀보장을 해 준다는 것과 더불어 비밀보장을 해 주지 못하는 예외적인 상황들에 대해서도 명확하게 기술해야 한다. 상담 시작 전에 미리 내담자로 하여금 자신의 상담 내용중 비밀보장이 되는 부분과 비밀보장이 되지 못하는 부분에 대해 분명히 알게 하는 것은 내담자가 상담하는 동안 말하게 될 내용을 자율적으로 결정하는 데 도움을 준다.

4) 상담을 거부하고 종결할 권리

상담자는 내담자가 상담 시작 전 또는 상담 도중에 언제든 벌금 없이 상담을 거부하거나 중단할 수 있는 권리가 있음을 명확히 기술해야 한다. 또한 상담자의 이론적 지향에 관계없이, 내담자는 자신이 원하는 도움을 얻었거나 상담을 시작할 때 바라던 목표를 달성했다고 생각하면 종결 문제에 대해 상담자와 허심탄회하게 논의할 수 있으며, 종결에 대한 궁극적인 결정은 내담자에게 달려 있음도 기술한다. 또한 상담자는 내담자가 상담을 거부하거나 종결하는 것에 따르는 결과에 대해서도 기술한다.

5) 상담 참여에 따르는 잠재적 이익과 위험

상담자는 자신의 전문가적 경험과 연구 결과를 바탕으로 내담자가 상담에 참여하면 어떤 이익이 있을 것이고 어떤 위험이 발생할 가능성이 있는지에 대해 정확하게 요약하여 내담자에게 설명해 주어야 한다. 예컨대, 내담자가 상담에 참여함으로써 얻을 수 있는 이익으로는 불만스러운 사고방식이나 정서 행동 등을 보다 만족스러운 것들로 바꿀 수 있다고 기술할 수 있다. 한편, 잠재적 위험으로는 정서적 혼란이나 대인관계 와해의 발생 가능성에 대해 기술할 수 있다. 상담자는 내담자에게 상담의 이익을 확대 또는 과장하거나 위험 가능성을 최소한으로 적게 기술해서는 안 된다. 내담자는 상담자가 제시하는 것들 외에는 상담에 참여함으로써 어떤 이익과 위험을 발생시킬지에 대해 사전에 알 가능성이 거의 없으므로, 가능한 한 정확하고 신뢰할 수 있도록 기술해야 한다.

6) 상담에 대한 대안

상담자는 내담자와 내담자의 문제를 돕는 방법으로서 상담 외에 어떤 적절한 대안적인 방법이 있는지에 대해서도 내담자에게 설명해 주어야 한다. 이러한 대안적인 방법으로는 아무것도 하지 않는 것, 약물치료가 필요한지에 대한 평가를 받는 것, 다른 이론적 지향을 갖고 상담을 하는 상담자에게 상담을 받는 것, 신뢰할 만한 가족이나 친구와 대화를 나누는 것, 자조집단, 식이요법이나 운동요법 등 내담자에게 도움이 될 만한 방법들을 제시할 수 있다.

7) 필요 시 연락 방법

상담자와 상담기관은 내담자가 상담을 약속하고 취소하기 위해 필요한 절차, 회기 사이에 전화로 연락하고 싶을 때 알아 두어야 할 사항, 근무시간 외 또는 위급한 상황이 발생할 경우 상담자나 다른 기관에 연락하는 방법에 대해 내담자에게 알려 주어야 한다. 또한 상담자가 사망하거나 상담을 할 수 없는 상황이 발생할 경우에 내담자가 상담을 계속 받도록 하기 위해 알아 두어야 할 사항들에 대해서도 설명해 주어야 한다.

8) 검사 결과, 진단 및 상담 기록에 대해 알 권리

상담자는 상담 계획을 세우고 상담을 실시하는 과정에서 검사를 실시하고 진단을 내릴 수 있다. 이런 경우, 상담자는 검사 결과와 진단을 상담 기록부에 보관한다는 것을 내담자에게 알려 주어야 한다. 그리고 진단의 영향과 검사 및 보고서의 활용목적에 대해서도 설명해 주어야 한다. 또한 상담자는 내담자가 자신에 대한 진단과 검사 결과 그리고 상담 기록에 대한 정보를 얻고 상담 계획에 계속 참여할 수 있는 권리를 갖고 있다는 것에 대해서도 알려 주어야 한다.

9) 상담료와 지불 방법

상담자는 내담자가 갖고 있는 문제에 대해 도움을 받기 위해서 상담료는 어느 정도인지, 그리고 언제 어떤 방법으로 지불해야 하는지에 대한 정보에 대해 내담자에게 분명하게 알려 주어야 한다. 만약 요금이 달라지면, 이미 설정된 상담료 체계가 있다 하더라도 내담자의 재정 상태 등을 고려하여 부적절하다고 판단된 경우는 상담료를 재설정하여 가능하면 내담자에게 도움을 줄 수 있는 기회를 제공해야 한다.

상담자가 사전동의 절차에서 내담자에게 반드시 설명해 주어야 할 이러한 여러 가지 내용들 중에서 특히 법적인 측면과 관련하여 중요하게 인식하고 다루어야 할 내용들이 몇 가지 있다. 상담자가 내담자에게 사전동의를 얻는 과정에서 충분하고 적절하게 설명하지 않을 경우, 내담자가 상담자를 상대로 법적 소송을 제기할 수 있는 근거가 될 수 있는 것들에 대해 렘리와 헐리히(Remley & Herlihy, 2005)가 제시한 다음의 사례들을 살펴보자.

• 상담의 성격에 대해 말하지 않았다.

> 한 내담자가 새롭게 일을 하게 되었는데, 그 일은 잠재 고객들로 구성된 소집단을 대상으로 정기적으로 설명회를 하는 것이었다. 그러나 내담자는 집단 앞에서 말하는 것에 대해 불안이 매우 심해서 불안을 극복하기 위해 상담을 받기로 했다. 상담자는 내담자가 자기존중감이 낮아 불안이 생긴 것으로 보고 상담의 초점을 내담자의 긍정적인 특성들에 대해 정적 강화를 주는 것에 두었다. 그러나 5회기를 마친 뒤에도 역시 내담자는 상담을 시작했을 때와 마찬가지로 여전히 불안하다고 불평했다. 내담자는 불안해하지 않고 설명회를 진행하는 방법을 상담자가 가르쳐 줄 것을 기대했다고 말했다. 또한 내담자는 상담자가 읽어야 할 책도 알려 주지 않았고, 불안을 줄이는 방법에 대해서도 조언해 주지 않았으며, 여러 사람 앞에서 말하는 실습도 못했다고 말했다. 내담자는 계약 위반과 업무 과실을 이유로 상담자를 고소했다.

• 자격증을 잘못 진술했다.

한 내담자가 석사학위를 소지한 상담자와 상담을 시작했다. 내담자는 가족과 친구들에게 심리학자를 만나 심리치료를 받고 있다고 말했다. 내담자는 자신이 받고 있는 '심리 서비스' 요금을 '000 박사님께'라는 수신자 호칭을 쓴 봉투에 넣어 상담실 수납 담당 직원에게 전달했다. 아홉 번째 상담 회기에 내담자가 상담자를 '000 박사님'이라는 호칭으로 불렀을 때, 상담자가 내담자에게 호칭이 잘못되었다고 말해 주었다. 그러자 내담자는 "선생님은 심리학자이시지요. 맞잖아요?"라고 말했다. 그러자 상담자는 자신의 정확한 학위에 대해 내담자에게 설명했다. 내담자는 상담자가 상담자 자격증을 갖고 있지만 석사학위 소지자라는 것을 알고 기분이 매우 안 좋았다. 내담자는 계약 위반과 거짓 진술을 이유로 상담자를 고소했다.

• 예외의 경우를 말하지 않고 사생활 보호를 보장했다.

새로 상담을 시작하는 내담자가 자신이 상담 회기에서 상담자에게 말한 내용을 다른 사람들이 알게 될까 봐 걱정된다고 상담자에게 말했다. 상담자는 내담자가 갖고 있는 불안을 덜어 주기 위해, 내담자의 사생활 보호에 대한 상담자 자신의 윤리적 · 법적 책임을 설명했다. 내담자는 상담자가 상담 회기에서 자신이 상담자에게 말한 내용을 다른 어떤 사람에게도 그리고 어떤 상황에서도 누설하지 않을 것이라고 자신에게 말한 것으로 생각했다. 나중에 상담자는 내담자가 자살할 생각을 상담자에게 말한 것과, 상담자가 생각하기에 내담자가 자살 위험 가능성이 있는지를 결정하기 위해 검사를 받아야 한다는 것을 내담자의 반대를 무릅쓰고 내담자의 아내에게 말했다. 그 내담자는 계약 위반, 업무 과실, 고의로 정서불안을 일으킨 것을 이유로 상담자를 고소했다.

- 상담 결과 어떤 성과를 얻게 될지를 약속했다.

> 한 부인이 남편과 함께 부부상담을 하는 데 마지못해 동의했다. 그 부인은 이렇게 상담을 하기로 동의를 하면서, 그들의 결혼생활이 끝나지 않게 될 것이라고 생각했다. 왜냐하면, 상담자는 부인에게 상담을 받는 것이 "부인이 결혼 생활의 위기에서 빠져나오게 할 수 있는 유일한 것"이라고 말했기 때문이다. 5회기를 마치고 남편이 집을 나와 이사를 가고 이혼 신청을 냈을 때 부인은 상담자에게 배신감이 들었다. 부인은 계약 위반, 공모 그리고 애정 이전을 이유로 상담자를 고소했다.

- 미리 정해진 것과 다른 상담료를 내도록 했다.

> 한 상담자는 한 내담자의 상담료를 시간당 5만 원으로 정하고 상담을 시작했다. 일주일에 한 번씩 3개월 동안 상담한 후, 상담자는 내담자에게 한 달 후부터는 상담료를 시간당 6만 원으로 올린다고 말했다. 내담자는 상담료 인상이 너무 과하다면서 이의를 제기했다. 상담자는 내담자가 인상된 상담료를 지불하는 데 동의하지 않으면 더 이상 상담을 해 주지 않겠다고 답변했다. 내담자는 계약 위반과 내담자 유기를 이유로 상담자를 고소했다.

상담자가 법적인 문제를 겪을 수 있는 이와 같은 유감스러운 상황들은 상담이 시작되기 전에 상담자와 내담자가 상담에 대해 서로 다르게 이해해서는 안 된다는 것을 잘 보여 준다. 또한 이와 같은 문제 상황들은 모두 상담자가 내담자에게 사전에 상담에 관해 충분히 설명을 해 주었다면 피할 수도 있는 것이었음을 알 수 있다.

3. 사전동의 방식

사전동의를 얻는 것은 일회적으로 실시하고 끝나는 절차가 아니다. 필요에 따라, 예를 들면 상담 목표나 쟁점, 위험이나 이익이 변경될 경우, 상담이 진행되는 과정 동안 언제든 내담자에게 알려 주어야 한다. 그러나 대부분 사전동의 절차는 상담 관계를 시작하기 전 첫 만남에서 이루어지는데, 이때 상담자는 내담자에게 자신이 제공할 상담에 관해 내담자가 잘 이해할 수 있도록 충분히 설명을 해 주는 것이 매우 중요하다. 또한 상담자가 내담자에게 상담에 관해 잘 이해할 수 있도록 돕기 위해서 사전동의는 여러 가지 방식으로 이루어질 수 있다. 그중 상담자들이 가장 많이 사용하는 두 가지 방식이 있는데, 하나는 구두로 내담자에게 상담에 관한 중요한 사항들을 설명한 후 설명한 내용에 대해 상담 일지에 기록해 두는 것이고, 다른 하나는 상담자가 사전동의 양식을 미리 만들어 놓고 그 내용을 내담자에게 읽어 주면서 필요한 부분에 대해 보충 설명을 하고 내담자의 이해 여부를 확인한 후 내담자의 서명을 받는 것이다.

솜버그, 스톤 그리고 클레이본(Somberg, Stone, & Claiborn, 1993)이 심리치료자를 대상으로 사전동의 절차를 어떤 방식으로 실시하고 있는지에 대해 연구한 결과에 따르면, 대다수의 심리치료자들이 사전동의 절차를 전적으로 구두로 하는 것에 의존하는 것으로 나타났다. 그런데 최근의 미국 상담자 윤리강령(ACA, 2005)에 따르면, 상담자는 서면으로 하는 사전동의 방식과 구두로 하는 사전동의 방식 두 가지를 모두 사용할 것을 명시하고 있다. 따라서 2005년 이전까지는 사전동의 방식을 구두로 하고 서면 방식을 사용하지 않아도 되었지만, 새로 개정된 윤리강령을 준수하기 위해서는 상담자는 구두로뿐만 아니라 서면 방식도 병행해야만 한다.

여기서는 구두 방식과 서면 방식의 장단점을 살펴보고, 상담자가 구두 방식과 서면 방식 두 가지를 병행해야 하는 이유와 이에 대해 내담자가 충분히 이해했는지를 반드시 점검해야 할 필요성을 사례를 들어 살펴볼 것이다. 그리고 서면 방식을 반드시 사용해야 하는 상담자가 어떤 양식을 사용할 수 있는지에 대해서도 알아볼 것이다.

1) 구두 방식과 서면 방식의 비교

내담자는 상담에 대한 충분한 정보를 상담자로부터 제공받고 설명을 들음으로써 상담에 대해 충분하게 이해하고 상담 여부를 결정할 때 사전동의를 적절하게 할 수 있다. 이러한 사전동의 절차를 위해 상담자는 구두 방식과 서면 방식을 사용할 수 있으며, 이 두 방식의 장단점에 대하여 구체적으로 살펴보도록 하자.

(1) 구두 방식의 장단점

구두로 사전동의를 얻을 때는 두 가지 장점이 있다. 첫 번째는 상담자가 각 내담자의 개별적인 욕구에 맞춰 사전동의를 얻는 데 필요한 정보를 인간적으로 말해 줄 수 있다는 점이다. 두 번째는 상담자가 내담자에게 궁금한 사항에 대해 질문하고 대화를 나누는 것을 고무하는 분위기를 조성할 수 있다는 점이다.

한편, 구두로만 사전동의를 얻는 경우는 다음과 같은 단점이 있다. 첫 번째로 가장 큰 단점은 내담자들이 한꺼번에 여러 가지에 대해 들어서 너무 많은 정보 때문에 혼란을 일으켜 상당 부분 잊어버릴 수 있다는 점이다. 더욱이 내담자는 상담을 받으러 온 이유, 즉 고민과 관련된 정서 때문에 상담자가 말한 내용을 인지적으로 처리하는 능력이 순간 떨어질 수 있는데, 서면 정보가 없을 경우 내담자가 상담실에서 나와 안정을 취한 후 상담자가 말한 내용을 재고해 보고 싶거나 제대로 이해했는지 확인하고 싶을 때 아무것도 기억나는 것이 없어 난감할 수 있다. 두 번째는 상담자는 자신이 말한 내용을 내담자가 얼마만큼 이해하고 기억하는지 추측을 하는 수밖에 없고, 내담자가 계속 잊지 않고 있는지에 대해서는 다시 질문을 해야 하는 번거로움이 있다는 점이다. 세 번째는 내담자들이 불평이 있을 때 어떤 방법을 택할 수 있는지, 또는 긴급 사태가 생기는 경우 치료자에게 어떻게 연락할 수 있는지 등과 같이 자신들에게 아주 유용한 구체적인 여러 정보를 쉽게 잊는다는 점이다. 네 번째는 구두로 하는 것만으로는 상담자로서의 법적 · 윤리적 책임을 다하는 데 부족하다는 점이다. 만약 서면 사전동의 절차를 생략하고 구두로만 하면 상담자가 법적 과실 소송 또는 윤리적 책임 문제에 직면했을 때 불리한 결과를 가져올 수 있다(Bennett, Bryant, VanderBos, & Greenwood, 1990).

(2) 서면 방식의 장단점

서면 사전동의 방식도 두 가지 장점이 있다. 첫 번째는 상담 절차를 문서로 보관하고, 실시하기가 보다 쉬우며, 사전동의 절차를 타당하고 신뢰할 만하게 할 수 있다는 점이다. 그러나 서면으로 된 사전동의서 양식을 사용한다 하더라도 그 내용이 내담자가 읽기 어렵게 되어 있거나 그러한 양식에 내담자가 강요받고 서명했다면 상담자는 아무런 법적 보호를 받지 못한다는 것을 알아 둘 필요가 있다 (Appelbaum, Lidz, & Meisel, 1987). 또한 상담자들은 내담자들이 상담동의서에 꼭 서명하도록 한 후 복사를 해서 내담자 상담 기록부에 보관할 필요가 있다. 동의서를 보관해 두면 기록으로 계속 남아 훗날 필요 시 참고자료로 유용하게 사용할 수 있다. 예를 들어, 동의서를 받아 두면 상담에 대해 불평 또는 오해가 발생했을 때, 사전동의를 얻는 과정에서 상담자가 그것을 설명했었다는 것을 입증해 줄수 있다.

두 번째는 내담자 동의서 양식을 활용하면 사전동의를 얻는 데 소요되는 시간을 훨씬 줄여, 첫 면접에서 내담자가 상담을 받으러 오게 된 문제에 대해 이야기할 시간을 더 많이 가질 수 있다. 또한 내담자의 주의를 화제에 집중시킬 수 있고, 내담자가 놓치거나 들은 것을 잊는 것을 줄여 준다.

그러나 서면으로 된 자료들을 사용하면 단점도 있는데, 대개 잘못 사용할 때 생기는 문제다. 상담자들은 서면으로 된 양식에 너무 지나치게 의존하여 내담자가 그 자료들을 수중에 갖고 있으면 사전동의 절차가 다 이행된 것으로 잘못 생각하는 경우가 있다. 심지어 어떤 상담실에서는 사무직원이 그 양식을 내담자에게 건네주면서 상담 약속을 잡기 전에 서명을 해서 제출하도록 하는 경우도 있다. 이런식으로 이루어지는 사전동의 절차는 형식에 불과한 것이고 실질적으로 내담자의 권리를 보호하지 못한다.

2) 서면 사전동의 양식의 종류

서면으로 사전동의 절차를 수행하는 경우에 다양한 양식을 사용할 수 있다. 이러한 양식들에 어떠한 것들이 있는지를 알아보기 위해 렘리와 헐리히(Remley & Herlihy, 2007)와 주커만(Zuckerman, 2003)이 분류한 양식들을 참고하여 다양한 양식을 소개해 보면 다음과 같다.

(1) 소책자

소책자(brochure)에서는 앞에서 제시한 사전동의 내용에 포함시켜야 할 사항들에 대해 빠짐없이 자세하게 소개한다. 소책자는 전문적으로 디자인되고 보통 여러 페이지로 구성된다. 상담자는 이 소책자를 상담 안내서, 계약서, 내담자가 상담에서 기대할 지침 설명서로 활용한다.

(2) 질문목록표

질문목록표(question list)는 내담자가 상담에 궁금한 것들에 대해 상담자에게 질문하게 하는 데 길잡이 역할을 한다. 소책자의 내용에 들어 있는 사항들을 모두 질문목록표에 넣어 활용하면, 내담자는 효과적인 상담 관계 속에서 내담자가 갖게 되는 자신의 힘을 보다 더 잘 인식하고 적극적인 역할을 한다. 이 질문목록표에 들어갈 수 있는 질문을 예를 들어 보면 다음과 같다.

• 저에게 어떤 상담을 해 주실 건가요? 상담 종류, 상담 이름이 무엇이지요?
• 제가 상담을 받아서 호전되고 있다는 것을 어떻게 알 수 있을까요?
• 제가 위급한 상황에 처하면, 어떻게 연락을 드릴 수 있나요?

(3) 상담계약서

상담계약서(counseling contract)에는 상담자와 내담자의 권리와 책임에 대한 자세한 설명이 들어 있다. 이 계약서는 상담에 마지못해 참여하는 내담자들에게 특별히 유용하게 활용할 수 있다. 이 계약서를 사용할 때는, 상담자와 내담자가 상담에 대해 폭넓게 대화를 하는 것으로 보완되어야 하고, 상담자와 내담자의 서명이 들어가야 한다.

(4) 상담동의서

상담동의서(consent-to-treatment)는 특별한 상담 관계로 시작할 경우에 다른 방식이 너무 상세해서 부적합할 경우 가장 잘 사용되는 방식이다. 그러나 이 상담동의서는 간단하게 되어 있어서 폭넓은 대화로 보완할 필요가 있다.

(5) 내담자 권리선언서

내담자 권리선언서(declaration of client rights)는 상담과정에서 내담자가 갖는 권리와 책임에 대해 서면으로 진술해 놓은 것이다. 상담자는 내담자에게 상담에 대해 설명해 주는 다른 서면 양식들과 더불어 이 내담자 권리선언서를 활용함으로써 내담자의 자율성과 힘을 상담에 발휘할 수 있게 도와줄 수 있다.

3) 서면 방식과 구두 방식 병행의 필요성

상담 현장에서 상담자는 사전동의 절차를 충분하고 적절하게 이행하기 위해 앞에서 제시한 상담에 관한 자세한 내용이 들어 있는 서면 사전동의서 양식을 내담자에게 주고 자세하게 설명해 주는 것이 필요하다. 그러나 내담자에게 너무 많은 정보를 제공하면 내담자에게 심적인 부담을 줄 수 있고, 상담을 받는 것이 복잡하며 계약하는 데 신경을 많이 써야 하는 것으로 오인될 가능성이 있다. 따라서 상담자는 사전동의를 얻기 위해 너무 많은 정보를 장황하게 제시해서 내담자에게 불필요한 부담을 주거나 상담에 대한 잘못된 인상을 주지 말아야 한다. 그렇다고 내담자가 상담 참여 여부를 결정하고 상담을 할 때, 반드시 필요한 정보에 대한 설명을 상담자가 빠뜨려서도 안 된다.

렘리와 헐리히(Remley & Herlihy, 2007)가 제시한 다음의 사례는 바로 상담자가 서면동의를 얻었지만, 사전동의 절차를 형식적으로 여기고 내담자에게 사전동의서에 기술해 놓은 내용을 내담자가 충분히 이해하도록 설명도 하지 않고, 그 내용을 읽고 이해했는지 여부도 점검하지 않은 경우다. 이 사례에서 상담자가 내담자에게 사전동의에 필요한 내용을 충분히 설명했더라면 내담자는 유감스러운 상황을 피할 수 있었을 것이고, 상담자도 내담자로부터 신뢰를 잃지 않았을 것이다.

새로 전문상담사 면허를 받은 상담자 마크는 최신 기술과 설비를 갖춘 지역사회 정신건강센터에서 일하게 되었다. 마크는 평소에 자신의 내담자와 첫 상담 회기를 시작하기 전에 내담자 성명을 쓰고 사전동의에 포함시켜야 할 내용들을 잘 진술해 놓은 서식들을 인쇄해 놓았다. 마크는 모린이라는 젊은 엄마를 상담하게 되었다. 모린은 남편 제이크가 아직 유아인 딸이 울 때마다 화가 나서, 그만 울게 하려고 심하게 흔든다고 털어놓았다. 모린의 이야기를 들은 마크는 제이크의 행동은 아동학대 행위에 속할 수 있으므로 관계 당국에 보고해야 한다고 말했다. 그러나 모린이 걱정하는 것을 알고, 마크는 그 보고 결과 예상되는 것들에 대해 자세하게 설명해 주면서 모린을 계속 상담해 줄 것이라고 안심을 시키기도 했다. 그러나 모린은 마크가 관계 당국에 보고한다는 것을 미리 알았더라면 남편 제이크의 행동을 절대로 말하지 않았을 것이라고 불만을 터뜨렸다. 그러자 마크는 모린 본인이 이 상담 관계가 시작될 때 사전동의서에 서명을 했고, 그 동의서에는 상담자는 법적으로 아동학대가 의심이 되는 경우 보고해야 할 법적 의무를 갖고 있다는 것에 대해 명확하게 진술되어 있다고 말했다. 모린은 그 내용을 읽지 않은 채, 상담료 지불에 관한 양식에 서명하면서 상담동의서에는 그냥 아무런 생각 없이 서명했다고 말했다. 그러면서 모린은 이제 마크를 더 이상 신뢰할 수 없어서 상담 관계를 계속 갖지 못하겠다고 말했다.

그렇다면 상담자는 사전동의 절차에서 내담자에게 정보를 너무 많이 주는 문제와 너무 적게 주는 문제를 피하고 어떻게 균형을 찾을 수 있을까? 이를 위해서 상담자는 누구나 사전동의에 필요한 충분한 정보가 들어 있는 사전동의 양식을 갖고 있으면서 내담자에게 주고 서명을 하게 하여 상담자로서 사전동의를 얻어야 할 법적·윤리적 의무를 다해야 할 것이다. 이와 더불어 상담자는 구두 사전동의 방식을 병행하여 자신이 특별히 강조해서 설명하고 싶은 부분과, 내담자가 특별히 관심을 두는 부분에 대해 중점적으로 명확하게 설명해야 할 것이다.

4. 특수집단과 사전동의

앞에서 언급하였듯이, 법적으로 상담에서 사전동의를 할 수 있는 사람은 상담자가 설명하는 내용을 충분히 이해하고 합리적이며 자유로운 결정을 할 수 있는 능력을 갖고 있어야 한다. 아동과 청소년을 포함한 미성년자나 지적 장애를 갖고 있는 사람, 그리고 비자발적인 참여자는 이러한 능력이 부족하므로 상담자는 이들의 부모나 보호자의 동의를 받아야 하는데, 이들이 사전동의 절차에서 몇 가지 숙지해야 할 사항들이 있다. 이러한 사항들은 구체적으로 무엇인지 살펴보자.

1) 미성년자와 사전동의

법적으로 미성년자는 보통 사전동의를 할 수 없기 때문에 상담자는 내담자가 미성년자이면 적어도 어느 한 부모나 보호자로부터 대리 동의를 받아야 할 법적 책임을 갖는다. 만약 부모가 이혼하여 아동을 공동으로 보호하고 있다면, 양쪽 부모의 동의를 받는 것이 좋다. 제5장 '비밀보장'에서 언급하였듯이, 미성년자라 하더라도 긴급 상황의 경우는 부모의 동의 없이도 상담을 받을 수 있다.

상담자는 미성년자를 상담할 때 부모의 동의를 받아야 하는 법적 책임을 가질뿐만 아니라, 미국상담윤리강령(ACA, 2005)에 따르면, 자신이 참여하게 될 상담의 과정에 대해 어느 정도 이해 능력을 갖고 있는 미성년자를 상담하는 경우, 미성년자인 내담자로부터도 동의를 받아야 할 윤리적 책임을 갖는다. 즉, 상담자는 이해 능력을 갖춘 미성년자에게는 상담을 시작하기 전에 상담의 과정에 대해 설명하고, 궁금한 사항들에 대해 대답해 주고, 상담에서 자신이 말한 내용이 어느 정도 비밀보장이 되는지 또는 비밀보장에 예외가 되는 상황은 어떤 것들인지에 대해 분명하게 설명해 주어야 한다. 이렇게 미성년자에게 동의를 구할 때도 부모나 보호자에게 동의를 얻는 과정에서와 마찬가지로 서면 동의 양식을 준비해 놓고 활용하는 것이 좋다(Sperry, 2007).

만약에 부모가 자녀 상담에 동의를 했는데, 미성년자인 내담자가 선뜻 동의를 하지 않는다면 상담자는 어떻게 해야 하는가? 이러한 경우 상담자가 상담을 강행했다고 해서 반드시 비윤리적으로 행동을 했다고 할 수는 없다. 그러나 이러한 경우 역시 상담자는 부모에게 아동이 자발적으로 기꺼이 상담에 참여하는 것의 중요성을 알게 하고 아동이 신뢰심을 갖도록 노력을 기울이면서 아동의 동의를 구하는 것이 좋다. 그러나 상담이 그 아동에게 도움이 안 된다는 판단이 서면 상담자는 그 아동을 상담해서는 안 된다.

2) 인지 능력이 부족한 내담자들의 사전동의

일반적으로 인지 능력이 부족하다는 증거가 없는 한, 성인은 동의할 수 있는 능력이 있는 것으로 본다. 그러나 상담자는 가끔 상담 상황에서 인지 능력이 현저히 낮아 사전동의를 할 수 있는 능력이 분명이 없는 것으로 판단되는 사람들, 예를 들면 심한 정신지체자나 치매 환자를 만난다. 이러한 사람들은 자신들에게 영향을 줄 수 있는 여러 상황들에 대한 이해 능력이 부족하기 때문에 사전동의를 할 수 없다. 가족이나 법정 보호자가 이들을 대신하여 사전동의를 해 주어야 한다. 이런 경우 상담자는 일반 내담자를 대상으로 할 때와 마찬가지로 대리자에게 상담의 성격 등 상담에 관해 충분히 설명을 해 주고 동의를 얻는 절차를 밟아야 하고, 미성년자를 대상으로 할 때처럼 내담자에게도 결정 상황에 가능한 한 많이 참여할 기회를 줄 책임을 갖는다.

또한 상담자는 가끔 일시적으로 동의를 할 수 있는 능력이 손상된 내담자를 만날 수 있다. 정상적인 이해 능력을 갖고 있는 사람이 술에 취하거나 급성으로 신체적인 병을 앓는 경우가 이에 속한다. 이런 사람들이 상담을 받으러 오면 상담자는 내담자의 정신적인 기능이 정상으로 돌아올 때까지 사전동의 받는 절차를 연기하도록 해야 한다.

3) 비자발적인 내담자의 사전동의

상담에서 비자발적인 내담자란, 자신에게 심리적 문제나 정신적 질환 등이 있는데도 불구하고 스스로 상담의 필요성에 대해 인식하고 판단하고 동의할 수 있는 능력이 없거나, 자신에 대한 무관심 또는 약물남용 때문에 자신이나 타인을 해쳤거나 해칠 위험 가능성을 갖고 있어서 자신을 보호하는 가족이나 법정 또는 학교장의 요구에 따라 강제적으로 상담에 참여하는 사람을 의미한다(Remley & Herlihy, 2007; Sperry, 2007).

이러한 비자발적인 내담자들 중에서 법정으로부터 상담을 받도록 명령을 받은 사람들은 감옥에 가지 않으려면 대신 상담을 강제적으로 받아야 한다. 또한 학교장으로부터 학생들이 퇴학 등의 징계 조치를 받지 않으려면 학교장의 상담 참여 명령을 받아들여야 한다. 이와 같이 법정이나 학교에서 상담에 참여하도록 명령을 받은 내담자는 적법하게 사전동의를 할 수가 없기 때문에 사전동의가 불필요한 위치에 있다. 왜냐하면, 앞에서도 언급했듯이 사전동의가 적법하게 이루어지기 위한 전제 조건으로서 합리적으로 결정을 내릴 수 있는 능력, 상담자가 설명해 주는 구체적인 정보를 이해하고 결정할 수 있는 능력, 자유롭게 강요받지 않은 상태에서 자발적으로 결정할 수 있는 자발성이 요구되기 때문이다. 그러나 이들이 비록 법정이나 학교에서 상담을 받도록 명령을 받기는 했지만, 이들은 감옥이나 징계 조치 대신 상담을 받기로 선택했다는 사실을 고려해야 한다. 따라서 상담자는 이러한 비자발적인 내담자로 하여금 상담을 받게 한 학교나 법정의 취지에 부응하여 스스로 자신의 정신건강을 돌볼 능력이 없거나 상담의 필요성을 인식하지 못하는 사람을 보호하고 돕기 위해 이들에게도 상담에 대해 충분히 설명해 주고 이들이 설명한 내용을 이해하는지에 대해 확인하는 사전동의 절차를 실시할 필요가 있다. 상담자는 이렇게 이들로부터 사전동의를 얻는 과정에서 이들이 사생활 보호를 받을 권리가 없다는 것에 대해 설명을 해 주어야 할 필요가 있다. 그 이유는 두 가지인데, 하나는 이들이 상담을 요구받았을 뿐 아니라 이들이 상담을 거부하면 감옥에 가거나 징계와 같은 부정적인 결과가 뒤따를 것이기 때문이고, 다른 하나는 상담을 요구한 측에서 상담자에게 내담자가 상담에 참여한 것에 대해 보고서를 제출할 것을 요구할 것이기 때문이다. 따라서 이러한 경우 상담자는 내담자로 하여금 상담자가 보고서를 작성하여 제출한다는 것과 보고서에는 어떤 것들을 포함할 것인지에 대해 구체적으로 설명해 주어야 한다. 또한 상담자는 자신이 상담자로서 전문적으로 활동하고 판단한 내용에 대해 정확하고 정직하면서도 객관적으로 보고서를 작성하여 관계 기관에 보고해야 한다.

몇몇 연구들(Keaton & Yamatani, 1993; Peters & Murrin, 2000)은 법정의 요구를 받고 비자발적으로 상담에 참여한 사람들이 상담을 받지 않은 사람들보다 생활적인 면에서 훨씬 더 호전되었다는 결과를 밝혀냈다. 또한 다른 한 연구(Rooney, 2001)에서는 이러한 비자발적인 참여자도 결국 자신에게 심각한 정신건강 문제가 있다는 것과 변화의 필요성을 인식하고 상담을 받으라는 지시에 동의한다는 것이 밝혀졌다. 이러한 연구들의 결과에 비추어 볼 때 상담자는 법정의 요구를 받아 상담에 참여한 내담자는 당연히 상담에 적대적이고 참여를 꺼릴 것이라고 생각해서는 안 된다(Sperry, 2007). 즉, 이러한 비자발적인 참여자들은 물론 상담을 하도록 강요받았다는 느낌을 가질 것이고, 상담에 대한 동기가 전혀 없을 수 있지만, 희망이 전혀 없는 사람들은 아니다. 상담자가 이들에게도 사전동의 과정을 적용함으로써 이들의 권리와 존엄성을 지켜 주고, 내담자와 정직하고 직접적인 의사소통을 한다면, 이러한 비자발적인 참여자들도 상담 그리고 그 영향에 대해 결국은 이해하게 될 것이고 소기의 목적을 보다 효과적으로 달성할 수 있을 것이다.

5. 사전동의에 관한 연구 결과

　그동안 이루어진 사전동의에 대한 연구들에 따르면, 사전동의 절차를 밟는 것은 상담을 받는 내담자뿐만 아니라 상담을 하는 상담자에게 도움을 주는 것으로 나타났다. 예를 들면, 브래텐, 오토 그리고 핸델스만(Braaten, Otto, & Handelsman, 1993)의 연구와 헨드릭(Hendrick, 1988)의 연구에 따르면, 내담자들은 자신들의 상담자들에 대한 정보를 원하는 것으로 나타났다. 굿이어, 콜먼 그리고 브런슨(Goodyear, Coleman, & Brunson, 1986)은 확실하게 사전동의 과정을 경험한 내담자들은 자기 개방을 보다 더 긍정적으로 보고 상담의 성과에 대해 보다 더 낙관적인 기대를 한다는 연구 결과를 밝혔다. 핸들러(Handler, 1990)도 적절한 정보를 제공받은 내담자들이 치료 계획을 더 잘 따르고, 더 빨리 회복하고, 덜 불안해하며, 발생 가능한 부정적인 결과들에 대해 보다 민감한 경향이 있다고 밝혔다. 또한 설리번, 마틴 그리고 핸델스만(Sullivan, Martin, & Handelsman, 1993)은 성인 내담자들이 신중하게 사전동의 절차를 밟는 치료자를 그렇지 않은 치료자보다 더 신뢰하며 전문성이 있다고 본다는 연구 결과를 밝혔다.

　한편, 연구들에 따르면 상담자들이 사전동의에 대한 법적·윤리적 의무 이행을 책임감 있게 충분히 잘하고 있지는 못하는 것으로 나타났다. 또한 사전동의 절차도 그러한 지침의 취지에 맞게 적용되기보다는 형식적으로 이루어지는 경향이 있는 것으로 나타났다. 이것은 솜버그와 그의 동료들(Somberg et al., 1993)이 심리학자들을 대상으로 하여 사전동의 절차를 실제로 어떻게 수행하고 있는지에 대해 연구한 결과에서 잘 드러나고 있다. 그들의 연구 참여자 중 사전동의 절차에서 다루어야 할 내용을 실제로 모두 다룬 참여자는 한 명도 없고, 대부분의 연구 참여자들이 대부분의 내담자들을 상담할 때 사전동의 절차에서 꼭 다루어야 할 몇 가지 요소를 생략하는 것으로 나타났다. 연구 참여자 중 59.5%의 참여자만 내담자 모두에게 비밀보장의 한계에 대해 이야기를 나누고, 1/3도 안 되는 참여자만 내담자 모두에게 치료의 위험, 기간, 대안에 대해 이야기를 나눈 것으로 나타났다.

연구 참여자 중 18%는 내담자들에게 전혀 치료의 위험에 대해 이야기를 나누지 않은 것으로 나타났다.

연구 참여자들은 사전동의에 대해 이야기를 나눈 시기도 매우 달랐다. 사전동의 절차에서 다루어야 할 주요 요소들에 대해 이야기를 나눈 연구 참여자들 대부분이 첫 회기가 끝날 쯤에 이야기를 나눈 것으로 나타났다. 그러나 안타깝게도 높은 비율의 연구 참여자들이 사전동의 절차에서 다루어야 할 이야기를 '문제가 발생할 때' 나누는 것으로 나타났다. 이러한 결과는 이들이 경고의 의무 또는 아동학대 보고 의무와 관련된 문제를 내담자가 꺼낼 때만 그 문제들을 다루고 있다는 것을 시사한다. 쇼, 챈, 램 그리고 맥두걸(Shaw, Chan, Lam, & McDougall, 2004)의 재활 상담자들을 대상으로 한 연구에서도 이와 비슷한 결과가 나타났는데, 연구 참여자들 중 56%만이 접수면접에서 위험성과 관계가 있는 비밀보장의 한계에 대해 내담자들과 이야기를 나누고, 45%만이 접수면접에서 약자의 학대나 방치에 관련된 비밀보장의 한계에 대해 기술한 것으로 나타났다. 이처럼 내담자가 비밀보장을 해 줄 수 없는 것을 말한 후에야 그 문제가 비밀을 보장해 줄 수 없는 문제라고 상담자가 말하는 것은 마치 '소 잃고 외양간 고치는' 격이며, 윤리적 상담의 원칙 중 신뢰의 원칙을 위반하는 것이다.

이와 같이 사전동의 절차와 서류 내용이 일정하지 못하고 미비하게 이루어지고 있다는 것은 다른 연구들에서도 밝혀졌다. 예를 들면, 클레이본, 버버로글루, 네리손 그리고 솜버그(Claiborn, Berberoglu, Nerison, & Somberg, 1994)는 내담자들을 대상으로 조사한 연구에서, 6%만이 그들의 상담자로부터 비밀보장의 한계에 대한 설명을 들은 것으로 나타났다. 또한 크로어킨, 버그 그리고 스피라(Croarkin, Berg, & Spira, 2003)는 정신과 의사를 심리학자와 사회복지사와 비교한 연구에서, 심리학자가 사전동의의 중요성을 가장 높게 인정한 반면, 정신과 의사는 가장 낮게 인정한 것으로 나타났다. 한편, 청소년 내담자를 대상으로 한 사전동의에 관한 연구들에서는 윤리 기준을 보다 더 잘 따르는 것으로 나타났다. 예를 들면, 비먼과 스콧(Beeman & Scott, 1991)은 연구에 참여한 심리학자들 중 93%가 10대 자녀들을 치료하기 위해 그들의 부모에게서 사전동의를 얻는 것으로 나타났고, 70%가 또한 청소년들에게 참여에 대한 동의(assent)를 받는 것으로 나타났다.

렘리와 헐리히(Remley & Herlihy, 2005)에 따르면, 여러 연구 결과들에서 사전동의 절차가 실제 상담과 심리치료 상황에서 불충분하게 그리고 부적절하게 이행되고 있는 것으로 나타났음에도 불구하고, 이와 관련하여 법적 직무상 과실 소송 사례는 한 건도 없었으며, 윤리 위반으로 제기되어 다루어진 경우도 거의 없었다. 이러한 사실은 상담자의 중요한 법적 · 윤리적 의무 중 하나가 상담을 할 때 사전동의 절차를 이행하는 것임을 고려하면 의외의 결과다. 그러나 앞으로 상담이 활성화되고, 점점 더 소비자 중심이 되고 법적 분쟁이 많이 일어나는 사회적 추세에서, 여전히 이와 같은 과실 소송과 윤리 위반으로 제소될 가능성이 적을지에 관해서는 의문의 여지가 크다.

6. 요 약

지금까지 사전동의가 어떤 의미를 갖고 있고 왜 필요한지, 사전동의 절차에는 어떤 내용이 포함되어야 하고 어떻게 하는 것이 바람직한지, 그리고 사전동의 내용을 이해하고 자발적으로 동의하는 데 어려움을 가진 사람들에게는 사전동의 과정에서 고려해야 할 사항이 무엇인지를 살펴보았다. 요약하면, 사전동의는 상담자가 내담자에게 상담에 대해 충분하고 적절하게 설명을 해 줌으로써 내담자가 상담과정에 대해 이해하고 자진해서 상담을 받기로 동의하는 것을 의미한다. 상담자가 내담자에게 사전동의를 얻는 것은 내담자의 자율성과 선택의 권리를 존중해 주고 내담자가 입게 될 피해를 줄이고, 내담자가 상담과정에 기꺼이 참여할 수 있도록 돕기 위해 꼭 필요한 절차다.

이러한 사전동의 절차에서 상담자는 상담의 성격, 상담자의 경력, 비밀보장과 비밀보장 예외 상황, 상담을 거부하고 종결할 권리, 상담 참여에 따르는 잠재적 이익과 위험, 상담에 대한 대안, 필요 시 연락 방법, 검사 결과와 진단 및 상담 기록에 대해 알 권리, 상담료와 지불 방법 등에 대해 내담자에게 반드시 알려 주어야 한다. 특히 법적인 측면과 관련하여 문제가 될 수 있는 부분에 대해서는 특별히 신경을 써서 충분하고 적절하게 설명해 주어야 한다. 이와 같이 상담자가 내담자에게 제공할 상담에 대해 충분하고 적절하게 알리기 위해서는 서면 방식과 구두 방식을 병행해야 한다. 상담자는 상담에 관한 충분한 정보를 서면동의서에 포함시키고, 구두로 특별히 상담자가 중요하게 생각하는 부분과 내담자가 관심을 두는 부분에 대해 자세하면서도 명확하게 설명해야 한다.

상담자는 가끔 사전동의를 적법하게 할 수 없는 내담자, 즉 미성년자, 인지 능력이 부족한 사람들, 그리고 비자발적인 참여자를 상담하게 되는데, 이들의 경우 각각 특별히 고려해야 할 사항들이 있다. 미성년자와 인지 능력이 부족한 사람들의 경우, 상담자는 보호자의 대리 동의를 받아야 할 법적 · 윤리적 책임이 있고, 동시에 내담자가 상담자에게 신뢰심을 갖고 상담에 가능한 한 많이 참여할 수 있도록 돕기 위해 상담에 대해 설명해 주고 동의를 직접 받는 것이 좋다. 비자발적인 참여자의 경우는 이들이 사실상 적법한 사전동의를 할 수 있는 위치는 아니지만, 감옥이나 징계 조치 대신 상담을 선택한 것을 고려하여 이들에게도 상담에 대해 설명을 해 줄 필요가 있다. 또한 이들에게 상담을 요구한 측에서 이들을 상담한 결과에 대해 보고서를 작성해서 보고할 것을 요청할 경우 이에 대해 내담자에게 알려 주어야 한다.

그동안 사전동의와 관련하여 이루어진 연구들에 따르면, 상담 상황에서 상담자가 내담자에게 사전동의 절차를 실시하는 것은 내담자에게 상담에 대한 충분한 이해를 바탕으로 상담에 대한 동기를 더 많이 갖게 하고 자기 개방을 더 적절하게 하여 상담의 성과를 높이는 효과가 있고, 상담자에게는 내담자들로부터 신뢰를 얻고 전문성이 있는 것으로 인식되는 이점이 있는 것으로 나타났다. 그러나 이들 연구에 따르면, 실제로 많은 상담자들이 자신의 상담 상황에서 사전동의 절차를 불충분하게 또는 부적절한 시기에 실시하는 것으로 나타났다.

미국의 경우, 상담학회 윤리강령에서 사전동의의 의미와 필요성, 사전동의 절차에서 다루어야 할 내용, 특수집단에서 고려해야 할 사항들을 구체적으로 명시하고 있다. 또한 이 장에서 언급된 사전동의와 관련된 연구들은 모두 미국에서 이루어진 것이다. 국내의 주요 상담학회인 한국상담학회와 한국상담심리학회 윤리강령은 사전동의와 관련하여 미국의 상담학회 윤리강령에서만큼 충분하게 다루고 있지 않다. 상담자를 대상으로 사전동의를 어떤 내용으로 어떻게 실시하고 있는지에 대해 수행된 국내 연구는 거의 없는 실정이다. 앞으로 우리나라 상담 연구자들은 상담에서 사전동의의 필요성과 중요성을 인식하고 상담학회 윤리강령 개정 작업에서 사전동의에 관한 내용을 충분히 포함시키는 작업을 해야 할 것이다. 또한 상담 실무자들이 사전동의 절차의 필요성과 중요성을 얼마나 인지하고 있는지, 상담 실제에서 사전동의의 의무를 어느 정도 이행하고 있는지에 대한 연구도 이루어질 필요가 있다. 상담 연구자들의 이러한 연구 노력의 결과, 상담 실무자들이 상담과정에서 사전동의의 절차를 적절하게 실시하면, 이들이 내담자들의 권리를 보다 더 존중하고 내담자들의 내적·외적 자원을 기꺼이 상담에 활용함으로써 상담의 성과를 더욱 높일 것이다.

제7장
상담자의 가치와 윤리

가치는 그 사람의 세계관, 문화, 세계에 대한 이해를 반영한다. 이러한 가치는 개인의 경험과 문화, 세계 그리고 주변 사람들과의 상호작용의 결과로 생긴다. 가치는 무엇이 좋고 나쁘며, 옳고 그르고, 즐겁고 괴로운지에 대한 자신만의 고유한 해석이며, 사람들마다 서로 다른 다양한 양상을 보인다. 또한 가치는 무형의 추상적인 것이어서 정의를 내리기도, 서로 소통하기도 쉽지 않다. 하지만 가치는 우리가 하고 싶고 가지고 싶은 것이 무엇인지를 알고 그것을 선택하도록 하는 강력한 힘을 가지고 있다.

내담자는 자신만의 독특한 가치체계를 가지며, 상담자도 자신만의 가치를 가진다. 그리고 이들이 가진 가치는 알게 모르게 상담의 시작부터 종료 시까지 영향을 미친다. 상담자는 자신이 가진 가치가 무엇이고 내담자에게 어떤 영향을 줄 수 있는지를 잘 알고, 내담자에게 가치를 강요하지 않으면서도 내담자와의 가치 차이에 따른 갈등을 극복하고 효율적인 상담과 치료가 되도록 해야 한다. 또한 상담자가 자신이 가진 가치를 잘 알고 있어야 하는 것은 가치가 윤리적 결정에서 큰 역할을 한다는 점에서도 그 필요성을 찾아볼 수 있다. 결국 상담 성과를 위해서뿐 아니라 윤리적인 상담이 되기 위해서도 상담자는 자신이 가지고 있는 가치와 편견이 무엇인지 점검해야 하며, 자신의 가치가 상담 실천에 어떤 역할을 하는지를 이해하기 위해 노력해야 한다.

　이 장에서는 상담 관계에서 상담자의 가치가 어떤 역할을 하는지, 이들이 가지는 가치는 어떤 것들이 있는지, 그리고 이런 가치들을 어떻게 확인할 것인지에 대해 살펴보고자 한다. 그리고 상담이 진행되어 감에 따라 발생할 수 있는 내담자와의 가치 갈등을 어떻게 해결해야 할 것인지에 대해 상담윤리 기준을 바탕으로 살펴볼 것이다. 마지막으로 내담자와의 가치 갈등 가능성이 높은 몇 가지 주제들에 대해 다룰 것이다.

1. 상담자의 가치에 대한 접근

　상담자의 가치가 상담과정과 성과에 어느 정도 영향을 미치는가? 또는 어느 정도 미쳐야 하는가? 이 질문은 상담과 심리치료 발생 초기부터 제기되어 왔던 문제다. 상담자의 가치에 대한 접근은 크게 세 가지로 나누어 볼 수 있다. 첫 번째는 상담자가 가치 배제(value-free) 또는 가치중립(value-neutral) 상태이어야 한다는 것이다. 두 번째는 첫 번째와 상반되는 접근으로 내담자에게 더 나은 가치를 가르치고 받아들이도록 영향을 미쳐야 한다는 것이다. 마지막은 상담자가 가진 가치는 상담에 영향을 주지만, 최대한 가치중립을 유지하되 자신이 가진 가치를 내담자에게 강요하지 말아야 한다는 가치에 근거한(value-based) 접근이다. 이 세 가지의 접근 각각에 대해 좀 더 자세히 살펴보자.

1) 상담자의 가치 배제 강조

　역사적으로 상담과 심리치료 이론이 발달하기 시작한 이후 계속해서 제기되어 왔던 접근으로 상담자가 가치를 배제하거나 가치중립적이어야 한다는 것이다. 특히 이러한 입장은 프로이트(Freud)로 대표되는 정신역동적 접근에서부터 채택되고 강조되었다. 이 접근은 마치 외과의가 수술할 때 자신의 가치를 반영하지 않는 것처럼 상담과 심리치료도 정신병리에 기술적으로 적용되는 과정이라 보기 때문에, 상담자 또는 치료자의 가치는 치료과정에 직접 개입되면 안 되고 객관적인 것이어야 한다는 주장이다.

정신역동적 접근에서 치료자의 역할은 내담자에게 절대적인 중립을 지킴으로써 내담자가 자신의 내면적 갈등을 치료자의 빈 화면에 투사할 수 있도록 도와야 하는 것이다. 상담자 혹은 치료자가 가진 가치는 상담을 방해하는 역할을 할 뿐이다. 즉, 가치나 도덕 등과 같은 치료자의 특성이 내담자에게 전달되지 않을 때만 상담자가 내담자의 투사 진행을 촉진할 수 있다고 믿는다. 이러한 정신역동적 접근에서의 가치 배제 주장에 객관적이고 과학적인 상담을 추구하는 추세가 더해져 상담자와 치료자는 절대적인 가치중립 또는 가치 객관적인 것이 가능할 뿐 아니라 그래야 한다는 입장이 오랜 세월 동안 지지를 받았다.

2) 상담자의 가치 강조

상담자의 가치를 강조하는 입장으로, 상담자는 명확하고도 절대적인 가치체계를 가지고 있다고 본다. 이러한 접근을 따르는 상담자들의 역할은 내담자에게 가장 이익이 된다고 판단되는 태도나 행동을 내담자에게 하도록 지시하는 것이다. 어쩌면 내담자에게 더 나은 가치를 받아들이도록 영향력을 행사하는 것이라 할 수 있다. 상담자가 내담자에 비해 더 전문적이고 지혜롭다는 믿음에 근거한 접근이기 때문에, 상담자는 내담자에게 더 행복한 방법을 찾아 처방해 줄 수 있다고 믿는다.

3) 가치에 근거한 접근

1950년대 들어 상담자들은 가치중립을 지키기 위해 자신의 가치와 신념을 억누르는 것에 대한 문제를 제기하기 시작하였다. 그리고 이제는 많은 학자들(Bergin, 1985; London, 1986; Pietrofesa, Hoffman, Splete, & Pinto, 1978)이 주장했던 것과 같이 상담과 심리치료는 가치에 근거한다는 것을 인정해야 한다는 것이 전반적인 추세가 되었다.

상담자의 가치가 상담에 영향을 준다는 것은 상담자의 가치에 따라 상담과정도 결정되고, 내담자가 가져오는 상담 내용도 어떤 각도에서 볼 것인지가 결정된다는 것이다(Herr & Niles, 1988). 이러한 사실은 여러 다른 연구들을 통해 상담자의 개인적 또는 전문적 가치체계가 성격 및 변화 이론을 선택하거나, 상담 기술을 선택하고, 목표를 설정하고 전략을 수립하는 데, 그리고 상담 결과 평가에까지 상담 전 과정에 영향을 주는 것으로 밝혀졌다(Richards, Rector, & Tjeltveit, 1999; Strupp, 1980). 또한 상담자와 내담자 간의 관계 측면에서도 렘리와 헐리히(Remley & Herlihy, 2007)가 지적하였듯이 양자 간의 가치 정도가 치료 결과에 영향을 주며, 특히 내담자들이 상담자 가치와 일치되는 방향으로 변화하는 경향을 가지고 있다.

또한 상담자 가치는 윤리적 갈등 상황을 해결하는 데도 매우 중요한 역할을 한다(Smith, McGuire, Abbott, & Blau, 1991). 상담자들은 윤리적 갈등 상황에 처하면 기존의 윤리적 지침에 따라 어떻게 해야 할지에 대해 평가해 보기는 하지만, 그렇다고 반드시 이러한 이상적인 상황을 따르지는 않는다. 상담 전문가들은 공식적인 윤리규정과 관련된 법규정에 어긋나지 않으면서도 개인적인 가치와 실제 상황적 요인들을 더 고려하는 경향을 보이는 것으로 밝혀졌다.

가치에 근거한 접근은 이상과 같이 상담의 다양한 장면에서 상담자의 가치가 영향을 주는 것을 인정하기는 하지만 그렇다고 올바른 행동이나 가치를 내담자에게 가르쳐야 한다는 것은 아니다. 비록 상담과정에서 직접적 또는 간접적으로 내담자에게 가르치고 훈련시켜야 하는 경우도 있으나 가르치는 것과 상담이 동일한 것은 아니다. 이러한 접근은 상담자가 완전히 가치를 배제할 것이라고 기대하지도 않으며, 상담자의 가치를 내담자에게 받아들이도록 하지도 않는다. 다만, 상담자 자신의 배경, 개인적인 욕구, 가치가 어떻게 상호작용하는지를 이해하고, 이러한 것들이 미치는 영향에 대해 개방적이고 솔직하며 그리고 가능한 한 객관적이면서도 편견이 없도록 해야 한다는 접근이다. 이 접근은 현재 대부분의 상담과 심리치료 관련 학회들에서 받아들여지고 있다.

2. 상담자의 가치

상담자의 가치는 내담자에게 영향을 주고 있으며, 내담자들은 상담자들의 가치를 받아들이는 경우가 많다. 그렇기 때문에 상담자는 자신의 가치를 평가하고 상담과정에 어떤 영향을 미치는지를 알아보는 작업에 적극적으로 참여해야 한다(한국상담심리학회, 2005; Corey, Corey, & Callanan, 2007; Herr & Niles, 1988). 상담자의 가치는 크게 두 부분으로 나누어 볼 수 있다. 우선 상담자들이 공통적으로 공유하는 가치에는 어떤 것들이 있는지 알아본 후, 상담자들마다 개별적으로 가지는 고유한 가치에 대해 살펴볼 것이다.

1) 상담자들이 공유하는 가치

이 절은 상담자들이 공통적으로 가지는 가치는 무엇인가에 초점이 있다. 이러한 공통적인 가치는 다음의 세 가지 측면에서 찾아볼 수 있다. 첫 번째는 상담 전문가들이 일반적으로 가진다고 조사된 부분이다. 두 번째는 같은 상담 이론 접근을 하는 상담자들이 가진 공통적인 가치다. 마지막으로 상담윤리강령 속에 내재된 가치를 통해서 상담자들이 공유하는 가치를 찾아볼 수 있다.

(1) 상담자들의 공통적인 가치

상담자들이 공통적으로 가지고 있는 가치가 무엇인지를 알아보기 위해서는 '정신이 건강한 삶은 어떤 모습인지' 그리고 '상담을 진행해 가고 상담과정을 평가할 때 어떤 점이 중요한지'에 대해 살펴봄으로써 가능하다. 이 주제들에 대해 연구 참여자 간에 높은 일치도를 보인다는 연구(Jensen & Bergin, 1988)가 있었는데, 여기에는 '자율성' '존재감과 자존감' '대인 간 의사소통 민감성, 그리고 숙련된 돌봄' '진술성과 정직' '자기 통제와 책임' '결혼, 가족 그리고 다른 관계에 대한 헌신' '추구하는 가치가 있고 의미 있는 목적을 가짐' '깊은 자각과 성장에 대한 동기' '스트레스와 위기를 관리하기 위한 적응적인 처리 전략' '일에서의 만족감' '신체 건강을 위한 좋은 습관 연습'이 있다.

스트럽(Strupp, 1980)도 상담자들이 가지는 공통적인 가치들을 '핵심적인 치유 가치(essential therapeutic values)'라 하여 다음과 같이 제시하였다.

- 사람들은 권리와 특권과 책임을 가진다.
- 사람들 각 개인은 자유에 대한 권리를 가진다.
- 사람들은 다른 사람에 대한 책임을 가진다.
- 자신이 할 수 있는 한 자신이 한 일에 대해 책임을 져야 한다.
- 사람들 개개인은 존경받아야 한다.
- 사람들은 지배당하고, 조종당하고, 강요되고, 주입되어서는 안 된다.
- 사람들은 실수할 수 있으며, 그것들로부터 배운다.

(2) 상담자들의 이론적 지향에 따른 가치

이론적 지향은 무엇이 내담자에게 좋거나 나쁜지, 그리고 어떻게 좋은 상태로 변화를 일으킬 것인지에 대한 믿음이다. 상담자들은 자신이 가지는 이론적인 지향에 따라서 특정한 철학이나 가치를 가지게 된다(Remley & Herlihy, 2007). 예를 들어, 아들러의 개인심리학에서는 사회적인 기여나 사회적 관심을 강조하고, 현실요법에서는 개인적인 책임과 개인적인 삶의 질을 강조하고, 인지정서 행동치료에서는 새로운 합리적 신념과 가치를 강조한다. 따라서 상담자가 특정 상담 이론을 얼마나 굳게 믿는가 하는 것이 내담자들의 가치와 철학에 직접적으로 영향을 미치게 된다(Cottone & Tarvydas, 2007).

상담자 윤리에서도 이처럼 상담자가 어떤 이론적 접근을 가지는가에 따라 특정 가치를 가질 수 있다는 것과, 이러한 가치들이 내담자와의 상담에 영향을 줄 수 있다는 것을 인정한다. 그래서 윤리규정에서는 이론적 지향에 따른 특정 가치를

다루기 위해 상담자들이 지켜야 할 윤리적 행동을 명시하였다. 이러한 규정들로
는 우선 상담자에게 사전동의 절차를 통하여 상담자의 이론적인 지향이나 신념에
대해 알리도록 하는 것이다. 상담자들은 이렇게 사전동의 절차에서 알리는 것으
로 끝나는 것이 아니라, 지속적으로 내담자에게 상담자의 가치들이 상담과 치료
에 어떤 영향을 미치는지를 명확하게 이해할 수 있도록 해야 한다. 또한 이러한
상담자의 이론적 가치들이 내담자의 가치체계와 모순되지는 않는지에 대해서도
논의하도록 하고 있다(ACA, 2005). 상담자와 내담자의 가치가 심각하게 다른 경
우는 상담자가 상담을 지속할 것인지, 아니면 다른 사람에게 의뢰할 것인지를 결
정해야 한다. 상담자가 내담자에게 자신의 가치를 강요할 심각한 위험 상황에 처
해 있거나 객관적인 상태를 유지하기 어렵다고 판단되면 상담자는 즉시 내담자를
다른 상담자나 심리치료사에게 의뢰할 것을 고려해 봐야 한다. 아니면 숙련된 수
련감독자, 자문자 혹은 공동 상담자와 같은 적절한 안전장치를 둔 후에 상담을 진
행할 수도 있을 것이다. 이렇게 다른 전문가의 도움을 받아 진행되는 상담이나 심
리치료에 내담자가 동의한다면 효율적으로 상담이 진행될 가능성이 있다. 오히려
이러한 상황을 통해 상담자가 자신과는 다른 가치를 지닌 사람들의 관점을 이해
할 수 있는 능력을 향상시킬 수 있는 기회라는 점에서 유용할 수 있다.

(3) 상담윤리에 내재된 가치

  상담과 심리치료 이론과 실제 속에 가치가 내재되어 있는 것처럼 상담윤리 기준
들에는 공통된 윤리적 가치가 포함되어 있다. 이 윤리적 가치들은 매일의 삶을 안
내해 주는 신념, 태도 또는 도덕적 선을 의미한다. 초심 상담자들의 경우 윤리 기
준을 지키는 것에만 전념하느라 윤리 기준 내에 포함된 윤리적 가치들에 대해 관
심을 갖지 못하지만, 상담자로서 발달해 가면서 점차 윤리적 가치에 더 관심을 가
지게 된다(Sperry, 2007).

  대표적인 윤리적 가치들로 우선 키치너(Kitchener, 1984)가 '선의(beneficence)'
'무해함(nonmaleficence)' '자율성(autonomy)' '충실성(fidelity)' '정의(justice)'라
는 다섯 가지 윤리적 가치를 제안하였다. 미국심리학회(American Psychological

Association: APA, 2002)도 '선의와 무해함(beneficence and nonmaleficence)' '충실성 및 책임감(fidelity and responsibility)' '정의(justice)' '정직(integrity)' '인간 존중(respect for persons)'이라는 다섯 가지의 윤리적 가치들을 제정하였다. 이 윤리적 가치들은 키치너의 것과 매우 유사하고 '정직'과 '인간 존중'이 더 첨가된 형태다. 윤리적 가치의 각 덕목들에 대해서는 이미 제1장에서 간략하게 소개하고 제2장에서 자세하게 다루었다.

2) 상담자의 개인적인 가치

상담자는 상담자들의 공통된 가치뿐 아니라 자신만의 독특한 가치를 갖는다. 이러한 가치는 내담자에게 직접적 또는 간접적으로 영향을 주고 상담과정에도 많은 영향을 미친다는 것을 앞 절에서 밝혔다. 그렇기 때문에 내담자와 함께 문제를 정의하고, 전략을 개발하고, 목표를 달성해 가는 작업과정에서 가치와 관련된 문제에 초점을 두고 다루어야 할 필요가 있다. 하지만 상담자가 자신의 세계관, 핵심 신념, 가치관을 점검해 보고 잘 알고 있지 못하면 가치와 관련된 내담자와의 문제를 잘 해결해 가는 것이 어려울 수 있다. 그리고 자신이 어떤 가치를 가지고 있는가를 아는 것만으로는 부족하고 이것이 상담과정에 어떻게 영향을 주는지에 대해서도 명확하게 인지하고 있어야 한다. 그렇지 못하면 내담자가 자신의 가치를 재점검할 수 있는 분위기를 제공하기 어렵다. 예를 들어, 여성의 사회 활동에 대해 부정적인 가치를 가진 상담자는 자신도 모르게 여성 내담자가 사회 활동하는 것을 방해할 수도 있다. 또한 진로 선택의 상황에서도 직업에 대해 가진 상담자의 가치와 편견은 올바른 직업 탐색과 선택이 이루어지지 못하게 할 수도 있다. 이렇게 상담자가 내담자에게 영향을 주는 것은 특정 순간에 머리를 끄덕이거나 미소 짓는 것과 같이 자신이 지각하지 못하는 비언어적 행동을 통하여 상담의 방향과 내담자의 결정 행동에 영향을 끼칠 수 있다는 점을 알고 있어야 한다.

상담에서 자주 접하는 가치 관련 문제들에 대해 몇몇 학자들(Cottone & Tarvydas, 2007; Remley & Herlihy, 2007)이 제안한 것들을 참고하여 우리나라 상담자들이 자신의 가치를 점검해 볼 수 있는 목록은 다음과 같다.

- 낙태
- 성 정체성
- 산아 제한
- 불임/무자녀
- 일상적이지 않은 성행위
- 혼전 성관계
- 혼전 임신

- 혼외 성관계
- 배우자 폭력(학대)
- 양육권 소유
- 입양
- 아동학대/방치
- 자녀 훈육
- 성형수술

- 죽음
- 자살
- 안락사
- 외국인과의 결혼
- 정직하지 못함/거짓말
- 물질 오용
- 종교적인 신념

상담자는 위의 주제들에 대해 다음과 같은 질문을 스스로에게 하면서 자신이 가진 입장을 정리할 수 있을 것이다(Corey, Corey, & Callanan, 2007).

- 이 주제에 대한 나의 입장은 무엇인가?
- 나의 관점은 어떻게 생기게 되었나?
- 나의 가치는 쉽게 수정될 수 있는 것인가?
- 나는 나의 가치가 다른 사람에게서 도전받는 것에 개방적인가?
- 이 가치에 대해 내가 너무 헌신적이어서 내담자가 이 가치를 받아들이기를 원하고 있는 것은 아닌가? 다른 가치를 가진 내담자에게 나는 배타적일 것인가?
- 나의 가치를 언제 내담자에게 공개할 것인가? 그 이유는 무엇인가?
- 나의 가치를 강요하지 않고 내담자와 어떻게 가치에 대해 대화를 나눌 것인가?
- 나의 행동은 내담자의 자기결정 원칙을 존중한다는 것을 보여 주고 있는가?
- 내담자가 목표를 설정하는 것을 돕는 방식에서 내 자신의 가치와 신념이 어떻게 반영되어 있는가?

3. 가치 갈등

상담자는 상담을 진행하는 과정 내내 가치와 관련된 윤리적 문제를 경험한다. 상담자는 상담자 자신의 개인적인 가치를 가지고 상담에 임하며, 내담자도 무엇이 가치 있고 어떻게 추구해야 하는지에 대해 오랜 세월 동안 형성해 온 자신만의 가치와 관점을 가지고 상담에 임한다. 그렇기 때문에 무엇이 문제이고, 문제해결을 위해 무엇을 해야 하는지, 또는 상담자가 어떤 역할을 해야 하는지에 대해 상담자와 내담자의 가치가 다르다고 놀랄 일은 아니다. 어쩌면 상담자와 내담자 간의 가치 갈등은 피할 수 없는 것이라 할 수 있다. 그 갈등의 정도에 따라 상담 관계에 주는 영향도 다양할 수 있다. 내담자와 상담자의 가치체계가 비슷하거나 공존할 수 있는 것이라면 가치 갈등은 그리 문제가 되지 않을 수 있겠지만, 그 차이가 매우 크다면 문제가 될 가능성도 그만큼 더 커진다고 할 수 있다.

이러한 가치 갈등 상황을 상담자들이 어떻게 관리해야 할 것인가에 대해 국내외 상담과 심리치료학회 윤리규정(한국상담학회, 2007; ACA, 2005; APA, 2002; ASCA, 2004)에서 밝히고 있는 주요 원칙은 상담자가 내담자에게 자신의 가치를 받아들이도록 강요하지 말아야 한다는 것이다. 모든 문제에 적합한 상담 접근이 없듯이 모든 사람에게 필요한 절대적인 가치는 없다. 상담자는 내담자가 상담자와 함께 세운 목표를 달성할 수 있도록 돕는 책임을 가질 뿐 자신의 가치체계대로 내담자를 바꾸어서는 안 된다. 오히려 내담자가 자신의 유용한 가치체계를 개발할 수 있도록 돕는 데 상담의 초점을 두어야 할 것이다. 이 절에서는 상담자와 내담자 간에 필연적으로 나타나는 가치 갈등 상황에서 어떻게 대처해야 하는지에 대해 초점을 두었다.

1) 내담자와의 가치 갈등 상황에서의 기본적인 상담윤리 원칙: 자율성

내담자는 자신만의 가치를 가질 권리가 있다. 상담자는 이 권리를 존중해 주어야 한다. 상담자는 특정한 가치를 내담자에게 가르치려 해서는 안 된다. 오히려 자신의 가치를 강요하는 상담자의 행동은 다양성을 인정하지 않는다는 점과 자신의 가치에 근거해 스스로 선택할 수 있도록 하는 자율성을 훼손한다는 점에서 윤리적이지 못하다(Richards, Rector, & Tjeltveit, 1999). 즉, 내담자 자신이 어떻게 살 것인지에 대한 관점과 신념을 스스로 결정해야 한다는 것이다. 이처럼 내담자와의 가치 갈등 상황에서 요구되는 주요한 윤리적 가치는 '자율성'임을 알 수 있다. 여기에서 상담자가 내담자의 자율성을 존중한다는 의미는 두 가지 의미를 포함한다. 하나는 내담자에게 스스로 결정을 할 수 있도록 돕는 것이고, 일단 내담자가 한 번 내린 결정에 대해 번복하도록 설득하거나 강요하지 않는다는 의미다.

하지만 다른 사람이 내린 모든 결정을 자율적이라고 간주해야 할 것인가? 아동 또는 심각하게 혼란스럽거나 환각 상태에 있는 사람들이 어떤 결정을 내리거나, 또는 이들이 자신이나 타인을 해치려는 선택을 하려 한다면? 이런 경우, 대부분의 사람들은 그들의 결정을 자율적이라고 생각하지는 않을 것이다. 그렇다면 이러한 결정을 내릴 수 있게 하는 기준은 무엇인가? 아직까지 이러한 기준들에 대한 정확한 합의가 이루어지지 않은 상태이지만 많은 경우 내담자가 자신의 상황을 모두 이해하고, 논리적이고 감정적이지 않은 상태로 모든 문제들을 생각하고, 외적 또는 내적 및 심리적 압력으로부터 자유로운 상황일 때 그의 결정이 자율적이라고 본다. 물론 덜 엄격한 기준을 가진 사람들은 내담자가 자신의 상황을 적절하게 인지하고 있는 것으로 보이고, 혼란스럽거나 망상적인 사고라는 명백한 기미를 보이지 않고, 비정상적인 압력을 받지 않아 보이면 자율적인 결정이라고 받아들이는 경우도 있을 것이다. 여러분들은 어떤 입장에 서 있는지 점검해 보기 바란다. 자율적인 결정에 대한 더 자세한 내용은 제6장 '사전동의' 부분을 참고하기 바란다.

자율적인 결정이라고 보기 어려운 예외적인 경우를 제외하고는 비록 내담자가 절박한 상황이라 하더라도 도움을 받는 대가로 자신의 자유와 자율성을 포기하도록 해서는 안 된다. 대부분의 내담자는 절박한 상황에서 도움을 구하기 위해 상담자를 찾아온다. 이러한 내담자들은 미래에 대해 확신할 수도, 결정을 내릴 수도 없고, 자신의 상황을 절망적으로 보고 있을 수도 있다. 내담자는 스스로 문제를 해결해 보기 위해 여러 시도를 해 보고, 이러한 시도들이 실패하고 난 후 상담자를 찾게 된다. 내담자는 자신이 원하는 것을 얻고 싶어 하지만 자신의 방법으로는 찾을 수 없었던 것이다. 그렇다면 이러한 내담자들은 스스로 답을 찾을 능력이 없다는 것을 의미하는가? 여기에서 우리가 중요하게 고려해야 할 점은 내담자가 상담자를 찾아오기로 결정을 내렸다는 것은 아직도 내담자 스스로 자신을 위해 결정을 내릴 수 있는 힘이 있다는 것이며, 자신의 삶을 책임질 수 있다는 것을 보여 준다는 것이다. 그렇기 때문에 내담자를 위해 상담자가 결정을 내려 주는 것은 윤리적이지 못한 것이 된다. 이러한 측면에서 상담자의 역할은 내담자가 자신을 더 잘 이해하고 스스로 결정해 나갈 수 있도록 촉진하는 것이라 할 수 있다. 물론 내담자의 가치와 행동이 자신이나 타인을 위해한다거나 위법적인 경우는 제외되어야 하나, 상담자의 임무는 내담자의 가치에 대해 옳고 그름을 판정하는 것이 아니라 내담자로 하여금 자신의 가치나 신념이 무엇인지를 탐색하게 하고, 명확해지도록 돕고, 그들이 가진 가치를 문제해결에 이용할 수 있도록 돕는 것이다.

내담자의 자율성을 존중한다는 것은 소극적으로는 '충고하지 않는다.'와 같은 윤리지침을 따르는 것이나, 적극적인 의미에서 때로는 내담자에게 자신이 가진 가치가 문제해결에 어느 정도 도움이 되는지에 대해 직면을 한다거나 또는 내담자가 자율적으로 결정할 수 있도록 내담자의 자율적 힘을 키워 주는 것도 포함되어야 한다. 특히 자신감을 잃어서 자신이 진정으로 원하는 것이 무엇인지 모르는 경우는 내담자의 자율성을 신장시키는 작업에 상담자가 적극적으로 나서야 한다. 다만, 이러한 경우라도 내담자 스스로가 자신에게 도움이 되는 것이 무엇인지에 대한 생각을 존중해 주고, 상담자의 권유에 따를 것인지, 아니면 다른 곳에서 도움을 받을 것인지에 대해 선택할 수 있는 기회를 주고, 상호 동의하에 작업이 이루어져야 할 것이다.

내담자의 자율성 보장이 이처럼 중요하고도 다양한 측면에서 고려되어야 함에도 불구하고 상담자가 내담자의 자율성을 침해하는 경우가 있다. 그렇다면 왜 상담자들은 내담자의 자율성을 침해하게 될까? 다음의 두 가지 상황이 결합된 것이라 볼 수 있다(Bond, 2000). 첫 번째는 상담자가 내담자에게 가장 필요한 것이 무엇인지를 내담자보다 더 잘 알고 있다고 믿는 것이다. 두 번째는 상담자가 내담자에게 처방해 주었던 것이 효과가 있었던 이전 경험들을 통해 강화된 것이다. 다음의 예는 상담자가 과거의 경험을 그대로 내담자에게 제안함으로써 생길 수 있는 문제다.

> 영미 씨는 최근에 실연을 당했다. 아무런 이유도 모른 채 남자 친구로부터 일방적으로 절교 선언을 당한 후 심한 우울 증세와 함께 잠을 자지 못하여 신경질적으로 변했다고 했다. 영미 씨의 상담자는 이전에 영미 씨와 비슷하게 절교 선언을 당한 후 괴로워하던 내담자를 상담한 경험이 있다면서 몇 가지 함께할 작업들을 제안했다. 영미 씨는 이 방법이 별로 도움이 될 것 같지 않았다. 하지만 그녀는 자신이 경험하고 있는 것들에 대해 자신이 없었기 때문에 상담자가 제안하는 방식대로 따라야 할지, 아니면 상담이 도움이 되지 않는다고 생각하므로 그만두어야 할지 갈등이 되었다.

윤리적인 상담자라면 이 상황에서 우선 영미 씨의 반응을 민감하게 알아차리려 노력할 것이고, 만약 상담자가 어떤 제안을 꼭 해야 할 필요가 있다고 판단하면 그 방법에 대해 내담자의 생각은 어떠한지를 반드시 묻고, 수련감독자의 자문을 받고 필요하다면 상담 접근을 수정함으로써 영미 씨의 개인적인 경험과 자율성을 존중하려 할 것이다.

2) 내담자와의 가치에 대한 토론

상담자가 내담자에게 자신의 가치를 강요하는 것과 자신의 가치를 표현하는 것과는 구분되어야 한다(Corey et al., 2007). 사전동의 과정에서 상담자의 가치에 대해 다루거나, 상담이 진행되는 중에라도 가치 갈등 문제가 발생하면 상담자가 자신의 가치가 무엇인지를 공개하는 것은 상담 성과에 도움이 된다. 즉, 상담자와 내담자 간의 가치 갈등 문제를 적절하고도 직접적인 방식으로 다루면, 상담자와 내담자 모두 성장할 수 있고 둘 사이의 신뢰 관계를 더욱 강하게 하는 데 기여할 수 있다. 오히려 이러한 가치 차이를 다루지 않고 그냥 넘기면 내담자에게 가치를 주입하는 비윤리적인 상담이 될 가능성이 그만큼 더 커진다 할 수 있다. 그러나 상담자 자신의 가치 공개는 상담 관계를 해치지 않고 내담자에게 잘 전달될 수 있다는 가정이 전제되어야 한다. 그렇다면 상담자는 어떻게 효율적으로 자신의 가치를 공개할 수 있을 것인가?

(1) 개방적 태도

상담자가 효율적으로 자신의 가치를 공개하기 위해서는 개방적인 태도가 필요하다(Cottone & Tarvydas, 2007). 왜냐하면, 개방적인 분위기에서만 가치 차이에 대한 토론이 가능하기 때문이다. 상담자의 개방적인 태도는 내담자에게 자신이 어떤 가치를 가지고 있는지에 대해 탐색할 수 있는 기회를 제공해 주며, 자신이 가진 가치와 행위들이 어떻게 연결되는지에 대해 이해시킨다. 또한 이러한 개방적인 가치 차이에 대한 토론은 상담자와 내담자 상호 간의 새로운 이해를 가능하게 하기 때문에 작업 동맹이 촉진될 수 있다.

상담자가 개방적인 분위기에서 토론을 하고자 한다면 어떻게 시작하는 것이 좋을 것인가? 예를 들어, 여성의 인권을 보호해야 한다는 강한 입장을 가진 상담자가 남편에게 복종하며 살아야 한다는 강한 신념을 가진 여성 내담자와 상담하느라 매우 어려운 입장에 처해 있다고 하자. 이러한 경우, 우선 상담자는 내담자에게 서로의 가치에 대해 말함으로써 상담자와 내담자 모두 서로의 가치를 학습할 수 있는 좋은 기회가 될 수 있을 것이라고 시작하는 것이 좋다. 이렇게 상담자의 가치만 옳다는 식으로 받아들여지지 않도록 하는 것이 우선적으로 필요하다. 그런 후에 자신의 가치를 내담자와 공유하는 것이 좋다. 이렇게 개방적인 태도로 상담자가 자신의 가치를 공개하고 나면, 더 이상 부당하게 내담자에게 자신의 가치를 주입할까 봐 걱정하지 않아도 되는 장점이 있다. 아마도 이 상담자는 내담자를 여성운동가로 바꾸려 하지 않을 것이며, 대신 내담자가 자신의 삶을 찾을 수 있도록 돕는 방향으로 상담을 진행할 것이다.

(2) 솔직한 태도

상담자가 자신의 가치를 개방하는 데 솔직한 태도가 필요하다. 상담자가 객관적인 상태를 유지하지 못하는 것은 내담자의 문제보다는 상담자의 문제임이 분명하다. 그렇기 때문에 상담자는 내담자에게 상담자가 중립적인 태도를 가지지 못할 수 있는 영역이 어디인지 사전에 알려 주어야 한다. 간혹 상담자가 너무 가치중립적이고 객관적인 것만을 강조하여 내담자가 상담자의 가치를 전혀 알 수 없는 경우, 즉 상담자가 내담자에게 영향을 미칠까 염려해서 자신의 가치를 내담자에게 숨기고 말하지 않는 경우가 있을 수 있는데, 그리 효율적인 상담자의 태도라 보기어렵다. 왜냐하면, 내담자는 상담자가 그저 반영해 주고 명료화해 주기를 바라는 것보다, 자기 개방을 통해 자신이 가지고 있는 가치를 알려 주기를 원하기 때문이다(Corey, Corey, & Callanan, 2007). 이렇게 상담자가 적극적으로 가치에 대한 논의에 참여함으로써 내담자는 자신의 가치를 점검해 볼 수 있는 기회를 가지게 할수 있다. 상담자의 솔직한 개방과 참여는 내담자의 상담자에 대한 신뢰 형성뿐 아니라 자신의 가치에 대한 탐색과 점검을 촉진하는 데 도움을 줄 수 있다.

3) 문화적 다양성을 고려한 가치 문제해결

개인이 가진 세계관은 문화의 영향을 받으며 개인의 가치, 신념, 의견 등의 원천이 된다(Pedersen et al., 2002; Sue & Sue, 1999). 그렇기 때문에 같은 문화 내의 사람들 간에는 상대적으로 가치 간 차이가 적으나, 다른 문화 간에는 가치 차이가 커진다. 각 문화가 가지는 주요한 가치들은 매우 다양해서 상담자와 내담자가 서로 다른 문화적 배경이라면 서로 다른 세계관을 가지고 있어 의사소통이 방해되고, 서로 오해할 수 있는 가능성도 커지며, 결국 갈등을 불러일으킬 수 있다. 심지어 이러한 가치 차이 때문에 내담자는 상담이 종결되기도 전인 중간에 그만두기도 한다(Sue et al., 1991).

따라서 다른 문화적 배경을 가진 내담자와 상담하는 데 상담자에게 요구되는 역량은 문화적 감수성(cultural sensitivity)과 문화적 공감력(cultural empathy)이다

(Chung & Bemak, 2002; Pedersen et al., 2002; Remley & Herlihy, 2007; Ridley & Lingle, 1996). 상담자들이 이러한 문화적 감수성과 공감력을 가지기 위해서는 기본적으로 내담자와 상담자 자신의 상태를 민감하게 알아차리는 기본적인 공감 능력뿐 아니라 문화에 따라 메시지를 다르게 해석할 수 있는 숙련된 기술을 습득해야 한다(Chung & Bemak, 2002). 이러한 기술 또는 전략에는 다음의 것들이 포함된다.

- 내담자가 가진 고유한 문화적 경험들 중 상담자가 잘 모르는 측면들은 무엇인지 내담자에게 표현한다.
- 내담자의 문화에 대해 더 배우고 싶다는 관심을 보인다.
- 문화적 차이에 대해 진심으로 존중한다는 것을 전달한다.
- 내담자 문화에 대한 역사적·사회문화적 배경에 대한 지식을 획득한다.
- 내담자가 매일 마주치게 될 압력, 소외, 차별 등이 무엇일지에 대해 민감하게 알아차린다.
- 언어나 다른 의사소통 방법들에 대해 명료화한다.
- 상담과정에 내담자의 문화에 적절하도록 설정된 개입 목표와 전략을 사용한다.

4) 미성년 내담자가 포함된 복잡한 가치 갈등 상황

상담자가 내담자와의 가치 갈등을 피하기 위한 노력을 한다 해도 가치 갈등은 나타나기 마련이다. 이 가치 갈등을 해결하는 것은 결코 쉽지 않은 일이다. 특히 내담자가 미성년자인 경우는 더욱 그렇다. 내담자가 자신에게 어떤 것이 가장 이익이 될 것인지에 대해 스스로 결정하도록 하는 자율성의 원칙을 지키는 것이 무엇보다 중요하지만, 미성년 내담자의 부모가 자녀에게 무엇이 가장 좋을지에 대해 결정할 권리가 있다고 주장하는 경우, 누구의 가치를 우선할 것인지 판단하기는 쉽지 않다. 더욱이 상담자의 판단을 어렵게 하는 것은 미성년 내담자나 그 부모가 문제를 명확하게 이해하고, 가장 좋은 계획이 무엇일지에 대해 심사숙고했다고 볼 수 없는 경우도 있기 때문이다. 즉, 때로는 내담자나 그 부모가 최선의 방법이라고 내린 판단이 틀린 것일 수도 있다는 의미다. 이러한 상황이라면 상담자의 전문성에 기초한 가치가 우선해야 할 수도 있다. 이렇게 여러 사람의 가치가 갈등을 일으키는 경우 가장 효율적인 방법은 제2장에서 소개한 윤리적 의사결정 단계에 따르는 것이며, 특히 대안이 될 수 있는 몇 가지 관점을 동시에 고려해 보고, 어떤 쪽을 선택하는 것이 가장 합리적이고 가장 유력한 것인지를 결정하는 것일 것이다.

5) 내담자 가치를 상담에 활용하기

상담에서 다루는 많은 문제들과 갈등에는 내담자의 가치, 가족의 가치 또는 내담자가 속한 집단이나 그 문화의 가치가 녹아 있다(Van Hoose & Kottler, 1985). 내담자의 가치를 상담에 활용한다는 것은 겉으로 드러난 내담자의 문제 속에 내재된 가치들이 무엇이고, 어떻게 해서 그러한 가치들을 가지게 되었는지를 밝히고, 그 가치들을 선택한 것에 대한 책임을 질 수 있도록 하는 것을 말한다.

우선 내담자의 문제 속에 내재된 가치를 밝히는 과정에 대하여 살펴보자. 아래의 예에서와 같이 내담자들의 말 속에는 그 상황에서 적용되는 가치가 내재되어 있다.

상담자 K는 고등학생인 기수와 상담하는 과정에서 기수가 시험에서 부정행위를 하려고 한다는 말을 들었다. 기수의 부모가 이번 시험에서는 높은 점수를 꼭 받기 원하고 있기 때문에, 기수는 부정행위를 해서라도 반드시 시험을 잘 보아야 한다고 하였다. 하지만 부정행위가 적발되어 퇴학을 당하면 어쩌나 염려가 된다고 하였다.

위의 사례에서 내담자가 표면적으로 염려하는 것은 그 행동의 옳고 그름보다는 발각되어 처벌을 받을 수도 있다는 것이다. 하지만 그 안에는 부모가 가진 성공과 성취라는 가치를 학생이 받아들이고 있음을 알 수 있다. 예를 들어, "결혼하기 전에 순결을 지켰어야 했어요."라고 말하는 경우는 "교회와 부모님이 그것은 죄라고 생각해요."라는 가치가 내재되어 있을 수 있으며, "좀 더 좋은 부모가 되도록 노력해야 해요."라는 말에는 "사회에서 그것을 기대해요."라는 가치가, "대학을 졸업해야 해요."라는 말에는 "나는 성공해야만 해요."라는 가치가 내재되어 있을 수 있다. 상담자는 내담자의 이와 같은 가치들에 대해 탐색할 수 있도록 돕는 역할을 하며, 상담과정에서 내담자들은 자신이 어떤 욕구를 가지고 있는지, 그리고 스스로 선택한 것이 아닌 외부에서 주어진 어떤 가치들은 아닌지, 이러한 외부의 가치에 자신이 맞추어 살고 있는 것은 아닌지 깨달을 수도 있다.

상담은 내담자가 계속해서 선택과 결정을 하고 있으며, 그의 결정에 대한 책임이 스스로에게 있다는 것을 이해할 수 있도록 돕는 것이다(Van Hoose & Kottler, 1985). 내담자가 자신의 신념과 가치를 발견하고 분석할 수 있도록 돕는 것 외에도 자신의 욕구가 무엇인지를 발견할 수 있도록 돕는 것이 상담과정에서 필수적이다. 상담자는 내담자들 스스로가 선택하고 책임질 능력이 있음을 발견하도록 돕고, 가치란 고정된 것이 아니고 때론 쉽게 바뀔 수 있는 것으로 경우에 따라서는 가치를 바꾸는 것이 더 현명한 선택이라는 사실을 내담자들이 배울 수 있도록 해야 한다(Bergin, 1991). 이러한 상담자의 태도는 결국 내담자의 자발성을 해치지 않으면서도 가치들을 상담과정 촉진에 사용하는 것이라 할 수 있다.

6) 가치 갈등과 의뢰

내담자와 상담자 간의 가치 갈등은 피할 수 없다(Yarhouse & VanOrman, 1999). 어떤 상담자들은 모든 내담자, 모든 문제, 모든 가치 갈등을 다룰 수 있어야 한다고 믿기 때문에 어떻게든 본인이 가치 갈등을 해결하려고 한다. 반면, 어떤 상담자들은 이러한 가치 갈등을 처리하는 데 자신이 없기 때문에 바로 다른 상담자에게 의뢰하려고 한다. 가치 갈등 상황에서 상담자들에게 요구되는 것은 이처럼 양극단적인 태도가 아니다. 상담자는 어떤 상황에서 효율적으로 기능하지 못할 정도로 가치 갈등이 심한지 아는 것이 필요하다(Corey, Corey, & Callanan, 2007). 모든 문제를 해결할 수 있다는 과도한 믿음도 문제가 될 수 있지만 가치 갈등이 있다는 것만으로 의뢰를 할 필요는 없다. 내담자와의 가치 갈등은 성공적으로 해결할 수 있으며, 의뢰는 마지막 보루라 할 수 있다.

그렇다면 내담자와 가치 갈등이 있는 경우 의뢰를 하기 전에 어떤 절차를 밟는 것이 좋을 것인가? 이에 대해 아래의 예를 통해 살펴보자.

> 상담자 K는 종교적인 이유로 전쟁을 반대하고 있다. 그는 외상후 스트레스 장애를 앓고 있는 전역 군인들을 상담하고 있다. 이들 중 몇몇은 다시 전장으로 돌아가고 싶어 한다. 상담자 K는 자신의 가치와 이들 전역 군인들과의 가치 차이가 너무 심해 힘들어하다가 전장으로 돌아가고 싶어 하는 내담자들을 다른 상담자에게 의뢰하려 한다.

위의 예에서 상담자 K도 의뢰를 먼저 생각하고 있다. 그러나 의뢰를 결정하기 전에 자문을 통해 자신이 힘들어하는 점을 탐색해 볼 필요가 있다(Corey, Corey, & Callanan, 2007). 자신의 내면의 어떤 장애물들이 다른 가치체계를 가진 내담자와의 작업을 방해하는지 살펴보아야 한다. 단순히 내담자의 가치에 동의할 수 없어서, 또는 내담자가 했으면 하고 제안한 것이 싫어서 의뢰하는 것은 상담자 윤리에 바탕을 둔 것이라 볼 수 없다. 상담자 K는 내담자의 가치체계와 자신의 가치체계가 왜 반드시 일치해야 하는지에 대해서 자문해 볼 필요가 있다.

만약 자문을 구하고 나서도 도저히 안 되겠다는 판단이 선다면, 그때 의뢰를 고려해 봐야 할 것이다. 자문을 결정하고 난 뒤의 의뢰과정도 매우 중요하다. 내담자에게 의뢰를 하는 것이 상담자 자신의 문제 때문이지 내담자의 문제 때문이 아니라는 것을 분명하게 알려야 한다. 그렇지 않으면 내담자는 가치의 차이를 극복하지 못하는 것에 대한 책임이 자신에게 있다고 생각할 수도 있고, 때로는 내담자가 개인적인 거부로 해석하여 상처를 입을 수도 있기 때문이다. 그래서 사전동의 과정에서 상담자는 어떤 가치들에 대해서는 효율적으로 상담을 진행하지 못할 수도 있다는 것을 밝히는 것이 중요하다. 이렇게 하면 내담자는 상담을 시작하기 전에 그 상담자와 상담을 진행할 것인지를 결정하는 힘을 가질 수 있다.

7) 기관과의 가치 갈등

상담자가 상담기관에 지원하고 그 직을 수락할 때, 그 기관에서 정한 상담자가 해야 할 일들로 무엇이 있는지를 살펴보는 것이 중요하다. 상담자가 맡을 정확한 임무는 무엇인지? 특정 상담 영역이나 내용으로 제한하고 있는지? 그 기관의 책임자는 누구인지? 기관의 책임자가 요구하는 것은 모두 수행해야 하는지, 아니면 자율성을 어느 정도 보장하고 있는지? 어떤 종류의 정보들을 기관 내 책임자들에게 전해야 하는지? 이러한 질문들에 대해 안내가 잘 되어 있지 않으면 이 문제들에 대해 기관 책임자나 관리자와 솔직하게 이야기하는 것이 좋다. 만약 상담자와 기관의 책임자 간에 가치 차이가 심각하여 나중에 피할 수 없는 갈등 상황에 처하기보다는 다른 기관을 알아보는 것이 더 현명할 것이다. 왜냐하면, 기관에 고용을 수락한다는 것은 상담자가 그 기관의 전반적인 정책이나 원칙에 동의한다는 것을 의미하기 때문이다(ACA, 2005).

4. 특정 가치와 윤리

이 장의 제2절 상담자의 가치 부분에서 상담자가 개인적으로 어떤 가치를 가지고 있는지 점검해야 할 목록을 제시하였다. 이 절에서는 이 중에서 민감하면서도 잘 다룰 줄 알아야 하는 가치 가운데 하나인 성적 지향성과 낙태에 대해서만 다루었다.

1) 성적 지향성

아직까지 우리나라에서는 흔치 않은 일이기는 하나 상담자는 자신과 성적 지향성(sexual orientation)이 다른 내담자와 함께 작업하는 경우도 있다. 청소년 동성애자의 자살 위험성은 70% 이상으로, 이들은 자살에 대하여 생각해 본 적이 있으며, 실제로 자살 시도를 해 본 경우도 절반 가까이 이르고 있어 자살의 위험성이 높다는 연구 결과(강병철, 하경희, 2005)가 있었다. 청소년 동성애자뿐 아니라 성인 동성애자의 경우도 이성애자에 비해 삶의 질과 가족 결속력이 저하되어 있으며, 우울감과 자살 사고가 높게 나타났다(공성욱, 오강섭, 노경선, 2002). 특히 우리나라의 문화적 특성상 이성애 중심의 가치가 지배하고 있어 이들은 자신의 성 정체성에 대한 불안과 좌절 등을 경험하게 되고, 이러한 고민들이 적절하게 해결되지 못하면 자기존중감이나 정신건강에 중요한 영향을 미치게 된다.

우선 다음의 예를 보면서 성적 지향성이 다른 경우 윤리적인 상담이 되기 위해서는 상담자가 어떻게 해야 하는지 알아보자.

> 이성애자인 상담자 A는 최근 동성애자인 내담자와 상담을 시작하였다. 그 내담자는 현 상태에 만족하고 있다. 하지만 상담자 A는 동성애를 정신 질병으로 보고 있다. 그래서 상담자는 내담자에게 이성애자로의 복귀 치료에 참여하도록 설득하였다.

위의 사례에서 상담자의 조치는 윤리적인 것인가? 윤리적으로 보기 힘들다. 왜냐하면, 상담자가 내담자에게 자신의 성적 지향성에 대한 가치를 강요하고 있기 때문이다. 또한 내담자와의 신뢰 관계를 이용하여 내담자가 원하지 않았던 치료를 강요하고 있다는 점에서도 비윤리적이다. 그리고 각종 학회에서뿐 아니라 DSM-IV에서도 동성애는 정신 질병이 아니라 인간의 정상적인 성적 표현 중 하나라고 인정하고 있는 사실에 대하여 무시하고 있다.

만약 상담자가 동성애를 정신 질병이라고 믿고 있고, 내담자가 성 정체성에 대한 문제로 내방한 경우는 내담자에게 상담자의 가치가 심리와 상담 관련 학회의 견해와 다르다는 것을 사전에 알려 줘야 할 윤리적인 책임이 있다(Cottone & Tarvydas, 2007). 내담자가 상담자와 작업하기를 원하지 않거나 상담자가 판단하기에 다른 전문가와 작업하는 것이 더 효율적이라고 본다면 의뢰 절차에 적극적으로 참여하여 도움을 제공해야 한다. 이처럼 최근에는 상담자들에게 자신의 가치, 철학적 지향, 성적 지향 등을 내담자에게 공개하도록 권고하고 있다(Cottone & Tarvydas, 2007). 이러한 가치와 철학, 성적 지향 등에 대한 논의는 상담과정에서 특정한 이슈와 관련되는 경우에 이루어질 수도 있고, 사전동의 절차 중이나 상담자가 자신의 전문성에 대해 소개하는 자리에서 이루어질 수도 있다(Tjeltveit, 1986).

2) 낙 태

상담자는 내담자와 낙태에 관련된 문제를 다루기 이전에 낙태에 대한 자신의 가치가 무엇인지를 명확하게 하는 것이 매우 중요하다. 만약 여러분이 낙태 반대론의 입장에 서 있다면 아마도 태아의 권리가 임산모의 권리만큼 중요하고, 낙태를 태아에 대한 분명하고도 임박한 위험으로 간주할 것이다. 그리고 내담자가 낙태 계획을 가지고 있다면 내담자의 사적 비밀을 공개해서 태아를 보호해야 할 것이라고 생각할 수 있을 것이다.

렘리와 헐리히(2007)는 낙태를 고려하고 있는 여성 내담자와 상담을 할 수 있을 것인지에 대해 결정하기 전에 다음과 같은 질문들에 답해 보도록 제안하였다. 즉, 낙태가 원치 않는 임신에 대한 수용할 만한 반응이라고 믿는가? 그렇다고 믿는다면 어떤 상황이 그러한가? 임신이 임산모의 생명과 건강에 위험을 주고 있을 때인가? 강간이나 근친상간에 따른 임신일 때인가? 혼전 여성이 임신시킨 남성과 결혼하고 싶지 않을 때 또는 임산모가 혼자 키워야 하는 상황인가? 가난하게 살고 있어서 아이를 키울 형편이 안 될 때인가?

이러한 질문에 대해 자신의 입장을 정리하는 동시에 국내법에서 낙태를 어떻게 규정하고 있는지에 대해서도 알고 있어야 한다. 형법 제269조에서 임산모가 약물이나 기타 방법으로 낙태한 경우는 1년 이하의 징역 또는 200만 원 이하의 벌금에 처한다고 명시되어 있고, 임산모의 부탁 또는 승낙을 받아 낙태하게 한 자도 같은 처벌을 받도록 되어 있다. 결국 낙태는 형법에서 범죄행위로 규정하고 있기 때문에 상담자가 더욱 주의를 기울여 이 문제를 처리하지 않으면, 또는 잘못된 정보를 제공하는 경우 기소될 수 있는 위험 가능성이 있다. 또한 낙태를 심각하게 고민하고 있는 내담자에게 상담자 자신의 가치를 강요할 위험이 있다면 효율적인 상담이 이루어지기 어려울 것이다. 이러한 경우는 적절한 곳에 의뢰할 필요가 있다.

5. 요 약

상담자와 내담자 모두 자신만의 독특한 가치체계를 가진다. 이러한 가치는 상담과정 내내 영향을 미친다. 이러한 이유로 상담과정에서 상담자는 가치를 배제할 것인지, 아니면 상담자의 가치를 강조할 것인지에 근거한 접근들이 있어 왔으며, 최근에는 상담의 다양한 장면에서 상담자의 가치가 영향을 주는 것을 인정하고, 상담자 자신의 가치가 무엇이고 내담자에게 어떤 영향을 줄 수 있는지를 잘 알고 있어야 한다는 가치에 근거한 접근을 대부분의 학자들이 받아들이고 있다.

그렇다면 상담자는 어떤 가치들을 가지는가? 이 장에서는 상담자들이 가지는 공통적인 가치에는 어떤 것들이 있는지 알아보았고, 상담자들마다 개별적으로 가지는 고유한 가치에 대해 살펴보았다. 공통적으로 가지는 가치는 우선 상담 전문가들이 일반적으로 가진다고 조사된 부분, 같은 상담 이론 접근을 가진 사람들이 가진 공통적인 가치, 그리고 상담윤리강령에 내재된 가치를 통해서 찾아보았다. 상담자들은 제시된 목록에 있는 주제들에 대해 자신은 어떤 가치를 가지는지 스스로에게 질문을 던져 보고 정리해야 할 필요가 있다.

상담자와 내담자간의 가치 갈등은 피할 수 없는 것이기 때문에 내담자와의 가치 갈등을 어떻게 극복할 것인지에 대해 잘 알고 있는 것은 매우 중요하다. 기본적인 원칙은 상담자가 내담자에게 자신의 가치를 받아들이도록 강요하지 말아야 한다는 것이다. 즉, 상담자는 내담자의 가치를 존중해 주어야 한다. 상담자는 내담자와의 가치 갈등 상황에서 개방적이고 솔직한 태도로 접근해야 좋은 상담 성과를 기대할 수 있다.

상담자는 다양한 내담자들과의 가치 갈등 상황을 대처하기 위한 방법을 알고 있어야 한다. 특히 다른 문화적 배경을 가진 내담자와 상담하기 위해서는 기본적인 공감 능력뿐 아니라 문화에 따라 다르게 메시지를 해석할 수 있는 숙련된 기술을 습득해야 할 것이다. 미성년자가 내담자인 경우는 내담자뿐 아니라 그 부모의 가치까지도 고려해야 하기 때문에 더욱 복잡한 과정을 겪을 수 있다. 그러나 겉으로 드러난 내담자의 문제 속에 내재된 가치들은 무엇이고, 어떻게 해서 그러한 가치들을 가지게 되었는지를 밝히고, 그 가치들을 선택한 것에 대해 내담자가 책임질 수 있도록 도움으로써 내담자의 가치를 상담과정에 적절하게 활용할 수 있다. 그렇지만 상담자가 관리할 수 없는 정도의 가치 갈등이라면 다른 상담자에게 의뢰하는 것이 바람직하다.

상담에서 상담자의 가장 큰 도구는 상담자 자신이다. 그렇기 때문에 상담자 자신이 가진 가치는 상담을 잘 이끌어 갈 수 있게 하는 훌륭한 도구일 수도 있고, 그렇지 못할 수도 있다. 상담자에게는 내담자가 가진 악기를 잘 연주해서 고유한 음을 마음껏 낼 수 있도록 돕는 협연자의 역할이 주어진다. 상담자는 자신이 어떤 음을 만들어 낼 수 있는지를 아는 것처럼 자신이 가진 가치가 무엇인지를 잘 알아야 하며, 내담자와 서로의 가치에 대해 상호 존중하면서도 개방적인 태도로 대화를 나눌 수 있을 때 훌륭한 협연이 완성될 수 있다.

제**8**장
다중 관계 및 경계

우리는 일상생활을 통해 하나 이상의 관계를 맺는데, 이러한 경우에 아주 곤란한 상황에 처할 때가 많다. 예를 들어, 초등학교 교사인 엄마가 학교에서 자녀의 담임을 맡을 경우, 집에서는 엄마와 자녀 관계이면서 학교에서는 교사와 학생의 관계를 맺게 된다. 이러한 경우에 경계가 불분명해져 엄마와 자녀가 모두 불편을 느끼게 되며, 주변에서도 교사로서의 공정성 등에 의문을 제기하는 경우가 종종 있다. 상담자들도 상담을 하다 보면 이처럼 상담 관계와 동시에 추가적인 관계를 맺는 다중 관계를 형성하는 경우가 많은데, 이러한 경우 윤리적인 문제가 발생할 가능성은 상당히 높아진다.

이 장에서는 이와 같이 전문 상담자로서 내담자들과 상담 관계 외에 이차적인 관계를 맺어야 할 상황에서 어떻게 대처해야 하는가에 관한 문제에 초점을 맞추어 어떻게 행동하는 것이 전문적인 상담자로서 윤리적인 행동인가에 관해 논의할 것이다. 이를 위해 먼저 다중 관계의 의미를 살펴보고, 다중 관계의 역동성 및 다중 관계에 관한 선행연구 결과들을 전체적으로 개관할 것이다. 그리고 마지막으로 경계를 위반할 위험성이 있는 문제라고 볼 수 있는 내담자로부터의 선물 받기, 상담 비용 대신에 내담자와 물품이나 서비스를 맞바꾸는 거래 등의 윤리성에 관해 알아보기로 한다.

1. 다중 관계의 정의

이 절에서는 다중 관계의 개념을 살펴보고 이러한 다중 관계의 윤리성에 대한 학자들의 논쟁을 고찰한 다음, 다중 관계 문제에 대한 상담자의 입장을 결정하는 데 중요하게 고려해야 할 요인들에 대해 살펴볼 것이다.

1) 다중 관계의 개념

상담 전문가들은 상담자−내담자 관계 이외에 추가적으로 내담자와 다른 관계를 가지는 경우가 있다. 이러한 관계의 중첩성을 설명하는 데 오랫동안 '이중 관계(dual relationship)'라는 용어가 사용되어 왔다. 그러나 이 용어는 이차적인 관계의 복잡성을 충분히 설명하지 못한다는 한계점 때문에 현재 윤리강령에서는 거의 사용되지 않고 있다(Cottone, 2005). 최근에 상담 전문가들은 이 용어 대신 상담자와 내담자 간의 '다중 관계(multiple relationship)' 혹은 '비전문적 관계(non-professional relationship)'라는 용어를 사용한다.

소네(Sonne, 1994)는 상담자와 내담자 간의 다중 관계가 상담이라는 전문적인 관계와 '동시에' 뿐 아니라 '연속적으로'도 성립될 수 있음을 밝혔다. 여기에서 '연속적인 다중 관계'란 상담 관계를 맺기 전이나 상담 관계가 종료된 후에 다른 추가

〈표 4-1〉 동시적 · 연속적 다중 관계의 예

동시적 다중 관계의 예	연속적 다중 관계의 예
• 전문가와 개인 (연구자와 친구)	• 전문가와 개인 (1998~1999 상담자, 2000~2001 동업자)
• 전문가와 전문가 (수련감독자와 상담자)	• 전문가와 전문가 (1996~1997 교수, 1999~2000, 상담자)
• 다방면의 전문가 (고용주, 수련감독자, 임상가)	• 개인과 전문가 (15년간 친구, 16년째에 결혼 상담자)

적인 관계를 맺는 것을 의미한다. 상담자는 전문가로서의 삶과 개인적인 삶 속에서 다양한 역할을 하기 때문에 다중 관계의 가능성은 항상 존재한다. 다음 〈표 8-1〉 에 제시된 목록은 임상 장면에서 자주 나타나는 다중 관계의 사례들이다.

2) 다중 관계의 윤리성 논쟁

다중 관계는 모두 비윤리적인가? 만약 다중 관계도 윤리적일 수 있다면 그 조건 은 무엇인가? 최근 전문가들 사이에서 이에 대한 논의가 활발히 이루어지고 있다. 심지어 다중 관계에 내재되어 있는 많은 위험성을 시인하는 학자들조차도 다중 관계를 전반적으로 금지하자고 주장하지는 않는다(Glosoff, 1997; Herlihy & Corey, 1997; Kitchener, 1988; Younggren & Gottlieb, 2004). 즉, 그들은 이 문제가 복잡한 것임을 인정하는 것이다. 한편, 몇몇 전문 학회와 자격위원회에서 내담자 에게 도움이 될 수도 있는 다중 관계조차 금지해야 한다고 규정하여 전문가들이 윤리 기준에 대한 비생산적인 해석을 하도록 부추기고 있다고 주장하는 이들도 있다(Campbell & Gordon 2003; Lazarus & Zur, 2002; Moleski & Kiselica, 2005).

본질적으로 동시적 및 연속적 다중 관계의 주된 위험성은 비전문적인 관계 형성 이 전문가의 전문적 판단과 상담 효과를 훼손시킬 수도 있다는 측면에 있다. 그러 나 전문가들은 다중 관계가 매우 우연하고도 사소한 만남에서 시작되며, 내담자 가 상담을 그만두지 않는 한 이를 피하기란 극히 어렵다는 것을 모두 인정하고 있 다. 예를 들어, 상담자는 상담 중에 사무실 관리에 관해 논의하면서 현재의 내담 자를 상담실에서 일하게 할 수도 있다. 사실, 이것은 사무실 경영에서 내담자의 전문적인 경험을 활용하는 것이지만 상담자가 내담자를 고용하기 위해 상담한 결 과가 될 수 있다.

키치너(Kitchener, 1998)와 제닝스(Jennings, 1992)는 다중 관계 문제가 일종의 사회적 역할 간 갈등이라고 할 수 있으며, 전문가에게 양립할 수 없는 여러 역할 을 하도록 요구하는 것이라고 언급하였다. 이러한 역할들 간의 상충 정도가 크면 클수록, 상담 결과에 대한 불만족이 높아질 위험은 더욱 커진다. 이러한 역할들 간의 상충은 상담자, 내담자, 상담 관계 등에 대해 각자가 서로 다른 기대를 갖게 한다. 대개 역할들 간의 상충으로 생기는 위험성은 각 역할에 대한 기대와 의무 사이의 불일치 정도에 따라 달라진다. 예를 들어, 대학교수가 자기 아내를 학생으로 받았을 경우에 그 교수에 대해 아내가 갖는 남편과 교수로서의 역할 기대 및 의무는 현격한 차이가 있다. 남편으로서의 역할은 아내의 요구 사항에 특별히 세심하게 배려하고 도와주는 것이지만, 교수로서의 역할은 특별 대우 없이 모든 학생들에게 객관적이고 공정해야 하는 것이다. 더구나 교수의 의무는 학생들을 평가하는 것으로, 특히 수행 정도가 평균 이하인 학생들에게는 부정적인 평가도 해야 한다. 그러므로 배우자와 교수의 역할은 매우 대조적인 성향이 있기 때문에 이러한 역할들이 결합된다면 그 위험성은 아주 높아지게 된다.

어떤 사례에서는 역할 간의 상호 영향이 거의 없는 경우도 있다. 이러한 경우는 부정적인 결과를 초래할 가능성이 다소 줄어든다. 예를 들어, 상담자이면서 내담자가 근무하는 가게의 물건 구매자로서의 역할이 혼재해 있는 경우는 해로울 가능성이 거의 없는 상황이라 할 수 있다. 내담자가 상담자의 물건 구입 및 음식 선택 습관에 관해 알고 있는 것이 상담에 영향을 미치는 특별한 경우가 아니라면, 상담자가 내담자에게 해를 끼칠 가능성이 적기 때문에 가게 종업원의 상담 요구를 거절할 이유가 없다. 이처럼 역할 간의 상호 영향이 아주 적을 경우의 다중 관계는 서로에게 해를 끼칠 가능성이 거의 없을 수도 있기 때문에 상담윤리에서 모든 다중 관계를 금지시키지는 못하는 것이다.

3) 다중 관계의 판단을 위한 고려 요인

이 밖에도 다중 관계 문제에 대한 상담자의 입장을 결정하는 데 중요하게 고려해야 할 세 가지 요인이 있다. 첫 번째는 다중 관계를 형성할 때 내담자는 그 만남을 통해서 본질적으로 이익이 되어야 한다는 것이다. 두 번째는 상담자가 모든 다중 관계를 회피하는 것은 상담자와 그가 관계를 맺고 있는 다른 사람들에게 커다란 부담을 줄 수 있다는 것이다. 그 예로 다음의 사례를 살펴보자.

상담자B는 지난 학기 형민 씨를 개인상담하였다. 어느 날 형민 씨는 상담자의 집 맞은편으로 이사를 하게 되었다. 며칠 후, 두 가족의 아이들은 친구가 되었고 상담자B의 아내는 형민 씨의 가족을 초대해서 이웃이 된 것을 기념하여 파티를 열자고 제안했다. 상담자B는 그 말에 동의했고 형민 씨에게 전화를 걸어 파티에 초대했다.

다중 관계를 절대적으로 금하는 것은 상담자에게 도움이 되지 않는다. 형민 씨와의 접촉을 회피하기 위해 상담자B에게 다른 곳으로 이사를 하라고 요구하는 것은 생각할 수도 없는 것이다. 그리고 상담자에게 새로운 이웃을 무시하라고 요구하는 것도 가족을 불편하게 할 것이다. 그렇다고 형민 씨에게 이사를 하라고 요구하는 것도 불가능할 것이다.

세 번째는 모든 다중 관계를 거부하는 것이 현대사회에서 시민들이 자유롭게 관계를 맺을 수 있는 권리에 위배된다는 것이다. 형민 씨는 그가 선택한 곳에서 살고 이웃과 친해질 권리가 있다. 또한 비록 상담자의 의무가 전문적 관계를 가졌던 사람들과의 자유로운 관계를 가질 권리보다 우선한다 하더라도, 전문적인 관계가 종료되면 그 자유로운 관계를 가질 권리는 유지될 수 있어야 한다.

이러한 가치들은 2005년에 제정된 미국상담학회(ACA) 윤리규정에 반영되어 개정 전(ACA, 1995)과 차이를 보인다. 개정 전에는 상담자에게 '자신의 판단력을 흐리게 하거나 내담자에게 해를 끼칠 위험을 증가시킬 수 있는 다중 관계를 피하기 위해 모든 노력을 다하라.'고 규정했다면, 개정 윤리규정에서는 상담자의 판단이나 객관성을 저해할 위험성에 대한 언급을 삭제하고, 상호작용이 잠재적으로 유익할 때는 예외적으로 그러한 관계를 허용하고 있다. 대신 전문가들이 그러한 관계가 유익하다는 것을 증명할 수 없다면 비전문적 관계를 피할 것과, 비전문적 관계를 시작하기 전에 비전문적인 관계의 정당성, 그 관계의 유익성, 예상되는 결과 등을 상담 기록부에 정리해 두어야 한다고 규정하고 있다. 다만, 불행하게도 윤리규정에는 '잠재적 이익'이 무엇인지에 대한 구체적인 정의가 포함되어 있지 않아 이에 대한 해석이 명확하지 않다. 명확하게 도움이 안 된다고 규정하고 있는 관계는 개인적인 관계가 전문적 관계보다 먼저 맺어졌거나, 비전문적인 상호작용이 장기간에 걸쳐 밀접하게 관련되어 있는 사람과 상담 관계를 맺는 것이다.

미국심리학회(APA) 윤리 기준(2002)에서도 상담자는 부정적인 결과가 예상된다면 그러한 관계는 '삼가야만' 한다고 명시하여 다중 관계를 장려하지 않는다. 그러나 이차적 관계의 윤리성을 결정하는 데 다중 관계가 상담자에게 미치는 영향에 더 많은 강조점을 두고 있다. 윤리지침은 상담자들로 하여금 다중 관계가 그들의 전문적인 판단, 내담자의 복지 또는 자신의 능력을 잘 발휘하는 것 등을 저해하는지의 여부를 평가할 것을 요구한다. APA 윤리 기준은 상담자의 판단에 지장을 주거나 내담자를 해롭게 하지 않는 다중 관계가 비윤리적이지 않다는 점에 주목하고 있다. 그러나 여전히 윤리 기준은 실천에 대한 구체적인 청사진을 제공하지 않고 있으며, 따라서 예상되는 다중 관계의 윤리적인 판단에 대한 짐을 개인 상담자들에게 지우고 있다. 게다가 윤리 기준은 전문적 관계가 개인적 관계에 선행할 때, 즉 상담자가 이전 내담자와 사회적 관계를 지속적으로 가질 때, 착취를 금한다는 조항 이외에 연속적인 다중 관계와 관련된 문제는 직접적으로 언급하지 않고 있다.

2. 다중 관계의 역동성

윤리학자들은 상담자들이 경계위반의 위험성을 평가하는 데 도움을 줄 수 있는 상담 관계에 관한 세 가지 근원적인 기준을 제시하였다. 즉, ① 상담자는 내담자와의 계약을 존중하고, ② 내담자에게 미치는 상담자의 힘에 민감하며, ③ 상담 기간 동안 내담자의 정서적 고통을 잘 인식하는 신뢰 관계를 맺어야 한다는 것이다. 이러한 기준은 다중 관계에서 내담자가 이익을 얻을 가능성에 영향을 미친다.

1) 신용의 의무

소네(Sonne, 1994)는 첫 번째 기준인 상담자와 내담자 간의 신용 관계에 초점을 두었다. 신용 관계란 상담자의 일차적인 의무가 내담자의 복지를 증진하는 것임을 의미한다. 상담자가 이러한 책임 이행에 실패한다는 것은 곧 내담자와의 가장 기본적인 계약 사항을 위반하는 것이 된다. 이러한 점에서 다중 관계는 상담자가 내담자의 복지를 증진하는 것과 상충되는 다른 이익의 유혹에 빠질 수도 있음을 시사한다.

소네와는 약간 다르게 시몬(Simon, 1992)은 상담자에게 자신의 이익 충족을 '절제할 의무'가 있다고 주장한다. 이 의무는 상담자가 상담을 통해 받을 수 있는 유일한 이득이 내담자의 변화를 통해 얻는 만족감과 정당한 보수뿐이라는 것을 의미한다. 그렇기 때문에 이 절제의 의무는 많은 다중 관계와 양립할 수 없다.

내담자에 대한 신용의 의무는 시몬(1992)이 말한 또 다른 책임인 '중립의 의무'와도 관련된다. 그는 "상담자는 윤리적으로 내담자의 자율성과 독립성을 보장해야 한다."고 주장한다. 그리고 "내담자의 독립성과 자율성은 내담자의 상담 목표를 달성하는 데 아주 기초가 되는 것이므로, 상담자는 다른 생각을 가져서는 안 된다."고 주장한다. 중립의 의무를 명료화하는 또 다른 방법은 '객관성의 의무'인데 이는 상담 목표를 달성하는 것 외에 특별히 내담자 인생의 다른 측면에는 관심을 기울이지 않는 것이다. 다만, 무욕(disinterest)과 객관성을 냉정과 무관심한 태도와 혼동해서는 안 될 것이다(Pope & Vasquez, 1998).

아무리 상담이 필요한 사람을 도우려는 좋은 의도를 가진 상담자라 하더라도 그들에게 주어진 또 다른 역할의 한계를 과소평가하거나, 강한 개인적 이익 앞에서도 객관성을 유지할 수 있다고 자신의 능력을 과대평가하는 것 때문에 경계를 위반하게 된다는 점을 주의해야 한다.

2) 내담자와의 정서적 유대감

다중 관계를 위험하게 만드는 두 번째 기준은 내담자가 갖는 상담자와의 정서적 유대감이다. 상담자는 적어도 전문적인 관계를 맺고 있는 동안에는 내담자의 삶에서 중요한 사람이 된다. 상담을 치료적이게 하는 실질적인 부분이 인간관계라는 것은 많은 연구들을 통해 알 수 있다(Hubble, Duncan, & Miller, 1999; Lambert 2003; Sexton & Whiston, 1994). 상담자의 전문성에 대한 내담자의 신뢰와 확신, 관계에 관한 규칙과 경계에 대한 명료성, 기대의 상호성 등은 모두 성공적인 상담의 주요 특징들이다. 그러나 상담자가 내담자의 삶에서 또 다른 역할을 할 때, 내담자의 정서적 반응은 혼란스러워진다. 신뢰는 위협을 받게 되고 상호작용의 규칙은 모호해지며 기대는 서로 어긋나게 된다. 다른 상황에서 상담자의 약점을 드러내는 것은 내담자의 상담자에 대한 신뢰감을 떨어뜨린다. 게다가 매우 고통스럽고 당혹스러운 비밀을 공유하는 것은 상담자와 다중 관계를 맺고 있는 내담자를 더 어렵게 할 수도 있다. 예를 들어, 사업가는 그 사업에 투자한 상담자에게 자신의 문제인 조울증과 관련된 이야기를 하지 않을 수도 있다. 그 사업가는 자신이 그러한 이야기를 하면 회사의 장래를 위태롭게 할 수 있을 것이라고 생각할 수도 있다.

좀 더 실제적인 측면에서, 다중역할은 내담자로 하여금 상담이 언제 시작되고 끝나는지와, 그러한 상황에서 어떤 유형의 대화가 적절한지 등에 관하여 확신하지 못하게 만들 수도 있다. 내담자가 이웃일 경우는 상담자와 언제 특정 주제를 이야기해야 하는지에 관해 모호하게 느낄 수 있으며, 상담자와의 모든 접촉이 치료적 대화에 적합한 것이라고 느낄 수도 있다. 이러한 상황에서 내담자는 의존심을 갖게 되고, 상담자는 더욱 의존하려는 내담자 때문에 분노감을 느낄 수도 있다.

3) 힘의 불균형

세번째 기준은 상담자와 내담자 간에 힘의 차이가 있음을 일컫는다. 이러한 힘의 불균형은 내담자가 자신의 욕구와 맞지 않더라도 상담자의 바람대로 묵묵히 따르게 만든다. 또한 내담자가 상담자의 다른 역할에 대해 불평하면, 상담자로부터 정서적 유기를 당할까 봐 두려워할 수도 있다(Sonne, 1994). 만일 상담자가 제안한 초대를 내담자가 거절할 경우, 이를 불쾌하게 여긴 상담자가 상담에 불참하거나 상담을 종결하는 등의 보복을 할지도 모른다는 걱정을 할 수 있다. 이러한 경우처럼, 내담자의 자율성은 이차적인 관계 때문에 침해될 수 있다(Kitchener, 1988). 이것은 상담자-내담자 관계에서뿐 아니라 수련감독자-수련자 관계에서도 발생할 수 있다. 즉, 수련자는 수련감독자의 말을 따르지 않았을 때의 결과를 감당하기 어려워 수련감독자의 욕구가 자신의 욕구와 상충되더라도 이를 따를 수밖에 없는 경우도 있다.

힘의 불균형은 상담자가 반드시 해야 할 역할을 다하지 못하도록 할 수도 있다(Smith & Fitzpatrick, 1995). 이러한 역할의 불이행은 힘이 더 강한 상담자가 상담관계와 다른 관계 간의 경계를 느슨하게 할 수도 있음을 의미한다. 예를 들어, 상담자와 내담자 모두가 어떤 한 초등학교의 학교운영위원이라 하자. 어느 날 운영위원회에 함께 참여하여 회의를 마치고 상담자는 내담자에게 커피 한 잔하며 회의 안건에 대해 이야기를 더 나누어 보자고 제안할 수 있다. 이 자리에서 상담자는 내담자에게 자신의 개인적인 견해를 자세하게 제시할 수도 있다. 문제는 상담자가 다음 상담 회기에 그들의 공통 의제인 운영위원회의 의제에 대해 많은 시간을 소비할 수 있다는 것이다. 즉, 상담자가 좀 더 내담자의 문제와 직접적으로 관련된 문제들에 대해 논의하도록 내담자를 유도하는 데 소홀해질 수 있다. 상담자가 자신의 사생활에 대한 광범위한 정보를 이야기함으로써, 심지어 내담자가 자신을 상담자의 보호자라고 생각하게 될 수도 있다(Smith & Fitzpatrick, 1995). 결국 상담자와 내담자는 모두 전문적인 관계와 사적인 관계 사이의 경계를 망각하고 내담자의 상담 목적은 이차적인 것이 되어 버릴 수가 있다.

경계교차의 또 다른 측면은 상담의 비밀보장을 위태롭게 할 수도 있다는 점이다. 외부 접촉이 증가하면, 상담자는 상담 중에 이야기한 정보를 부적절하게 노출시킬 수 있는 기회가 많아진다. 위의 상황에서와 같이 상담자는 우연히 상담 회기 중에 내담자가 언급한 말을 또 다른 운영위원회 위원에게 말할 수도 있다. 그러한 상황에서 무엇을 이야기할 것인지를 기억하는 것은 다소 부담스러운 일이다. 특히 다중 관계에서 상담자의 자기 이익이 충족되지 않을 때는 고의적으로 비밀 유지를 위반하게 될 가능성이 더욱 커진다.

3. 다중 관계와 관련된 선행연구 결과

다중 관계에 문제의 소지가 있고 특히 그러한 다중 역할 중의 하나가 상담자로서의 역할일 경우, 윤리학자들은 상담자 윤리강령을 통해 규제하고 있는 것보다 더 강경한 입장을 취한다. 키치너(1988)와 소네(1994)는 다중 관계가 진전되면 될수록 상담자들은 자신의 상담 능력이 얼마나 손상되고 있는지, 또는 내담자에게 얼마나 해를 끼치고 있는지 등을 정확하게 예측할 수 없다고 주장하였다. 그들은 이러한 실제적인 측면에서 대부분의 다중 관계는 맺어져서는 안 되는 '불필요한 위험'이라고 주장한다. 그러나 여러 유형의 비성적(非性的) 다중 관계를 맺고 있는 상담전문가들을 조사한 결과(Pope & Vasquez, 1998), 이들은 내담자의 복지에 대한 진정성과 논리적인 검증을 위배하지 않았다는 이유를 들어 자신의 행동이 정당함을 밝혔다. 시몬(Simon, 1992)도 이러한 상담자들의 동기들을 세심하게 검토해 본 결과, 때때로 중립성이나 절제가 없이 행동하는 것으로 드러났다. 이러한 상담자들은 이익의 상충을 과소평가하거나 자신의 기술을 과대평가하는 경우가 많다. 또한 시몬은 다중 관계가 상담자들로 하여금 다른 경계를 위반할 위험성에 빠지게 한다고 주장한다. 예를 들어, 과거의 사업 파트너를 내담자로 맞이한 상담자는 현재의 내담자에게 투자 자문을 받으려 할 수 있으며, 수련감독자에게 사업상의 관계를 제안할 수도 있다. 물론 내담자와의 사업상의 관계가 일반적이고 수용될 수 있는 것이라면, 사회적 관계로의 진전은 자연스러운 일이다. 그러나 경계를 분명히 하는 것은 상담자가 내담자의 복지에 초점을 맞추도록 돕고, 다른 많은 문제를 피하도록 하는 데도 도움을 준다. 결국 내담자에게 끼치는 해로움을 방지하는 것은 상담자의 중요한 전문적 가치 중의 하나이고, 그러한 해로움은 늘 미리 예견할 수 없기 때문에, 내담자의 복지에 대한 관심과 헌신을 위해서는 상담자가 다중 관계를 피하는 것이 상책이다.

보다 자유로운 관점을 취하는 다른 학자들(Cottone, 2005; Ebert, 1997; Herlihy & Corey, 1997; Lazarus & Zur, 2002; Moleski & Kiselica, 2005)은 다중 관계에 대한 윤리성을 사례별로 검토할 필요가 있으며 내담자에게 이익을 줄 가능성에 더 비중을 둘 필요가 있다고 주장한다. 그들은 상담자가 특정 상황에 관한 사실들을 파악하였을 때 합리적인 평가를 내릴 것을 제안한다. 이러한 학자들은 상담 전문가가 지역사회 내에 거주하고 여러 차원에서 내담자가 될 수도 있는 사람과 관계할 수 있으므로, 다중 관계를 엄격하게 반대하는 입장은 현실적이지 않은 것으로 본다. 그들은 또한 유익성의 원칙을 중시하는데, 다중 관계를 금지하는 것이 상담자가 좋은 일을 할 기회를 감소시킬 수 있음을 주장한다. 마지막으로, 그들은 다중 관계가 윤리적인지의 여부에 대한 결정에서 지역사회의 역할과 문화적 변인을 적절하게 강조한다. 예를 들어, 많은 중국인 이민자가 있는 기관에서 오직 한 명의 상담자만 중국어를 할 수 있다면, 그 상담자의 특별한 능력을 감안해야 할 것이다. 그 상담자는 상담을 잘할 수 있는 능력을 가진 유일한 사람이기 때문에, 중국인 내담자들과 다소 느슨한 경계를 유지하는 것이 더 바람직할 수도 있다.

모든 학자들은 적어도 한 가지 사항에 관해서는 동의하는 것처럼 보인다. 다중 관계에 대해서 전문가가 어떤 입장을 취하느냐에 관계없이, 만약 그 전문가가 비슷한 지역에서 활동하고 있는 동료들보다 좀 더 자주 다중 관계를 맺는 경향이 있는 것으로 관찰된다면, 그 사람은 한발 물러서서 자신의 행동의 기저에 있는 역동성을 재평가해야 한다는 것이다. 이러한 재평가를 위해서는 다중 관계의 패턴의 기저에 있는 역동성을 파악하기 위한 주의 깊은 수련감독과 자문을 받아야만 한다.

한편, 비성적 다중 관계에 대한 상담자들의 태도에 관한 연구는 성적 다중 관계에 대한 연구만큼 풍부하지는 않으나 몇 가지 합리적인 결론을 도출하기에는 충분한 증거가 있다. 첫째, 다중 관계를 맺는 것의 윤리성에 대한 상담자들의 의견은 아주 다양하게 나타난다. 어떤 사람은 의심할 여지없이 비윤리적이라 하고, 다른 사람들은 그러한 다중 관계에 대해 상당히 관대하다. 예들 들면, 한 연구에서 심리학자의 26%는 파티 초대가 분명히 비윤리적인 것이라고 말하는데, 17.5%는 여러 사정들을 감안하면 그러한 행동은 윤리적인 것이라고 보았다(Pope & Vasquez, 1998). 또 다른 연구에서는 이와 비슷한 질문에 대해 캐나다 상담자들의 경우 23%가 파티나 사교모임에 내담자를 초대하는 것은 윤리적이라고 응답한 반면(Nigro, 2004a), 77%는 같은 행동에 대해 결코 윤리적이지 않다고 응답하였다.

둘째, 대부분의 연구는 성적인 다중 관계보다 비성적인 다중 관계에 더 허용적인 것으로 나타났다(Lamb, Catanzaro, & Moorman, 2003; Nigro, 2004a). 대부분의 전문가들이 비성적 관계는 윤리적인 것으로 보았고, 심지어 그것이 비윤리적인 것이라고 볼 때조차도 그것을 성적인 관계만큼 엄청난 위반으로 보지 않았다. 예를 들어, 몇몇 연구 결과는 많은 상담자들이 이전 내담자들과 친구가 되는 것은 윤리적인 것으로 보고 있음을 알 수 있는데, 이러한 견해를 지지하는 비율은 44%(Borys & Pope, 1989), 59%(Gibson & Pope, 1993), 70%(Salisbury & Kinnier, 1996), 83%(Nigro, 2004a)까지 걸쳐 있다. 게다가 보리스(Borys)와 포프(Pope)가 조사한 사람의 26%는 적어도 한 번은 이러한 행동을 했었다고 인정하였다.

포프와 그의 동료들(1987)은 그들이 표집한 대상의 2/3(67%) 이상이 이러한 행동을 했다고 응답했음을 밝혔다. 이러한 조사에 응답한 상담자들은 몇 가지 다른 유형의 다중 관계도 맺었음을 인정하였다. 이러한 다른 종류의 다중 관계에는 친구-내담자, 피고용인-내담자, 내담자-고용인, 내담자-사업 파트너, 지도학생/수련자-내담자, 내담자-수강생, 내담자-파티 참석자, 내담자-물건 구매인 등과 같은 유형이 포함된다(Anderson & Kitchener, 1998; Borys & Pope, 1989; Lamb & Catanzaro, Moorman 2003; Nigro, 2004b). 특히 조사된 것 중에 가장 일반적인 다중 관계는 수업을 받고 있는 학생이나 수련감독을 받고 있는 사람에게 상담을 제공하는 것이었고(29%), 가장 낮은 빈도를 보인 것은 현재의 내담자와 사업을 하는 것이었다(2%).

위에 열거된 행동들 중에서 몇몇 행동들만을 윤리강령(ACA, 2005)으로 분명하게 금지하고 있으나, 대부분의 다른 행동들도 내담자의 이익을 증명할 수 없다면 회피해야 할 다중 관계에 속한다. 즉, 다중 관계를 맺는 것이 윤리강령에 명시된 준거를 충족시키는지, 아니면 저촉되는지의 여부가 드러나 있지 않거나 이러한 관계가 관련된 상담자나 내담자에게 미치는 결과가 드러나지 않은 경우는 다중 관계를 맺지 않는 것이 현명하다.

또한 다중 관계에 대한 상담자와 내담자의 태도도 양가적이다. 클레이본, 버버로글로, 네리슨 그리고 솜버그(Claiborn, Berberoglu, Nerison, & Somberg, 1994)는 이전의 내담자들이 비밀보장이나 사전동의 문제들에 관한 것보다 다중 관계 상황들에 관하여 더 많은 반감을 표현했음을 발견하였다. 상담 중에 또는 상담이 종결된 후에 상담자와 친구가 된 내담자에 관한 질적인 연구에서, 깁(Gibb, 2005)은 다중 관계에서 부정적인 결과를 경험한 내담자가 그들이 겪은 해로움을 '파괴적인' 것으로 평가하였고, 심지어 친구 관계를 맺은 것을 후회하지 않는 사람들조차도 고통, 혼란, 거북함, 상실감 등과 같은 많은 부정적인 반응들을 보고하였다고 주장하였다.

4. 다중 관계 관련 의사결정 시의 고려사항

다음에 제시한 질문들은 윤리강령, 관련 문헌, 윤리 기준 등에 기초하여 특정한 관계가 윤리적인지의 여부를 결정하는 데 참고가 될 수 있는 중요한 논제들을 제시하고 있다. 이 질문 목록은 상담자가 경계교차를 시작하려고 할 때 특별히 주의를 기울여야 하는 사항들이다.

• 의무와 역할 기대가 양립할 수 없을 정도로 상충되지는 않는가?
• 전문적 관계를 시작할 때 내담자의 복지를 향상시킬 수 있다는 판단이 상담자의

독단적인 동기는 아닌가?

- 전문가는 다른 전문적 관계에서 상담을 할 때처럼 객관성을 유지할 수 있는가?
- 전문가의 힘을 오용하는 일이 발생하지는 않는가?
- 이러한 다중 관계가 다른 사람에게도 위험은 작고 이익은 큰 것인가?
- 다중 관계가 상담 목표를 달성하는 데 부정적인 영향을 주지는 않는가?
- 다중 관계를 맺는 것 이외에 다른 대안은 없는가?
- 다중 관계를 맺기 전에 내담자에게 이의 위험성에 대해 충분히 알리고 동의를 얻는 절차를 거쳤는가?
- 다중 관계로 생길 수 있는, 그들의 다른 관계에 미칠 수 있는 변화들에 대해 인식하고 있는가?
- 동료 상담자들도 이 다중 관계를 지속시키려는 그의 결정을 지지해 줄 것인가?
- 상담자는 비전문적인 관계를 상담 기록부에 성실히 기록할 것인가?
- 상담자는 다중 관계가 진전되어 가면서 내담자에게 끼칠 해로움이나 이로움을 모니터하기 위해서 지속적인 자문이나 수련감독을 받을 준비가 되어 있는가?
- 내담자와 상담자 간의 관계 악화 시, 이에 따른 해로움에 대비하여 대안적인 계획을 가지고 있는가?
- 전문적인 관계가 종료된 이후 다중 관계 때문에 여러 문제들이 발생했을 때, 상담자는 최대한 성실하게 추후 상담을 수행하는가?

한편, 앤더슨과 키치너(Anderson & Kitchener, 1998)는 상담이 이미 종결된 이전의 내담자와 비성적 다중 관계를 시작하려고 할 때, 이에 관한 윤리적 의사결정을 하는 데 고려해야 할 사항들을 다음과 같이 제시하였다.

- 이전의 상담 관계는 분명하게 종결되었고 그 종결 문제는 성공적으로 처리되었으며, 종결 이후의 시간 간격은 내담자와 상담자 모두가 서로 새로운 행동을 할 수 있을 정도로 충분하였는가?
- 상담 후의 관계에도 상담 중에 다루어진 내용에 대한 비밀보장이 유지될 수 있으

며, 둘 사이에 이와 관련하여 충분하고 분명한 합의가 있었는가?

• 내담자는 새로운 관계를 형성하면 이후에는 전문가와의 상담 관계를 포기해야 할 수도 있음을 이해했는가?

• 내담자는 새로운 다중 관계가 미칠 다른 영향들도 이해하고 있는가?

• 내담자가 상담을 받을 당시에 자신의 문제는 얼마나 심각한 것이었으며 전이는 얼마나 강한 것이었고 상담 후 그것들은 얼마나 성공적으로 해결되었는가? 그 문제들이 다시 표면으로 떠올랐을 때, 내담자가 정서적으로 안정적이고 자기만족을 느낄 수 있었는가? 앤더슨과 키치너(1998)는 내담자의 문제가 심각하거나 기질적인 것이라면 모든 상담 이후의 관계는 피해야 한다고 권고하였다.

• 만약 상담 이후의 관계를 피할 수 있다면, 그러한 관계를 시작하려는 전문가의 동기는 무엇이며 내담자에게 미치는 영향이 얼마나 심각한 것인지 분석하였는가?

5. 경계와 관련된 주요 논제들

경계위반과 관련된 문제들은 여러 유형들이 있을 수 있으나 여기서는 윤리강령에 적시하고 있는 두 가지 주요 논제, 즉 내담자로부터 선물을 받는 문제와 내담자와 상품, 서비스 등을 거래하는 문제를 중심으로 논의할 것이다.

1) 내담자로부터의 선물

내담자는 종종 상담자에게 선물을 가져다준다. 선물을 가져오는 행동을 하는 데는 여러 가지 이유가 있다. 어떤 내담자들은 선물을 주면 상담자에게 특별한 존재로 대우받을 것이라거나 좋은 서비스를 받는 데 도움이 될 것이라 믿기 때문에 그러한 행동을 한다. 또한 어떤 사람들은 상담을 받게 된 이유, 바로 자신의 문제와 직결된다. 예를 들어, 자기존중감이 낮은 내담자는 원래 자기 자신을 가치 있게 생각하지 않으므로 상담자가 자신에게 관심을 갖게 하는 방법으로 선물을 주어야 한다고 생각할 수도 있다. 심지어 어떤 내담자들은 자신에 대한 긍정적인 보고나 특별한 호의를 위한 뇌물로 선물을 활용하기도 한다. 또한 어떤 내담자들은 상담을 해 준 것에 대한 감사의 표시로 선물을 건네거나 상담 종결의 슬픔을 덜기 위한 수단으로 활용하기도 한다. 결국 내담자로부터 선물을 받는 것에 대한 윤리성은 본질적으로 그것을 받는 상황, 즉 선물을 받는 태도와 그것이 미치는 영향에 달려 있다.

APA 윤리강령은 이 주제에 대해 명백하게 언급하고 있지는 않으나, APA 기준에서는 이익이 상충되는 상황에서 착취나 간여를 금지시킴으로써 이 문제를 간접적으로 다루고 있다. 즉, 선물이 더 나은 또는 특별한 서비스에 대한 '보상'이거나 내담자의 역기능의 징표일 때, 전문가는 그것을 받지 말아야 한다. 더 나은 또는 특별한 서비스에 대한 보상으로 선물을 받을 경우 상담자가 조종당할 수 있으며, 따라서 내담자의 복지를 신장하려는 믿음과 헌신을 저해받는다. 또한 선물이 내담자의 역기능의 징표일 때 그 선물을 받는 것은 내담자의 왜곡된 자기 평가나 관계의 관점에 상담자가 동의하는 것을 의미한다. 그러나 선물이 성공적인 상담 경험에 대한 감사의 표시이거나 보편적인 문화적 의식일 경우는 받는 것이 윤리적일 수 있다. 특히 선물이 내담자의 복지를 저해하기보다 오히려 증진할 때, 선물이 장차 좋은 서비스를 제공하는 상담자의 능력이나 객관성을 저해하지 않을 때, 선물이 내담자의 문화적 규준에 적합하고 금전적 가치가 작은 감사의 표시일 때, 선물이 상담에서 정기적으로 주는 것이라기보다는 일회적으로 주는 것일 때 등의 모든 준거들이 충족된다면, 선물을 받는 것이 윤리적일 가능성이 더 크다.

무엇이 비싼 것인가에 대한 정의는 사람과 시대에 따라 다르다. 연구 결과는 정신건강 전문가들이 '받은 선물'을 정의하는 방식에 어느 정도 일관성이 있음을 시사한다. 미국의 실천 심리학자, 사회사업가 및 상담자들은 선물로 받을 수 있는 윤리적인 한계가 대략 20달러까지라고 하였다(Borys & Pope, 1989; Gibson & Pope, 1993; Nigro, 2004a). 내담자가 자신의 상담자에게 정성 들여 만든 선물을 주려 할 때, 그러한 바람은 두 당사자가 회기 중에 논의해야만 하는 '치료적 도움'이 될 수도 있다. 내담자가 상담이 자신의 삶에 엄청나게 긍정적 영향을 미친 것에 대한 보답으로서 가치 있는 선물을 주려는 것이라고 주장할 때, 한 가지 타협안은 기관 명의로 자선단체에 익명의 기부를 하게 하는 것이다. 이러한 의견은 성공적인 종결 시에만, 그리고 그 선물이 알려졌을 때 그것이 전문적 관계나 전문직에 미치는 영향에 대한 검토를 한 후에 고려하는 것이 바람직하다. 비싼 선물은 상담자의 객관성을 저해할 위험성이 높기 때문에, 상담자는 그것을 거절해야 한다. 상담자가 정성 들인 선물에 전혀 영향을 받지 않기를 기대하는 것은 자신의 인간성을 부정하는 것이다. 다음 사례를 살펴보자.

> 내담자인 내과의사 경수 씨는 마지막 상담 시간에 상담자에게 줄 선물(수십만 원 상당의 연극 티켓)을 가지고 왔다. 경수 씨는 교통사고로 갑작스럽게 자녀들을 잃은 슬픔을 극복해 나가는 동안 상담자가 보여 준 격려와 지원에 대한 감사의 표시를 하고 싶다고 했다. 상담자는 보통 내담자로부터 값비싼 선물을 받지 않지만, 이 선물은 받기로 결정했다. 왜냐하면, 상담자가 생각하기에 경수 씨와 같은 위치에 있는 사람들에게 수십만 원 정도의 선물을 받는 것은 대학생 내담자들로부터 꽃이나 저렴한 책을 선물받는 것과 같은 것이라고 생각했기 때문이다.

위의 사례에서 상담자는 경수 씨의 연극 티켓 선물을 받지 말아야 한다. 더욱이 만일 경수 씨가 상담을 종결한 이후에 다른 부유한 내담자가 상담실을 찾았다면, 상담자는 그에게도 종결 시에 그러한 선물을 받을 가능성에 관한 생각으로 혼란을 겪을 수도 있다. 따라서 상담자는 티켓을 받는 대신에 경수 씨에게 그 티켓을 자선단체나 예술학교에 기부하도록 제안할 수 있다. 상담자는 동시에 내담자에게 일어난 치료적 변화 자체가 상담자에게는 가장 큰 보상임을 표현해야 하며, 그래야만 경수 씨는 선물을 거절하는 상담자의 당위성을 완전히 이해할 수 있다.

심지어 내담자가 꽃이나 집에서 만든 빵과 같은 선물을 받을 때조차도 그것이 정기적인 행사가 되어서는 안 된다. 만약 그렇게 된다면, 그 일은 회기 중에 논의되어야만 한다. 아마도 내담자는 그렇게 하는 것이 자신이 알고 있는 정서적 연계를 표현하는 유일한 방법이므로 선물을 가져오는 것일 수 있다. 만약 그렇다면, 내담자가 친밀감을 표현하는 대안적인 방법을 알도록 돕는 것이 분명한 상담 목표가 될 수 있다. 정기적인 선물은 상담자로 하여금 매주 꽃이나 빵을 기대하면서 상담을 시작하게 할 수 있으며, 그러면 내담자가 그것을 가져오지 않았을 때 실망하게 될 것이다. 내담자를 만나는 데 그러한 동기는 중립성 및 객관성의 원칙을 위반하게 한다.

가장 단순한 방법은 내담자가 주는 모든 선물을 예외 없이 거절하는 것이라고 결론을 내리고 싶어 하는 상담자들도 있으나 그러한 입장을 취하는 데도 주의를 기울여야 한다. 특정 문화에서는 선물을 주고받는 것이 대인관계에서의 중요한 의식인 경우도 있다. 이러한 내담자들에게 모든 선물을 절대적으로 거절하는 것은 생산적이지 않을 수도 있다. 상담 관계의 성공적인 종결 시에 작은 선물을 주고 싶어 하는 내담자의 경우에, 작은 선물을 감사하게 받기를 거절하는 것은 관계의 긍정적인 해결을 방해할 수도 있다.

헐리히와 코리(Herlihy & Corey, 1997)는 선물을 주는 것과 관련된 문제는 부적절한 선물로 당황스럽고 혼란스러운 상태에서 종결되지 않도록 상담 초기에 사전고지 및 동의과정에서 이야기하거나 포함시키는 것이 바람직하다고 제안한다. 즉, 상담의 초기 단계에서 그러한 약속을 명확히 하는 것은 이후에 있을 수 있는 오해를 막을 수 있다. 만일 경수 씨가 상담자는 선물을 받지 않을 수도 있음을 미리 알았다면, 그는 티켓 값을 지불한 것과 거절당한 것에 대한 스트레스를 덜 수도 있었을 것이다. 그러나 상담 초기에 선물 주는 것과 관련한 논의를 하는 것은 문제가 될 수도 있다. 이미 상담과정에서 논의할 주제들이 많이 있는데 신경 써야 할 항목을 하나 더 추가하는 것이 되어 선물에 대해 내담자와 논의하는 과정 자체가 상당히 부담스러울 수 있기 때문이다. 또 한편으로는 내담자가 선물에 대한 사전동의 과정을 오해하여 선물을 주어야만 하는 것으로 생각할 수도 있다. 선물이 대인관계의 중요한 측면으로 간주되는 어떤 문화적 맥락에서 이러한 접근은 오해의 여지가 생기기 쉽다. 따라서 상담자는 모든 내담자들과 그러한 문제를 다루기 전에 이와 같은 약속이 가지는 모든 함축적인 의미들을 고려해야 할 필요가 있다.

2) 내담자와의 물품 교환

현재의 전문가 윤리강령은 특정 조건하에서만 물품 교환(bartering)을 허용한다. 대표적인 예로, APA 윤리원칙과 ACA 윤리강령에서의 관련 조항들에서 이러한 물품 교환을 제한하고 있다. 전문가와의 계약은 여러 측면에서 다중 관계와 동일한 위험에 빠지게 할 수 있다. 내담자는 상담 상황에 대한 불만을 이야기하거나 상담에 관한 합의를 함에서 상담자보다 상대적으로 힘이 약하다. 또한 내담자는 상담자를 만족시키지 못하면, 상담자가 상담을 임의적으로 종결하지 않을까 두려워할 수 있다. 따라서 상담자와 내담자 간의 물품 교환은 공정하게 이루어지기 힘들며 나아가 이러한 물품 교환은 사람들 간의 정서적 유대감을 약화시키고 혼란스럽게 한다. 더욱이 정서적 문제를 가진 내담자에게 이러한 혼란은 상담의 성과를 떨어뜨리고 악화시킬 수 있다. 그래서 APA 윤리강령에서는 물품 교환이 허용되기 위한 전제조건의 하나로 윤리원칙을 위반하지 않는 경우로 구체화하고 있다. 더욱이 상담이 진행 중인 기간에 내담자가 제공하는 서비스를 받음으로써 상담자의 중립성이 손상된다면, 상담의 진전은 더욱더 어려워질 수 있다. 예를 들어, 상담자가 내담자에게 자신의 집의 지붕 수리를 맡기면서 지붕 수리가 끝나기 전까지 우울증을 고쳐 주겠다고 한다면, 상담자는 그 자신의 욕구를 충족할 때까지 상담 기간을 연장하려는 유혹을 받을 수도 있거니와 그 자신의 일정과 맞지 않기 때문에 내담자의 진전을 인정하지 않을 수도 있다. 내담자 입장에서는 치료적 진전에 관한 자신의 평가에 따라 지붕을 수리하는 일을 연기하거나 서두를지 모른다. 반대로 지붕 수리가 완결된 후에 내담자의 주요한 증상이 재발하면 전문전인 판단이 손상될 수도 있다. 상담자가 보수를 제공받을 수 없다면 덜 성실하게 상담을 할 수도 있고 또는 적절한 시기보다 더 빨리 종결하려는 경향을 보일 수도 있다. 마지막 문제는 서비스 비용에서의 차이다. 대개 내담자가 제공할 수 있는 서비스는 상담보다 금전적 가치가 낮은 경우가 많고, 따라서 상담이 길어졌을 때 내담자는 상담자에게 누적된 빚을 갚기 위해 노역계약을 한 노예처럼 될 수도 있다(Kitchener & Harding, 1990; Keith-Spiegel & Koocher, 1998).

물건을 거래하는 것은 물건에 대한 시장가격이 독립적으로 설정될 수 있기 때문에 다소 덜 복잡하지만, 그러한 물품 교환조차도 착취적일 수 있다. 상담의 대가로 조각품을 주기로 한 내담자는 그 예술품이 과소평가되었다고 믿어 속았다거나 분하게 느낄 수도 있다. 혹은 상담자가 상담에 대한 대가로 받은 농장계란을 통해 살모넬라균에 감염될 수도 있고 그 계약 때문에 손해를 본다고 느낄 수도 있다.

지금까지의 논의들은 물품 교환이 내담자와 상담자에게 문제를 일으킬 수 있기 때문에 가치가 없다는 결론을 도출하는 것처럼 보인다. 이것은 대부분 사실이지만, 모든 물품 교환의 가능성을 없애서는 안 된다. 그 중요한 두 가지 이유는 다음과 같다. 우선 이러한 물품 교환은 경제적으로 어려운 사람들이 상담에 접근할 수 있게 하는 데 도움이 된다. 어떤 사람들은 무료 서비스를 받는 것을 모욕이라 여겨 거절하더라도, 물품 교환에는 기꺼이 응한다. 다음으로, 이 문제에 관해 ACA 윤리강령에서 언급하였듯이, 시골 지역이나 몇몇 문화 집단에서의 물품 교환은 보편적인 관례이고 오히려 거부하는 것이 문화적 규범에 역행하는 것이다(Canter et al., 1994; Helbok, 2003).

다른 윤리적 문제들과 마찬가지로, 상담자들은 물품 교환을 하기 전에 다른 전문가들에게 자문을 받아야 하고, 자신의 동기를 세밀하게 살펴보아야 한다. 또한 사전동의 과정과 상담과정을 구체적으로 기록해야 한다. 이때의 기록 내용에는 물품 교환에 관한 세부 사항과 이후에 두 당사자가 동의한 내용에 만족하지 못할 경우를 대비해 대안까지 포함되어야 하며, 분쟁 시 중재자의 지정까지도 문서에 포함되어야 한다.

상담자와 심리학자들 사이에 물품 교환이 윤리적인지의 여부에 대해 입장이 다르다는 것은 매우 흥미로운 일이다. 베어와 머독(Bear & Murdock, 1995)의 연구에 따르면, 심리학자들은 물품 교환에 대해 대체로 윤리적이지 않다고 보는 반면에, 상담자들은 더욱 긍정적으로 본다는 것이다. 깁슨과 포프(Gibson & Pope, 1993)의 연구 결과, 상담자의 53%가 서비스 교환이 윤리적으로 수용 가능하다고 평가했으며, 물품 교환은 63%가 윤리적이라고 답했다. 캐나다의 상담자들도 비슷한 견해를 보이고 있는데, 니그로(Nigro, 2004a)에 따르면, 61%의 상담자가 물품 교환이 때때로 윤리적인 것이라고 평가했다.

6. 요 약

지금까지 이 장에서는 전문 상담자로서 내담자들과 상담 관계 이외의 이차적 관계를 맺어야 할 경우 어떻게 행동하는 것이 전문 상담자로서 윤리적인 행동인가에 관해 알아보았다. 좀 더 구체적으로는 먼저 다중 관계의 의미와 역동성을 살펴보고, 이에 관한 선행연구 결과들을 전체적으로 개관하였으며, 상담자들이 현재 또는 이전의 내담자와 이차적인 관계를 가질 것인지의 여부에 대한 의사결정을 할 때 자문해 보아야 할 사항들을 제시하였다. 마지막으로 경계를 위반할 위험성이 있는 문제라고 볼 수 있는 내담자로부터 선물 받기, 상담 비용 대신에 내담자와 물품이나 서비스를 맞바꾸는 교환 등의 윤리성에 관해 논의하였고 구체적인 사례에 적용하여 다중 관계에 대처하는 방법에 관해 살펴보았다.

다중 관계를 맺으려고 할 때의 핵심적인 요소는 그러한 관계를 맺는 것이 내담자에게 도움이 되는지, 해를 끼칠 가능성은 없는지 등을 면밀히 검토하고 판단해야 한다는 점이다. 물론 학자에 따라서는 다중 관계를 무조건 회피해야 한다는 강경한 입장을 취하기도 하지만, 보다 자유로운 관점을 취하는 다른 학자들은 다중 관계에 대한 윤리성이 사례별로 검토될 필요가 있으며 내담자에게 이익을 줄 가능성에 더 비중을 둘 필요가 있다고 주장한다.

그러나 모든 학자들은 다중 관계에 대해서 전문가가 어떤 입장을 취하느냐에 관계없이, 만약 어떤 전문가가 비슷한 지역에서 활동하고 있는 동료들보다 좀 더 자주 다중 관계를 맺는 경향이 있는 것으로 관찰된다면, 그 사람은 한발 물러서서 물품 교환 행동의 기저에 있는 역동성을 재평가해야 한다고 본다. 그러한 재평가를 위해서는 그러한 패턴의 기저에 있는 역동성을 파악하는 데 주의 깊은 수련감독과 자문을 받아야만 한다.

제**9**장
상담자의 역량과 전문적 책임

　내담자는 자신을 도와주는 상담자가 전문가로서의 역량을 충분히 갖추고 있을 것으로 기대한다. 그렇다면 상담 전문직에서 역량이란 정확히 무엇을 의미하는가? 역량(competence)이란 전문성을 가지고 있는 정도인 능력(ability)과 이를 실제로 현장에서 행동으로 실천할 수 있는 정도인 수행(performance)과 관련된 용어다. 자격증이나 면허증의 취득 여부에 상관없이, 상담자가 내담자들이 원하는 만큼 역량을 갖춘 경우는 많지 않다. 오히려 역량은 초보 수준에서 시작하여 새로운 발달과 요구가 생기고 전문직에서의 경력이 쌓이고 전문가로서 성장하고 변화함에 따라 갱신되고 강화되는 계속적이고 발달적인 과정이다.

　이 장에서는 전문직의 정의, 역량과 직업관, 전문적 역량의 윤리적·법적 측면, 역량의 개발과 유지 등에 초점을 두고 고찰하였다. 또한 역량을 수준 및 단계가 다른 연속체로서 개념화하고, 역량 부족, 스트레스, 소진, 능력 상실 등의 조건을 검토하였다. 그리고 마지막으로 역량을 윤리적이고 전문적인 실무에 대한 세 가지 관점과 관련시켰다.

1. 전문직으로서의 상담

이 절에서는 전문직의 의미, 전문직의 조건 등을 살펴보고 상담 전문직은 어떠한 특징을 가지고 있는지를 살펴보기로 한다.

1) 전문직과 전문가의 정의

전문직(profession)과 전문가(professional)라는 용어는 거의 의미상 차이 없이 광범위하게 혼용되고 있다. 따라서 이들 두 용어의 이해를 위해 명확한 정의와 맥락을 알아볼 필요가 있다. 우선 '전문직'이란 다른 사람의 요구를 충족시키기 위해 전문적 지식과 기술을 습득하고 역량 있고 윤리적인 방법으로 그들의 요구를 충족시켜야 하는 집단이다. 반면, '전문가'는 뛰어난 소질을 기반으로 하여 자신의 이익 충족보다 내담자의 요구를 충족시키기 위해 자신의 전문적 지식과 기술을 제공하는 전문직의 구성원이다. 나아가 전문가들은 역량의 기준, 윤리강령, 타인에게 전문적인 서비스를 제공하기 위한 실무 지침 등이 규정되어 있는 전문직에 대한 의무를 지닌다(Brincat & Wike, 2000; Rich, 1984). 앞에서 강조한 용어와 어구, 즉 책임, 전문적 지식과 기술, 타인의 요구에 대한 봉사, 역량 있고 윤리적인 방법, 자신보다 내담자의 요구를 우선시하기 및 역량 관련 기준 등은 전문직과 전문가를 비전문가들과 구분 짓는 특징들이기도 하다.

이러한 정의에 비추어 볼 때 상담자는 전문직이라 할 수 있다. 즉, 상담자들은 상담 서비스를 제공하고, 전문적인 상담을 제공하기 위한 역량의 기준, 윤리강령, 실무 지침 등을 제공하는 전문단체에 가입되어 있다. 전문가 훈련과 자격증 또는 면허증은 이러한 전문적인 서비스를 제공하는 데 필요한 전문적 기술을 습득했으며 최소한의 역량을 갖추었음을 보증한다. 그러므로 상담 전문직은 상담자 자신의 욕구와 이익보다는 내담자의 욕구를 충족시켜야 하는 책임에 더 가치를 두고 모범을 보이는 직업이다.

2) 상담 전문직

그렇다면 상담 전문직과 전문적인 상담의 특징은 무엇인가? 1997년 미국상담학회(ACA)는 전문적인 상담을 "인지적 · 정서적 · 행동적 · 체계적 상담 전략을 통하여 질병치료뿐만 아니라 내담자의 복지, 개인적인 성장, 진로발달을 도모하기 위해 정신건강, 심리학, 인간발달의 원칙을 적용하는 일"로 정의하였다. 또한 상담 전문직에는 정신건강 상담, 결혼 및 가족상담, 학교상담, 재활상담 등과 같은 전문 분야가 포함된다고 명시하였다. 각각의 전문 분야는 전문적인 조력을 원하는 내담자들이 필요로 하는 전문지식과 치료 기술을 기반으로 하고 있다. 이러한 모든 전문 분야에서는 공통적으로 관계, 의사소통, 진단, 사례 개념화 그리고 개입 기술 등을 활용한다.

2. 상담자의 역량과 직업관

직업관(work orientation)은 사회학 및 심리학에서 흥미를 갖는 연구 분야다. 직업관은 업무의 내적 가치와 포부 및 업무 경험에 따라 결정되는 직업에 대한 관점과 태도다. 이러한 직업관은 직업에 대한 사고, 정서 그리고 행동에 영향을 미친다.

1) 세 가지 직업관

상담자와 치료자를 포함한 전문가들 사이에서 세 가지 직업관이 관찰되었는데, 이들 각각은 서로 다른 내적 가치와 성취감을 반영한다. 그 세 가지는 생업관(job), 출세관(career) 그리고 소명관(calling)이다(Sperry, 2007).

생업관을 가진 상담자들은 그들의 전문적인 업무를 단순히 하나의 생업으로 여긴다. 일을 할 때 그들은 직업의 의미와 성취감과 같은 가치보다는 물질적인 이익에 가치를 둔다. 다시 말하면, 이러한 사람들에게 일이란 그들이 일에서 해방되어 인생을 즐길 수 있도록 해 주는 경제적인 목적을 위한 하나의 수단일 뿐이다. 따라서 생업관을 가지고 있는 사람들의 흥미와 야망은 업무 영역 밖에서 표현되고(Wrzesnniewski et al., 1997), 취미와 다른 흥미에 열중한다.

출세관을 가진 상담자들은 학교나 병원 혹은 전문기관에서 일을 하면서 받는 보상에 가치를 둔다. 이러한 직업관을 가진 사람들의 주요 관심사는 승진과 진급에 뒤따르는 높은 임금과 명성, 그리고 높은 지위 등이다. 그들은 승진이 더 높은 자존감과 권력 및 사회적 지위의 상승을 가져다준다고 여긴다(Bellah et al., 1985).

소명관을 가진 상담자들은 금전적 보상도, 승진도 아닌 그 일 자체가 제공하는 성취감에 가치를 두고 일한다. 과거에는 소명이란 윤리적으로나 사회적으로 중요한 일을 하도록 신으로부터 '부름을 받는 것'을 의미했다(Weber, 1958). 하지만 오늘날에는 다른 사람들의 복지나 더 좋은 세상을 만드는 데 기여하는 일을 하는 것을 의미한다(Davidson & Caddell, 1994). 자신이 하는 일이 실제로 어떤 변화를 유도해 내는지의 여부는 대개 전문가 자신의 생각에 따라 결정된다. 예를 들어, 자신의 일을 안정적인 고소득의 수단으로 여기는 외과의사는 자신의 일에 대한 소명 의식이 없으나, 자신의 일이 세상을 깨끗하고 더 건강한 곳으로 만든다고 여기는 청소부는 소명 의식이 있다.

직업관에 따라 삶의 만족도, 성취감, 개인의 복지 등이 어떻게 달라지는가에 관한 연구 결과에 따르면, 소명관을 가진 사람들이 생업관이나 출세관을 가진 사람들에 비해 직무 만족도와 삶의 만족도가 더 높고(Wrzesnniewski et al., 1997) 여가 생활보다 일에서 더 만족을 얻는 반면, 생업관과 출세관을 가진 사람들은 여가 생활로부터 얻는 만족이 일을 통해 얻는 만족보다 더 높은 것으로 나타났다. 분명한 것은 소명관을 가진 전문가들에게 일은 그들의 열정인 반면, 생업관이나 출세관을 가진 전문가들에게 더 큰 만족을 주는 것은 일 이외의 여가 생활이나 인간관계라는 것이다.

2) 직업관과 역량 간의 관계

상담자는 생업관, 출세관 또는 소명관 중 어떤 관점을 견지하는가에 따라 그들의 역할에 영향을 받는다. 미국상담학회 윤리규정(2005)에서 제시하고 있는 이상(理想)은 상담자가 소명관을 가지고 일해야 한다는 것이며, 실제로 상담의 대가들은 소명관을 견지하고 있는 것으로 나타났다. 이 절에서는 직업관의 차이에 따라 전문가들의 역량과 역량 개발에 대한 입장이 어떻게 차이가 나는가에 관해 논의하고자 한다.

(1) 생업관과 역량

생업관을 가지고 있는 상담자의 범위는 실습과정에 있는 학생들을 제외하고 충분히 자격을 인정받은 사람들로 한정한다. 전문적 실무의 견지에서 생업관을 가진 사람들은 자신의 전문적 업무를 생업으로 보는 경향이 있으며, 자신들의 시간을 업무에 투자하여 경제적 수입을 얻음으로써 업무 이외의 생활을 영위할 수 있는 경제적 보상을 얻고자 한다. 그들의 목표는 최소한의 역량을 구비하여 적당히 서비스를 제공하는 데 있다. 그들에게 비공식 교육이나 공식 교육은 중요한 것이 아니며, 평생학습은 다른 사람에게나 적용될 수 있는 단순한 슬로건에 지나지 않는다. 따라서 그들은 대개 상황이 요구하지 않는 한 수련감독이나 자문을 구하려 하지 않는다. 그들은 상담자들이 계속해서 교육을 받아야 한다는 윤리강령 내의 요건을 전문적·개인적 성장을 위한 권유나 독려로 보기보다는 자격위원회나 전문가협회의 강요로 보는 경향이 높다. 그들은 자신의 역량 수준을 모니터하는 책임에는 별 관심이 없는데, 이는 지속적인 교육을 필요한 것이나 중요한 것으로 보지 않기 때문이다.

만약 직장에서 강연이나 워크숍에 참석하는 것이 선택 사항이라면, 그들은 업무 부담을 줄여 주지 않는 한 참석하지 않으려 한다. 만약 의무적으로 참석해야 된다면, 그들은 참석할 수도 있으나 마지못해 참석할 가능성이 크다. 면허 갱신을 위해 필요한 시간을 채워야 한다면, 그들은 자신에게 필요한 지식이나 기술을 향상시키거나 발달시킬 수 있는 것을 선택하기보다는 최소의 비용이 들거나 가장 쉬운 워크숍이나 교육프로그램을 찾을 것이다. 만약 계속교육연수(CEU)가 점심이나 저녁식사를 무료로 제공하는 기업의 연수라면, 그들은 자신이 필요로 하는 내용인지의 여부, 즉 개인적 가치와 상관없이 참석을 결정할 수도 있다. 다시 말해 이들은 자신의 역량 수준을 '보통 수준'보다 높게 설정하려 하지 않는다. 따라서 생업관을 가진 사람들은 역량 부족의 문제라기보다 자신의 역량 수준을 적극적으로 향상시키고자 하는 동기가 부족하다는 것이 문제다.

(2) 출세관과 역량

출세관을 가진 상담자는 역량을 향상시키는 것이 승진을 할 수 있다든지, 또는 평생학습자가 되면 어떤 힘을 가질 수 있다는 측면에서 가치가 있다고 인식한다. 이러한 사람들은 그들의 전문직을 출세나 승진의 수단으로 여기는 경향이 있다. 그들의 목표는 승진이므로, 비공식적·공식적인 계속교육에 참여하려 할 것이다. 또한 자신의 일이 다른 사람들의 삶보다 자신의 삶을 더 낫게 만들어 준다고 인식하므로 계속교육 활동에 지속적으로 참여할 것이다. 대개 계속교육에 참여하려는 그들의 노력은 생업관을 가지고 있는 사람들과 비교하면 더 열정적이고 더 활동적이지만, 소명관을 가진 사람들의 열정이나 헌신과는 비교가 되지 않는다. 자기보호(self-care)와 복지는 예방적이고 스스로 책임지기보다는 스트레스나 소진에 대한 소극적인 반응이 되기 쉽다. 이 관점을 가진 사람들의 역량 수준은 '보통 또는 숙달된 역량 수준' 단계에서 직무를 더 잘 수행할 가능성이 높다.

(3) 소명관과 역량

소명관을 지닌 상담자는 역량을 지속적이고 발달적인 과정으로 본다. 이러한 관점을 가진 대부분의 사람들은 자신의 전문적 직무를 소명으로 본다. 따라서 그들은 자신의 일에 매우 헌신하며, 이는 그들에게 삶의 만족감뿐만 아니라 상당한 직업적 만족감도 제공한다. 확실히 그들은 자신의 역량 수준을 진지하게 모니터하는 책임을 가지며, 그들의 전문성을 향상시킬 수 있는 기회를 기꺼이 받아들인다. 수련감독, 사례자문, 계속교육 프로그램의 참여 등은 지식과 기술을 증진시키기 위한 중요한 수단이다. 이들 중 몇몇 사람들은 자신의 분야에 관한 전문서적과 연구 보고서의 열렬한 독자이자 구매자이고, 대부분 최근에 새롭게 각광받는 지식과 기술을 습득하기 위해 노력한다. 이러한 상담자와 치료자들은 다른 사람들로부터 수련감독과 자문 역할을 해 줄 것을 요구받는데, 이는 그들이 진정으로 하고자 했던 역할이며, 자신의 분야에서 높은 수준의 역량을 습득했다는 것을 보여 주는 것이다. 그들은 자기 자신을 보호할 수 있을 때 다른 사람들을 보다 더 잘 돌볼 수 있을 것이라고 믿기 때문에 이러한 관점을 가진 사람들에게 자기보호는 가치가 있고 필수적으로 고려할 사항이다. 자기보호와 복지는 수동적인 반응이기보다는 좀 더 예방적이고 적극적인 반응이 될 가능성이 높다. 따라서 이러한 사람들은 대부분 동료들로부터 숙달된 상담자로 인정받는다.

3. 전문적 역량

ACA(2005)와 APA(2002) 윤리규정 및 기준은 역량에 대해 기술하고 있는데, 이두 강령 모두 전문적 역량의 개발과 유지의 중요성을 강조한다. 선행과 비유해성은 역량과 관련된 기준에서 도출된 윤리원칙이다. 두 윤리강령은 자신이 가진 지식과 기술의 범위 내에서 상담이 이루어져야 한다는 점을 강조하고 있으며, 추가적인 훈련을 받고 수련감독하에 경험을 쌓은 후에만 실무 범위를 확대할 수 있음을 명시하고 있다. 마지막으로 두 윤리강령은 역량을 유지하기 위하여 지속적인 교육과 노력을 기울여야 한다는 점도 명시하고 있다.

역량에 대한 윤리적 관점에 더하여 법적인 관점도 있다. 사회는 역량 있는 전문가를 기대하기 때문에, 전문가협회와 자격관리기관은 전문가들로 하여금 역량의 기준을 유지하도록 만든다. 역량과 관련된 두 가지 법적 쟁점은 자격인증과 직무상 과실(malpractice)이다. 이 내용들은 다음 절에서 다루기로 한다.

1) 역량의 수준

최근 윤리강령과 자격법 및 규정은 역량이 이분법적인 표현으로 제시되어 있다. 즉, 전문가는 면허증과 자격증이 요구하는 '최소한의 역량'을 갖추고 있거나 아니면 갖추지 못하고 있다고 본다. 예를 들어, 역량은 '상담자의 실무 범위 내에서 최소한의 질적 서비스를 제공하는 상담자의 능력'으로 정의된다. 상담자의 역량은 보통 '합리적으로 신중한 다른 상담자가 동일한 상황에서 취하게 되는 행동'으로 측정된다(Ahia, 2003). 이 설명에서 '최소한의 질적 서비스'는 '최소 수준의 역량'을 의미한다. 이 책에서는 역량을 광의로 해석하여 전문성의 부재에서부터 최고의 발현에 이르는 역량의 수준에 관해 논의하고자 한다. 전문성에 대한 이러한 관점은 전문적인 실무 상황에서 '최소 수준의 역량'이란 개념을 더 잘 이해할 수 있는 시각을 제공하고자 하는 것이다.

전문성은 단순히 전문지식과 기술을 보유했다는 것보다 더 큰 의미를 가지고 있다. 스콥홀트와 제닝스(Skovholt & Jennings, 2004)는 초보자와 전문가를 구분하는 데 다음과 같은 설명을 제시한다. 즉, 전문가와 초보자는 동일한 문제, 체스판 위의 체스, 악보상의 음표 등을 보지만, 전문가는 초보자에 비해 축적된 경험과 지식을 바탕으로 하여 그것들을 본다는 데 차이가 있다. 이는 전문가로 하여금 초보자보다 더 깊이, 더 빨리, 더 멀리, 더 잘 볼 수 있게 해 준다. 따라서 역량 있는 상담자나 치료자가 되는 것은 발달적인 과정이며, 이러한 관점에 따라 이 절에서는 역량과 전문성 발달의 단계를 5단계로 나누고 그에 상응하는 전문적 실무 수준을 설명하고자 한다. [그림 9-1]은 역량의 수준을 나타낸다. 수직선상에 '부족' '최소' '보통' '최대'의 용어가 있는데, 이는 역량을 전문적 실무 수준과 관련시켜 나타낸 것이다. 수직선 아래에 있는 1부터 5까지의 숫자는 전문성 발달의 5단계를 의미한다. 이는 드레퓌스와 드레퓌스(Dreyfus & Dreyfus, 1986), 스콥홀트와 론네스태드(Skovholt & Ronnestad, 1995), 그리고 스콥홀트와 제닝스(2004)의 이론을 적용한 것이다. 이 이론에 따르면, 1, 2단계는 역량 부족 수준, 3단계는 최소 역량 수준, 4단계는 보통 역량 수준, 5단계는 최고 역량 수준을 의미한다.

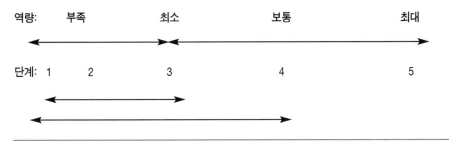

[그림 9-1] 역량의 연속성과 전문적 실무 수행 수준

(1) 1단계: 초보 훈련생 단계

이 단계에서 초보자들은 다른 사람들의 주관적 욕구와 문제가 발생한 상황은 무시한 채 규칙에만 집착한다. 예를 들어, 상담을 공부하는 학생들은 내담자의 욕구, 환경, 기대는 거의 무시한 채 한 가지 상담 방법을 고수한다. 자격이나 면허 요건의 측면에서 이러한 훈련생들은 지식과 기술, 경험이 부족하기 때문에 역량을 갖추었다고 볼 수 없다.

(2) 2단계: 상급 훈련생 단계

상급 훈련생들은 주관성과 상황 파악 측면에서 제한된 능력을 보이며 그들의 사고와 실무 기준으로 여전히 상담 이론과 접근법에 의존한다. 이들은 어느 정도 내담자의 욕구, 환경 그리고 기대에 따라 이론과 실제를 통합시킬 수 있다. 이 단계의 몇몇 훈련생들은 전문적인 상담 기술과 이론을 적용하는 데 약간의 전문성을 보이기도 하나, 다른 기술과 이론을 습득하고 적절히 적용하기 위해서는 계속적인 교육과 수련감독이 필요하다.

(3) 3단계: 초보 전문가 단계

이 단계에서는 적어도 상담과 치료를 독립적으로 수행하는 데 필요한 최소한의 역량을 갖춘 상태에서 기능하는 능력을 보이며, 이것은 자격증이나 면허증을 받기 위한 기본 요건이다. 이 단계에 진입한 전문가들은 이론과 경험을 더 잘 통합할 수 있고, 상황에 대한 고려 없이 교과서적인 이론에만 의존하여 실무 수행에 대한 의사결정을 하지 않는다. 대신에 그들은 자신들이 제공할 전문적 상담 서비스에서 상황적 요인을 중요하게 고려한 의사결정을 하기 위해서 이론적 지식과 실무 경험을 통합한다. 이들은 상담 방법의 결정에서 심사숙고하고 신중하며 적극적인 경향이 있다. 일단 자격증이나 면허증을 취득하면, 그들은 수련감독자의 감독이 없이 상담 서비스와 실무를 수행할 수 있는 최소한의 역량을 가지고 있다고 여긴다.

(4) 4단계: 전문가 단계

이전 단계와 달리, 이 단계에서는 상담 방법의 결정이 빠르고 쉽게 이루어지는 경향이 있다. 그 이유는 이들이 전문적 경험을 직관과 통합시키는 능력이 있기 때문이다. 쉽게 부적응 행동 양식을 인식하고 이러한 행동 양식을 변화시키기 위해 향상된 상담역량을 보이는 것이 이 단계의 특징이다. 따라서 이 단계에서는 두말할 필요도 없이 개인적 만족도는 물론 직무 만족도도 높아지는 경향이 있다.

(5) 5단계: 숙달된 전문가 단계

이 수준은 표면적으로는 이전 단계처럼 상담 방법의 결정이 빠르고 쉽게 이루어지는 특징이 있지만, 수년간 축적된 경험이 반영되어 이전 단계보다 역량의 수준이 더 높다. 따라서 그들은 실무에 자신의 '축적된 경험'을 반영한다(Skovholt & Ronnestad, 1995). 그들은 교과서적인 지식에 대한 의존을 줄이는 대신에 직관적이고 반성적인 전문적 실무에서 얻은 경험에 기반을 둔, 자신만의 내적이고 개별화된 상담 이론과 치료법을 활용한다. 이 수준의 전문성은 소위 숙달된 상담자의 실무에서 발휘되며 이는 주관성과 상황 파악의 정수를 의미한다.

2) 실무 범위

실무 범위란 전문가 자격이나 면허가 있는 개인에게 허락되는 전문적 실무의 범위와 한계로 정의할 수 있다. 좀 더 구체적으로 말하면, 적절한 교육과 경험을 통해 습득된 전문적인 역량, 기량 혹은 기술 등을 요구하는 전문적인 실무에서 수월성을 인정받은 영역을 의미한다. 실무 범위는 자격법에 명시된 법적인 명칭이며 이는 전문직별로 매우 다양하다.

4. 역량의 개발 및 유지

전문가로서의 역량 개발은 선발, 훈련, 자격 인증 등의 과정을 통해 이루어지며, 일단 개발된 역량은 공식적 · 비공식적인 계속교육을 통해 유지되는데, 이에 관해 자세히 살펴보면 다음과 같다.

1) 역량 개발

역량은 여러 가지 교육 경험(이론교육, 토의, 독서, 수련감독하의 실습, 적절한 전문적 경험 등)의 결과로서 오랜 시간에 걸쳐 개발된다. 대부분의 상담자들이 전문적 실무를 수행할 수 있는 역량을 갖추어 가는 과정은 대학원 교육에서 시작된다. 따라서 대학원의 교수진과 수련감독자들은 유능한 전문가를 양성하는 데 최초의 책임을 가진다.

(1) 선발

대학원 교육자들은 전문 상담자가 되는 데 필요한 필수적인 특성과 중요한 지식 및 기술을 연마하는 데 필요한 필수적인 지적 능력을 갖춘 사람을 선발하여 상담자 양성 프로그램에 참여하게 할 책임이 있다. 이러한 필수적인 특성에는 자기 인식 및 자기이해 능력, 인간 본성에 대한 호기심, 모호함에 대한 인내, 자존감 등뿐 아니라, 자신의 편견, 가치, 약점, 개인적인 문제 등을 탐색하는 능력이 포함된다. 이 두 가지 요건은 필수적인 것이며, 따라서 둘 중 하나만 갖추는 것으로는 충분하지 않다. 많은 교수진과 현장 수련감독자들은 필수적인 인성적 요건을 갖추지 않고 뛰어난 지적 능력만 갖춘 학생들보다 지적인 능력은 적으나 필수적인 인성적 특성을 갖춘 학생들이 좀 더 효율적이고 열정적인 상담자가 될 수 있음을 지속적인 경험을 통해 알고 있다.

(2) 대학원 훈련

대학원 훈련프로그램에 입문하면 정규 교육과정, 실습 활동, 수련감독하의 임상 경험, 학업 및 직업적 조언 등을 통하여 최소한의 역량을 갖출 수 있을 것이라는 기대를 갖는다. 교육의 질, 교육자의 지도, 수련감독하에 이루어지는 실습의 질은 대학원 교육의 목표를 달성하는 데 중요한 요소이며, 아울러 학생들의 동기와 학습 능력도 중요한 요소다. 교육과정은 전문적 실무를 개념화하기 위한 이론적인 틀을 제공할 수 있고, 임상 경험은 전문직의 특화된 기술 및 기법을 연마하는 데 필수적이다. 역량의 범위는 2단계에서 3단계로의 변화가 일어나면서 '역량 부족' 단계에서 '최소 역량' 단계로의 변화가 이루어진다. 이러한 변화는 대개 수련감독하의 임상 경험을 통해 이루어진다. 연구 결과에 따르면, 적절하고 효과적인 임상 수련감독은 이러한 발달과정에 필수적인 것임을 보여 준다(Stoltenberg, McNeill, & Delworth, 1998).

(3) 자격 인증

대개 인가된 교육프로그램을 수료하면 2단계에서 3단계로의 변화가 일어난다. 독립적으로 상담을 실시하려면, 대학원 졸업생은 몇 가지 유형의 자격 인증(credentialing)을 받아야만 한다. 자격 인증을 받기 위해서는 역량에 관한 법적 기준(최소한의 역량)을 충족하였음을 공식적으로 인정받는 데 필요한 자격 취득이나 면허 취득 요건을 전부 갖추어야 한다. 자격 취득은 이 수준의 역량을 갖추고 있다는 확실한 증거를 보여 주는 것이다.

면허(licensure), 자격(certification), 등록(registration)이라는 용어는 다양한 의미를 가질 수 있으며 때로는 혼용되기도 하고 불필요한 혼동을 초래하기도 한다. 전문적으로 면허라는 용어는 가장 엄격한 형태의 규정을 말한다. 면허는 인가를 받은(예를 들어, 적법한 전문가 자격증을 받은) 사람들만 특정한 지역이나 구역에서 그러한 전문직을 수행할 수 있음을 입증한다. 자격은 '전문 상담자'나 '학교 상담자'와 같은 특정 명칭이 인증된 사람들에게만 사용될 수 있을 때 주로 사용되는 용어다. 등록증은 최소한의 법규상의 증명서로서, 단순히 관계 관청에 등록하였음을 표시하는 수단이다. 등록과정에서는 자격 인증 내용에 대한 심사를 하지 않는다.

2) 역량 유지

일단 교육생들이 정규 교육을 마치고 실무를 수행하기 위해 면허증이나 자격증을 받으면, 역량을 보증할 책임은 교육자나 수련감독자에게서 전문가인 자신에게로 옮겨 간다. 자격증을 받은 상담자와 치료자는 이제 독립적인 전문가이므로, 자신의 효율성과 실무 범위를 스스로 감독하는 부담을 진다. 전문직과 비전문직을 구분하는 하나의 지표는 그 전문직 종사자가 수련감독자의 감독 없이 자율성을 가지고 독립적으로 실천하는지의 여부다. 이러한 독립성에 뒤따르는 의무는 전문가 자신이 역량을 발휘할 수 있는 범위 내에서만 제한적으로 실무를 수행해야 한다는 것이다. 대부분의 경우에 전문가가 자신의 역량에 알맞은 실무의 한계를 스스로 결정하는 것이 이상적이다.

3단계에서 4단계로의 이동을 위한 역량 확대 방법에는 공식적 교육과 비공식적 교육이 있는데, 공식적 교육에는 공식적인 수련감독, 세미나, 워크숍 또는 계속교육연수(CEU) 등이 포함되며, 비공식적 교육에는 독서, 논문 및 저술, 자기 자신의 실천 경험을 반성하는 것 등이 포함된다. 새로운 이론과 지식, 상담 접근법, 사정과 상담 전략 등의 급증으로, 상담자가 추가적인 교육과 훈련 없이 기존의 전문적 역량만으로 전문직을 지속적으로 수행하는 것은 불가능해졌다. ACA와 APA의 윤리규정과 기준은 학문적이고 전문적인 영역에서의 최신 경향을 파악하는 데 계속교육이 필요함을 인정하고 있다. 또한 대부분의 자격 인증 주체들도 자격이나 면허를 유지하기 위한 필수요건으로 계속교육을 받아야 한다는 점을 명시하고 있다.

최근까지 자격 인증 주체들은 주어진 시간 내에 받아야만 하는 계속교육연수 시간만을 명시해 왔다. 그러나 최근에 미국의 심리학회와 같은 몇몇 자격 인증 주체들은 대다수 실무자들에게 필요로 하는 욕구를 충족시켜 주기 위해 특정 유형의 계속교육을 제공하고 그것을 이수하도록 요구하고 있다. 예를 들어, 자격증을 가진 사람들이 윤리나 아동학대와 관련된 신고 의무에 대한 훈련이 부족하다는 것을 인식한 학회는 전문가 윤리 그리고 아동학대의 인지와 보고에 대해 일정 시간 이상 교육받을 것을 요구하기도 한다.

이러한 의무교육 경향은 지속적으로 확대될 것으로 예상된다. 그러나 특정 영역에서의 의무적인 계속교육이 대부분의 전문가들에게 공통적으로 필요한 것을 충족시킬 수는 있으나, 전문가 개개인들에게 독특하게 요구되는 것을 충족시켜 지속적으로 역량을 유지하도록 하기에는 충분하지 않다. 따라서 전문가 개개인은 자신의 한계를 알고 공식적 · 비공식적 방법을 모두 활용하여 역량을 유지하기 위한 꾸준한 노력을 계속해야 한다(Keith-Spiegel & Koocher, 1998).

5. 역량 부족

현재 수련감독자들 사이에서 능력 상실(impairment)이 무엇을 의미하고, 역량 부족(incompetence)이 무엇을 의미하는지에 대한 합의는 거의 없다. 버나드와 굿이어(Bernard & Goodyear, 2004)가 능력 상실을 총체적인 역량 부족으로 정의한 것처럼, 몇몇 사람들은 두 가지가 본질적으로는 같다고 믿고 있다. 한편, 램과 그의 동료들(Lamb et al., 1987)은 능력 상실이란 직분을 수행하기 이전에 적합한 요건을 갖추지 못한 것이고, 역량 부족이란 요구되는 기능을 수행하는 데 필요한 역량이 부족한 것이라고 주장한다. 두 용어가 관련이 있기는 하지만, 각기 다른 정의를 내리기에 충분할 정도로 다르다는 것이다. 이것을 구별하는 이유 중의 하나는 윤리강령과 법률상의 지위가 역량 부족과 능력 상실을 별개로 취급하기 때문이다. 또 다른 이유는 그 용어들을 혼용하는 것이 논의와 의사결정에 혼동을 줄 수 있기 때문이다. 따라서 역량 부족과 능력 상실은 엄밀히 정의하고 구별할 필요가 있다.

1) 역량 부족

역량 부족은 상담자가 직무를 적절하고 유능하게 수행할 능력이 없는 것이다. 일반적으로 말하면, 역량 부족은 충분한 교육이나 경험의 부족에서 기인한다. 아주 드문 경우이기는 하나 비자발성이나 경직성 또한 역량 부족을 초래할 수 있다. 이러한 역량 부족은 대개 추가적인 교육, 수련감독하의 실습, 개인 치료 등을 통해 역량을 갖출 수 있으나, 그렇게 하더라도 이러한 역량 부족이 쉽게 개선되지 않는 경우가 종종 있다.

2) 역량 부족의 유형

능력 상실과 역량 부족 간의 관계를 분명히 하는 한 가지 방법은 역량 부족을 세 가지 유형, 즉 기술적 · 인지적 · 정서적 역량 부족으로 나누어 고찰하는 것이다.

(1) 기술적 역량 부족
기술적 역량 부족은 지식이나 전문 기술, 때와 상황에 맞게 지식과 기술을 적용하는 능력 등의 부족으로 상담자의 역할과 기능을 적절히 수행할 능력이 없음을 뜻한다. 이러한 기술적 역량 부족은 교정이 가능하나 공감 반응과 같은 특정 기술들은 인지적 재구조화와 같은 기술보다 숙달하기가 더 어려울 수도 있다. 보통 이러한 지식과 경험의 부족을 교정하기 위한 방법에는 공식적인 교육, 수련감독하의 실습 또는 집중적인 일대일 지도 등이 있다.

(2) 인지적 역량 부족
인지적 역량 부족은 지각한 정보를 정확하게 이해하고, 처리하고, 평가하고, 행동하는 능력이 없음을 뜻한다. 이러한 형태의 역량 부족은 일시적일 수도, 영구적일 수도 있으며, 경미할 수도, 심각할 수도 있다. 일시적인 인지적 역량 부족은 전염병이나 고열, 약이나 물질의 남용, 단기에 해결될 수 있는 간단한 뇌진탕이나 경미한 뇌 손상으로 유발될 수 있다. 영구적인 역량 부족은 부상, 약물, 독극물이나 환경 독소 등에 따른 치명적인 뇌 손상이나 파킨슨병, 알츠하이머병, 각종 치매 등과 같은 신경학적인 질병으로 유발될 수 있다. 경미한 인지적 역량 부족은 알코올과 같은 여러 약물의 영향일 경우가 많으며, 평균 이하의 지적 능력에 따른 영향일 수도 있다. 반면에 심각한 인지적 역량 부족은 기능이 심각하게 훼손된 것이다. 즉, 생각이나 행동에 문제가 있음이 입증된 뇌 손상 또는 뇌종양 병력을 가진 사람이 상담이나 심리치료 교육프로그램에 지원하거나 고도의 상징, 은유, 추상 능력을 구비해야 하는 상담 활동에 종사하기는 사실상 어렵다. 현재 상담을 하고 있으나 일반적인 치매 증상을 보이기 시작한 상담자 역시 인지적으로 역량이 부족한 것으로 간주될 수 있다.

인지적 역량 부족이 본래적인 것이 아니고, 오히려 알츠하이머병이 진행되고 있는 경우처럼, 유능하다고 인정받을 수 있는 수준에서 현저하게 쇠퇴해 가고 있을 때, 인지적인 역량 부족은 '능력 상실'로 고려될 수 있다. 따라서 인지적 역량 부족의 범위는 경미한 것에서 심각한 것에 이르기까지 개념화할 수 있고, 여기에서 능력 상실은 심각한 역량 부족 상태를 나타낸다.

(3) 정서적 역량 부족

정서적 역량 부족은 타인의 정서적 메시지에 적절하게 반응하고 자신의 감정을 적절하게 조절할 수 있는 능력이 부족함을 뜻한다. 또 타인의 참조 체제를 올바르게 인식하지 못하고 공감적으로 반응하지 못하는 훈련생이나 상담자는 대개 정서적 역량 부족을 드러낸다. 이와 유사하게 감정 폭발과 같이 주체할 수 없는 감정을 통제하는 데 어려움을 겪거나, 다른 사람의 고통에 소극적인 반응을 보이는 것과 같이 지나치게 무딘 정서적 반응을 보이는 사람 또한 정서적 역량 부족을 드러내는 사람이다. 인지적 역량 부족과 마찬가지로, 정서적 역량 부족도 경미한 것에서 심각한 것에 이르는 연속선상에 있다. 유능한 훈련생이나 상담자가 현재 심각한 정서적 역량 부족을 보이고 있다면, 능력 상실에 기인하였을 가능성이 높다.

3) 능력 상실

상담 전문직에서 능력 상실의 문제가 인지된 것은 최근에 들어서이나 능력 상실의 정의에 대한 합의는 아직 명확히 이루어지지 않고 있다. 따라서 전문서적에서조차 스트레스(distress), 소진(burnout), 능력 상실(impairment)이라는 용어가 혼용되고 있는 실정이다. 이 세 용어들 간의 관계를 시사하는 한 가지 견해는, 이것들이 전문적인 수행에 미치는 영향의 심각도 차원에서 볼 때 최소에서 최대까지의 연속선상에 있다는 것이다. 따라서 스트레스는 가장 경미한 상태이고, 능력 상실은 가장 심각한 상태이며, 소진은 둘 사이의 가운데 지점에 있는 상태다. 앞에서 언급한 것처럼, 능력 상실은 역량 부족의 한 형태로 이해될 수 있다. 이들에 관해 좀 더 자세히 살펴보면 다음과 같다.

(1) 스트레스

상담하는 것은 상담자로 하여금 스트레스를 유발시키며 상담 관계는 그 자체가 스트레스의 원인이 될 수 있다. 결혼과 같은 다른 대인관계에서는 욕구 충족이 상호적으로 이루어지나 상담 관계에서는 그러한 상호 호혜성이 존재하지 않으며, 상담자는 몹시 손해를 보고 있다고 느낄 수 있고 종국에는 자신의 활동에 대한 효율성마저 의심할 수도 있다. 상담자의 스트레스에 관한 한 연구에 따르면, 전문가로서의 직무 중 가장 스트레스를 많이 받는 일이 무엇인가의 질문에 74%나 되는 대다수의 사람들이 상담이 실패하는 것이라 답하였고, 55%가 일방적인 경청과 지지, 치료 관계에서 요구되는 책임감 등 때문에 소진을 느낀다고 답하였다(Farber & Heifetz, 1982).

이러한 스트레스를 받는 상담자들은 주관적으로 자신에게 무엇인가 이상이 있다고 인식하고, 종종 불안과 우울, 무력감, 신체적 증상, 자존감의 저하 등을 경험한다. 그러나 스트레스의 증상들은 일시적인 것이고 짧은 휴가나 활동 수준의 변화, 휴식 등을 통해 쉽게 회복될 수 있기 때문에, 이것이 반드시 전문적인 직무 수행에서 능력 상실로 나타나지는 않는다.

(2) 소진

지속적이고 줄어들지 않는 스트레스는 소진을 초래할 수 있다. 소진은 "오랜 기간에 걸쳐서 정서적으로 힘든 상황에 관여하거나 힘든 사람과 관계를 맺음으로써 초래되는 신체적 · 정서적 · 정신적으로 에너지가 고갈된 상태"라고 정의할 수 있다(Pines & Aronson, 1988). 극도로 피곤하고 에너지가 고갈된 상담자들은 자신과 자신의 일에 대해 부정적인 태도를 보이는 경향이 있고, 내담자에게 주의를 기울일 수 있을 정도로 충분한 에너지를 갖지 못한다. 소진은 상태라기보다 과정으로 보아야 한다. 몇몇 연구자들은 소진이 상담자들에게 점점 더 일반적으로 나타나고 있으며, 직무를 계속 수행하면서도 소진에서 벗어날 수 있는 상담자들은 소수에 불과할 것이라고 주장하였다. 이처럼 줄어들지 않고 계속적으로 지속되는 소진은 능력 상실을 초래할 수 있다.

(3) 능력 상실

능력 상실은 내담자에게 충분한 도움을 제공할 능력이 부족한 상태라고 말할 수 있다. 능력 상실 상태의 상담자는 자신의 전문 기술과 판단력이 전문적인 상담 서비스를 효과적으로 제공할 수 없을 정도까지 감소하거나 저하된 것이다. 능력을 상실한 상담자의 판단과 행동은 내담자에게 도움을 주기는 고사하고 오히려 해를 끼치는 결과를 초래할 수도 있다. 능력 상실은 흔히 과음과 여타 약물의 남용, 내담자의 성적 착취를 유발할 수 있는 치료적 경계선의 약화 등을 초래할 수 있다.

ACA와 APA의 윤리규정과 기준은 능력 상실과 관련된 명확한 지침을 제공한다. 두 규정 모두 내담자에게 충분하지 못한 상담을 제공하거나 해를 끼치는 바람직하지 못한 결과를 초래할 우려가 있을 때, 상담자는 전문적인 활동을 삼갈 것을 요구한다. 또한 두 규정은 모두 그러한 상황에 처한 상담자들이 자신의 전문적인 책무나 책임을 제한하거나 일시적으로 정지하거나 종결하여야 한다고 경고한다 (ACA, 2005; APA, 2002).

능력 상실은 쇠약해진 건강과 심리 상태, 약물의 사용 등으로 직무 수행 능력을 저해시키는 결과를 초래하여 상담자의 전문적인 직무 수행 능력이 상실된 상태로 정의될 수 있다. 능력 상실의 징후로는 임상적 우울, 약물 남용, 성희롱과 간통 및 기타 경계위반, 인격장애, 심각한 소진, 노인성 치매나 발작과 같은 의학적 상태 등이 포함된다. 비록 간통과 같은 경우는 면허의 정지나 취소 또는 구속 등이 취해질 수 있으나, 대개 능력 상실의 주된 해결 방법은 심리치료나 의학치료가 일반적이다. 역량 부족 상태의 상담자와 달리, 능력이 상실된 상담자는 능력 상실로 직무 수행이 불가능하다는 것이 증명되기 전까지는 외관상 전문가로서 행동할 수 있고 상담자의 직무를 수행할 수 있어서 심각한 문제를 초래할 수 있다.

(4) 능력 상실의 예방법

소진과 능력 상실은 예방할 수 있다. 둘 다를 예방하는 데는 자기보호와 복지를 증진시키기 위한 노력이 필요하다. 상담자들의 자기보호는 호사를 위한 것이라기보다는, 자신을 먼저 보살피고 돌보지 않으면 내담자를 보살피고 돌볼 수 없다는 전제에 기초한 윤리적인 지침으로 여겨야 한다. 자기관리 전문가들에 따르면, 상담자들의 '일방적인 돌봄'이 직업상의 위험 요소라고 경고한다(Skovholt, 2001). 그는 직무 시간의 대부분을 타인을 돌보는 데 보내는 사람들은 자기 자신을 돌보는 방법을 습득할 필요가 있다고 지적한다.

상담자들의 예방적인 자기보호 전략은 그들의 복지를 유지하기 위한 중요한 수단이다. 브렘스(Brems, 2000)는 상담자들의 소진을 예방하기 위한 구체적인 자기보호 방법을 제시했는데, 전문성 측면과 개인적 측면으로 나누어 다음과 같이 소개하고 있다.

- **전문성 측면에서의 자기보호 전략**

지속적 교육   추가적인 지식, 기술, 경험 등은 자신감과 역량을 증가시킬 수 있다.

자문과 수련감독   전문가의 조언을 구하는 것은 어렵고 스트레스를 많이 받는 사례를 다루는 데 상당한 도움이 된다.

연결망의 형성   동료, 과거의 지도교수, 수련감독자 등과 정기적으로 만남을 유지하는 것은 전문적인 실무상의 어려움에 대해 통찰과 지지를 제공해 준다.

스트레스 관리전략   스트레스를 줄이는 전통적인 전략과 더불어, 타인에게 제공하는 조력의 범위를 설정해 놓는 것은 에너지가 고갈되고 녹초가 될 때까지 도움을 주려는 상담자들의 경향성을 개선하는 데 효과적이다.

- **개인적 측면에서의 자기보호 전략**

건강한 개인 습관   약물 사용의 절제뿐만 아니라, 영양 섭취, 운동, 수면 등에서의 건강한 패턴을 유지하는 것은 선택이 아니라 필수다.

친밀한 관계에 대한 관심   가족 및 의미 있는 타인과의 관계는 정서적인 지지를 받을 수 있을 뿐 아니라 내담자 및 전문적 관계에 대한 통찰을 제공한다.

여가 활동   취미를 포함한 활동들은 재충전을 통해 스트레스를 해소시킴으로써 소진을 예방하는 계기를 제공한다.

이완과 집중   명상 및 호흡 조절과 같은 활동들은 삶에 균형감을 제공한다.

자기 탐색 및 인식   상담자 자신도 상처받기 쉽다는 것을 인식하고, 어려움에 처했을 때 도움과 지지를 구하고, 개인적 문제해결을 위해 상담을 고려하는 것 역시 필요하다.

4) 직무 태만과 직무상 과실

역량이 부족한 상태에서 직무를 수행하는 상담자와 치료자는 면허 당국이나 전문 학회에서 제재의 대상이 될 뿐 아니라 법적 소송에 휘말릴 수 있다. 역량이 부족한 상담 서비스는 종종 태만한 서비스가 되기 때문에, 심각한 경우는 상담자가 민사재판에 고소당할 수도 있다.

(1) 직무 태만

직무 태만(negligence)은 상담 서비스를 제공하는 데 전문가의 예지력이 부족한 경우나 적절한 보호를 하지 않거나 하지 말아야 할 행동을 하였을 경우 등을 포함한다. 이것은 기대되는 치료의 규준으로부터 벗어난 부주의한 형태다(Ahia, 2002). 좀 더 간단히 말하면, 직무 태만은 합리적인 치료를 제공할 의무를 유기하는 것이며, 이는 내담자에게 직접적인 피해를 끼치게 된다(Behnke, Winick, & Perez, 2000).

(2) 직무상 과실

직무상 과실(malpractice)은 직무 태만의 한 형태다. 직무상 과실은 전문가가 치료 기준에 따라 수행하리라 기대되는 전문가로서의 의무를 위반하는 것이다. 핵심적으로 말하면, 직무상 과실 소송은 네 가지의 기본 요소를 포함하는데, 이것은 4D, 즉 '직접적(Directly)인 피해(Damage)를 유발하는 의무(Duty)의 유기(Dereliction)'를 포함한다(Behnke et al., 2000). 4D의 하나하나는 직무상 과실을 주장하는 데 필수적인 요소다. 만약 이 D들 중 어느 하나가 결여되었다면, 소송은 성공할 수 없다. 직무상 과실의 경우, 피해를 보았다고 주장하여 소송을 제기한 원고는 4D 각각이 포함된 증거를 제시해야만 한다. 즉, 직무상 과실 소송에서는 내담자와 상담자의 관계가 성립되었다는 것, 상담자의 서비스가 수용 가능한 수준 이하로 제공되었다는 것, 그 행동이 내담자에게 피해를 입힌 원인이 되었다는 것, 그리고 결과적으로 내담자가 그 피해로 고통을 받고 있다는 것 등이 입증되어야만 한다.

직무상 과실과 전문가들이 누구나 할 수 있는 일상적인 실수를 구별하는 것은 중요하다. 예를 들어, 같은 시간에 두 개의 상담 스케줄을 잡는 것은 내담자에게 피해를 주지 않을 것이며 정상적인 실수로 간주될 것이다. 그러나 심각한 자살 시도나 질식사를 초래할 수도 있는 환생치료 같은 치료법을 사용하는 것은 직무 태만과 법적 소송의 원인이 될 수 있다.

6. 요 약

이 장에서는 전문직과 상담 전문직의 정의를 간단히 살펴보았고, 상담자의 역량과 관련이 있는 직업관을 생업관, 출세관, 소명관으로 나누어 고찰한 다음 이러한 직업관과 역량 간의 관계를 살펴보았다. 또한 전문적 역량의 수준을 5단계로 나누어 살펴본 다음 실무 범위에 대해 논의하였고 역량을 수준 및 단계가 다른 연속체로서 개념화하였으며 역량 부족, 스트레스, 소진, 능력 상실 등의 조건을 검토하였고 이를 예방하기 위한 전략과 대처 방법을 알아보았다. 마지막으로 역량이 부족한 상태에서 발생할 수 있는 직무 태만과 직무상 과실에 대해 고찰하였다.

숙달된 상담자들에 관한 스콥홀트와 제닝스(2004)의 연구 결과에 따르면, 그들이 숙달된 전문가가 될 수 있도록 만드는 몇 가지 특징들을 제시하고 있다. 이 연구의 기본적인 결론은 이러한 상담자들은 단지 자격규정과 윤리규정에서 요구하는 최소 역량 수준을 충족하는 데만 만족하지 않고 자신의 분야에서 전문가가 되려는 의욕이 매우 높았다는 것이다. 심지어 다년간의 교육과 실습을 마친 후에도 자신의 전문 지식과 기술을 개발하거나 유지하는 것에 매우 높은 가치를 두었다고 밝히고 있다.

또한 그들은 다른 사람들이 전문가 수준의 실무 능력을 갖추었다고 생각하는 것을 달성했더라도 자신의 임상적 능력을 더 확장시키고 강화시켜 줄 공식적·비공식적 교육을 지속적으로 갈구한다는 것이 밝혀졌다. 자신의 전문직에서 학습과 성장을 위한 기회를 발견하려는 이러한 끊임없는 열망과 지속적인 노력은 숙달된 상담자들의 매우 결정적인 특성이었다. 이렇듯, 상담자들은 자신의 한계에 대한 인식과 결부되어 있는 역량 개발에 대한 끊임없는 욕구가 상담자들을 최고의 역량 수준에 도달하게 만드는 것임을 명심해야 한다.

제 3 부

상담 장면에서의 윤리

제10장
부부 및 가족상담 윤리

우리나라의 가족상담 역사는 그리 길지 않기 때문에 전문단체나 관련법이 미국의 경우처럼 제대로 정비되어 있지 않은 것이 현실이다. 이러한 상황에서 가족상담과 관련된 윤리적 갈등 상황이 발생할 경우, 그것을 해결하기는 쉽지 않으며 그 부담을 전적으로 상담자 혼자서 짊어져야 하는 것이 현실이다.

미국에서는 가족상담자만 전적으로 지고 있는 이러한 부담을 덜어 주기 위해서 가족상담 전문단체 차원에서 임상실천의 윤리적 잣대로 활용할 수 있도록 윤리강령을 만들어 적용하고 있다. 미국에서 부부 및 가족상담자들이 소속된 전문단체는 미국상담학회의 분과학회인 결혼 및 가족상담자 국제학회(International Association of Marriage and Family Counselors: IAMFC)와 미국 결혼 및 가족치료학회(American Association for Marriage and Family Thereapy: AAMFT) 등 두 단체가 있다.

이 장에서는 이 두 전문단체의 윤리강령을 바탕으로 가족상담 윤리의 핵심 논제인 비밀보장, 사전동의, 이익의 상충, 역량 등에 관해 다룰 것이다. 기본적인 내용은 앞 장에서 다루었으므로 부부 및 가족상담과 관련된 특유의 내용을 중심으로 살펴보기로 한다. 마지막으로 부부 및 가족상담에서 윤리적 의사결정을 어떤 과정을 통해서 진행해 나가야 할 것인지를 다루었다.

1. 비밀보장

비밀보장은 효과적인 상담을 하는 데 가장 기본적이고 필수적인 요소다. 내담자는 상담자가 비밀을 보장해 줄 것이라는 확신이 있기 때문에 자신의 은밀한 정보도 편안하게 드러낼 수 있는 것이다. 다른 형태의 상담처럼 부부 및 가족상담에서도 비밀이 확실하게 보장되어야 한다. 번스타인과 하트셀(Bernstein & Hartsell, 2000)에 따르면, 비밀보장과 신뢰라는 두 단어는 떼려야 뗄 수 없는 관계이며, 내담자가 자신이 상담 회기 중에 말한 것이 공공연하게 공표되고 지역사회의 이야깃거리가 될 수도 있다고 생각한다면 상담에 동의하는 사람이 거의 없을 것이라고 지적하였다. 따라서 내담자들은 비밀보장을 기대할 권리를 가지고 있으며 상담과정에서 말한 것은 절대적으로 비밀이 보장되어야 한다.

그러나 부부 및 가족상담에서 개인상담과 동일한 수준으로 비밀보장을 보증하기란 어렵다. 개인상담에서는 내담자와 함께 활동하면서 비밀보장의 윤리적 의무를 가지고 있는 유일한 사람이 상담자이므로 상담자만 비밀보장을 잘하면 된다. 만약 개인상담에서 내담자가 비밀보장을 포기하겠다고 한다면, 그것은 내담자의 권리이므로 비밀보장 위반이 아니다. 반면에 부부 및 가족상담에는 적어도 한 사람 이상이 내담자로 참여한다. 가족상담자들은 모든 가족 구성원들이 상담과정에서 이야기된 정보에 대해 계속 비밀을 유지할 것이라고 보기 어렵기 때문에, 상담자가 보증할 수 있는 것은 상담자 자신의 비밀보장뿐이다. 가족상담에서의 비밀보장에 대한 이러한 '안전성'의 결여 때문에 내담자들이 가족상담에 대해 커다란 의구심을 가질 수도 있으므로, 사전에 내담자들과 이 문제에 대해 공개적으로 논의할 필요가 있다. 즉, 부부나 가족상담자들이 상담 참여자들에게 정직하고 개방적으로 의사소통하는 것은 그들과의 관계 개선에서 중요한 요소이기 때문에, 서로가 비밀보장을 적극적으로 다루는 것이 좋다(Ford, 2001). 나아가 비밀보장을 위반하는 것을 타인의 권리를 존중하지 않는 문제와 연결시켜 논의함으로써 가족상담에 참여하는 구성원들이 상담과정에서 이야기된 정보에 대해 비밀을 지키겠다는 합의를 이끌어 내는 데 도움이 될 수 있다.

한편, 부부 및 가족상담자들은 부모, 자녀 또는 각각의 배우자와 개별적으로 만나는 경우가 종종 있는데, 이때도 개인상담에서와 똑같은 수준에서 내담자에 대한 비밀보장이 이루어져야 하는가, 아니면 개인상담에서 알게 된 모든 내용을 가족상담에 참여하는 모든 가족 구성원에게 알려야 하는가? 가족 구성원들과의 개별적인 만남에 앞서, 상담자는 개별적인 만남을 통해 알게 되었으나 가족상담에 도움이 될 가능성이 높은 정보의 비밀보장에 대한 자신의 입장을 분명히 밝혀야 한다. 개별 가족 구성원과의 개인적인 만남에서 얻은 정보의 공유를 반대하는 상담자들도 있는 반면에, 내담자가 '부부나 가족'이므로 비밀을 철두철미하게 지키는 것은 오히려 비생산적일 수 있다고 보아 이를 반대하는 상담자들도 있다 (Margolin, 1998; Pope & Vasquez, 1998).

부부 및 가족상담자들이 비밀보장에 동의하는 경우는 몇 가지 장단점을 갖는다. 비밀보장 시의 장점은 만일 내담자들이 자신이 한 말이 자신의 배우자나 가족들에게 알려질 것이라는 사실을 알았다면 말하기를 꺼려 할 수도 있는 생각이나 감정 등에 관해 좀 더 신뢰할 수 있는 정보를 얻을 수 있다는 것이다. 예를 들어, 한 가족상담자가 상담을 하는 데 비밀을 보장하지 않는다는 사실을 알고 있다면, 미성년자인 딸이 자신의 임신 사실이나 아들이 마약을 하고 있다는 사실, 아버지가 도박을 하고 있다거나 해고되었다는 사실, 어머니가 혼외정사를 하고 있다거나 이혼을 하려고 한다는 등의 문제들을 솔직히 이야기하겠는가(Pope & Vasquez, 1998)? 가족 구성원과의 개인상담에서 알게 된 정보에 대해 비밀보장을 하는 것은 상담에 부정적인 특정한 가족 구성원에게 상담을 종결할 수 있는 빌미를 제공하는 것을 피할 수 있게 해 준다. 반면, 상담자가 다른 가족 구성원들에게 말할 수 있는 정보는 무엇이고 말해서는 안 되는 정보는 무엇인지를 알고 있는 경우도 무조건 비밀보장을 해야 한다는 것은 문제해결에 도움이 되지 않는다는 차원에서 단점이 된다. 게다가 이러한 행동은 상담자가 가족 구성원들 간의 열린 의사소통을 촉진해야 한다는 목적과 대치되는 행동을 하게 만든다. 지금부터 우리는 이 문제들을 윤리원칙이라는 관점에서 고찰할 것이다. 상담자의 성향에 관계

없이 이러한 정보는 건전하고 윤리적인 실무의 일부로서 상담 초기에 충분히 논의되어야 한다.

1) 부부 및 가족상담에서의 비밀보장과 특권

상담자들은 사생활, 비밀, 비밀보장, 특권 등과 같은 용어에 대해 자주 혼동을 일으킨다. 사생활은 타인들과의 관계에 영향을 미치지 않으나 공유하기를 원치 않는 정보가 포함된다(Glick, Berman, Clarkin, & Rait, 2000). 이러한 정보의 예로는 지난 선거에서 투표한 사람, 자신은 항상 스포츠 영웅이 되기를 꿈꾼다는 사실, 100억 원짜리 복권에 당첨되는 비밀스러운 상상 등을 들 수 있다. 이러한 것들은 관계를 돈독하게 하는 데 공유해야 할 필요가 없는 개인적인 상상 또는 자신의 모습이다. 대조적으로 비밀(secret)은 타인과의 관계에 영향을 미칠 수도 있는 감정 또는 정보들이 포함된다. 이러한 정보의 예로는 공포감, 관계에 대한 양가감정, 사람들이 하는 특정 행동(예, 정사, 약물 사용 등)에 대한 수치심 등이 포함될 수 있다. 그러므로 상담자의 비밀 유지에 대한 관점은 비밀보장의 문제를 다루는 논제들과 서로 얽혀 있으며, 그것은 사생활이 반드시 포함될 필요는 없다는 문제와도 관련된다. 비밀보장은 개인의 사생활에 대한 법적 권리에 기초하여 내담자의 개인적인 정보에 대한 비밀을 유지해야 한다는 상담자의 전문적인 의무다. 앞에서 언급한 것과 같이, 비밀보장은 상담을 제공하는 데 기본적인 윤리원칙이며 전통적인 규칙이기도 하다(Bernstein & Hartsell, 2000). 특권(privilege)은 법적인 절차(예, 민사소송)에서 전문가가 목격자로서 내담자에 관한 비밀정보를 폭로하는 것으로부터 내담자들을 보호하기 위한 내담자의 법적 권리다. 포드(Ford, 2001)에 따르면, 특권은 내담자에게만 주어진 것으로, 전문가는 이 권리를 보호할 의무를 지닌다. 증언거부권은 상담자가 내담자의 정보를 보호하기 위해 증언을 거부하는 것을 의미한다. 증언거부권은 상담자가 법정에서 내담자의 사생활 공개를 막는 것이고 비밀보장은 상담자가 일반적인 대중들에게 사적인 정보의 공개를 막는 것을 의미한다.

상담 전문가와 내담자 간의 의사소통에 관한 법적 특권은 상황에 따라 다양하다. 포드(2001)에 따르면, 부부 및 가족상담은 일반적으로 특권을 배제한다. 왜냐하면, 두 사람 이상이 참여한 상황에서 이야기된 정보는 법적인 측면에서 비밀로 간주되지 않기 때문이다. 따라서 가족 구성원 중의 한 사람을 다른 사람들로부터 보호하려고 노력하는 부부 및 가족상담자들에게 특권은 거의 문제시되지 않는다.

2) 부부 및 가족상담에서의 비밀보장과 소송

특권은 법원에서 부여하는 권리이고 특권과 비밀보장을 가장 위협하는 것은 소송이므로, 소송에 휘말렸을 때의 비밀보장에 관해 검토할 필요가 있다. 부부 및 가족상담에서 상담자들은 상담과정에서 이야기한 내용을 말하도록 상대편 변호사로부터 강제적인 법적 압력을 받아 공개해야 할 가능성도 있다는 점에 대해 내담자에게 미리 알려야 한다. 번스타인과 하트셀(2000)에 따르면, 소송에서의 비밀보장 규정은 상담과정에서 상담자에게 말했던 내용이 비밀보장되고 임의적으로 반복할 수 없으나, 판사나 행정권자의 지시가 있거나 법에 규정되어 있을 때, 상담자는 상담자의 노트와 접수면접 자료에 포함되어 있는 내담자 관련 내용, 내담자의 진술 기록, 내담자의 행동 등에 대한 증언을 강요당할 수도 있다. 이러한 상황에서 내담자와 상담자가 증언거부권을 주장하려면, 법원에 이의 신청을 해야만 한다. 특권의 문제는 판사가 결정하는데, 만약 판사가 특권을 인정하지 않으면 상담자들은 증언을 강요받거나 증언거부에 따른 모욕죄를 적용받을 위험성이 있으며, 벌금형이나 투옥될 가능성도 배제할 수 없다(Bernstein & Hartsell, 2000). 즉, 특권을 내담자가 포기하거나 법원이 인정하지 않으면, 비록 자신은 증언하는 것이 내담자의 최상의 이익에 부합한다고 생각하지 않더라도 전문가는 정보를 제공할 수밖에 없다.

비록 법원의 명령이 있다 하더라도, 전문가는 항상 내담자의 비밀정보를 공개하기 전에 내담자로부터 문서로 작성된 동의서를 받으려고 노력해야만 한다(Pope & Vasquez, 1998). 내담자는 정보 유출 동의서나 비밀정보 유출 동의서 등의 양식으로 작성된 문서를 통해 비밀보장을 포기할 수 있으며, 상담자는 정해진 양식에 의거하여 내담자에 관한 정보를 법정에서 진술할 수 있다.

2. 사전동의

부부나 가족이 상담에 참여하기로 결정할 때, 참여자의 일부 또는 전부는 대개 실제로 상담이 어떻게 진행되는지에 대한 지식이 거의 없다. 따라서 부부 및 가족 상담자들은 상담 초기에 내담자들에게 상담의 진행과 관련하여 충분히 설명함으로써, 그들이 충분히 알고 이해한 상태에서 의사결정 및 선택을 할 수 있도록 필요한 정보를 제공할 의무가 있다. 내담자들에게 제공해야 할 이러한 정보들에는 어떤 것들이 포함되는가에 대해서 많은 이견이 있으며 그 방법과 절차에 관해서도 합의된 것이 없다. 그러나 동의의 특성과 목적, 그리고 다루어져야 하는 기본적인 주제에 대해서는 부부 및 가족상담자들 사이에 합의가 되어 있다. 포드(2001)에 따르면, 사전동의의 기본적인 요점은 상담과정에 관해 미리 적절하게 설명하지 않아서 내담자들이 상담 중에 당황하지 않게 하는 데 있다. 사전동의를 구하는 과정은 다소 시간 소비적인 측면이 없지 않으나, 동의를 필요로 하는 각 요소에 대해 내담자가 그것을 완전히 파악할 수 있도록 설명을 해 주어야 한다.

1) 사전동의의 내용

상담을 받으려는 부부 및 가족들은 상담에 관해 설명을 듣고 이해할 수 있도록 관련 정보를 제공받을 필요가 있다. 정보를 제공하고 사전동의를 구하는 과정은 부부나 가족 및 상담자 모두에게 가족상담의 과정을 충분히 이해할 수 있는 기회를 제공한다. 다음의 내용은 내담자들이 가족상담의 과정에 대한 동의를 하기 전에, 상담과정에 대해 충분히 숙지하고 있는지 확인할 필요가 있는 기본적인 질문들이다.

- 서비스 제공자는 누구이며 상담자 자격(자격증과 면허)은 있는가?
- 첫 회기의 이유와 목적을 이해하고 있는가?
- 상담 서비스의 특성, 범위, 예상되는 결과, 가능한 대안 등을 이해하고 있는가?
- 서비스에 한계가 있음을 이해하고 있는가?
- 상담료, 불참 및 약속 취소 등에 관한 정책을 이해하고 있는가?
- 회기와 회기 사이에 상담자와의 비상 연락 절차를 이해하고 있는가?
- 비밀보장에 관한 상담자의 입장을 이해하고 있는가?
- 비밀보장, 사생활, 특권의 한계를 이해하고 있는가?
- 사례에 대한 자문을 얻기 위한 상담자의 슈퍼비전 의무를 이해하고 있는가?

　내담자가 상담에 대해 이해하도록 하는 것 이외에, 상담이 시작되기 전에 내담자들의 동의를 얻는 것은 윤리적 실천의 기초다. 내담자의 동의를 얻어야 할 내용에는 내담자들이 가지고 있는 문제, 두려움 또는 의문들 중에서 어떤 것들을 다룰 것인가에 대한 것뿐만 아니라, 위에서 언급된 사항들도 철저하게 점검해야 한다. 종종 내담자의 정신적·신체적 안전과 비밀보장 등에 대한 미묘한 문제뿐만 아니라, 회기를 얼마나 자주 할 것인지 또는 상담 비용이 얼마나 드는지와 같은 구조적인 문제도 다루어져야 한다. 만약 그것이 불가능하다면 상담자는 사전동의를 충분히 대신할 수 있는 문서화된 정확하고 정직한 진술서를 반드시 제공할 필요가 있다. 극단적인 상황을 제외하고 상담자는 내담자가 자신의 최상의 이익을 위해 스스로 결정할 수 있도록 해야 한다는 것을 명심해야 한다. 사실, 사전동의는 한 번으로 이루어지는 거래가 되어서는 절대로 안 되며, 상담이 진전되고 목적이 변함에 따라 계속적이고 순환적인 과정으로 이루어져야 한다(Ford, 2001; Glick et al., 2000; Margolin, 1998). 예를 들어, 어떤 가족은 충동적인 자녀를 돕기 위한 초기의 아주 잠정적인 상담 계획에 기초하여 가족상담 과정에 대해서뿐 아니라, 초기의 심리적·신경생리적·의학적 평가에 동의할 수 있다. 몇 개월간의 상담 후, 평가 결과나 가족체계에 대한 추가적인 정보 또는 내담자의 욕구 변화에 기초하여 상담 계획은 눈에 띄게 달라질 수 있다. 상담 계획이 현저하게 변화되면, 내담자도 이러한 변화들을 적절히 이해하고 자발적으로 동의해야 한다(Pope & Vasquez, 1998).

마지막으로 사전동의의 내용으로 상담 계약의 사업적 측면을 다루어야만 한다. 상담료 약정, 약속 위반, 회기의 길이, 제삼자 지불 등에 관해 의논하고 이를 분명히 해야 한다. 또한 내담자들은 그들의 상담 계획, 목표 설정 등에 참여하고 상담 과정에 대해 질문할 수 있는 권한을 부여받아야 한다. 앞에서 논의하였듯이, 내담자들은 진단 및 사례 기록에 대한 그들의 권리에 관해서뿐만 아니라, 그들이 그러한 기록에 접근할 수 있는 방법에 관해서도 통보받아야 한다(Ford, 2001). 또한 내담자들은 전문가가 기록한 내용에 이의가 있다면(예를 들어, 부정확한 정보, 잘못된 인용, 진단 등) 그러한 기록을 수정하라고 요청할 수 있는 권리를 가진다.

과거에는 내담자에게 상담에 관해 너무 많은 정보를 주는 것이 내담자들을 쫓아 버리거나 상담 여건을 불리하게 만들 수도 있다는 두려움이 있었다. 그러나 포프와 바스케즈(Pope & Vasquez, 1998)에 따르면, 상담의 이익과 한계점에 관해 솔직하게 논의한 내담자들은 상담 초기에 상담 지시를 더 잘 따르고, 상담에 적극적(덜 증상적이고, 덜 저항적이며, 좀 더 순응적인)으로 참여할 가능성이 더 높다. 따라서 상담자들은 윤리적 기초뿐 아니라, 좋은 수행, 적절한 신뢰 관계 형성, 관계 유지를 위한 방편, 상담과정, 그리고 상담에 대한 내담자의 기대에 관한 교육 방법으로서 사전동의의 절차를 활용해야 한다.

2) 동의 능력이 없는 내담자의 사전동의

상담에 대한 적절한 동의를 할 수 없거나 동의할 능력이 부족한 내담자들을 상담할 때, 사전동의는 상담자의 특별한 관심과 대책을 필요로 한다. 동의는 동의할 능력을 가진 사람이나 특정 개인에 대한 동의의 권한을 가진 사람으로부터 받은 것이 아니라면 아무런 효력이 없다. 예를 들어, 마약이나 알코올중독자는 상담에 동의를 할 정신적 능력을 가지고 있지 않다. 즉, 어떤 사람이 마약이나 알코올에 중독되어 상담에 참여한다면, 사전동의는 그 사람이 명백히 맑은 정신이 들었을 때 이루어져야 한다.

만약 어떤 사람이 정신지체, 치매 또는 지속적인 정신병 발현 등과 같은 정신적 능력 부족으로 사전동의가 불가능하다면, 상담자는 사전동의를 제공할 수 있는 법적 보호자나 위임권자를 찾아야 한다. 만약 법적 보호자가 없다면 상담자는 법적 보호자가 정해질 때까지 어떠한 상담도 하지 않는 것이 좋다. 번스타인과 하트셀(2000)에 따르면, 법적 보호자가 정해졌다 하더라도 상담자는 보호자를 임명하는 법원 명령서의 사본을 요구하고, 보호자의 권한(정신건강 상담에 동의해 주는 것과 같은)에 제한이 없음을 꼼꼼히 확인할 것을 권장한다. 만약 보호자의 권한에 제한이 있는 것으로 의심이 된다면 상담자는 변호사나 법원 직원을 통해 보호자의 법적 권한이 분명해질 때까지 상담을 미루어야 한다. 또한 내담자들이 정신적으로 약간 부족한 능력을 가졌을 경우도 건전하고 윤리적인 상담의 수행을 위하여 부부 및 가족상담자는 내담자의 이해 능력 수준에서 가능한 한 많은 정보를 그들에게 제공해야 한다(Bernstein & Hartsell, 2000; Ford, 2001; Margolin, 1998).

법적인 동의를 할 능력이 부족한 또 다른 내담자 집단은 미성년자들이다. 보통 미성년자는 18세 미만의 미혼 아이들로 정의된다. 미성년자가 가족상담에 참여했더라도 법적으로 필요한 부모의 동의가 있다면, 아이들은 상담과정에 관한 비슷한 정보를 제공받아야 하고 사전동의를 받아야만 한다. 상담에 관한 주요 개념들은 전문용어가 아닌 그들이 이해할 수 있는 방식으로 제시되어야 한다. 종종 구두 설명, 그림과 같은 시각적 보조 자료, 내담자에게 제공된 정보를 완전히 이해했다는 것을 말로 확인하게 하는 방법 등을 사용하는 것은 철저한 동의과정을 거쳤음을 입증하는 방법들이다(Ford, 2001; Pope & Vasquez, 1998).

이혼한 부모들이 자녀들을 공동으로 양육하는 경우가 많은 현대사회에서 가족상담자들은 자녀가 가족상담에 참여하는 것에 대한 동의권을 어느 쪽 부모가 가지고 있는지, 또는 둘 다 가지고 있거나 둘 다 가지고 있지 않은지 등을 결정하는 것이 점점 더 어려워지고 있다. 정신적으로 무능력한 성인 내담자와의 가족상담 사례와 마찬가지로 부부 및 가족상담자들은 이혼가정 자녀의 상담을 시작하기 전에 가장 최근의 양육 명령서 사본의 제출을 요구한 후 보관해야 한다. 상담자가 아이의 파일에서 양육 명령서와 같은 관련 문서를 복사해 보관하는 것은 좋은 방법이다. 만약 확실하지 않은 점이 있다면 부부 및 가족상담자는 서비스를 제공하기 전에 그들의 변호사에게 조언을 구해야 한다. 결국 부적합한 사람이나 법적 권리가 없는 사람을 통해 이루어진 동의는 동의가 될 수 없음을 상담자는 명심해야 한다(Bernstein & Hartsell, 2000).

3. 이익의 상충

우리는 매일 여러 유형의 경계 속에서 살고 있다. 예를 들어, 집에서는 벽, 문, 창문 등이 안과 밖의 경계를 만든다. 우리의 성별, 시민의식 그리고 사회적 역할 등은 모두 경계의 일종에 속한다. 이러한 경계는 특정 범주를 만들거나 분리하는 기능을 한다. 특히 가족 및 부부상담의 이론적 기초가 되는 가족체계 이론에서 이러한 경계는 특별한 의미를 가진다. 가족들 사이에 경계가 분명하다면, 그러한 경계는 가족 활동을 좀 더 효율적이게 만드는 기본 요소가 된다. 예를 들어, 어떤 가족 안에서 아동과 부모 사이의 경계가 명확하게 정의되면 부모는 아이들을 좀 더 효과적으로 양육할 수 있다. 그러나 부모가 해야 할 여러 역할(예, 요리, 청소, 돈벌이, 양육 등)을 떠맡은 부모화된 아동의 경우처럼 경계가 불명확하게 정의되면, 부모로서 행동하는 데 필요한 그들의 능력과 신뢰가 줄어든다(아이는 부모를 존경하지 않고, 역할에 혼란을 겪을 것이다.). 부부 및 가족상담자들은 경계의 개방성(얼마나 잘 의사소통하고, 기능이 변화하는가), 유연성(가족이나 부부가 얼마나 변화에 잘 적응하는가)뿐만 아니라, 경계의 명료성과 혼란성의 차원에서도 경계의 역동성을 종종 볼 수 있다. 역기능은 경계가 혼란스러울 때, 지나치게 개방적이거나 충분히 개방적이지 못할 때, 지나치게 유연하거나 충분히 유연하지 못할 때 발생한다.

상담자가 내담자와 전문적 관계 이외에 하나 이상의 또 다른 관계(예, 사업 관계, 친구관계 등)를 맺을 때, 중립을 유지하는 능력 또는 내담자에게 최상의 이익이 돌아가도록 행동하는 능력은 손상된다. 따라서 상담자가 전문적ㆍ상담적 관계 이외에 또 다른 관계를 맺지 못하도록 금지하는 것은 상담자나 내담자 모두를 보호하기 위해 설정된 경계다(Glick et al., 2000). 그러나 현재 부부 또는 가족상담에 참가하고 있는 내담자에게 개인상담을 제공하는 경우가 있듯이, 한 내담자와 한 가지 이상의 전문적인 관계를 가져야만 하는 경우도 종종 있다. 비록 이 두 가지가 모두 전문적 관계라 하더라도, 한 내담자를 두 가지 상황에서 만나는 것은 상담자가 누구(가족 또는 개인 내담자)에게 충심을 다하는가에 관한 윤리적 문제를 유발할 수 있으며, 개인상담에서만 다루어졌던 논제를 무심코 가족상담에서 이야기함으로써 우발적으로 비밀보장을 위반하는 경우도 발생한다(Ford, 2001).

그러나 안타깝게도 모든 다중 관계를 금지하여 상담자가 두 가지 이상의 역할을 수행하지 못하게 한다는 것은 불가능하다(Coale, 1998). 대인관계 측면으로나 상담 관계 측면으로나 상담자는 내담자를 상담하는 데 다중적인 수준에서 대면해야만 한다. 대인관계 측면에서 상담자는 내담자와 상호작용할 수도 있는 교회나 종교 집단, 학교나 아이들의 운동 경기 모임 또는 쇼핑 공간 등과 같은 내담자와 공통적인 사회적 환경(특히 작은 소도시 환경)에서 생활할 수 있다. 게다가 그들은 법원 배심원, 직업 중개인, 학대 문제 조사관 등과 같은 여러 가지의 다양한 전문적 역할을 수행할 수도 있다. 상담적 측면에서 상담자는 내담자를 위해 일하는 전문가로서뿐만 아니라 여성/남성, 부모, 배우자, 아들/딸 등과 같은 여러 역할도 해야만 한다(Coale, 1998). 본질적으로 이는 '모든 비성적인 이중 또는 다중 관계가 건전하거나 유용할 수 있는가?'라는 의문을 갖게 한다.

다중 관계에 대해 너무 경직된 경계를 유지하는 것과 내담자의 착취 가능성에 주의를 기울이지 않는 것은 둘 다 위험하다. 다중 관계의 이러한 측면에 대해 코에일(Coale, 1998)은 관계는 아주 어려운 것이며 경우에 따라서는 다중 관계를 맺지 않는 것이 다중 관계를 맺는 것보다 더 파괴적일 수 있는 환경도 있다고 보았다. 즉, 모든 상황에서 다중 관계를 의심하는 것 역시 위험하다는 것이다. 그러나 그러한 의심을 피할 수는 없다.

윤리원칙의 차원에서 착취적인 다중 관계(성적 관계를 포함한)는 바람직한 것이 아니며 신뢰할 수 없다는 것에 주목해야 한다. 또한 이러한 관계들은 내담자와 상담자 모두에게 좋지 않은 결과를 초래하며, 내담자에게 자유로운 선택을 할 수 있는 능력이 있음을 부정한다. 따라서 이러한 관계들은 모든 윤리원칙에 위배된다. 그러나 '착취의 목적이 없는 다중 관계'라고 확신을 가질 수 있다면, 아마도 그 관계는 비록 다중 관계라고 하더라도 윤리적인 것으로 볼 수 있을 것이다. 즉, 이러한 관계들이 유익한지, 내담자의 자율성을 존중하는지, 내담자에 대한 공정함을 촉진하는지, 신뢰가 유지될 수 있는지, 상담자는 내담자와 비성적인 다중역할/다중 관계를 맺으면서도 윤리원칙의 틀 안에서 행동할 수 있는지 등에 대한 대답은 상담자가 상담적 관계를 통해 자신의 개인적 · 정서적 · 재정적 요구를 어떻게 충족시키는지를 공개하며, 이러한 것들이 내담자의 최상의 이익과 조화될 뿐만 아니라, 상담자가 경계를 분명히 정의하고 유지하는 능력이 있느냐에 달려 있다.

4. 역 량

부부 및 가족상담자는 한 사람 이상의 문제를 다루어야 하며, 모든 가족 구성원들 간의 미묘한 균형을 깨야만 하는 경우가 많다. 가족상담자는 상담과정에서 가족의 한 구성원을 격려하거나, 부부 사이에서 자연스럽게 둘 중의 한 명을 지지하거나 부모와 자녀가 대립할 때 어느 한쪽에 동조하기 쉽다. 가족상담자가 가족상담의 시작 단계에서 개인상담 모형을 활용할 수도 있으나, 점차적으로 부부나 가족에게 효과적으로 기능하는 복잡한 요소들에는 이를 적용하기가 어렵다. 따라서 부부나 가족상담에 대한 전문성을 가지는 것은 단지 상담자가 되기 위한 교육에 참여하는 것 이상의 것을 요구한다. 심지어 부부 및 가족상담 전문가 자격을 보유하고 있다고 하더라도, 이것이 상담자로 하여금 가족상담을 할 자격이 있다는 것을 항상 보장하지는 못한다. 특히 상담자로서의 교육을 이수하고 자격증을 받은 상담자들이 부부와 가족상담 분야에 관한 추가적인 교육이나 자격 훈련 이수 및 슈퍼비전 경험 없이 부부 및 가족상담 전문가로 활동하고 있는 경우가 많은데, 이처럼 상담자가 적절하게 교육받지 않은 영역에서 활동하는 것은 윤리적이지 않다.

　일부 사람들의 경우에 가족상담도 상담인데, 그렇게 한다고 해서 어떤 큰 문제가 생기겠느냐고 반문하기도 한다. 그러나 절대 그렇지 않다. 왜냐하면, 적절한 교육과 슈퍼비전 경험 없이 아주 복잡하고 역동적인 문제들을 가진 부부와 가족들을 임의적으로 바라보는 상담자들은 그들 자신과 내담자들을 위험에 빠뜨릴 가능성이 크기 때문이다. 훈련과정에서 부부 및 가족상담에 관한 이론을 거의 공부하지 않은 상담자들이 적절한 교육, 경험, 슈퍼비전 없이 가족상담 서비스를 제공하는 것을 자주 접하게 된다. 그들은 상담자가 역동성을 평가하고, 상담이 더 큰 해를 끼치는 결과를 야기할 수도 있는 격한 정서들을 이해할 수 있게 해 주는 추가적인 정보 수집과정을 무시한다. 이것은 비윤리적인 것이며, 특히 내담자들이 상담자의 역량 부족을 모르는 상태에서 그들이 적절한 도움을 받고 있다고 믿고 있는 경우에 더더욱 비윤리적인 것이 된다.

　심지어 적절한 교육을 받은 부부 및 가족상담자들도 자신들의 교육 훈련 내용과 합치된 전문 영역에 대해 명확히 해야 한다. 법적인 측면에서, 이러한 전문 영역을 명확히 밝히는 것은 내담자가 가지는 상담자의 전문성에 대한 믿음을 부당하게 악용할 수 있는 비윤리적인 상담자들로부터 대중들을 보호하기 위한 것이다. 특히 상담자가 자신의 전문 영역과 능력 수준을 분명하게 밝히는 것은 부부 및 가족상담을 받고자 하는 내담자로 하여금 상담자가 내담자의 문제를 해결할 수 있는 전문성을 어느 정도 가지고 있는지에 대해서 정확히 알고 선택하게 할 수 있게 한다는 측면에서 상당히 중요한 윤리적 측면이다. 특히 오말리(O'Malley, 2002)는 특정 관계 수준에서는 신뢰와 의존성 문제가 나타나므로, 상담자들이 과도한 역할을 할 위험성이 있다는 점에 주목하였다. 대개 의뢰를 받거나 진단 혹은 기타 의학적 고려사항에 대한 의견을 구하는 특정 상황들에서 상담자는 결정을 해 주는 대신 대안을 제시해야 하며, 내담자가 충분히 알고 결정을 할 수 있도록 도와야 한다는 점을 분명히 해야 한다.

　또한 부부 및 가족상담자는 전문적인 교육을 받았고 그 결과 자격증을 받았으니 전문성을 모두 갖추었다고 말하는 것도 옳지 않다. 전문적인 교육을 이수하고 자격증을 받았다는 것이 상담자가 여러 유형의 가족들과 그들이 가지고 있는 다양한 문제들을 다루는 데 반드시 유능하다는 것을 의미하지는 않는다. 예를 들어, 어떤 가족상담자들은 어린 아동이나 청소년들과 활동하는 것에 대한 충분한 교육을 받지 않았을 수도 있고, 어떤 상담자들은 가족 및 자녀 양육 문제는 능숙하지만 부부 문제에 관해서는 능숙하지 않을 수 있다. 또한 어떤 상담자들은 가정폭력, 성적 학대, 근친상간 또는 약물 남용과 같이 큰 위험이 있거나 매우 감정적인 문제들의 해결에 필요한 전문교육을 받았지만, 다른 상담자들은 그렇지 않았을 수도 있다. 따라서 건전한 윤리적 실천을 위해서는 이러한 모든 전문 영역들이 상담 착수 단계에서 중요한 문제로 다루어지고 충분히 이야기되어야 한다. 그렇지 않으면, 내담자들은 문제나 관심사를 적절히 해결할 수 없는 사람에게 의존하게 될 위험에 처할 것이며, 그렇게 되면 내담자들로 하여금 상담에 등을 돌리게 만들고, 결국 그들은 계속하여 고통, 공포 또는 위협 속에서 살아갈 것이다.

5. 요 약

이 장에서는 가족상담 윤리의 핵심 논제인 비밀보장, 사전동의, 이익의 상충, 역량 등에 관해 부부 및 가족상담 특유의 내용을 중심으로 살펴보았다. 이를 간략히 요약해 보면 다음과 같다.

첫째, 가족상담에서의 비밀보장은 상담에 참여하는 인원수가 많기 때문에 개인상담에서의 비밀보장과 동일한 수준으로 이루어지기가 어려우므로, 이에 관해서 상담을 시작하기 전에 가족들과 논의를 해야 할 필요가 있다. 아울러 개인상담과 가족상담을 동시에 진행하는 경우는 개인상담에서 다룬 내용을 가족상담에서 공개할 것인지의 여부에 대한 입장도 분명히 밝힐 필요가 있다.

둘째, 가족상담자들은 상담을 시작하기 전에 가족들에게 상담자의 전문성 수준, 서비스의 특징, 범위, 예상되는 결과, 가능한 대안, 서비스의 한계, 상담 비용, 비밀보장 등에 관해 충분히 설명하고 이해를 시킨 다음에 동의를 구해야 한다. 특히 약물중독자나 미성년자와 같이 동의 능력이 없는 가족들에 대한 동의는 법적 보호자를 분명히 확인하여 이들로부터 동의를 받는 것이 중요하다. 아울러 법적 보호자가 분명하지 않을 경우는 이를 분명히 확인할 때까지 상담을 제공해서는 안 된다.

셋째, 가족에서 경계의 문제는 아주 중요한 문제이며, 아울러 가족상담에서도 이러한 다중 관계의 문제는 여러 가지 문제를 야기할 가능성이 많다. 이러한 다중 관계를 철저하게 맺지 않는다는 것은 현실적으로 불가능하며, 불가피하게 다중 관계를 맺어야 할 경우는 가족상담자가 내담자와의 상담 관계를 통해 자신의 개인적·정서적·경제적 요구를 어떻게 충족시키는지를 공개하고 이러한 것들이 내담자의 이익과 잘 조화되고 경계를 분명히 유지하는 능력이 있음을 담보해야 한다.

마지막으로 가족상담자는 자신이 가지고 있는 전문적 역량에 대해 상담을 시작하기 전에 내담자들에게 분명하게 밝히고 그들이 상담을 할 것인지의 여부를 결정할 수 있도록 해야 한다. 아울러 가족상담 자격증만을 내세울 것이 아니라 가족상담에 관한 전문성의 향상을 위해 지속적인 연수와 슈퍼비전을 받을 필요가 있다.

제11장
집단상담 윤리

집단상담은 로저스(Rogers, 1970)가 "금세기에 가장 급속하게 퍼져 나가는, 그리고 가장 강력한 영향력을 가진 사회적 발명품"(p. 1)이라고 평가할 만큼, 그동안 다양한 형태로 발전하여 다양한 장면에서 실시되어 왔으며, 집단상담에 대한 이론적·실증적인 연구들이 많이 이루어져 왔다. 특히 최근 미국은 물론이고 우리나라에서도 집단상담이 눈부시게 발전하여 보급됨에 따라 집단상담 전문가와 연구자, 그리고 집단상담 수혜자가 급격하게 늘어나고 있다(이형득 외, 2003; Corey, Corey, & Callanan, 2007). 오늘날 집단상담이 이처럼 상담의 주요 방식으로 널리 인식되고 있고 다양한 형태로 실시됨에 따라, 집단상담자는 집단상담 장면에서의 윤리적 지침과 고려사항들에 대해 숙지하고 준수하여 집단원들에게 필요한 도움을 주고 피해를 입히지 않는 서비스를 제공해야 할 필요성이 더욱 커지고 있다.

개인상담에서 지침이 되는 기본적인 윤리적 가치와 규준은 집단상담에서도 핵심적인 윤리지침이 되고 있지만, 집단상담자는 개인상담에서와는 다른 특수한 윤리적 문제에 직면할 수 있다. 그 이유는 집단상담이 개인상담과 달리, 집단이라는 특수한 상황과 분위기 속에서 여러 명의 집단원들 상호 간의 역동적인 관계를 바탕으로 하여 집단원의 문제해결과 성장·발달 및 인간관계 능력을 돕기 때문이다. 따라서 집단상담자는 상담자의 능력, 사전동의, 비밀보장, 다중 관계와 같이 개인상담에서의 주요 윤리지침과 쟁점들을 숙지하고 있어야 할 뿐만 아니라 집단 상담 장면에서 특수하게 직면하는 윤리적 문제가 무엇인지, 그리고 이러한 문제에 대해 어떻게 대처해야 할지를 포함한 집단상담에서의 윤리지침에 대해서도 잘 알고 있어야 한다.

이 장에서는 집단상담자가 특별히 직면할 수 있는 윤리적 문제와 이에 적절하게 대처하기 위해 숙지할 필요가 있는 내용들을 살펴보고자 한다. 이를 위해 집단상 담자의 역량, 집단상담에서의 사전동의와 비밀보장 및 다중 관계, 집단원의 심리 적 위험 보호, 그리고 미성년자를 대상으로 하거나 학교 장면에서 실시되는 집단 상담과 관련하여 집단상담자가 준비해야 할 윤리적 사항들이 무엇인지에 대해 구 체적으로 알아보고자 한다.

1. 집단상담자의 역량

집단상담자는 자신의 집단에 참여하는 집단원들의 문제를 해결하고 성장과 발 달을 돕기 위해 질적으로 높은 집단상담 역량을 갖추어야 한다. 집단상담자가 여 러 명을 한 집단 안에서 상담하는 과정 중에 집단상담의 복잡한 세부 사항들을 단 순하게 생각하고 적절한 역량을 갖추지 않은 채 집단상담을 하면 윤리적으로 심 각한 문제를 일으킬 수 있기 때문이다(Lakin, 1994). 이를 위해 집단상담자는 개인 상담에서의 전문적인 자질을 갖추는 것뿐만 아니라 집단상담을 효과적이면서 윤 리적으로 이끌어 가는 데 필요한 전문적인 자질을 갖추어야 한다. 즉, 개인상담의 전문성만 있다고 집단상담자가 질적으로 높은 집단상담을 자동적으로 제공할 수 있는 것은 아니다. 그렇다면 집단상담자가 집단상담자로서의 전문성을 갖추기 위 해 어떤 지식과 자질을 갖추어야 하며 어떤 훈련과 노력이 필요한가?

미국 집단작업전문가협회(Association for Specialists in Group Work: ASGW, 2000)가 제정한 전문 집단상담자 훈련을 위한 기준(Professional Standards for the

Training for Group Workers)에 따르면, 질적으로 높은 집단상담 서비스를 제공하기 위해 집단상담자가 갖추어야 할 지식과 역량은 다음과 같다.

- 집단의 유형과 집단원을 각 집단에 적절하게 배치하는 데 필요한 기준 이해
- 집단 역동의 기본 원리와 집단의 기본적 치료 요소들에 대한 지식
- 집단상담자의 개인적인 특성이 집단에 어떤 영향을 미치는지, 그리고 전문가 윤리가 집단상황에 어떻게 적용되는지에 대한 이해
- 집단과정 및 성과 연구에 대한 친숙함
- 집단의 단계와 단계별 집단원들의 역할에 대한 이해
- 집단원들에게 이익 또는 불이익을 주는 집단의 상황과 집단원 모집과 사정 기준에 대한 이해
- 현행의 집단 작업에 대한 정의, 집단의 목적, 그리고 네 가지 주요 집단상담의 형태에 대한 이해
- 집단상담에서 평가의 역할에 대한 이해

이러한 기준은 유능한 집단상담자가 되기 위해서 예비 집단상담자가 집단의 유형, 집단 역동, 집단과정 및 기법, 집단 윤리, 집단 평가에 대한 핵심적인 이론적 지식을 충분히 습득해야 함을 보여 준다. 집단상담자는 이러한 핵심적인 이론적 지식을 습득함으로써 명확한 이론적 근거를 가지고 집단상담에 적절하게 적용할 수 있는 능력을 갖추어야 한다. 이를 위해 예비 집단상담자는 적어도 한 과목 이상의 집단상담 수업을 통해 집단과정에 대한 핵심적인 이론적 지식과 집단상담을 효과적으로 수행하는 데 필요한 기술을 습득해야 한다(Corey, Corey, & Callanan, 2007). 집단상담에 대한 이러한 이론적 지식과 기술을 갖출 때, 집단상담자는 자신이 이끌어 갈 집단상담 운영 지침의 근거를 설명할 수 있고, 집단상담의 과정을 개념화할 수 있으며, 집단상담 과정에서의 각 개입의 근거를 제시할 수 있는 기본적인 역량과 자질을 갖출 수 있다.

또한 집단상담자는 이렇게 수업을 통해 습득한 집단에 관한 전반적인 지식을 적

절한 상황과 시기에 능숙하게 적용할 수 있는 역량을 갖추기 위해 다양한 노력을 기울이고 훈련을 받는 수련과정을 거치는 것이 필요하다. 수련과정에서 예비 집단상담자는 집단상담에 대한 이론적 지식과 지도 경험이 많은 집단상담 전문가로부터 수련감독을 받으며 집단을 이끌어 가는 경험을 반드시 가져야 한다. 집단상담자에게 이러한 경험이 필요한 것은 의학분야에서 전문의가 되기 위해서 인턴과정과 수련과정이 필요한 것과 같다. 즉, 예비 집단상담자는 집단상담에 대한 핵심적인 이론적 지식과 기술을 충분히 습득하더라도 실제로 집단상담을 실시할 때 자신의 개인적인 문제 또는 집단상담과정을 이끌어 가는 과정적 기술과 관련하여 여러 가지 문제에 직면할 수 있다. 따라서 집단상담 수련생은 수련감독자에게 이러한 문제에 대해 자문을 구함으로써 문제해결 기술과 효과적인 기법에 대해 배울 수 있다.

이처럼 수련감독자의 지도를 받아 집단을 직접 이끌어 가는 경험 외에도, 예비 집단상담자는 집단상담을 직접 이끌어 가기 전에 개인성장 집단에 참여하는 경험을 가질 필요가 있다. 이러한 기회를 통해, 예비 집단상담자는 예비 집단상담자로서의 자신에 대한 이해를 발달시키고 자신이 갖고 있는 미해결된 갈등을 해결할 수 있다. 또한 자신이 직접 집단에 참여하는 경험을 하는 것은 전에는 단지 지적으로만 알았던 것을 감정 수준에서 배울 수 있고, 상처를 주고 치유를 하는 집단의 힘을 경험할 수 있으며, 집단에 수용된다는 것이 얼마나 중요한지에 대해 배울 수 있고, 자기 개방이 무엇을 일어나게 하는지와 자신의 비밀스러운 부분을 드러내는 것이 얼마나 힘든 것인지를 알게 하고, 자신의 의존성과 지도자의 힘과 지식에 대한 비현실적인 평가를 자각하는 이점이 있다(Yalom, 1995).

이렇게 집단상담 전반에 관한 핵심적인 이론적 지식과 기술에 대한 이해, 수련감독자의 지도를 받으며 집단상담을 이끈 경험, 자신에 대한 이해와 성장을 위한 집단 참여 경험은 집단상담자로서의 전문적인 발달과 훈련에 필수적인 요소가 된다. 이러한 훈련과정을 거쳐 집단상담 활동을 능숙하게 이끌어 갈 수 있는 전문적인 역량을 갖추는 것은 집단상담자가 갖추어야 할 가장 기본적인 윤리적 의무이며 책임이라고 할 수 있다.

이외에도 집단상담자는 자신의 전문적 역량의 수준과 영역을 유지하고 발전시키며 확장해 나가기 위해 다양한 노력을 기울여야 한다. 집단상담자는 집단상담 관련 학회와 워크숍에 꾸준히 참여하거나 집단상담에 관한 저널을 읽음으로써 최근의 과학적·전문적 정보를 가지고 있어야 하고, 새로 개발된 집단상담 방법과 기술에 대해서도 개방적인 태도를 가짐과 동시에 방법과 기술의 효율성 및 적절성을 과학적으로 검증하는 태도를 가져야 하고, 집단상담자에게 요구되는 윤리규준을 숙지하고 따라야 한다. 한편, 자신의 역량이 부족한 부분에 대해서는 집단상담 분야에서 전문가라고 하더라도 계속적인 훈련과 자문을 받아야 한다. 또한 집단상담자는 문화가 서로 다른 집단원들에게는 집단원의 문화적 배경을 존중하면서 적절하게 기법을 선택하여 적용할 수 있는 역량을 갖추고 유연성 있게 집단을 이끌어 가야 한다.

2. 집단상담에서의 사전동의

집단상담에서 사전동의(informed consent)란 집단상담에 참여하는 집단원이 자신이 참여할 집단상담 전반에 관해 집단상담자로부터 적절하고 충분한 설명을 듣고 이해한 후에, 집단상담에 참여하고 지속하는 것에 대해 자발적으로 동의하는 것을 의미한다. 이를 위해 집단상담자는 집단원에게 집단상담의 참여와 지속 여부를 결정하기 전에 집단상담의 목적, 진행과정과 절차, 집단과정 동안 일반적으로 일어날 수 있는 상황들, 집단상담 결과 예상되는 이익과 부작용의 가능성에 대해 설명해 주어야 한다. 집단상담자의 자격과 교육 및 지도 경험, 그리고 집단에 참여하는 다른 집단원들은 어떤 사람들인지에 대해서도 최소한 정보를 제공해야 한다. 또한 집단상담에서 집단원에게 기대되는 것, 즉 집단원으로서의 권리와 책임에 대해서도 설명해 주어야 한다. 그렇다면 집단상담자가 이러한 것들을 설명해 주어야 하는 이유는 무엇인가?

우선 집단상담자는 자신이 이끌어 갈 집단상담의 목적에 대해 집단원들에게 설명해 주어야 하는데, 집단원들로 하여금 그들의 집단 참여 목적이 충족될 수 있는 지, 즉 집단이 자신들의 개인상담에서보다도 집단상담에서는 이런 설명을 해 주 어야 할 필요성이 더 크다. 왜냐하면, 개인상담에서도 무엇에 목적을 두고 상담을 할 것인지에 대해 설명을 하지만 집단상담에서는 일반적으로 집단상담자가 자신 이 이끌 집단의 주제나 목적을 설정하므로, 집단원이 자신이 참여하는 집단의 주 제나 목적을 자유롭게 결정할 수 있는 여지가 개인상담에 비해 적기 때문이다.

또한 집단상담자가 자신이 이끌어 갈 집단상담에서 특별한 집단 기법을 사용할 경우는 이에 대해 알려야 한다. 예를 들면, 신체 접촉이나 과도한 정서 경험을 수 반하는 기법을 사용하는 경우, 집단원에게 이러한 기법을 사용하는 목적을 알리 고 이러한 기법에 참여하는 동안 잠재적인 신체적 또는 정서적 손상 가능성이 있 음을 알려 사전에 주의를 기울일 수 있도록 해야 한다.

집단상담자는 집단원들에게 집단에 참여하는 과정 중에 심리적 위험이 발생할 가능성이 있음을 알리고, 이러한 위험에 직면할 때 어떻게 대처해야 할지에 대해 서도 이야기해야 한다. 집단원들이 집단에 참여하는 동안 이제까지는 몰랐던 자 신의 모습을 새로이 인식함으로써 장기적으로는 성숙으로 나아갈 수 있지만 단기 적으로는 심리적 혼란을 경험할 수 있다. 또한 집단원들은 자기 노출에 따른 사생 활 침해, 희생양 만들기, 과도한 직면, 집단 참여에 대한 집단의 압력이나 강요, 비밀보장에 대한 약속 위반으로 피해를 입을 수도 있다. 집단상담자가 주의를 기 울이지 않으면 집단원들은 이러한 문제가 발생할 경우 집단의 참여로 이익을 얻 기는커녕 심리적 피해를 크게 입을 수 있기 때문이다. 따라서 집단상담자는 이러 한 피해의 가능성을 감소시키기 위해 집단원들에게 주의를 주고 대처 방안에 대 해서도 충분히 이야기해야 한다. 집단상담자는 이를 결코 소홀히 다루어서는 안 되기 때문에, 이 장의 뒤에 나오는 '집단원의 심리적 보호' 부분에서 이에 관하여 좀 더 자세하게 다룰 것이다.

집단상담자는 집단원이 집단상담의 참여를 선택할 권리를 가짐과 동시에 집단 상담이 집단원에게 도움이 되지 않으면 언제든지 집단을 떠날 자유가 있다는 것 에 대해서도 집단원들에게 알려야 한다. 집단상담에 참여하기 전에 집단원이 집단에 대해 설명을 들었다 해도, 실제로 참여하면서 집단상담이 자신의 참여 목적과 부합되지 않는다는 것을 발견할 수 있다. 이러한 경우를 예방하기 위해 집단상담자는 집단원을 선별(screening)하는 데 주의를 기울여야 한다. 집단원 선별에서는 집단원의 복지(well being)가 집단 경험 때문에 손상되지 않고, 집단의 목표가 집단원의 요구와 일치하는 집단원을 선별해야 한다. 이렇게 선별하였다 해도 집단이 도움이 되지 않아 집단원이 집단을 떠날 결정을 할 경우, 집단상담자는 집단 경험이 집단원에게 도움이 되는지, 그렇지 않은지의 여부를 결정하는 데 협조해야 한다. 또한 집단상담자는 집단원이 집단을 떠나는 경우 다른 집단원들에게 집단을 떠나는 이유를 말해야 하는 책임이 있다는 것도 알려야 한다. 집단원이 집단을 떠나는 이유가 무엇인지 말하지 않고 떠날 경우 남아 있는 집단원들은 자신이 그 집단원을 '떠나도록 만들었다고' 생각할 수도 있고, 집단의 응집력이나 신뢰에 손상을 줄 수도 있기 때문이다. 따라서 집단상담자는 집단원들에게 집단을 중도에서 그만둘 생각을 한다면, 회기 중에 이에 대한 문제를 제기하도록 말해야 한다. 그렇게 할 수 없을 경우 최소한 그 문제에 대해 집단상담자와 논의해야 한다는 것을 알려 줘야 한다.

집단상담자는 집단원들이 책임을 다할 때 집단상담이 성공적으로 이루어질 수 있다는 것에 대해서도 집단원들에게 알려야 한다. 집단상담에서 매회 정시에 출석하고 적극적으로 참석하는 것은 특별히 집단원의 중요한 책임이다. 왜냐하면, 한 집단원이 이러한 책임을 다하지 않으면 다른 집단원들과 집단 전체가 부정적인 영향을 받아 집단원들과 집단의 목적 달성에 커다란 피해를 줄 수 있기 때문이다. 집단상담 동안에 이야기된 내용이나 일어난 일들에 대해 다른 집단원들의 비밀을 유지시켜 주는 것도 집단원들이 이행해야 할 중요한 책임이라는 것을 알려야 한다. 또한 집단상담에서 정한 규칙들에 대해서도 충실히 지켜야 할 책임이 집단원에게 있음을 알려야 한다.

또한 집단상담자는 만약 자신이 이끌어 갈 집단상담이 어떤 연구와 관련되어 있거나, 오디오나 비디오테이프 등으로 집단상담 내용이 녹음이나 녹화된다거나, 수련감독자의 지도하에 이루어지는 집단이라면 집단원들에게 이러한 사실에 대해 알려야 한다. 또한 집단상담자는 자신이 이끈 집단상담의 내용을 가지고 집단 상담 사례협의회 등 교육과 연구의 목적으로 발표할 계획을 갖고 있을 때는 이러한 사실에 대해 반드시 집단원들에게 알려야 한다. 이외에도 집단상담자는 각 집단원의 사생활을 최대한 존중하여 집단원이 집단상담 참여로 불필요한 피해를 입지 않도록 노력을 다해야 할 책임을 갖는다.

집단상담에서 사전동의가 특히 중요한 경우가 있다. 대학원 집단상담 수업에서 집단원으로 참여해야 하는 경우, 병원에서 입원환자들에게 집단상담을 처방하여 참여하는 경우, 보호관찰 청소년들이 법적 처벌을 면하거나 보호관찰 대상에서 벗어나기 위해 집단상담에 참여하는 경우와 같이 집단원들이 집단상담에 강제로 참여해야 하는 경우가 그렇다. 이런 경우 집단상담자는 집단원이 강제적으로 집단상담을 하게 된 것에 대해 집단원 자신의 느낌과 생각을 이야기할 수 있는 기회를 주어 비자발적인 집단원이 자신들의 마음을 표현하고 이해받고 있다는 느낌을 주도록 해야 한다. 이처럼 집단상담자는 집단원을 공감적으로 이해하고, 그러면서 집단 참여 외에 거의 모든 것, 예컨대 집단에 관여하는 정도, 집단상담 주제의 결정 등에 대해서 집단원에게 선택권이 있다는 것을 알리고 경험하도록 해야 한다. 집단원에 따라서 집단을 교화의 일종으로 생각하여 집단상담자나 집단상담을 신뢰하지 않거나 오해할 경우도 있는데, 이때는 그러한 오해를 풀어 줄 필요가 있다. 또한 집단상담자는 비자발적인 집단원들에게 집단의 목표, 집단에서 사용되는 절차, 그들의 권리와 책임, 비밀보장의 한계에 대해 알려 주어야 한다. 특히 집단상담자는 집단에 참여하는 그들의 노력이 집단 밖의 그들의 상황을 결정하는 데 영향을 주는지에 대한 정보에 대해 알려 주어야 한다. 즉, 집단상담자는 집단원이 집단상담 참여를 거부하면 어떤 결과가 발생하는지에 대해서 알려 주어야 한다.

3. 집단상담에서의 비밀보장

개인상담에서와 마찬가지로, 집단상담자는 집단원의 사생활을 보호해 주어야 하고, 예외적인 경우를 제외하고는 그 어떤 경우도 집단원이 집단상담에 참여하는 동안 말한 내용에 대해 누설해서는 안 된다. 그러나 집단상담에서는 집단원이 다른 집단원들 앞에서 대부분의 내용을 말하기 때문에, 집단상담에서는 비밀보장에 관한 윤리와 증언거부권과 관련하여 집단상담자가 숙지하고 집단원들에게 알려야 할 사항이 개인상담에서보다 더 복잡하다. 집단원들은 집단상담자처럼 비밀보장을 해 주어야 할 의무를 갖고 있지는 않기 때문에 개인상담만큼 비밀보장이 확실히 된다고 보장할 수 없다. 집단원들이 비밀보장 약속을 위반하더라도 그들에게 그것에 대한 책임을 물을 수가 없다. 집단원들은 단지 개인적인 도덕 기준에 따르고 집단과정에 충실하기 위하여, 집단의 비난이 두려워서, 또는 이러한 요인들이 복합적으로 작용해서 비밀 유지를 하게 되는 것이다.

집단상담자들은 집단원들이 이처럼 비밀보장을 해 줄 것임을 보장할 수는 없지만, 이들이 집단 내에서 들은 내용과 일어난 일들에 대해 비밀보장하도록 최선을 다할 의무가 있다. 집단상담자는 집단원들에게 비밀을 보장하는 것이 무엇을 의미하는지, 이러한 비밀보장이 왜 중요한지에 대해 명확하게 설명하고, 집단원들이 비밀보장 약속을 충실하게 지켜 나가도록 요청해야 한다. 또한 집단상담자는 집단원들에게 부주의하게 비밀을 드러낼 위험이 있음을 상기시켜야 한다. 집단원들은 다른 집단원에 대해 악의적으로 소문을 퍼뜨리지는 않지만 본의 아니게 비밀보장 약속을 위반하게 되어 드러내서는 안 될 집단 구성원에 대한 정보를 제공할 수도 있기 때문이다.

집단상담자는 집단상담 첫 회기뿐만 아니라 집단상담 과정 중에도 정기적으로 집단상담에서 이야기된 내용과 일들에 대해 집단원들이 비밀을 유지할 것을 상기시켜 주어야 한다(Corey & Corey, 2006). 특히 감정이 고조되거나 위험이 따른 회기를 마친 후에는 즉시 집단원들에게 집단 회기의 내용을 비밀로 유지할 것을 상기시켜야 한다.

어떤 집단상담자들은 집단원들이 비밀보장을 보다 잘할 수 있도록 하기 위한 방법으로 계약서를 활용하기도 한다. 이 경우, 집단원들은 집단에 참여하기 위해서 집단 회기의 내용에 대해 비밀을 유지할 것을 약속한다고 계약서에 반드시 서명해야 한다. 이러한 서면 계약서는 집단원들에게 자신들이 말한 내용이 비밀보장될 것이라는 기대를 갖게 하고, 비밀보장이 중요하다는 사실을 상징적으로 보여 준다. 번스타인과 하트셀(Bernstein & Hartsell, 2000)은 이러한 계약서가 법적 가치보다는 상징적 가치를 갖는다고 언급하면서, 실제로 집단원들이 비밀보장 위반을 문제로 소송을 건 사례는 한 건도 없음을 밝혔다. 그러나 집단상담자는 계약서를 활용함으로써 집단원들의 비밀보장 약속을 더 공고하게 할 수 있음에도 불구하고, 실제 집단상담 장면에서는 계약서를 많이 활용하지 않는다. 로백과 그의 동료들(Roback et al., 1992)에 따르면, 집단상담자 중 계약서를 실제로 사용한 비율은 23%에 불과한 것으로 나타났다.

집단상담자는 비밀보장을 못해 주는 예외적인 경우에 대해서도 집단원들에게 설명을 해 주어야 한다. 개인상담에서의 비밀보장 예외 경우가 집단상담에도 그대로 적용된다. 즉, 집단상담자는 집단원 자신이나 사회의 안전을 위협하는 경우, 감염성이 있는 치명적인 질병이 있는 경우, 법적으로 정보의 공개가 요구될 경우, 아동학대나 방치 사실을 발견하는 경우, 미성년자를 상담하는 경우, 집단원이 말한 내용에 대해 비밀보장을 해 줄 수 없음을 말해야 한다. 집단상담자가 비밀보장을 하는 데 이러한 한계를 갖고 있다는 사실을 집단원들에게 충분히 설명해 주는 것은 집단상담자가 지켜야 할 매우 중요한 의무다. 왜냐하면, 집단원들이 이러한 설명을 들음으로써 자신이 집단에 참여하는 동안 어떤 정보를 털어놓을지에 대해 선택할 수 있기 때문이다. 그러나 몇몇 연구들은 집단상담자들이 이러한 중요한 윤리적 의무를 이행하지 않고 있음을 보여 준다. 아펠바움과 그리어(Appelbaum & Greer, 1993)의 연구에 따르면, 많은 치료자들이 실제로는 집단원들에게 비밀보장의 이러한 예외 경우들에 대해서 이야기하지 않는 것으로 나타났다. 로백과 그의 동료들(1992)은 집단 지도자들이 집단원들에게 비밀보장의 한계에 대해 이야기하면 집단에 들어오는 것을 막을 수도 있고 집단 회기에서 사적인 정보를 털어놓지 않게 할 수도 있어서 이러한 의무를 이행하는 것을 꺼릴 가능성이 있다고 밝혔다. 그러나 이러한 이유로 윤리적 의무를 다하지 않을 경우 법적인 문제가 일어나 법원에서 책임을 져야 하는 경우가 발생할 수 있으므로, 집단상담자는 이러한 비밀보장 예외 경우들에 대해 알릴 의무를 다하는 것이 바람직하다.

집단상담자가 비밀보장을 못하게 되는 예외적인 경우들에 대해 집단원들에게 충분히 설명해 주어야 하는 이유가 하나 더 있다. 집단상담자가 이러한 설명을 안 한 상태에서 비밀보장을 못하게 되는 상황이 발생하면 집단은 적어도 일시적으로 응집력과 생산성이 떨어질 수도 있고, 어떤 집단원들은 집단과정에 적극적으로 참여하던 것을 계속 그만둘 수도 있다(Welfel, 2006). 이러한 부정적인 결과를 예방하기 위해서는 집단상담자가 비밀보장 예외 경우에 대해 충분히 분명하게 설명해야 하며, 만약 그렇지 못할 경우는 피해를 회복할 수 있는 보완책을 대비해야 한다.

또한 집단상담자는 집단상담 내용에 대해 수련감독이나 자문을 구해야 하는 경우, 또는 연구나 교육, 출판 등의 용도를 위해 녹음이나 녹화를 할 경우가 있다. 이러한 경우 집단상담자는 집단원들의 사적인 정보를 유출하게 되므로, 반드시 사전에 집단원의 동의를 받아야 하며, 집단원의 사생활 보호와 비밀보장을 위해 최대한 노력해야 한다.

증언거부권은 이와 관련된 법령이 있는 경우 일반적으로 면허를 가진 집단전문가에게만 적용된다. 집단상담 과정에서 집단상담자가 집단원들과 똑같은 정보를 들은 경우는 면허를 가진 집단전문가가 증언거부권을 가질 수 있지만, 집단원들은 증언 명령을 받을 수 있다. 따라서 이러한 사실에 대해 집단원들에게 설명해 주는 것이 바람직한데, 그 이유는 집단상담자가 이에 대해 설명을 해 줌으로써 집단원들은 스스로 자신들에게 미칠 영향을 고려하여 집단상담 활동을 자율적으로 결정할 수 있도록 도울 수 있기 때문이다. 패러다이스와 커비(Paradise & Kirby, 1990)의 조사에 따르면, 지금까지 이와 관련된 법원 소송 사건은 비교적 적었다. 한 집단원을 상대로 실제로 불리한 증언을 한 집단상담자와 집단원들은 거의 없었기 때문에 위험 수준은 낮은 편이지만, 그렇다고 해서 안심해서는 안 된다.

4. 집단상담에서의 다중 관계

집단상담에서 다중 관계는 집단상담자가 집단원과 상담 관계 이외의 다른 관계를 가지는 경우에 발생한다. 집단상담자와 집단원이 다중 관계를 갖게 되면, 집단상담자와 집단원, 그리고 집단 전체에 부정적인 영향을 줄 수 있다(Gladding, 1995). 따라서 집단상담자는 이미 집단상담 외의 다른 관계를 자신과 갖고 있는 집단원을 자신이 이끌어 갈 집단상담에 받아들이지 않아야 하며, 집단상담 후에도 다른 관계를 갖지 않도록 해야 한다. 여기에서는 집단상담자가 윤리적으로 특별히 중요하게 고려해야 할 다중 관계에 어떤 것들이 있고 이런 관계들을 왜 피해야 하는지, 그리고 이러한 관계를 피할 수 없다면 어떤 조치를 취해야 하는지에 대해 살펴보자.

집단상담자가 집단상담 이전에 이미 사적인 관계를 가졌던 사람을 집단원으로 받아들이는 경우와 집단상담 후 집단원과 사적인 관계를 갖는 경우가 집단상담에서 대표적인 다중 관계에 해당된다. 먼저 집단상담자는 집단상담 이전에 이미 이러한 사적인 관계를 갖고 있는 사람을 자신의 집단상담의 집단원으로 받아들여서는 안 된다. 왜냐하면, 집단상담자는 이러한 집단원을 직면하기 어렵고, 집단 안에서 이러한 집단원의 문제들을 탐색하는 데 어려움을 느끼는 등 객관성을 유지하고 전문적인 판단을 내리는 데 어려움을 느낄 수 있기 때문이다. 또한 이런 경우 집단원도 집단상담자에게 자유롭게 반응하는 데 어려움을 느끼는 등 집단에 전적으로 참여하는 데 방해를 받을 수 있다. 집단상담자가 특정 집단원과 이미 사적인 관계가 있다는 것이 알려지면, 다른 집단원들이 이것을 의식할 수 있고 집단상담자에게 편애한다는 비난을 할 수도 있어 집단의 응집력에 부정적인 영향을 줄 수도 있다. 또한 집단상담자는 집단상담 후 집단원들과 집단상담 관계 외의 다른 친밀한 관계, 즉 친구 관계, 성적 관계 또는 금전 관계 등의 사회적 관계를 형성하지 말아야 한다. 집단상담자는 힘에서 집단원보다 우위에 있기 때문에, 집단상담자가 집단원과 이러한 다중 관계를 갖게 되면 집단원의 목적을 달성하도록 돕기보다는 때로 집단상담자 자신의 욕구를 충족시키고 결국 집단원에게 피해를 줄 가능성이 있다.

이와 관련하여 상담 수업을 하는 교수나 교사, 상담 실무를 담당하는 상담자가 다중 관계 문제에 직면하는 경우가 있다. 예를 들면, 대학이나 대학원에서 집단상담 강좌를 담당하는 교수가 수강생들을 자신이 이끌어 가는 집단상담 실습에 참여시키는 경우가 흔히 있는데, 이러한 경우 집단상담자는 집단원과 다중 관계를 갖게 된다. 이때 집단상담 강좌 교수는 교과목 교수로서의 평가자 역할과 집단을 이끌어 가는 집단상담자 역할을 동시에 수행하게 된다. 이와 같이 다중 역할을 하는 집단상담 강좌 담당 교수는 집단에 반드시 참여하게 함으로써 비자발적으로 참여하는 수강생들에게 집단원으로 참여하는 정도에 따라 학점을 부과하지 않아야 하고, 집단상담에 참여하는 동안 무엇을 얼마만큼 말할지에 대해 스스로 결정하게 하여 그들에게 미칠 수 있는 부정적인 영향을 최소화하도록 해야 한다.

몇몇 상담자들은 자신이 개인상담을 하고 있거나 이미 개인상담을 했던 내담자를 자신이 이끌어 갈 집단상담에 참여하게 하는 경우가 있다(Herlihy & Corey, 1997). 이렇게 하는 것이 비윤리적인 것은 아니지만, 집단상담자는 이러한 경우 몇 가지 문제가 일어날 가능성을 염두에 두어야 한다. 개인상담을 받으면서 전체 회기 동안 상담자의 관심을 받는 데 익숙한 내담자는 집단상담에 참여해서 다른 집단원들과 함께 자신의 상담자를 공유하는 데 어려움을 느낄 수 있다. 그리고 집단상담자에게 개인상담을 받지 않았던 다른 집단원들은 개인상담을 받았던 집단원만큼 집단상담자와 유대를 갖고 있지 않아서 불이익을 받는다고 느낄 수 있다.

끝으로 집단상담자는 집단상담을 진행하면서 자신에 관해 자기 개방을 할 때, 이러한 자기 개방이 집단원과의 관계에서 어떤 목적으로 이루어지는지를 점검할 필요가 있다. 즉, 집단상담자는 자신이 말하고 있는 내용이 집단상담자 자신을 위한 것이 아니라 집단원과 집단을 위해 적합하고 도움이 되는 것인지를 점검해야 한다. 집단상담자는 집단원들의 문제를 해결하는 데 필요한 반응을 말하거나 피드백을 제공하고, 집단상담에 참여하는 동안 느낀 것을 때 맞춰 적절하면서도 진술하게 개방하는 것을 시범으로 보여 주도록 해야 한다. 자신의 문제를 해결하거나 자신의 욕구를 충족시키기 위해 집단상담 시간을 사용하는 것은 비윤리적이다.

5. 집단원의 심리적 위험 보호

집단상담에서는 집단원들 사이에 작용하는 힘 때문에 집단원들이 긍정적으로 변화하기도 하지만, 심리적으로 위험에 처하거나 피해를 입기도 한다. 따라서 집단상담자는 집단원들의 상호작용이 집단원들의 긍정적인 변화를 촉진시키는 반면, 부정적인 상처를 주지 않도록 최선의 노력을 기울여야 한다. 미국상담학회 윤리강령(ACA, 2005)에서도 집단상담자들은 집단원들이 '신체적 · 정서적 · 심리적 상처를 받지 않도록' 적절한 조치를 취할 윤리적 의무를 갖고 있음을 명시하고 있다. 이는 집단상담자가 집단원들이 집단에 참여하는 동안 경험할 수도 있는 위험에 대해 미리 집단원들에게 알려 줄 뿐만 아니라, 불필요한 심리적 위험을 줄이기 위해 조치를 취할 윤리적 책임이 있음을 의미한다.

코리와 코리(Corey & Corey, 2006)에 따르면, 집단원들이 집단에 참여하는 동안 삶의 혼란, 희생양 만들기, 직면, 집단 압력, 비밀 누출에 따른 위험 요소를 경험할 수 있다고 하였다. 집단상담자가 이러한 잠재적인 심리적 위험 요소의 발생을 어떻게 예방할 수 있는지, 그리고 이런 심리적 위험 요소 발생 시 어떻게 대처해야 하는지에 대해 구체적으로 살펴보자.

집단상담을 하기 전에는 집단원들은 문제의 심각성 여부에 상관없이 외관상 비교적 심리적으로 안정된 상태에 있는 경우가 많다. 그런데 집단원들은 집단상담 활동에 참여하는 동안 자신의 삶을 직시하며, 자신의 문제를 드러내는 경험을 하면서, 때로는 자신이 감당하기 어려울 정도로 고통스러운 혼란을 경험할 수 있다. 더욱이 어떤 집단원은 집단상담자나 다른 집단원들이 제공하는 피드백을 개인적인 거부로 받아들여 집단에 대해 분노하고 더 이상 집단에 참여하지 않으려고 할 수도 있다. 이렇게 문제를 자각하고 드러내며 집단 안에서 피드백을 받는 경험이 당장은 집단원들에게 혼란이나 불편함을 줄 수 있지만 궁극적으로는 성장에 필요하다. 따라서 집단상담자는 집단원에게 이러한 혼란과 불편함이 따른다는 것을 이해시키고, 집단원들에게 집단 안에서 이러한 혼란과 불편함에 대해 표출하고 해결할 수 있는 기회를 제공해야 한다. 그렇게 하지 않으면, 집단원들은 집단상담에 참여하는 동안 갖게 되는 이러한 혼란과 불편함 때문에 집단상담에 참여하기 전보다도 더 불안정한 상태에 빠져 심리적으로 커다란 위기를 느끼면서 집단상담에 참여하는 데 많은 어려움을 느낄 수 있다. 그리고 심한 경우 집단상담에 참여하기 전보다 오히려 심리적으로 퇴보한 상태가 되어 도중에 탈락하거나 집단상담이 종결될 수도 있다.

때로는 집단원들이 한 집단원을 선택하여 공격하거나 무시하는 경우도 있다. 집단상담자가 이러한 집단원들의 행위에 즉각적으로 개입하지 않고 방관하면 희생양이 발생할 수 있다. 따라서 집단상담자는 희생양이 발생하지 않도록 확고한 조치를 취할 준비를 해야 한다.

직면은 적절하게 잘 사용될 때 집단에서 가치 있고 힘 있는 도구가 될 수 있지만 비건설적으로 잘못 사용될 수도 있다. 이와 같이 직면이 잘못 사용되면, 집단원들은 심각한 심리적 위기를 겪을 수 있다. 집단상담자는 이러한 부적절한 직면이 발생할 때 적절히 개입해야 할 책임을 갖고 있다. 또한 집단원들의 비건설적인 직면을 줄이기 위해, 집단상담자는 집단원을 판단하는 것을 피하고 구체적 행동에 초점을 맞춰 적절하게 직면하는 모습을 모델링으로 보여 주어야 한다.

또한 집단원들은 집단상담에 참여하는 동안 각자 자신의 문제에 대한 해결책을 찾도록 도움을 받지만, 때때로 집단원 각자의 개인적인 결정과는 무관하게 집단의 압력을 받아 집단에서 무엇을 말하거나 감정을 표현하고 행동하는 경우가 있다. 집단상담자는 집단원들이 스스로 선택한 방향이 아닌 것에 대해서는 강요당하지 않도록 해야 하며, 집단원들이 부당한 강요나 압력을 사용할 때 개입할 책임을 갖고 있다.

또한 집단원들은 집단 경험을 한 후 자신들의 생활에서뿐만 아니라 그들의 주변 사람들의 생활에까지 영향을 주는 중대한 결단을 내리는 경우가 있다. 이러한 문제가 일어나지 않도록 집단상담자는 집단원들이 집단과정에서 충분한 여유를 갖지 못한 채 성급하게 결정을 내릴 때 겪게 될 위험을 미리 알려 주어야 한다. 그리고 집단상담자는 집단원들이 집단상담 과정 중에 인생의 중대한 결정을 내리지 말고, 집단상담을 통해 학습한 것들을 일상생활에 조금씩 적용하면서 자신과 주변 사람들을 서서히 변화시키도록 도와주어야 한다.

6. 미성년자 대상 및 학교 장면에서의 집단상담 윤리

학교 안팎에서 집단상담은 아동과 청소년을 돕기 위한 유용한 실천적 개입 방법으로 간주되고 있다(Welfel, 2006). 집단원들이 집단상담에서 신뢰 속에서 솔직하게 털어놓는 것이 중요하기 때문에 집단상담자가 집단원들의 사생활을 보호해 주고 상담 내용에 대해 비밀보장을 해 주는 것은 매우 중요하다. 특히 미성년자인 아동과 청소년들을 대상으로 하여 집단상담을 실시하거나, 학교 장면에서 집단상담을 실시할 때 집단상담자가 고려해야 할 중요한 윤리적 사항들은 주로 비밀보장과 관련되어 있다.

우선 아동과 청소년들은 미성년자들이기 때문에, 집단상담자는 이들이 집단상담에 참여하는 동안 말한 내용과 일어난 일들에 대해 부모들에게 어느 정도 알려야 하는지에 대해 고려해야 한다. 상담에서 말한 내용에 대해 비밀보장을 받을 권리를 아동과 청소년들에게 승인해 주는 법령이 적용되지 않는 경우, 부모들은 일반적으로 자녀들이 상담한 내용에 대해 알 권리를 갖는다. 물론 부모들은 자신의 자녀가 말한 내용에 대해서만 알 권리가 있고, 다른 집단원들이 말한 내용에 대해서는 알 권리가 없다. 그러나 집단상담자는 아동과 청소년들이 집단상담을 신뢰하고 개방적으로 참여하도록 하기 위해 부모로부터 그들 자녀들의 집단 참여에 대한 동의서는 받지만, 아동들이 집단상담에서 말한 모든 내용을 부모가 알 권리를 기권하도록 장려할 필요가 있다.

또한 미성년자인 아동과 청소년들을 대상으로 집단상담을 실시할 때, 집단상담자는 집단원들이 집단 안에서 이야기된 내용과 일들을 비밀로 유지하는 것의 중요성을 이해하고, 이들이 실제로 비밀보장을 할 수 있는지에 대해서 특별히 민감성을 발휘해야 한다. 미성년자들은 집단에 참여하지 않은 사람들로부터 집단에서 일어난 것들에 대해 이야기해 달라는 압력을 받을 수 있고 이러한 압력에 저항할 수 있는 기술이 부족할 수도 있다(Ritchie & Huss, 2000). 따라서 집단상담자는 비밀보장을 할 수 있고, 동료들의 비밀보장 위반 압력에 저항할 수 있는 의사소통 기술을 학습할 수 있고, 집단상담에 참여하는 동안 동료들이 말하는 내용에 대해 공감적 반응을 할 수 있는지를 평가하여 집단원을 선발할 의무를 갖는다.

학교 장면에서 집단상담은 학생들의 발달을 촉진하고 학업에서 성공할 수 있도록 돕기 위한 가치 있는 방법이 될 수 있다(Riester, 2002; Shechtman, 2002). 그러나 학교 장면에서 집단상담을 실시할 때, 집단원들은 같은 학교에 다니므로 집단 밖에서도 서로 계속 만나게 되고, 집단에 참여하지 않는 학생들은 어떤 학생들이 집단상담에 참여하기 위해 수업에 참여하지 않는지 알 수 있다. 따라서 집단상담자는 집단원들의 사생활 보호와 비밀보장과 관련하여 특별히 더 신경을 써야 한다. 이와 더불어 학교 상담자들은 예비 집단원들을 선정할 때 신중을 기하고, 학생들이 비밀보장 규준을 잘 준수하도록 지도하고 준수 여부를 정기적으로 점검함으로써 집단원들을 보호하도록 노력해야 한다. 또한 집단상담자는 집단상담이 실시되고 있는 동안 비밀보장 위반 사례가 발생할 경우 어떻게 대처할지에 대해 계획을 세워 두어야 한다.

또한 아동과 청소년을 대상으로 하여 집단상담을 할 때, 집단상담자는 미성년자인 집단원들이 신체적 · 심리적으로 부정적인 영향을 받지 않으며 집단상담의 효과가 증진될 수 있도록 하기 위해 집단원 구성과 집단상담 기법에 특별히 주의를 기울일 필요가 있다. 집단 구성과 관련하여 디션, 맥코드 그리고 폴린(Dishion, McCord, & Poulin, 1999)에 따르면, 공격성이 있는 아동과 청소년들로만 구성된 집단에 참여한 집단원들은 공격적 행동의 위험성이 실제로 증가한 것으로 나타났다. 공격성이 더 많은 비행 청소년들이 집단에 참여하여 공격성이 더 적은 청소년들에게 새로운 비행 방법을 말이나 행동으로 실제 가르친 것으로 나타났다. 미성년자들인 아동과 청소년을 대상으로 한 집단상담에 관한 또 다른 연구(Shechtman & Yanuv, 2001)에서는 특히 집단원들에게 직면이나 부정적인 피드백이 해를 끼치며 집단상담자가 미성년자들을 대상으로 하여 집단상담을 할 때 수용, 공감, 지지와 같은 기법이 상당히 긍정적인 효과가 있는 것으로 밝히고 있다.

7. 요 약

오늘날 집단상담이 급속도로 발전하여 다양한 장면에서 다양한 목적과 형태로 실시됨에 따라, 집단상담에 참여하는 집단원들에게 필요한 도움을 주고 피해를 입히지 않도록 하기 위해 집단상담자가 윤리적으로 집단을 이끌어야 할 필요성이 제기되었다. 집단상담자가 특별히 숙지하고 준수해야 할 윤리지침과 고려사항들에 대해 이 장에서 논의하고 강조한 내용을 요약하면 다음과 같다.

우선 집단상담자가 집단상담의 복잡한 세부 사항들을 단순하게 생각하고 적절한 역량을 갖추지 않은 채 집단상담을 이끈다면 윤리적으로 심각한 문제를 일으킬 수 있다. 따라서 집단상담자는 집단을 유능하게 이끌어 가기 위해 집단의 유형, 집단 역동, 집단과정 및 기법, 집단 윤리, 집단 평가에 대한 핵심적인 이론적 지식을 충분히 습득하고 실제 집단상담 장면에서 적절하게 적용할 수 있는 역량을 갖추어야 한다. 이를 위해 예비 집단상담자는 한 과목 이상의 집단상담 수업 이수, 수련감독 경험, 개인 성장 집단에 참여하는 경험을 해야 한다.

집단상담자는 집단상담 시작 전에 집단원들에게 집단상담 전반에 관해 적절하고 충분한 설명을 해 주어 집단원들이 자율적으로 집단상담 참여 여부를 결정할 수 있도록 해야 한다. 이러한 사전동의 절차에서 집단상담자는 집단상담의 목적, 진행과정과 절차, 집단과정 동안에 일반적으로 일어날 수 있는 상황들, 집단상담 결과 예상되는 이익과 부작용 가능성, 집단원으로서의 권리와 책임에 대해 집단 원들에게 반드시 설명해 주어야 한다.

또한 집단상담자는 개인상담에서와 마찬가지로 자신은 물론이고 집단원들이 집단 안에서 일어난 일들에 대해 비밀보장을 할 것과 비밀보장에 예외가 되는 경우들에 대해 집단상담 시작 전에 명확하게 설명해야 한다. 집단원들은 집단상담자처럼 비밀보장 약속을 지켜야 할 의무를 갖고 있지 않기 때문에, 집단상담자는 집단원들에게 집단에서 말하는 내용이나 일어나는 일들이 비밀보장이 된다고 확신할 수 없다는 것을 집단원들에게 알려야 한다. 이를 통해 집단원들은 집단상담의 참여 여부와 참여하는 경우 무엇을 말할지에 대해 자율적으로 결정할 수 있다.

집단상담자는 집단상담 이전에 이미 사적인 관계를 가졌던 사람을 집단원으로 받아들이거나, 집단상담 후 집단원과 사적인 관계를 갖는 등의 다중 관계를 피해야 한다. 또한 다중 관계를 부득이하게 가져야 하는 경우 집단원들이 입을 수 있는 부정적인 영향을 인식하고 이를 최소화하도록 노력해야 한다.

집단상담 동안 집단원들 사이에 작용하는 힘 때문에 집단원들이 심리적으로 위험에 처하거나 피해를 입을 수도 있다. 집단상담자는 집단원들에게 집단에 참여하는 동안 삶의 혼란, 희생양 만들기, 직면, 집단 압력에 따른 위험 요소를 경험할 수 있다는 것을 알리고, 이러한 잠재적인 심리적 위험 요소의 발생을 최소화하도록 조치를 취해야 한다.

끝으로 학교 안팎에서 아동과 청소년을 돕기 위해 집단상담을 실시할 때 집단상담자가 특별히 고려해야 할 사항들이 있다. 집단상담자는 미성년자인 아동과 청소년들을 집단상담할 때 이들이 집단상담에서 말한 내용과 일어난 일들에 대해 부모들의 알 권리를 존중하고 적절하게 대처해야 한다. 또한 집단상담자는 미성년자인 아동과 청소년들의 비밀 유지 능력을 고려하여 집단원 선발 시 특별히 주의를 기울여야 한다. 그리고 학교 상담자가 학교 장면에서 학생들을 대상으로 집단상담을 실시할 때, 집단원들의 사생활 보호와 비밀보장이 어려운 학교의 특수한 환경을 특별히 고려해야 한다. 아울러 미성년자인 아동과 청소년을 대상으로 집단상담을 실시하는 경우는 집단상담의 효과를 증진시키기 위해 집단원 구성과 집단상담 기법을 특별히 신경 써야 한다.

제 12 장
사이버 상담 윤리

컴퓨터의 사용 증가와 인터넷의 출현은 사이버 공간이라는 새로운 장을 만들어 냈으며, 시간과 공간을 초월한 의사소통이 가능하게 되었다. 이에 따라 지금까지 100여 년 동안 시행되어 온 면대면 상담의 전통과 종이 위에 기록하는 형식에 큰 변화가 일어나고 있다. 상담 기록을 컴퓨터에 저장하고, 전화나 인터넷을 통해 정신건강 전문가에게 접근하는 방식이 개발되면서 상담과정에 혁명적인 변화가 일어나고 있다. 특히 정보를 전달하고 의사소통을 촉진하는 인터넷의 급속한 발전과 사용은 새로운 형태의 상담을 창출하는 결과를 낳고 있다(National Board of Certified Counselors: NBCC, 2001). 컴퓨터의 활용은 온라인 심리검사와 문자 채팅의 수준을 넘어 음성 채팅과 화상 채팅을 활용한 상담에 이르기까지 끊임없이 발전하고 있다. 정보화 사회에서 사이버 상담은 이제 상담의 한 장르로서 자리를 굳히고 있는 것으로 볼 수 있으며, 앞으로 상당한 정도로 확산될 것으로 예상된다(김계현, 1999; 남상인, 2005).

앞으로는 상담자에게 가능한 서비스 범위 내라면 어떤 형태의 상담을 선택할 것인가 하는 것은 내담자의 요구나 기호에 따라서 이루어질 것이다. 상담자와 내담자가 면대면이 아닌 원거리에서 실시하는 원격상담은 상담에 접근하는 데 '필요'라는 측면과 '편리함'이라는 측면을 제공하기 때문에, 면대면 상담을 대신하는 형태로 사용될 가능성이 커지고 있다(NBCC, 2001). 우선 '필요'라는 측면에서는, 상담 서비스를 받을 수 있는 곳으로부터 지역적으로 떨어져 있거나 부부가 멀리 떨어져 있는 경우, 또는 신체적인 장애 등의 이유로 이동하기 어려운 경우와 같이 상담에 접근하기 어렵게 하는 장애물들이 원거리 상담에 대한 요구를 커지게 하고 있다. 그리고 '편리함'이라는 측면에서는, 전통적인 상담 서비스 시간에 매이지 않고 상담 회기 시간을 잡을 수 있다거나 사무실과 같은 장소에서 상담을 실시하던 것에서 벗어날 수 있다는 점 등이 원격 상담 서비스가 제공하는 장점이다.

이처럼 앞으로 컴퓨터를 활용한 상담의 가능성이 커지고 있지만 이런 컴퓨터의 활용 증가는 상담윤리 실천에 새로운 차원을 맞도록 하고 있다(Sampson, 1990). 사이버상의 상담에서 새롭게 지켜야 할 윤리적인 문제들이 무엇인지를 알고 있어야 할 필요가 있기 때문이다. 미국에서는 컴퓨터를 활용한 상담에서의 윤리적 기준 마련에 대한 요구가 지속되었다(Ibrahim, 1985; Turkington, 1984). 미국상담학회 윤리 기준(ACA, 2005)과 미국학교상담자협회(ASCA, 2004) 윤리 기준에서는 면대면 상담 이외의 모든 보조적인 수단을 사용하는 것들을 '테크놀로지 적용(technology application)' 항목에서 다루고 있고, NBCC(2001)에서는 구체적으로 '인터넷 상담의 윤리적 기준'이라는 명칭하에 이에 대한 기준을 정의하고 있다.

아직까지 우리나라 상담과 심리치료 관련 학회에서는 사이버 상담에 대한 윤리적 기준을 마련하지 못하고 있다. 다만, 한국상담심리학회 상담심리사 자격규정(2005)에서 '전자 정보의 비밀보호'에 대해 다루고 있을 뿐이다. 여기에서 다루고 있는 것도 구체적인 사이버 상담에 대한 것이라기보다는 일반적인 전자 문서와 그 관리에 대한 내용이라고도 볼 수 있다.

이 장은 사이버 상담과 관련된 윤리적 기준을 직접적으로 언급하고 있는 NBCC(2001), 그리고 사이버 상담을 포함한 넓은 의미의 상담에 과학 기술을 적용할 때 지켜야 할 윤리적 기준들에 대해 밝히고 있는 ACA(2005)와 ASCA(2004)의 윤리 규정을 바탕으로 기술하였다. 우선 NBCC에서 밝히고 있는 사이버 상담의 위치에 대해 알아보고, 사이버 상담에서의 관계와 비밀보장에 대해 기술하겠다.

1. 사이버 상담의 위치

NBCC(2001)에서는 과학 기술이 빠르게 발전하면서 생겨났던 새로운 형태의 상담에 대해 어떤 점들이 공통적이라 할 것인지에 대해서도 논의하기 어렵다는 점을 밝히면서 새로운 형태의 상담에 대한 정의를 먼저 시도하고 있다. 우선 상담은 다양한 형태로 실시될 수 있는데, 그 형태는 참여자 수, 실시 장소, 의사소통 매체, 상호작용 과정이라는 면으로 구분해 볼 수 있다. 상담 참여자에 따라서는 개인, 부부 또는 집단으로 구분할 수 있으며, 상담 장소에서는 면대면이나 과학 기술을 활용한 원거리 형태가 있을 수 있다. 그리고 의사소통 매체 면에서는 지면을 통해 읽는 것, 오디오를 통해 듣는 것, 사람이나 비디오를 통해 보고 듣는 것 등이 있을 수 있다. 마지막으로 상호작용 과정 면에서는 동시적(synchronous) 또는 비동시적(asynchronous)으로 이루어질 수 있다. 동시적 상호작용은 상담자와 내담자 사이의 반응 간에 시간차가 전혀 없거나 있어도 시간차가 거의 없이 일어나는 것이며, 비동시적인 것은 상담자와 내담자 사이의 반응 간 시간차가 있는 것을 말한다.

전통적인 면대면 상담뿐 아니라 현재 이루어지고 있는 다양한 상담의 형태들을 위의 기준에 따라 분류하여 정리하면 〈표 12-1〉과 같다. 총 19개의 상담 형태가

〈표 12-1〉 다양한 상담의 형태 구분

실시 장소	의사소통 매체	상호작용 과정	참여자 수		
			개인	부부	집단
면대면		동시적	면대면 개인상담	면대면 부부상담	면대면 집단상담
원격	문자	비동시적	이메일 개인상담 게시판 상담	게시판 부부상담	게시판 집단상담
		동시적	문자 채팅 개인상담	문자 채팅 부부상담	문자 채팅 집단상담
	오디오	동시적	전화 개인상담 음성 채팅 개인상담	전화 부부상담 음성 채팅 부부상담	전화 집단상담 음성 채팅 집단상담
	비디오	동시적	화상 개인상담	화상 부부상담	화상 집단상담

표시되어 있다. 원격 상담의 형태는 인터넷이 활발하게 보급되기 이전에는 전화를 활용한 상담이 전부였으나 현재는 원격 상담의 많은 부분을 인터넷을 활용한 사이버 상담이 차지하고 있다.

현재 우리나라에서 많이 사용하고 있는 방식은 이메일/게시판 상담, 데이터베이스를 활용한 상담, 그리고 온라인 문자 채팅이나 화상을 통한 면대면 또는 집단 상담이다.

1) 이메일/게시판 상담

이메일이나 게시판 상담은 통신으로 편지를 주고받거나 게시판에 글을 올리고 응답하는 방식으로 진행되는 상담이다. 이메일 상담은 상담자에게 개인적으로 메일을 보내고 상담자가 응답하는 방식이다. 게시판 상담은 공개 상담실과 비공개 상담실의 두 가지 형태로 진행되고 있다. 공개 상담실은 청소년들이 고민을 게시판에 올리면 상담자들이 공개적으로 응답해 주거나 다른 접속자들이 응답해 주는 방식으로 진행된다. 비공개 상담실의 경우는 비밀번호를 설정하도록 해서 본인만 상담자가 응답한 내용을 볼 수 있도록 하거나 직접 메일로 상담자가 응답을 보내 주는 방식을 취하고 있다. 이메일 상담은 내담자가 자신의 고민을 스스로 정리해 볼 수 있는 기회를 제공하며, 상담자에게도 여러 차례 읽어 보면서 답변할 수 있도록 하는 장점이 있다(남상인, 2005). 하지만 이메일이나 게시판 상담은 익명으로 진행되는 경우가 많고 내담자가 보낸 편지의 내용에만 의존할 수밖에 없기 때문에 내담자에 대해 정확하게 파악하기 어렵고 편지 내용을 다르게 해석할 우려가 있다는 점이 한계라고 할 수 있다.

2) 데이터베이스를 활용한 사이버 상담

사이버 상담이 가질 수 있는 독특한 프로그램으로 데이터베이스를 활용한 상담 프로그램이다. 청소년들의 문제해결뿐 아니라 문제의 예방, 그리고 성장과 발달에 도움이 되는 다양한 정보와 시청각 자료들을 사이버 환경에 구현한 것이다. 사이버 공간에서 상담자와 직접 만나지 않아도 간접적인 상담의 효과를 얻을 수 있다는 점과 청소년들이 필요할 때 언제든지 이들 자료를 조회하여 도움을 받을 수 있다는 장점이 있다(남상인, 2005).

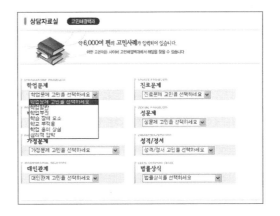

데이터를 활용한 사이버 상담은 두 가지 방식으로 이루어지고 있다. 첫 번째는 기존의 게시판 공개 상담실에서 이루어진 상담 내용들을 내담자의 호소 문제별로 분류하고 각 상황에 대해 내담자들이 처한 문제 상황과 유사한 목록들을 선택하여 읽어 볼 수 있도록 하는 방식이다.

두 번째는 해결하기 어려운 문제 상황에 대하여 여러 가지 답변 가능성들을 예시

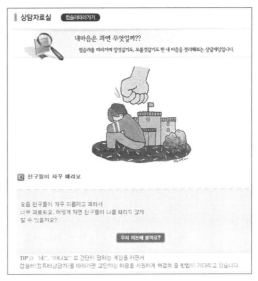

로 제시하여 단계별로 선택해 나감으로써 자신의 독특한 문제에 대해 해결책을 찾을 수 있도록 도와주는 방식이다.

3) 문자/화상 채팅 상담

사이버 상담자와 내담자가 일대일 또는 집단의 형태로 문자 채팅이나 화상을 통해 상호작용하면서 내담자의 문제해결과 성장을 조력하는 방식이다. 게시판이나 이메일 상담에 비해 즉시적이고 상호적이라는 점에서 이용자에게 보다 더 큰 호감과 흥미를 줄 수 있는 상담 방법이라 할 수 있다(이영선, 박정민, 최한나, 2001). 문자 채팅의 경우는 대면상담과 달리 얼굴을 대하지 않아도 되기 때문에 내담자들의 상담에 대한 거부감이나 두려움을 줄일 수 있는 장점이 있다. 그리고 기술 발전으로 음성과 영상 정보까지 주고받을 수 있게 됨으로써 이제 원거리에서 얼굴을 보면서 일상 대화를 하듯이 상담하는 것이 가능해졌다. 기존의 대면상담과 거의 유사한 환경을 만들 수 있다는 점에서 향후 각광받을 수 있는 방법이라 기대된다.

2. 사이버 상담의 실태

1990년대 들어서 컴퓨터 통신 기술 발전과 인터넷 이용률이 급격하게 증가하면서 사이버 상담의 수요자와 사이버 상담 서비스의 제공도 급격히 증가하고 있다. 사이버 상담은 1987년 한국경제신문사가 'KETEL'을 개설하며 컴퓨터 네트워크를 형성한 이후 급속한 발전을 거듭하여 왔다. 국내 사이버 상담실의 대표적인 운영 사례는 1991년 사설 BBS로 시작된 '등대', 1993년에 개설된 '사랑의 전화'를 필두로 1998년에 개설된 한국청소년상담원의 'YouCoNet' 등 총 100개 이상의 상담기관이나 단체가 컴퓨터 통신 혹은 인터넷을 통한 사이버 상담을 제공하고 있다(임은미, 김지은, 박승민, 1998).

사이버 상담에 대한 인식과 이용률은 아직까지 낮은 편이지만 계속해서 증가하고 있는 추세다. 전국 중·고등학교 학생을 대상으로 실시한 사이버 상담의 실태 조사(한국교육학술정보원, 2001)에서는 사이버 상담에 대해 아는 학생이 46.4%, 사이버 상담을 이용해 본 적이 있는 학생은 17.5%로 나타났다. 대학생들을 대상으로 한 사이버 상담에 대한 실태 조사(이희경, 2000)에서도 사이버 상담을 이용해 본 적이 있는가를 알아본 결과, '이용해 보지 않았다'는 비율이 52.4%, '전혀 모른다'는 비율도 30.8%나 되었다. 이에 반해 '이용한 경험이 있다'는 5.6%에 불과했다. 하지만 허애지(2003)의 조사에서는 사이버 상담 이용률이 35.1%인데, 이전 연구들과 비교해 보면 점차 사이버 상담의 이용률이 증가하고 있다는 것을 알 수 있다. 특히 앞으로 사이버 상담을 이용하겠다는 비율은 60.5%로 나타나 향후 사이버 상담 이용률이 증가할 것으로 예상된다(한국교육학술정보원, 2001).

그리고 지금까지 가장 많이 실시된 사이버 상담에서는 심리검사, 성격검사, 적성검사 등 각종 검사를 받는 것(52.2%)으로 나타났다(허애지, 2003). 또한 앞으로 사이버 상담을 통해 받고 싶은 상담 분야에 대한 조사에서 심리검사(39.4%)가 가장 많았고, 진학이나 교육 정보 등의 정보 서비스(21.8%), 개인상담(17.0%)의 순이라고 발표한 연구(한국교육학술정보원, 2001)도 있으나, 채팅 상담이 가장 높다고 발표한 연구 결과(이희경, 2000; 허애지, 2003)도 있어 향후에는 심리검사와 함께 채팅을 통한 사이버 상담에 대한 요구가 높을 것으로 예측된다.

3. 사이버 상담의 특징

사이버 공간에서 이루어지는 인간관계는 면대면 만남과는 차이가 있다. 사이버 공간은 사이버라는 나름대로의 독특한 특성을 통해서 관계를 발전시켜 간다. 사이버 상담도 역시 이러한 사이버라는 가상적인 공간에서 이루어지는 고유한 특성을 바탕으로 이루어진다. 사이버 상담 윤리는 면대면으로 오프라인에서 이루어지는 상담윤리에 바탕을 두고 있으면서도 사이버 상담의 특성을 반영해 만들어졌다. 이 절에서는 사이버 상담의 특성은 무엇인지를 알아봄으로써 다음 절에서 다룰 사이버 상담 윤리에 어떻게 반영되는지를 알 수 있을 것이다. 우선 사이버 상담의 긍정적인 특징을 살펴보고 다음으로 한계에 대해 살펴볼 것이다.

1) 사이버 상담의 긍정적 특성

사이버 상담의 가장 큰 긍정적 특성으로 꼽히는 것은 크게 세 가지다. 첫 번째는 사이버 상담의 익명성에 따른 신속한 관계 형성과 자기 개방의 촉진이다. 두 번째는 시공간을 초월한 의사소통이 가능하다는 것이다. 세 번째는 사이버 공간에서 이루어진 상담 활동 기록이 가능하다는 것이다. 사이버 상담의 세 가지 긍정적인 특성은 상담이 더욱 보편화될 수 있는 가능성을 열어 주고 있다.

(1) 익명성과 신속한 관계 형성

사이버 상담의 특징 중의 하나는 익명성이다(남상인, 2005; 이희경, 2000). 내담자들은 자신의 본모습이나 본명이 아닌 부호나 문자로 만들어진 ID를 통해 자신을 나타낸다. 사용자에 관한 매우 기본적인 정보가 있지만 이러한 정보가 대화의 상대자에게 항상 공개되지 않는다. 이러한 익명성은 심각한 고민이나 심리적 어려움을 겪고 있으면서도 주위의 시선을 의식하여 도움을 요청하지 못하는 사람들에게 보다 쉽게 접근할 수 있는 상담의 한 방법이 되고 있다.

그리고 내담자들에게 상담을 받는다는 심리적 부담을 주지 않는다는 장점은 내담자들이 쉽게 상담을 신청할 수 있게 하고 실제로 상담이 진행될 수 있는 가능성을 높여 준다. 이러한 경우 자발성이 높아 내담자와의 신뢰 형성이 용이할 수 있다는 점이 사이버 상담의 큰 장점이라 할 수 있다. 또한 사이버 상담의 익명성은 내담자의 자기 개방 가능성을 높이고 방어와 저항의 가능성을 낮아지게 한다. 특히 청소년들의 경우, 면대면 상담에서는 부모나 교사의 권유로 억지로 오는 비자발적인 상담이 많지만, 사이버 상담에서는 내담자 스스로가 문제의식을 가지고 자신의 어려움을 해결하기 위해 자발적으로 찾아오는 경우가 많다. 이러한 점에서 사이버 상담을 신청하는 내담자들은 상담 동기가 높다고 볼 수 있으며, 상담에 임하는 내담자의 동기와 자기 개방성이 높다는 것은 사이버 상담의 큰 장점으로 볼 수 있다(이영선, 박정민, 최한나, 2001).

(2) 시공간을 초월한 의사소통

사이버 공간에서는 참여자들의 물리적 거리가 문제되지 않는다. 아울러 사이버 공간은 항상 열려 있기 때문에 시간적 제한에서도 벗어날 수 있다. 면대면 상담에서는 전화를 통해서나 직접 내방해서 접수 상담을 해야 하고 상담자와 약속을 잡아 지정된 시간에 찾아가야 한다. 그러나 사이버 상담은 일부러 시간을 내서 찾아가지 않아도 인터넷이 연결된 컴퓨터만 있으면 언제든지 사이버상에서 상담이 가능하다. 이러한 점에서 사이버 상담은 경제적이라 할 수 있다. 이메일이나 게시판 상담의 경우는 내담자가 상담자와 직접 대화하는 것이 아니기 때문에 자신의 사연을 올려놓은 후에 언제든지 확인해서 답변을 볼 수 있다. 또한 영상이나 문자 채팅 상담 형태에서는 자신의 어려움을 즉시 상담자와 대화할 수 있는 가능성도 열려 있다.

(3) 활동 기록의 보존성

사이버 공간에서 이루어지는 의사소통 내용, 상대, 시간 등에 대한 기록은 모두 보존이 가능하다. 그리고 이러한 기록은 여러 가지로 유용하게 사용될 수 있다(남상인, 2005). 우선 내담자는 자신이 작성한 호소 문제를 언제든지 볼 수 있기 때문에 상대방이나 자신의 입장을 재평가해 볼 수는 기회를 제공받는다. 또 대화나 편지의 내용을 저장해 두었다가 제삼자에게 보내는 것도 가능하다.

그리고 내담자가 자신의 문제해결에 도움이 되는 풍부한 자료를 용이하게 찾아볼 수 있다(이영선, 박정민, 최한나, 2001). 국내에서 100여 개가 넘는 사이버 상담 사이트에는 일반적인 상담과 관련된 다양한 자료들이 탑재되어 있을 뿐 아니라 그간의 사이버 상담을 통해 축적된 다양한 자료들이 정리되어 제시되고 있다. 이렇게 사이버 상담을 통해 획득한 풍부한 정보는 내담자로 하여금 자신의 문제에 대해 이해하고 문제에 대한 정보를 얻게 하는 데 도움이 되고 있다. 특히 자신과 유사한 어려움을 겪은 사람들의 사례를 읽으면서 혼자만의 고민이 아니라는 점과 이들이 어떻게 극복했는지 알아보는 것만으로도 많은 도움이 될 수 있다.

2) 사이버 상담의 한계점

사이버 상담의 한계점으로 지적되고 있는 것은 크게 다섯 가지로, 의사소통의 제약, 컴퓨터와 인터넷 망의 불안정성, 신뢰 관계 형성의 어려움, 단회기성, 신원 파악의 어려움, 이용자의 제한성 등을 꼽을 수 있다.

(1) 의사소통의 제약

사이버 상담에서는 화상 채팅을 제외하고 서로를 볼 수 없는 상태로 진행되기 때문에 감정의 포착, 공유, 문제 파악과 개입에서 제약을 받는다. 면대면 상담에서는 언어 표현, 감정 표현, 동작 표현 등을 동시에 읽어 가면서 종합적으로 내담자에 대한 정보를 수집할 수 있으나, 사이버 상담에서는 문자를 통한 의사소통이 대부분이어서 내담자의 심리를 정확하게 파악하기 어렵다는 약점이 있다. 특히 신세대 청소년의 문화가 제한 없이 표현되는 상황에서 얼굴을 보지 않고 그들을 파악하고 보조를 맞춘다는 것은 충분히 훈련되지 않은 상담자로서는 극복하기 어려운 과제다(남상인, 2005). 때에 따라서는 문자로 표현되는 내담자의 말을 상담자가 얼마나 정확하게 이해했는지 모호한 경우가 많다.

(2) 컴퓨터와 인터넷 망의 불안정성

사이버 상담이 웹상에서 구현되는 특징이 있기 때문에 이를 뒷받침해 주는 전산 시스템이 불안정할 경우 오류가 자주 발생하고 많은 불편을 주는 경우가 있다. 또한 해킹 등으로 개인 정보가 누출될 가능성이 있다. 이는 비밀 유지가 생명인 상담에서 매우 치명적인 약점이 될 수 있다. 사이버 상담자는 이런 기술적인 한계에 대해 잘 알고 대비해야 할 뿐 아니라 내담자들에게도 이러한 한계에 대해 알려 주도록 되어 있다.

(3) 신뢰 관계 형성의 어려움

면대면 상담에서도 신뢰 관계를 구축하는 일이 그리 쉽지 않은 문제인데, 대부분

글로 표현된 내용에 의존할 수밖에 없는 사이버 상담의 경우는 상담의 과정에서 내담자와 신뢰를 구축하는 것이 더욱 어렵다. 특히 제한적인 만남으로 정보가 부족한 상태에서 진행될 수 있기 때문에 피상적인 상담이 될 가능성이 높다.

(4) 단회기성

사이버 상담 내담자들은 쉽게 접근하는 반면, 대부분 단회로 끝나는 경우가 많다. 지속적인 상담이 필요한 경우도 내담자들이 일방적으로 끊고 나가 버리면 상담을 지속할 길이 없어진다. 근본적인 치료보다는 문제해결 중심으로 상담이 제한되어 진행될 가능성이 크다(홍혜영, 1999). 이러한 한계 때문에 상담자는 짧은 시간 내에 내담자의 문제가 무엇인지 파악하고 한 회기 안에 다룰 수 있는 것인지를 판단해야 할 필요가 있다. 목표 설정에서도 적절한 한계를 정하고 그 시간 동안 다룰 수 있도록 문제를 구체화시켜서 초점을 맞출 필요가 있다.

(5) 신원 파악의 어려움

익명성이 보장되는 사이버 공간에서는 내담자의 신원 파악이 어렵기 때문에 내담자가 위급한 문제에 처해 있어도 즉각적인 개입이 어렵다는 제한점이 있다. 또 내담자의 가족이나 주위의 도움이 필요한 경우도 본인의 동의 없이는 연락을 취할 방법이 없다는 것이다. 결국 자살, 살해 의도, 아동학대나 기타 위기 상황이 감지되어도 적절한 도움이나 조치를 취할 방법이 없는 것이 문제라고 할 수 있다.

(6) 이용자의 제한성

사이버 상담은 많은 장점을 가지고 있는 것은 분명하나 내담자가 컴퓨터를 다룰 줄 알고 인터넷 망이 연결되어 있어야 사용이 가능하다. 즉, 누구나 이용할 수 있는 것은 아니라는 점에서 제한적이라 할 수 있다.

4. 사이버 상담 관계와 윤리

오프라인 상담에서와는 달리 사이버 상담자들이 관계를 형성해 가는 데 알아야 할 윤리적인 문제들을 살펴보면 다음과 같다.

1) 사이버 상담의 적절성 여부 결정

사이버 상담 서비스를 실시하기 전에 내담자의 능력이 사이버 상담에 적합한가를 점검해야 한다. 우선 내담자가 인지적, 정서적, 신체적으로 컴퓨터나 기타 상호작용에 필요한 매체를 사용할 수 있는 능력을 가지고 있는지를 확인해야 한다. 즉, 이메일 상담이나 게시판 상담 또는 문자 채팅 상담 등이 가능하기 위해서는 전자 자료 전송을 위한 타이핑 기술이 요구되며, 대부분의 사이버 상담에서 하드웨어와 소프트웨어의 기능을 효율적으로 사용할 수 있는 능력도 갖추어져 있어야 한다(Sabella, 2000).

또한 사이버 상담이 내담자의 요구에 부합하는 것이어야 한다. 사이버 상담은 내담자에게 혜택을 제공해 줄 수 있는 가능성도 있지만 한계점과 위험 요소들도 함께 포함하고 있다. 특히 현실에 대한 왜곡을 일으킬 수 있는 성학대나 폭력적인 관계에 따른 문제, 섭식장애, 신경성 질환, 사이버 중독 등의 경우 사이버 상담으로는 내담자의 요구에 부합되면서도 좋은 상담 성과를 내기에는 한계가 있는 것이 사실이다(생명의 전화, 2006). 이렇게 사이버 상담이 부적절해 보일 경우 사이버 상담자는 면대면 상담 실시를 고려해 보아야 한다.

2) 사이버 상담자의 역량

사이버 상담자는 면대면 상담에서와 마찬가지로 사이버 상담자가 갖춘 역량 범위 내에서 서비스를 제공해야 한다. 사이버 상담자는 전자 자료 전송을 비롯한 하드웨어와 소프트웨어의 기능에 대해서도 잘 알아야 하며 효율적으로 사용할 수 있는 능력을 갖추고 있어야 한다. 또한 사이버 상담자에게는 일반적인 면대면 상담의 원리뿐 아니라 문자 정보나 영상 정보를 통해 상담이 진행되기 때문에 사이버 세계에서의 의사소통 방식과 상담 개입 접근에 대해 잘 알고 있어야 한다. 그래서 사이버 상담자는 사이버 상담 실시를 결정하기 전에 다음과 같은 것들을 스스로 질문해 보아야 한다. 첫째, 사이버 상담에서 요구되는 의사소통 능력의 정도에 대해 잘 알고 있는가? 둘째, 사이버 공간 내에서 이루어지는 상담의 특성 등에 대해 충분히 이해하고 있는가? 셋째, 제한된 정보 내에서 내담자의 보이지 않는 부분까지 읽을 수 있는 감수성을 갖추고 있는가?

또한 사이버 상담자는 자신들의 능력과 관련 있는 정보를 내담자들에게 제공해야 한다. 사이버 상담실에 모든 사이버 상담자와 수련감독자의 면허, 자격증, 실무 영역 정보 등을 포함하는 배경 정보를 실어 줌으로써 내담자들이 볼 수 있도록 해야 한다.

3) 신원 확인

온라인에서는 많은 사람들이 베일에 가려진 채 익명성을 즐기고 있다. 실명보다는 문자나 부호 또는 숫자의 조합을 자신의 이름 대용으로 사용하는 경우가 많다. 이러한 상황에서 사이버 상담을 실시할 때 내담자의 신원을 확인하기 어려울 때가 많다. 온라인에서의 실제 내담자는 누구인가? 혹시 미성년자인 내담자가 자신을 어른이라고 속이고 있지는 않은가? 성(gender)이라든가 다른 개인적인 특성들을 속여서 상담자가 내담자를 정확하게 이해하지 못하게 하고 있지는 않은가? 이처럼 사이버 상담에서는 타인의 이름을 사칭하는 경우가 발생하지 않도록 사이버 상담자는 최대한 대비해야 한다.

그동안 많은 사이버 상담실에서 문자나 영상 채팅 상담의 경우는 회원 가입 절차를 거치도록 하였으나, 게시판 상담과 이메일 상담의 경우는 내담자가 익명으로 사연을 올릴 수 있도록 하는 방식으로 진행되어 왔다. 하지만 최근에는 게시판 상담과 이메일 상담의 경우도 사이버 상담자와 내담자 간에 보다 적극적인 상담 관계를 형성하고 심화된 상담이 가능하도록 하기 위해 회원 가입 절차를 거치도록 하고 있다. 이렇게 회원 가입 절차를 거치면 사이버 상담자가 내담자의 최소한의 정보를 가지고 상담에 임할 수 있게 된다. 이렇게 내담자에 대한 최소한의 정보라도 파악하고 있을 때 상담자가 내담자의 문제를 좀 더 구체화하고 내담자에 대한 이해의 폭이 넓어질 수 있다. 다만, 아직까지 내담자들이 제공한 정보들의 진위 여부에 대해서는 확인할 수 없는 실정이다(이영선, 박정민, 최한나, 2001).

4) 사전동의

사이버 상담자는 내담자가 미성년자인지의 여부와 부모나 보호자의 사전동의가 필요한지를 결정해야 한다. 부모나 보호자의 사전동의가 필요할 때는 동의하는 사람의 신원을 확인할 수 있어야 한다. 다만, 사이버 상담은 다양한 형태로 이루어지고 있고 단회로 이루어지는 경우가 많아 내담자의 동의를 얻기 위한 방법은 대면상담과는 달리 이러한 특수성을 고려하여 이루어질 수 있다. 미국상담학회(2005)에서는 이 사전동의 절차에 대해 비교적 자세하게 밝히고 있다. 사전동의 과정에서 상담자들이 따라야 할 사항들에 대하여 11가지로 밝히고 있는데, 우리나라의 상황에 맞는 10가지 사항을 정리하면 다음과 같다.

- 전자 전송된 통신 자료의 비밀 유지의 어려움과 관련된 문제를 다룬다.
- 전자 전송 자료에 접근이 가능한 모든 사람들을 내담자에게 밝혀 준다(예, 동료, 수련감독자, 정보기술 관련 직원 등).
- 내담자가 상담과정에서 사용할지 모르는 어떤 과학 기술에 접근할 수도 있는 가족 구성원과 동료 중 권한을 부여 받은 사람은 누구인지 알고 있도록 강조한다.
- 전문가의 상담 서비스 실천과 관련된 국가 또는 국제적인 법적 권리와 한계에 대해 알려 준다.
- 가능한 한 비밀을 보장하기 위해서 암호화된 웹사이트와 이메일을 사용한다.

- 암호를 사용하기 어려운 경우에 상담자는 이러한 사실을 내담자에게 알리고 내담자에게 특별한 내용이 아닌 일반적인 통신의 경우로만 전자 전송의 사용을 제한한다.
- 전송된 자료의 보관 여부와 얼마나 오랫동안 보관하는지에 대해 알린다.
- 기술의 사용이 어려울 경우 대안적인 방법에 대해 논의한다.
- 상담자의 서비스가 어려운 경우 119에 전화하거나 지역의 긴급 직통전화 이용과 같은 응급 상황에서의 절차에 대해 알려 준다.
- 상담 서비스를 실시하는 데 영향을 줄 수 있는 시차, 지역 풍습, 문화 또는 언어 차이에 대해 논의한다.

5) 사이버 상담 오리엔테이션

사이버 상담에서는 오프라인 상담에 비하여 많은 부분에서 오리엔테이션이 이루어져야 한다. 오프라인 상담에서 다루어야 할 것들 이외에 사이버 상담에서 이루어져야 하는 오리엔테이션 내용들을 정리하면 다음과 같다.

- **연락처** 상담 오리엔테이션 과정의 일환으로 사이버 상담자는 내담자에게 오프라인상에서는 어떻게 연락을 취할 수 있는지에 대한 절차를 설명한다.

- **사이버 상담 운영 방법** 사이버 상담자는 상담 운영과 관련된 구체적인 사항을 공지해 주어야 한다. 이용 가능한 시간, 답신을 어느 정도 시간 내에 받을 수 있는지 등의 정보를 내담자가 알 수 있도록 하는 것이 바람직하다. 특히 상담자와 내담자 간에 반응하는 데 시간차가 생기는 형태로 상담이 진행되는 이메일 상담이나 게시판 상담의 경우는 상담자가 얼마나 자주 이메일이나 게시판 등을 확인하는지에 대해서도 설명해 주어야 한다. 이렇게 함으로써 내담자가 서비스를 이용하는 데 불편을 줄일 수 있으며, 이는 곧 상담자와 내담자 간의 신뢰 형성에도 긍정적인 영향을 줄 수 있다.

- **기술적 결함 대처 방식**　사이버 상담자는 내담자에게 사이버 상담 중에 일어날 수 있는 기술적인 결함의 가능성에 대해 설명해 주어야 한다. 그리고 만약 통신이 안 되는 경우를 대비하여 대안적으로 사용할 의사소통 방법에 대해 내담자와 논의한다.

- **오해의 가능성**　오프라인상의 면대면 상담이나 온라인상의 화상을 통한 상담의 경우는 상담자와 내담자가 서로의 상황에 대해 알 수 있기 때문에 오해의 소지가 적다고 볼 수 있으나, 문자나 오디오만을 활용하여 상담하는 경우는 오해를 불러일으킬 수 있는 소지가 더욱 커진다 하겠다. 그렇기 때문에 사이버 상담자는 내담자에게 화상 정보가 없는 상태로 상담이 진행되는 경우에 오해가 있을 수 있다는 점과 이러한 오해를 어떻게 해결해야 하는지에 대해 설명한다.

- **위기 상황 대처**　사이버 상담은 원거리에서 이루어지는 경우가 많기 때문에 내담자가 위기에 처해 있어도 상담자가 직접 개입하지 못하는 한계를 가지고 있다. 그렇기 때문에 사이버 상담자는 내담자에게 응급 상황에서 적절한 도움을 받을 수 있도록 상담자의 전화번호와 위치 등의 정보를 제공해야 하며, 사이버상에서뿐 아니라 오프라인에서도 내담자에게 연락을 할 수 있도록 대안적인 방법을 가지고 있어야 한다(ACA, 2005). 응급 상황에서 사용할 수 있는 직통 전화번호를 정하여 사이버 상담자와 내담자가 가지고 있는 것이 필요하다. 또한 내담자가 살고 있는 지역에서 위기 개입과 같은 서비스를 제공받을 수 있는 전문가가 누가 있는지, 그리고 어떻게 연락을 취할 수 있는지 등에 대해 내담자가 알고 있도록 해야 한다.

- **인터넷 접근 가능 장소**　사이버 상담이 인터넷을 통해 이루어진다면 어떻게 인터넷에 접근할 것인지에 대해서도 오리엔테이션이 이루어져야 한다. 특히 집에서 인터넷을 사용하기 어려운 경우가 있을 수 있다. 사이버 상담이나 온

라인 검사, 특정 정보에 접근할 수 있도록 하기 위해서 사이버 상담자는 내담자가 지역사회 어느 곳에서 무료로 인터넷을 사용할 수 있는지를 알 수 있도록 해야 한다.

6) 장애를 가진 내담자

사이버 상담은 장애를 가진 내담자와 원거리에서도 이루어질 수 있는 장점이 있다. 그렇기 때문에 사이버 상담자는 기술적으로 가능한 범위 내에서 장애를 가진 내담자들이 웹사이트를 어려움 없이 이용할 수 있는 환경을 만들어 주어야 한다.

7) 문화적 다양성의 인정

내담자는 자신이 살고 있는 지역사회 환경이나 사건으로부터 영향을 받고 있다. 어떤 내담자들은 언어가 다를 수 있으며, 다른 시간대에 살고 있을 수도 있고, 고유한 문화적 관점을 가지고 있을 수 있다. 상담자와 내담자가 지역적으로 멀리 떨어져 있다는 점 때문에 상담자가 내담자의 지역이나 문화에 대한 이해가 부족해져서 신뢰성을 떨어뜨릴 수도 있고, 부적절한 개입 방법을 선택할 수도 있다. 그리고 최근 내담자가 살고 있는 지역에서 어떤 사건이 내담자뿐 아니라 가족에게 스트레스 요인이 되고 있는지에 대해서도 모르고 있을 수 있다. 또한 상담자와 내담자의 지역 문화의 차이로 내담자 사고, 감정, 행동에 대해 잘못 해석할 수 있는 가능성도 있다. 그렇기 때문에 사이버 상담자는 최신의 지역 사건이나 지역 문화에 친숙해질 필요가 있다(Sabella, 2000).

5. 사이버 상담에서의 비밀보장

일반 상담뿐 아니라 사이버 상담에서도 가장 중요한 상담자의 윤리적 책임은 비밀보장이라 할 수 있다. 또한 내담자는 자신의 정보가 보호될 것이라는 기대를 가지고 상담에 임하기 때문에 상담자와 내담자의 신뢰 관계 형성을 위해서 기본이 되는 것이라 할 수 있다.

사이버 상담에서의 비밀보장과 그 한계에 대한 내용은 일반 상담과 다르지 않지만, 일반 대면상담과 다르게 내담자의 정보가 누설될 수 있는 위험 요소가 존재한다. 그렇기 때문에 사이버 상담에서 신경을 많이 써야 하는 부분 중의 하나가 비밀보장과 관련된 것이라 할 수 있다. 즉, 해킹의 위험이 항상 존재하고 있으며, 잠깐의 부주의로 상담 기록 파일이 공개되기도 하는 등의 비밀보장 의무를 다하지 못할 수 있는 가능성이 오프라인 상담에 비해 크다. 그래서 앞서 설명한 것과 같이 사이버 상담자는 사이버 상담과정에서 컴퓨터 기술의 한계에 따른 비밀 누설의 위험성과 인터넷상에서 이루어지는 의사소통에서 나타나는 내담자의 비밀을 완벽하게 보장하는 것이 어려울 수 있다는 점에 대해 상담 시작 전에 알려 주고 내담자가 스스로 상담을 받을 것인지에 대해 결정할 수 있도록 해야 한다(ACA, 2005). 그리고 사이버 상담자는 이러한 한계를 보완하기 위한 노력을 해야 할 필요가 있다. 이 절에서는 우선 사이버 상담자가 비밀보장의 의무를 다하기 위해 어떤 노력을 해야 하는지와 내담자에게 알려야 할 비밀보장의 한계점들에 대해 살펴볼 것이다.

1) 비밀보장

상담 전문가는 내담자들에게 적절하게 행동하도록 하기 위한 충분한 정보를 주어야 한다. 즉, ① 일반적으로 상담과정에서 나타나는 컴퓨터 기술의 한계에 대해 설명해 주어야 하고, ② 사이버 상담을 하는 동안 인터넷상에서 이루어지는 의사소통에서 나타나는 내담자의 비밀을 완벽하게 보장하는 것이 어렵다는 것에 대해 설명해 주어야 한다(Bloom & Walz, 2000).

(1) 비밀보장 사이트

사이버 상담자는 안전한 웹사이트에서만 상담 서비스를 제공해야 한다. 권한을 부여받지 않은 제삼자의 접근을 막을 수 있는 응용 프로그램을 통해서만 상담을 제공해야 한다. 비밀보장이 안 되는 웹사이트나 응용프로그램에서는 단지 일반적인 정보만을 제공해야 한다. 이러한 일반적인 정보에는 특정 내담자에게만 해당되는 것이 아닌, 전체적으로 내담자들에게 흥미가 있을 만한 주제에 관한 정보, 제3의 정보, 그리고 의뢰에 관한 정보, 주소와 전화번호 등을 포함한다.

(2) 비밀보장을 위한 조치

사이버 상담자가 내담자에 대한 비밀보장의 의무를 다하기 위해 취해야 할 암호화, 자료 보관, 정보 공개 절차, 자료 전송과 관련된 것과 같은 조치들에 대해 살펴보기로 하자.

- **암호화** 사이버 상담자는 내담자에게 암호화 방법을 알려 준다. 이 암호화는 내담자/상담자/수련감독자와의 의사소통 내용에 대해 보안을 유지하기 위한 것이다. 암호화 방법은 가능한 한 매번 사용되어야 한다. 암호화 사용이 여의치 않을 경우는 내담자에게 가능한 위험 요소가 무엇인지에 대해 알려야 한다. 이러한 위험 요소에는 사이버 상담 회기 기록이나 전송된 기록에 대해 무단으로 열어 보는 것이 포함될 수 있다.

- **자료 보관** 사이버 상담 기록은 드는 비용이 적고 편리하기 때문에 사이버 상담 회기 자료가 보관될 가능성이 더 커지고 있다. 사이버 상담자는 내담자에게 어떻게 그리고 얼마나 오랫동안 상담 회기에 대한 자료를 보관할 것인지에 대해 알려 주어야 한다. 이런 회기에 대한 자료에는 사이버 상담자와 내담자의 이메일, 검사 결과, 음성/영상 회기 기록, 회기 내 상담자의 기록, 상담자와 수련감독자 간의 대화 내용이 포함될 수 있다.

- **정보 공개 절차와 자료 전송** 사이버 상담자는 내담자 정보를 다른 전자 자료원과 공유하기 위해서는 정보 유출과 관련된 적절한 절차를 따라야 한다. 특히 이메일은 가장 손쉽게 주고받을 수 있을 뿐 아니라 남들에게 자신을 드러내지 않고 상담자와 연락할 수 있는 장점이 있기 때문에, 내담자가 자신의 문제나 신상을 게시판 등에 드러내는 것을 꺼리는 경우에 많이 사용되고 있다. 따라서 사이버 상담자는 사이버 상담 관계가 비밀보장이 될 수 있도록 하기 위해서는 메일을 보낼 때 받는 사람이 내담자가 확실한지 여부를 확인해 보고 발송하는 노력이 필요하다.

2) 비밀보장의 한계

사이버 상담자는 비밀보장의 한계를 내담자에게 알리고, 비밀보장이 침해되었을 때 일어날 수 있는 예견 가능한 상황들을 확인해야 한다. 다음은 사이버 상담에서 나타날 수 있는 비밀보장의 한계들에 대한 내용이다.

(1) 위기 상황 발생 시

일반 상담에서와 마찬가지로 내담자 자신이나 타인의 신변에 위험 요소가 있다고 판단되면, 사이버 상담자는 이런 위험을 방지하기 위해 조치를 취해야 할 윤리적 책임이 있다. 다만, 게시판 상담이나 이메일 상담의 경우는 익명성을 보장해 실시하고 있고 대부분 단회로 끝나기 때문에 적극적으로 대응하기는 쉽지 않다. 최근에는 이러한 익명성에 제한을 두고 회원에 가입한 후에야 사이버 상담을 신청할 수 있도록 하기도 한다. 비록 정확한 정보를 입력했는지에 대한 진정성은 보장할 수 없지만 위기 시에 연락할 수 있는 최소한의 정보라도 파악할 수 있는 하나의 방법이 되고 있다.

(2) 수련감독자나 다른 상담자와의 협의

일반 상담에서 상담자가 상담 사례에 대해 전문가에게 수련감독을 받는다든가 상담자 간에 사례 협의를 거치기도 한다는 점을 내담자에게 미리 알려 주는 것과 마찬가지로 사이버 상담자도 이러한 가능성에 대해 미리 알려 주어야 한다. 또한 사이버 상담의 특성상 담당하는 인력이 한 명 이상인 경우도 많기 때문에 다른 상담자도 비공개 게시판이라 하더라도 읽을 수 있고 때로는 자료를 공유할 수도 있다는 점에 대해 사전에 알려 주어야 한다. 문자나 화상 채팅의 경우는 사이버 상담자가 상담에 참여하는 환경에 다른 어떤 사람이 접근할 수 있는 가능성이 있는지에 대해서도 알려 주어야 한다.

(3) 사이버 상담의 기술적 한계점

사이버 상담은 컴퓨터를 활용해 사이버 공간 속에서 이루어지기 때문에 이러한 상담 환경의 특수성 때문에 내담자의 비밀이 보장되지 못할 수도 있다(이영선, 박정민, 최한나, 201). 특히 해킹, 개인 정보 유출, 사생활 침해 등 정보화의 역기능 현상이 점차 심화되고 있으며, 사이버상에서의 정보 교환이 안전한지의 여부를 확신할 수 없는 상황이다. 그러므로 사이버 상담자는 사이버 상담 환경을 최대한 안전하게 만들기 위한 노력을 다해야 하겠지만 내담자의 정보에 제삼자가 동의 없이 접근할 수도 있다는 점에 대해 알리고 내담자의 동의를 구해야 한다.

블룸과 왈츠(Bloom & Walz, 2000)는 사이버 상담자가 내담자에게 위와 같이 내담자 정보의 비밀보장에 한계가 있음을 인식하였다는 것과, 사이버 상담자가 온라인 환경을 안전하게 조절하기 위해 노력하였음에도 불구하고 사이버 상담에서 전달된 사적 정보들에 사전동의 없이 제삼자가 접근하였을 경우 비밀보장 특권을 포기하는 데 찬성한다는 것을 진술하는 '내담자 포기 승낙서'를 작성하도록 요구해야 한다고 하였다. 만약 내담자가 포기하려 하지 않거나 동의서를 작성할 능력이 없을 경우는 내담자에게 사이버 상담 서비스를 제공하지 말고 면대면 상담 방법을 실시하도록 해야 한다.

6. 요 약

사이버 공간이라는 새로운 장이 열리면서 상담에서 활용하는 정도도 크게 확산될 것으로 예상된다. 면대면으로만 가능하던 한계를 극복할 수 있게 되면서 시간과 공간을 초월해 의사소통이 가능해진 것이다. 이처럼 사이버 상담이 급격하게 발전할수록 사이버 상담에서 어떤 윤리적인 고려를 해야 할 것인지에 대해서도 잘 알고 있어야 한다.

면대면 상담을 대신해 현재 우리나라에서는 이메일/게시판 상담, 데이터베이스를 활용한 상담, 온라인 문자 채팅, 화상을 통한 개인 또는 집단상담 등이 이용되고 있으며, 사이버 상담을 이용하는 비율과 앞으로 사이버 상담을 이용하겠다는 비율도 증가하고 있다. 또한 사이버 상담의 내용이나 방법적인 측면에서도 변화가 있을 것으로 예상된다.

사이버 상담은 여러 가지 장점도 있으나 한계점도 가지고 있다. 사이버 상담자는 이러한 장단점에 대한 이해를 바탕으로 상담을 진행할 때 어떤 윤리적인 측면들을 고려해야 할 것인지에 대해 알고 있어야 한다. 사이버 상담 관계를 형성해 가기 전에 고려해야 할 것들로는 우선 사이버 상담의 적절성 여부를 결정해야 하며, 상담자가 사이버 상담에 대한 역량을 갖추고 있는지를 판단해야 한다. 그리고 비록 사이버 공간이 익명성을 보장하는 공간이기는 하지만, 사이버 상담에서는 신원을 확인해야 하며 사전동의 절차를 거쳐야 한다. 또한 사이버 상담에서는 오프라인 상담에서보다 오리엔테이션이 잘 이루어져야 할 필요가 있다. 만약 내담자에게 장애가 있다면 어려움 없이 이용할 수 있도록 환경을 조성해 주어야 한다. 마지막으로 사이버 상담은 다른 문화권에서 사는 내담자를 만날 가능성도 크기 때문에 문화의 다양성을 인정하고 내담자가 살고 있는 문화권에 친숙해지려는 노력이 필요하다.

상담 관계가 형성되고 나면 사이버 상담자가 가장 신경을 써야 할 부분이 내담자의 비밀을 보장하기 위한 노력이다. 안전한 웹사이트에서만 상담 서비스를 제공하고, 자료를 보관하거나 전송할 때는 여러 가지 조치를 취함으로써 내담자의 사적인 정보가 유출되지 않도록 노력해야 한다.

최근 전반적으로 상담에 대한 수요가 커져 감에 따라서 윤리에 대한 관심도 많아지고 있다. 마찬가지로 사이버 상담도 급속하게 확장될 것이기 때문에 사이버 상담에서의 윤리에 관심을 가져야 한다. 우리나라 상담과 심리치료 관련 학회들에서도 시급하게 사이버 상담윤리강령을 제정하고 이에 대한 교육과 훈련이 있어야 할 것이다.

제13장
수련감독 윤리

상담자는 자신의 전문성 향상을 위해 지속적으로 노력해야 한다. 이를 위해 전문가 협의회 참여, 연수 참여, 전문서적과 연구물 읽기 등의 다양한 노력을 기울여야 한다. 뿐만 아니라 상담자들이 전문성 향상을 위해 반드시 해야 할 일이 바로 수련감독을 받는 것이다. 수련감독을 받지 않은 상담 경험만으로는 전문성 발달이 어렵다는 지적이 있을 정도(Hill, Charles, & Reed, 1981; Wiley & Ray, 1986)로 수련감독은 중요하다. 또한 실제 연구에서도 수련감독을 거의 받지 못한 상담자들은 상담에 대한 자신감과 업무 수행 능력이 상대적으로 떨어지는 것을 느끼게 되며, 나중에는 업무에 대해 과중한 스트레스와 정서적 불안정 등으로 소진되어 자신의 역할에 대해 만족스러워하지 못하는 결과를 보였다(Christman-Dunn, 1998; Peace, 1995; Spooner & Stone, 1977). 결국 상담자들의 전문성과 발달을 돕기 위해서는 수련감독이 매우 중요하고도 필수적인 과정이라는 것을 알 수 있다(손현동, 2007; 심흥섭, 1998; 최해림, 1999; Borders, 1991; Kern, 1996).

수련감독자와 수련자의 관계는 상담자와 내담자의 관계와는 다르다. 수련감독자는 수련자에 대한 평가와 감독을 포함한 통제권을 가지고 있기 때문에 수련자에 비해 훨씬 큰 힘을 가지고 있고, 이러한 이유로 수련감독자가 힘을 남용할 가능성이 크다. 이렇게 힘의 불균형 때문에 상처받기 쉬운 입장에 있는 수련자를 보호하려는 것이 수련감독에서의 윤리다. 또한 수련감독자는 수련자의 성장과 발달에 대한 책임뿐 아니라 수련자의 내담자에 대한 복지까지도 책임을 져야 한다. 수련감독에서의 윤리는 이렇게 내담자를 보호하기 위해 수련감독자가 무엇을 해야 할 것인지에 대해 규정하고 있다.

　수련감독에서의 윤리는 상담자 윤리원칙과 동일하지만 앞서 밝힌 것과 같은 관계의 독특성 때문에 특별하게 요구되는 윤리도 있다. 이 장에서는 수련감독에서 핵심적으로 다루는 윤리 문제들인 비밀보장, 사생활 보호와 경고의 의무, 사전동의, 수련감독자의 능력, 수련감독 관계(다중 관계, 성적 관계, 비성적 친밀 관계, 관계의 경계와 힘의 사용), 정확한 평가와 정당한 절차에 대해 알아볼 것이다.

1. 수련감독자의 역할과 책임

　수련감독(supervision)은 수련자를 통제한다는 의미를 내포하고 있다. 이는 수련감독자가 수련자의 내담자에 대한 적절치 못한 행동에 윤리적 · 법적으로 책임을 질 수 있어야 한다는 것을 의미하기도 한다(Remley & Herman, 2000). 또한 수련감독자는 수련자가 적절한 방식으로 임무를 수행하고 있다는 것을 보장하는 역할도 한다. 그래서 수련감독자는 수련자를 훈련시키고 모든 것을 완벽하게 관찰하고 지시를 내릴 수는 없다 하더라도, 수련자가 하는 일을 꼼꼼하게 점검할 필요가 있다. 미국상담자교육과수련감독학회(The Association for Counselor Education and Supervision: ACES) 윤리지침(1993)에서는 수련감독자가 책임져야 할 역할을 네 가지로 규정하고 있다.

- 내담자의 안녕 점검
- 수련자의 법적 · 윤리적 기준 준수 독려
- 수련자의 상담 수행과 전문적 발달 점검
- 상담 공부에 대한 평가, 상담자로서의 적격 여부 판단, 선발, 배치, 고용, 자격증

명 등의 목적을 위해 수련자의 현재 수행과 잠재력 평가와 인증

　이상의 네 가지 수련감독자의 책임은 다시 두 가지로 나누어 볼 수 있다. 하나는 수련자의 전문적인 능력을 향상시키는 것이고, 다른 하나는 내담자를 보호하는 것이다(Bernard & Goodyear, 2004). 이렇게 나누어 볼 수 있는 것은 수련감독이 수련감독자(supervisor), 수련자(supervisee), 내담자(client)를 포함하는 위계적 관계이기 때문이다. 대부분 이 두 가지 책임이 서로 상충되지는 않지만 간혹 그렇지 않은 경우도 있다. 이러한 경우는 수련자의 욕구와 내담자의 요구 간에 절충이 잘 이루어지도록 점검할 중요한 책임이 있다(Cottone & Tarvydas, 2007).

　우선 수련자의 전문적인 능력 향상과 관련된 수련감독자의 역할과 그에 따른 책임은 세 가지 정도로 살펴볼 수 있다. 첫째, 수련감독자가 수련자에게 어떤 내담자를 배정할 것인가 하는 것이다. 수련감독자는 수련자가 현재 어느 정도의 능력을 가지고 있는지를 알고, 그 수준 내의 내담자를 배정할 필요가 있다. 그리고 한편으로는 수련자에게 학습의 기회를 제공하기 위해 수련자의 능력을 넘어서는 내담자를 배정해야 할 필요도 있다. 그렇기 때문에 수련감독자는 수련자의 발달과 상황을 고려하여 적절하게 배정할 수 있는 능력이 요구된다. 둘째, 효율적으로 수련자가 전문가가 될 수 있도록 돕기 위해서는 수련감독자가 수련자의 학습 스타일과 개인적인 특성에 대해 이해하고 있어야 한다. 수련감독자는 정해진 시간 내에 수련자가 성취할 수 있는 수준이 어느 정도인지에 대해 알고 있어야 하며, 어떤 유형의 개입이 효과를 극대화할 수 있을 것인지에 대해 결정해야 한다. 셋째, 수련감독자는 수련자의 발달과정을 점검하고, 그 결과에 대해 정기적으로 피드백을 주며, 종종 능력 수준을 평가해야 한다.

　다음으로 수련감독자는 내담자의 복지 향상에 대한 책임이 있다. 엄밀한 의미에서 수련감독의 목적은 내담자의 안녕을 보호하기 위한 것이라 할 수 있다. 수련감독자는 내담자의 요구에 맞게 상담이 수행되고 있는지를 감독해야 할 책임이 있으며, 만약 상담이 수련감독자가 판단하기에 수용 가능한 수준 이하로 진행된다면 수련감독자는 즉시 개입해야 한다. 그리고 수련감독을 받고 있는 수련자가

상담기관의 정책이나 절차, 윤리강령, 법 등을 위반한 행위를 알게 되면 수련감독자는 그 상황을 시정하기 위해 필요한 모든 방법을 취해야 한다. 이러한 상황을 무시하고 그냥 넘어가면, 내담자에게 끼친 해로운 결과에 대해 수련감독자가 책임을 질 수도 있다.

2. 수련감독에서 핵심적인 윤리 문제들

수련감독에서의 윤리 문제는 상담윤리에서 다루고 있는 것과 비슷한 원리를 가지는 것들도 있으나, 수련감독자에게만 독특하게 요구되는 윤리도 있다. 수련감독에서 핵심적으로 다루는 윤리 문제들은 다음과 같다.

- 비밀보장, 사생활 보호와 경고의 의무
- 사전동의
- 수련감독자의 능력
- 수련감독 관계: 다중 관계, 성적 관계, 비성적 친밀 관계, 관계의 경계와 힘의 사용
- 정확한 평가와 정당한 절차

1) 비밀보장과 사생활 보호

수련감독자는 내담자와 수련자 모두를 책임지기 때문에, 수련감독에서의 비밀보장도 두 가지 측면 모두에서 이루어져야 한다. 즉, 수련자가 내담자의 정보에 대해 비밀을 유지할 수 있도록 하는 것과, 수련감독 과정에서 수련자가 공개한 수련자의 사생활을 보호하는 것이다. 내담자와 수련자의 비밀이 모두 보장될 수 있도록 해야 하겠지만 때로는 이들에 대한 책임 간에 갈등이 생기는 경우가 있을 수 있다. 예를 들어, K라는 상담자가 자신이 가진 특별한 경험이나 강한 신념 때문에 상담 진행에 어려움이 있을 뿐 아니라 내담자의 비밀을 가족에게 공개해야 할 필

요가 있다고 판단하고 있는 경우, 수련감독자는 내담자의 복지를 위해서 내담자를 다른 상담자에게 의뢰해야 할 필요가 있다. 그러나 이러한 경우 왜 다른 상담자에게 의뢰해야 하는지 등에 대해 다른 수련감독자들에게 알려야 할 필요가 있을 수 있다. 이렇게 K라는 상담자에 대한 정보를 누설하면 다른 수련감독자들로부터 그 상담자는 부정적인 평가를 받을 위험 가능성이 커진다. 이러한 경우 수련감독자는 어떤 책임을 우선적으로 할 것인지에 대해 합리적인 의사결정을 할 필요가 있다. 우선 내담자 정보에 대한 비밀 유지를 위해, 그리고 수련자에 대한 비밀 유지를 위해 수련감독자가 알아야 할 윤리적 기준은 다음과 같다.

(1) 내담자 정보에 대한 비밀 유지

수련감독자는 수련감독에 필요한 내담자의 정보를 제외한 내담자의 비밀을 잘 지키도록 해야 한다. 수련감독 이외의 상황에서 내담자의 정보를 누설하는 일이 없도록 해야 한다. 그리고 집단 수련감독 상황에서도 수련감독자는 비밀보장 책임의 의무를 반복하여 강조해야 한다. 발표되는 사례는 가명을 사용하거나 성만 사용하고 가능한 한 최소한의 인적 사항만 밝히도록 사전에 주지시켜야 한다. 비디오나 오디오 테이프를 사용한다거나 일방경을 통한 실시간 수련감독과 같은 다양한 수련감독 방식들에서도 수련감독자는 비밀보장의 의무를 강조해야 한다. 또한 수련감독자는 수련자들에게 내담자에 대한 기록을 할 경우에 실명보다는 코드번호 등을 사용할 것과 기록을 보호하기 위해 많은 주의를 기울여야 할 것을 상기시키도록 해야 한다. 이렇게 수련자에게 내담자 비밀보장을 위해 노력해야 한다는 것을 강조함과 동시에 수련감독자도 내담자 정보에 대해 비밀을 지킬 것임을 수련자에게 알리고 실제로 이를 실천해야 한다. 비록 수련자의 내담자 정보이지만 수련감독자는 동일한 비밀보장 의무와 책임을 가진다는 점을 밝히고 이를 실천해야 한다.

(2) 수련자에 대한 비밀보장

다음으로 내담자뿐 아니라 수련자도 사생활을 보호받을 권리를 가지고 있으며 수련감독자는 수련자에 대한 비밀보장의 의무를 가진다(Bernard & Goodyear, 2004). 수련감독 상황에서도 수련자가 다른 곳에서 밝히고 싶지 않은 수련자의 개인적인 내용들이 공개되는 경우가 많다. 내담자 사례와 관련되어 수련자에게 떠오른 개인적인 어린 시절이나 가족의 내력, 또는 수련자가 가지고 있는 편견 등에 대해서도 다룰 수 있다. 상담 상황에서 상담자가 내담자에게 비밀이 보장됨을 알리듯이 수련감독자도 수련자에게 수련감독 상황에서 있었던 일들에 대해서는 비밀이 보장됨을 알려야 한다.

하지만 이 권리는 절대적인 것이 아니다. 앞의 상담자 K의 예에서처럼 내담자 보호에 대한 책임이 이 권리보다 우선할 수 있다. 그래서 수련자에 대한 평가가 요구되는 상황이라면 평가에 어떤 정보들이 사용 될 수 있는지, 그리고 수련감독자 혼자 판단하기 곤란한 특정 문제들에 대해서는 기관의 동료 수련감독자들과 함께 논의될 수 있음을 미리 알도록 할 필요가 있다. 그럼으로써 수련자가 어떤 정보들을 공개할 것인지에 대해 스스로 판단할 수 있도록 도와야 한다.

(3) 경고의 의무

수련감독자는 비밀보장의 의무뿐 아니라 경고의 의무(duty to warn)에 대해서도 잘 알고 있어야 한다. 경고의 의무 사례로 유명한 타라소프(Tarasoff) 사례에서, 상담자가 수련감독자에게 위험 사실을 알렸으나 수련감독자는 비밀 누설로 소송 당하는 것을 염려하여 상담자에게 더 이상의 조치를 하지 말도록 지시하였다. 내담자가 타라소프에 대한 살해 의지를 표명한 두 달 후에 실제로 살해 사건이 벌어졌으며, 이를 계기로 수련감독자도 경고의 의무를 다하지 않았다는 이유로 소송을 당했고 그 책임을 졌다. 이 사례는 수련감독자가 수련자에게 경고의 의무가 있음을 잘 알고 있도록 해야 할 의무가 있다는 것을 보여 준다. 하지만 분명하고 임박한 위험인지 아닌지에 대한 판단은 쉽지 않다. 다른 사람을 해치겠다는 분명한 메시지가 있는 경우는 경고의 의무에 해당되는지가 분명하겠으나, 그렇지 못한 모호한 경우도 많다. 특히 위협을 통해 뭔가를 얻으려는 목적으로 하는 경우도 흔하다. 이렇게 임박한 위험 여부가 실제인지 아닌지에 대해 분명하지 않은 경우 수련감독자는 수련자로 하여금 그 상황이 실제로 위험한 상황인지, 아니면 타인을 통제할 목적으로 위협하고 있는 것인지를 구분할 수 있도록 도울 책임이 있다 (Sperry, 2007).

상담자는 위험이 임박한 당사자에게 알려 주는 경고의 의무뿐 아니라 내담자가 위험이나 위협을 받는 경우도 내담자를 보호하기 위해 즉각적인 조치를 취해야 한다. 이러한 경우도 수련감독자는 내담자의 위급한 상황을 처리하는 데 지원해야 할 의무를 가지며, 자살 등의 사건이 발생하기 전에 유용한 전략을 계획하도록 돕는 의무 또한 가진다. 다음은 수련감독자가 임박한 위험 상황에서 적절히 대처하도록 수련자에게 알려 줄 의무를 다하지 못해 불행한 결과를 초래한 사례다.

열다섯 살 남자아이는 어머니가 외출을 금지시키자 공격적으로 변해서 어머니의 목을 조르는 사건이 발생하였다. 그 남자아이는 법원의 명령으로 가출과 비행 청소년들을 위한 쉼터에 보내졌다. 그 아이는 시설에 도착하자마자 시설 관리자들에게 엊그제 목을 매 자살을 시도했었다고 말하였다. 이 말을 듣고 시설에서 어떤 위기 개입을 하였는지 분명치 않지만 그 아이에게 계속해서 허리띠를 매고 다니게 두었다. 약 3주 후 아이는 잘못한 행동 때문에 자신의 방에 있도록 조치되었는데, 허리띠로 목을 매 자살을 시도하였다. 상담자가 이 광경을 목격하였지만 아이를 내리는 대신에 목을 맨 장면의 사진을 찍었다. 그리고 상담자는 수련감독자가 이 상황을 처리할 책임자가 오기 전에는 어떤 조치도 하지 말라고 하며 책임자를 부르라고 지시하였다고 말하였다. 아이가 발견될 당시에는 살아 있었으나 네 달 후에 병원에서 죽었다. 상담자는 아이를 구하기 위한 즉각적인 조치를 취하지 않은 것에 대해 아동 방치죄로 재판을 받았으며, 5년형을 선고받았다 (Bierman, 2004).

이 끔찍한 사례는 상담자가 어떻게 해서 즉각적인 조치를 취하지 않는 선택을 하였는지, 무엇이 두려웠는지, 그리고 수련감독자는 무슨 근거로 책임자가 오기 전에는 어떤 조치도 하지 말라고 했는지 등 여러 가지 윤리적인 문제들을 생각해 보게 한다. 비록 수련감독자가 이 사건으로 형사적 책임을 지지는 않았고 우리나라 법률에서도 이를 규제할 만한 법률이 없는 상황이어서 법적인 책임을 면할 수는 있겠지만 윤리적인 책임을 면하기는 어렵다 하겠다.

이렇게 수련감독자가 자신의 의무를 다하기 위해 요구되는 것, 수련감독자가 윤리규정뿐 아니라 법규정도 잘 알고 있어야 하며, 내담자 또는 다른 사람에게 해를 줄 수 있는 상황에 대한 판단력과 그 처리 방침에 대해서도 잘 알고 있어야 한다는 것이다.

(4) 신고의 의무

상담자에게는 아동학대와 방치, 미성년자 성폭력, 전염 가능 질병에 대해 신고의 의무를 법률로 부과하고 있다. 이러한 신고의 의무를 법률로 제정하는 것은 약자들을 신체적 또는 성적 학대와 착취로부터 보호하고, 대중을 보호하기 위한 것이다. 만약 내담자가 학대를 당하거나 학대를 목격하였지만 신고하는 것에 대해 두려워하면, 수련자뿐 아니라 수련감독자도 내담자에 대한 비밀보장 의무와 신고의 의무 간에 갈등을 겪게 된다. 수련감독자는 신고 의무 사건에 대해 수련자가 분명히 신고할 수 있도록 해야 하는 책임을 지고 있다. 만약 신고를 하면 어떤 어려움을 겪을 것인지가 예상되어 신고하려 하지 않는 내담자가 있다면, 수련자가 그 내담자를 도울 수 있도록 지원하고 지지할 책임을 가진다. 그리고 신고의 의무를 내담자에게 알리고 부득이한 경우는 신고할 수 있다는 것 때문에 수련자가 내담자로부터 신뢰를 잃을까 봐 두려워할 때, 수련감독자는 이 수련자를 지원하고 지지해 줄 책임이 있다(Sperry, 2007).

2) 사전동의

사전동의(informed consent)의 목적은 개인의 자기 결정과 자율성의 권리를 보장하기 위한 것이다(Behnke, Winick, & Perez, 2000). 내담자와 수련자는 상담과 수련감독에 참여하기 전에 어떤 절차를 따르는지에 대해 이해하고 동의해야 한다. 내담자나 수련자를 적극적으로 의사결정 과정에 참여시키거나 또는 전체 과정에 대해 안내를 받고 사전동의를 하면 내담자와 수련자가 성공적이면서도 윤리적인 성과를 얻을 가능성이 커진다(Cottone & Tarvydas, 2007). 또한 사전동의는 과실로 소송을 당하는 것을 막아 주는 최선의 방어책이 될 수 있다(Woody & associates, 1984).

사전동의와 관련된 수련감독자의 책임은 크게 내담자에 대한 책임과 수련자에 대한 책임으로 나눌 수 있다. 우선 내담자에 대한 책임은 수련자가 내담자에게 상담 절차에 대해 알려 주었는지를 확인하고, 상담자와 내담자 간의 관계에 영향을 미칠 수 있는 수련감독 과정에 대해 내담자가 알도록 해야 한다. 그리고 수련감독자는 수련자에게 수련감독에 대한 사전동의 기회를 주어야 한다.

(1) 내담자와의 사전동의

수련감독자 입장에서 내담자와의 사전동의에 대해 신경 써야 할 부분은 크게 두 가지다. 개략적으로는 내담자가 제공받게 될 서비스와 수련감독 상황에 대해 내담자가 알도록 하는 것과, 서비스를 제공할 상담자의 자격은 어떠한지에 대해 알도록 하는 것이다.

우선 수련감독자는 수련자가 수련감독을 받고 있다는 사실과 수련감독이 어떻게 진행되는가에 대해 내담자에게 알리도록 해야 한다. 즉, 내담자는 수련감독이 어떻게 진행되며, 녹음이나 관찰이 이루어지고 있는지, 누가 수련감독을 하는지, 수련감독은 언제 진행되는지 등에 대해 사전에 정보를 받아야 한다. 또한 비밀보장의 책임과 함께 수련감독이 비밀보장에 어떤 영향을 미치는지에 대해서도 알려야 한다. 그리고 수련자가 상담 관계에서 알게 된 정보를 수련감독에서 사용하기 전에 내담자의 허락을 반드시 받아야 한다(ACA, 2005). 디즈니와 스티븐스(Disney & Stephens, 1994)는 내담자에게 상담에서 진행된 것들에 대해 수련감독자와 의논할 것임을 밝히지 않으면 사생활 침해와 비밀보장 의무 위반으로 고소당할 위험이 크다는 것을 지적하였다. 이러한 사항은 서면으로 받는 것이 바람직하다. 이 서식에는 누가 이 정보를 볼 것인지, 이 정보 사용의 목적은 무엇인지, 그

개인 정보 공개에 대한 동의서

1. 내담자 이름: _____

   내담자 주소: _____

2. 상담자 이름: _____

   상담자 소속: _____

3. 공개될 내용을 받을 사람의 이름: _____

   공개될 내용을 받을 사람의 소속: _____

4. 공개될 내용

   _____

   _____

   _____

5. 공개의 목적

   _____

   _____

   _____

   동의에 의해 공개된 경우를 제외하고는 언제라도 이 동의를 취소할 수 있음을 알고 있으며, 본 동의는 아래와 같이 자동적으로 소멸된다.

이 동의가 시작되는 날: _____
이 동의가 끝나는 날: _____

   _____   _____
      (날짜)   (내담자의 서명)

[그림 13-1] 개인 정보 공개에 대한 동의서

리고 언제 정보 공개의 효력이 끝나는지를 밝혀야 한다(〈그림 13-1〉 참조).

다음으로 수련자가 내담자에게 자신의 전문성 정도가 어느 정도인지를 알리도록 해야 한다. 수련자는 내담자에게 자신이 학생인지, 인턴인지, 훈련생인지, 또는 제한된 분야에 대해서 자격이 있다면 그 제한된 분야는 어떤 것들인지에 대해 알릴 필요가 있다(ACES, 1993; Cottone & Tarvydas, 2007).

(2) 수련자와의 사전동의

수련감독자는 수련자가 수련감독 상황을 이해하고 동의할 수 있도록 해야 할 책임이 있다. 수련자와의 사전동의는 수련감독 진행의 전반적인 내용을 알려 주고 수련감독 관계를 시작한다는 점에서 계약의 의미를 가진다. 이 계약은 대부분의 수련감독 과정 모형(Downing & Maples, 1979; Holloway, 1995; Page & Wosket, 1994)에서 한결같이 수련감독 초기 단계에서 이루어져야 할 중요한 활동으로 일관되게 밝히고 있다. 그리고 최근에는 수련감독 개입의 한 방법으로 강조(Bernard & Goodyear, 2004)되고 있는 추세인 점을 감안한다면 사전동의의 중요성 또한 미루어 짐작할 수 있다. 수련감독에서 사전동의가 강조되는 이유는 대략 세 가지 정도로 좀 더 자세하게 정리할 수 있다.

첫 번째는 수련감독에 대한 오리엔테이션 역할을 할 수 있기 때문이다. 수련감독에 대한 사전동의는 상담자에게 수련감독에 대한 안내를 해 줄 뿐만 아니라 수련감독을 통해 경험하게 될 것들에 대한 지도 역할을 할 수 있다.

두 번째는 목표 설정에서 상담자와 수련감독자 간의 상호성을 증가시켜 주고 수련감독자의 권력 남용을 줄여 줄 수 있기 때문이다(Hewson, 1999). 수련감독자와 수련자가 이중 관계를 가지는 경우 갈등이 발생할 수 있는 가능성이 있다. 특히 수련감독자가 감독자의 기능을 수행해야 하는 경우는 그 가능성이 더욱 커질 수 있다. 하지만 사전동의를 통해 수련감독 관계와 수련감독에 대한 기대를 명료하게 할 수 있음으로써 수련감독을 받는 수련자의 불안을 덜어 주는 효과를 거둘 수 있다(Studer, 2005).

세 번째는 사전동의 내용에 중요한 상담자 윤리 관련 내용들에 대해 밝힘으로써 윤리적인 수련감독이 될 수 있도록 하기 때문이다. 한국상담심리학회의 자격규정 (2004)이나 미국 상담자교육과 수련감독협회(Association for Counselor Education and Supervision: ACES)에서 발표한 수련감독자 윤리 기준(1995)을 참고할 수 있을 것이다.

사전동의는 서면으로 작성하는 것이 좋다(Magnuson, Norem, & Bradley, 2000). 왜냐하면, 나중에 오해의 소지를 없애 주며 자세하게 수련감독 관계를 정의할 수 있는 장점을 가지기 때문이다. 그리고 사전동의의 서면 작성은 관계를 공식적으로 만들 수 있게 하며, 수련감독의 성격에 대해 교육할 수 있게 한다. 또한 사전동의를 받는 과정을 통해 내담자에게 어떻게 사전동의를 받는지에 대한 모델이 될 수 있게 하며, 수련자와의 관계를 구조화해 주기 때문에 수련감독자와 수련자 모두에게 안정감을 줄 수 있다. 하지만 수련자는 발달단계마다 요구가 다르고 수련감독 과정에서도 성장할 수 있기 때문에 변화되는 요구에 맞추어 수련감독 중간에라도 다시 수련감독 목표 등에 대한 내용을 수정할 필요가 있으면 이를 수련자에게 알리고 협상하여 수정한다.

수련감독자가 수련자에게 알려 주어야 할 정보는 수련감독 사전동의에 포함되어야 할 내용들을 다룬 문헌들(Bernard & Goodyear, 2004; Sperry, 2007; Welfel, 2006)과 수련감독 계약에 포함되는 내용을 다룬 문헌들(장재홍, 2002; Magnuson, Norem, & Bradley, 2000; Munson, 2002; Osborn & Davis, 1996)을 정리해 보면 여덟 가지 정도로 정리될 수 있다.

• **수련감독 목표** 수련감독 목표는 분명하게 기술되어야 한다. 대목표는 자격증 취득을 위한 수련감독 또는 상담자 발달을 위한 수련감독 등으로 설정하고, 세부 목표는 사례 개념화, 상담 기술, 상담자로서의 정체성 확립, 상담자로서의 자기 이해 등과 관련된 수련자가 중요하게 다루고 싶어 하는 구체적인 것들로 설정한다. 목표는 수련감독자와 수련자가 협력하여 만든다.

• **수련감독 진행 시간과 장소** 수련감독 회기 수, 한 회기의 시간, 기간, 수련감

독 실시 장소 등에 대한 내용을 기술한다.

- **수련감독 진행 방식**   사용될 수련감독 방식(예, 개인, 집단 등)과 개입 방법, 수
  련감독자 변경이나 공동 수련감독, 수련감독자의 요구(예, 미리 읽어야 할 과제
  나 참여해야 할 프로그램 등), 수련감독 과정에 대한 기록 형식 등을 기술한다.
  진행과정에서 발생할 수 있는 위험 요소가 있다면 이를 분명하게 기술해 주어
  야 하며, 수련자 개인에 대한 노출의 정도에 대한 기술이 포함될 필요가 있다.

- **평가**   평가 방법과 목적, 시기, 도구 등이다.

- **역할과 책임**   수련감독자와 수련자의 역할과 책임에 관련된 사항들로 수련감
  독을 성공적으로 마칠 수 있도록 하기 위해 필요한 행동들이 포함된다. 수련
  자가 수련감독을 받기 위해 사례를 제출하는 방식(오디오 테이프, 비디오 테이
  프, 축어록, 사례 노트, 구두 보고 등)이나 수련자의 수행을 알아볼 수 있도록 하
  는 자료를 어떻게 제출할 것인지에 대한 사항이 포함될 수 있으며, 자료로 제
  출이 어려운 경우나 관찰이 필요한 경우라면 어떤 방법으로 관찰을 수행할 것
  인지에 대한 사항들이 포함될 필요가 있다.

- **수련감독 절차**   위급한 상황에서의 대응 방식이다. 여기에서의 위급한 상황
  은 내담자가 자살을 기도하는 상황이나 이와 유사하게 내담자나 타인의 신변
  에 위험을 초래할 상황이 급박한 경우이며, 이에 대한 연락을 받았을 때 어떻
  게 수련감독자와 연락을 할 것인지, 혹은 수련감독자에게 연락이 닿지 않으면
  어떻게 할 것인지 등에 대한 내용을 말한다.

- **수련감독 윤리 관련 사항**   수련감독자의 경험과 자격을 명시하는 것과 수련감
  독자의 상담과 수련감독 모델에 대한 이론적 지향이나 접근이 포함된다. 그리
  고 수련감독 관계에서의 비밀보장과 그 한계, 내담자에게 수련감독 관계가 시

작된다는 점과 비밀보장이 제한적일 수 있음을 적절히 알리는 것이 포함된다.

- **기타** 기관이나 프로그램 또는 코스에서 요구하는 조건, 수련자의 수행에 대한 기대, 규칙 등이며, 필요하다면 비용에 대한 내용이 포함된다.

3) 수련감독자의 전문적 역량

수련감독자는 상담자의 상담 활동을 잘 지도할 수 있는 수련감독자로서의 전문적 역량을 갖추고 있어야 한다. 여기에서는 수련감독자에게 요구되는 전문적 역량을 상담에 대한 전문성과 수련감독에 대한 전문성으로 나누어 살펴보기로 한다.

우선 수련감독자가 되기 위해서는 우선 숙련된 상담자가 되는 것이 필수다 (Cottone & Tarvydas, 2007). 수련감독자는 수련자보다는 상담의 모든 측면에서 더 숙련되어야 할 뿐 아니라 구체적인 임상 문제에서도 마찬가지로 뛰어나야 함을 의미한다(Bernard & Goodyear, 2004). 좀 더 엄밀하게 말하면, 수련감독자는 수련자의 내담자 문제가 자신의 전문화된 분야에 관련된 것일 때, 그리고 수련자가 내담자의 문제를 충분히 처리할 수 있을 때 한해서 수련감독을 실시해야 한다 (Bradley, Kottler, & Lehrman-Waterman, 2001). 때론 상담 관계가 이미 형성된 후에야 내담자가 자신의 핵심적인 문제를 공개하는 경우가 있다. 이때 알게 된 내담자의 호소 문제가 수련자와 수련감독자 모두의 능력을 넘어서는 경우라면 수련감독자는 수련자에게 이 문제 영역에 대해 능력이 없음을 알려야 한다. 그리고 수련감독자는 내담자를 다른 상담자에게 의뢰할 것인지, 아니면 자문을 구하는 것이 좋을지에 대해 수련자와 논의를 통해 결정해야 한다.

그러나 수련감독자들이 모든 영역에서 수련자보다 뛰어날 수는 없으며, 수련감독자의 전문적인 영역이 아니더라도 수련감독 과정에서 수련자에게 도움이 되는 경험을 할 수도 있다. 최근 상담 분야 안에서도 많은 전문 영역들이 생겨나고 있기 때문에 때로는 수련감독자의 기술이 어떤 특정 영역에서 수련감독을 실시하기에 충분한지에 대해 결정하기 매우 어려울 수 있다. 그래서 수련감독자는 자신의 상담 능력을 평가해 보고, 어떤 유형의 수련자에게는 수련감독을 실시하고 어떤 유형에게는 실시하지 않을 것인지에 대해 결정해야 한다. 전반적인 수련감독이 적절치 않다면, 의뢰를 목적으로 한다든가, 자문과 같은 특정 상황에 한해서만 수련감독을 실시하는 것도 고려해 볼 만하다.

숙련된 상담자가 반드시 유능한 수련감독자가 되는 것은 아니다. 내담자를 보호하고 수련자의 발달을 위해서는 수련감독자가 수련감독을 시행하기 전에 수련감독 방법과 기술에 대해 훈련이 되어 있어야 한다(ACA, 2005; Stoltenberg & Delworth, 1987). 결국 상담자가 자신의 능력 범위 내에서 상담을 해야 하듯이 수련감독자도 자신의 능력 범위 내에서 수련감독을 실시해야 한다. 다음의 사례를 통해 살펴보자.

상담자 D는 지난 10년 동안 혼자서 자신의 개인 상담실을 운영해 오고 있다. 그의 주요 상담 접근은 정신역동적인 것이다. D는 최근에 일반 정신건강 상담자, 부부와 가족 상담자로 구성된 소집단의 대표로부터 수련감독을 해 줄 사람을 구하고 있다는 전화를 받았다. 이 소집단에서 D에게 수련감독에서 원하는 것은 내담자들 중 어떤 내담자를 심리치료자나 정신과 의사에게 의뢰해야 하는지를 평가할 수 있도록 돕는 것이다. D는 아직까지 누구도 수련감독을 한 경험이 없지만 새로운 도전이라 생각되어 이를 받아들일 준비가 되어 있다. D는 이 집단을 맡기로 하고 약속을 잡았다(Bernard & Goodyear, 2004).

위 사례의 상담자 D는 수련감독자의 전문적인 능력이라는 면에서 윤리적 지침을 지키고 있는지에 대해 고민해 봐야 한다. 만약 D가 수련감독을 맡기로 결정했다면 윤리적인 수련감독이 되기 위해서는 자신의 능력 범위 내에서 수련감독이 이루어질 수 있도록 여러 가지 것들을 고민해야 할 것이다.

그리고 수련감독자는 상담과 수련감독에 대한 지속적인 교육 활동에 정기적으로 참여해야 한다(ACA, 2005). 또한 셰리(Sherry, 1991)가 충고하였듯이 수련감독자들은 자신들의 훈련 목표, 방법, 기술에 대해 정기적으로 점검해야 하고, 수련감독이나 전문성이 부족한 부분에 대해 지속적으로 훈련을 받아야 하며, 최근의 윤리적 문제들에 대한 지식을 알고 있어야 한다. 수련감독자는 자신의 개인적인 일이나 진행 중인 수련감독에 대해 정기적인 자문을 받는 것에 대해서도 고려해 봐야 한다.

이상의 내용과 ACES의 윤리지침(1993)에서 밝히고 있는 효율적인 수련감독자의 특성과 능력을 정리하면 다음과 같다(Welfel, 2006).

- 숙련된 상담자로 내담자에 대한 사정과 개입, 사례 개념화와 사례관리, 기록, 상담 결과에 대한 평가 능력이 있다.
- 개인차에 대한 민감성, 수련감독에 대한 동기와 헌신, 권한을 가지고 있는 것에 대해 편안해 하는 것과 같이 수련감독자로서의 역할에 일치하는 태도와 특성을 가진다.
- 윤리, 법, 수련감독 규정에 대해 잘 알고 있다. 수련감독자는 수련자가 윤리적 결정을 내리는 데서의 유능한 모델이어야 한다.
- 수련감독 관계의 전문적인 면과 개인적인 면을 잘 알고 있으며, 수련감독이 수련자에게 어떤 영향을 줄 수 있는지에 대해서도 알고 있다.
- 수련감독의 방법과 기술에 대해 이해하고 있다.
- 상담자의 발달과정에 대해 올바로 인식하고 있으며, 이것을 수련감독에서 펼친다.
- 수련자의 상담 수련을 공정하고 정확하게 평가하고 건설적인 피드백을 제공하는 능력이 있다.
- 빠르게 성장하고 있는 상담 수련감독에 대한 이론과 연구에 대해 파악하고 있다.

4) 수련감독 관계

수련감독자와 수련자는 보통 하나 이상의 관계를 맺는 경우가 많다. 먼저 일반적인 다중 관계에서 요구되는 윤리는 무엇인지를 살펴보고, 다음으로 수련감독자와 수련자 간의 성적 관계에 대한 이슈를 다루기로 한다. 그리고 비성적 관계 중에서 가장 관심을 받고 있는 수련감독자와 수련자 간에 상담자/내담자 관계를 맺는 것과 관련해 고려해야 할 윤리적인 부분을 다루고, 마지막으로 관계의 경계와 힘의 사용에 대해 다루기로 한다.

(1) 다중 관계

수련감독자와 수련자 간의 다중 관계는 해결하기 매우 어려운 문제인 만큼 문헌에서도 많이 다루는 주제이기도 하다(Bernard & Goodyear, 2004). 상담 관계와는 달리 수련감독자와 수련자는 대학에서는 교수와 학생, 기관에서는 고용인과 피고용인, 그리고 같은 학교 선배와 후배나 같은 지역 출신 등의 사회적인 관계까지 보통은 하나 이상의 관계를 맺는 경우가 많다. 즉, 친밀 관계, 치료적 관계, 직장에서의 관계, 사회적 관계 등의 다양한 관계 속에서 수련감독 관계가 이루어진다. 그렇기 때문에 수련감독자들에게 요구되는 다중 관계에서의 책임은 이러한 다중 역할을 성숙하게 수행할 수 있어야 한다는 것이다.

수련감독이 실시되면서 수련감독자와 수련자는 이러한 다중 관계와 관련된 문제들을 철저하게 논의하고 미리 위험 요소들을 처리해야 한다. 우선 수련감독자들은 자신들의 역할이 무엇인지를 분명하게 할 필요가 있고, 역할 간 경계가 분명하지 않을 때 어떤 문제들이 발생할 수 있는지에 대해서도 알고 있어야 한다. 수련감독 관계가 확실하게 정의되지 않으면 수련감독자와 수련자 모두 관계의 어떤 부분에서는 어려운 상황에 직면할 것이고, 결국 수련자는 얻고자 했던 것을 많이 얻지 못하는 피해를 입을 것이다(Herlihy & Corey, 1997).

하지만 다중 관계는 훈련이나 수련감독에서 피할 수 없는 경우들이 많다(Aponte, 1994; Bernard & Goodyear, 2004; Goodyear & Sinnett, 1984; Magnuson, Norem, & Wilcoxon, 2000). 그래서 이 다중 관계에 대한 접근은 크게 두 가지로 나뉘고 있다. 첫 번째 접근은 다중 관계를 비윤리적인 것으로 간주하기보다는, 오히려 이러한 관계들에 포함되어 있는 사람들의 행동을 검토하는 기회로 삼는 것이 필요하다는 것이다(Bowman, Hatley, & Bowman, 1995). 수련 감독자와 수련자 간에 성적인 관계를 갖는 것과 같이 분명하게 비윤리적인 관계도 있지만, 폭넓은 다중 관계들이 상담자들에 대한 수련감독과 훈련의 중요한 부분 중 하나가 될 수 있다는 것이다. 오히려 이 접근에서는 수련감독자들이 다중 관계를 포함하고 있는 상황에서 윤리적으로 관계를 유지할 수 있는 기술을 수련자들에게 보여 주는 모델로서의 책임이 있음을 강조한다(Corey, Corey, & Callanan, 2007).

두 번째 접근은 다중 관계의 이로운 측면보다 위험성을 더욱 강조하는 입장이다 (Burian & O'Connor Slimp, 2000). 특히 인턴이나 직원을 훈련하는 상황에서 이러한 위험 가능성은 더욱 커질 수 있음을 지적하였다. 그래서 이 접근에서는 만일 수련자와의 관계에 아주 작은 손상의 위험이 있더라도 그 사회적 관계를 끝내거나 뒤로 미루는 것이 바람직하다는 입장이다. 다음 페이지의 사례와 같이 아직까지 수련자와 사적인 관계로 문제가 발생하지는 않았으나 수련자를 선택할 수 있는 상황이라면 석사과정생 L과 지속적으로 사적인 관계를 맺어야 하기 때문에 L을 자신의 수련자로 요청하지 말아야 한다는 것이다. 즉, 앞으로 어떤 관계상의 어려움이 있을지 모르기 때문이다. 물론 이러한 경우, 선택이 있기 전에 석사과정생 L에게 어떤 의향을 가지고 있는지 등에 대해 물어보지도 않았기 때문에 L의 사전동의 권리 또한 침해하는 것이기도 하다.

H 대학 상담심리 전공에서는 박사과정생들이 석사과정생들을 수련감독하고 있다. 박사과정생인 C는 석사과정생인 L과 매주 금요일 오후에 테니스를 치는 모임을 같이 하고 있다. 학기 초에 수련감독을 할 석사과정생들을 배정하는 과정에서 C는 L을 자신의 수련감독 대상으로 넣어 달라고 부탁하였다.

전반적으로 다중 관계가 이익이 되는지, 해가 되는지에 대한 접근과는 달리, 다중 관계에서 문제를 유발하는 요인이 무엇인가에 대한 연구도 있었다. 우선 코튼과 타비다스(Cottone & Tarvydas, 2007)는 주요 위험 요인을 힘의 차이라고 보았다. 이 힘을 남용하면 착취적이 되며 해를 끼칠 수 있다는 것이다. 그리고 홀(Hall, 1988)은 수련감독자의 판단을 방해할 가능성이 있는 경우와, 수련자가 착취를 당할 수 있는 경우라 보았다. 이외에도 수련감독자와 수련자의 역할에 대한 부적합한 기대와, 수련자 또는 수련감독자의 부적합한 책임이 그 요인이 될 수 있다(Kitchener & Harding, 1990). 하지만 어떤 경우에서든지 위험의 가능성이 있는 관계는 어떻게든 피해야 할 필요가 있다.

그렇다면 이러한 다중 관계가 불가피하다면 어떻게 처리하는 것이 좋겠는가? 무엇보다도 수련감독자는 수련자에 비해 더 힘이 크고 권위 또한 높은 위치에 있다는 것을 알고 수련감독자와의 다중 관계가 가져올 수 있는 손해의 가능성을 인식하여 가능한 한 피해를 줄이기 위해 노력해야 한다(Biaggio, Paget, & Chenoweth, 1997). 이러한 노력에는 가능하다면 수련감독자의 역할을 다른 수련감독자와 나누어서 수련감독 관계를 점검할 수 있도록 하는 것이 포함될 수 있다(Bernard & Goodyear, 2004; Cottone & Tarvydas, 2007). 이것이 가능하지 않다면 수련자에게 어떤 위험 요소들이 있을 수 있는지를 알리고, 수련감독자와 수련자의 역할에 대해 수련감독자가 기대하고 있는 것과 그에 대한 책임을 조심스럽게 전달하고 이에 대해 수련자와 논의해야 한다. 그리고 이러한 과정은 사전동의와 같이 문서로 작성해 놓을 필요가 있다. 또한 수련감독 회기를 녹음이나 녹화하는 방법을 사용할 수도 있다. 만약 집단으로 이루어지는 수련감독이라면 집단에게 어떤 사적인 관계가 있는지를 밝혀야 한다.

(2) 성적 관계

수련감독자는 수련자와 성적인 관계를 맺어서는 안 되며, 성적인 위협의 대상이 되어서도 안 된다(ACA, 2005). 하지만 여러 연구들(Bartell & Rubin, 1990; Ellis & Douce, 1994)에서 수련감독자와 수련자가 성적인 관계를 맺는 경우가 빈번하다는 것을 보고하고 있다. 수련감독 관계가 형성되고 나면 이미 수련감독자와 수련자 간에는 힘의 차이가 있기 때문에 설령 수련자가 성적인 관계에 동의했다 하더라도 이것을 순수하게 자의로 동의했다고 보기 어렵다(Brodsky, 1980). 그리고 설령 수련자들이 자신의 순수한 의지로 성적인 관계를 맺었다 하더라도, 나중에는 이 관계가 윤리적이지 않았다고 평가한다는 연구 결과도 있다(Glaser &

Thorpe, 1986). 또한 이러한 성적인 관계는 언제가 될지 모르지만 수련자가 수련 감독자로부터 착취당했다고 주장할 가능성이 있다. 그렇기 때문에 수련감독자의 객관성과 전문적인 판단을 해칠 가능성이 있는 관계는 피하거나 관계를 끝내야 한다(ACES, 1993).

실제로 성적인 관계를 가지지 않는다 하더라도 수련감독자와 수련자가 서로에 게 성적인 매력을 느끼는 경우가 많다(Bradley, Kottler, & Rodolfa, et al., 1994; Lehrman-Waterman, 2001). 어쩌면 수련감독 과정에서 수련감독자와 수련자 간에 성적인 매력을 느끼는 것은 자연스러운 역동일 수 있다. 이러한 경우 수련감독자는 성적인 문제들이 확실하고도 적절하게 잘 다루어질 수 있도록 하기 위해서 다른 전문가로부터 자문을 구하는 것이 필요하다.

(3) 비성적 친분 관계: 상담자와 내담자 관계

수련감독 관계에서 사적인 관계를 피하기 어려운 부분이 있다는 것은 앞 절에서 밝혔다. 이 절에서의 비성적(非性的) 친분 관계는 수련감독자와 수련자가 성적인 관계는 아니지만 수련감독 관계 이외의 특별한 관계를 맺는 것을 의미한다. 수련 감독자가 수련자에게 상담을 실시하는 것과 관련된 문제가 비성적 친분 관계 중에서 가장 관심을 받고 있다.

우선 수련감독자는 수련감독에서 교사, 자문자, 상담자 등의 다양한 역할을 수 행한다(Acker & Holloway, 1986; Bernard, 1979; Hess, 1980; Styczynski, 1980; Williams, 1995). 이 중에서도 상담자로서의 역할이란 수련자가 내담자와 상담 관 계를 맺어 가는 데 방해되는 성격적 문제를 자각할 수 있도록 하고, 새롭게 배우 는 과정에서 나타나는 저항을 극복하도록 돕는 것을 의미한다. 수련감독자는 수 련자의 미해결 과제를 해결하도록 하고, 사고·행동·감정 측면에서 인간적인 성 장이 일어날 수 있도록 노력해야 한다(Bernard & Goodyear, 2004).

그렇다면 수련감독자는 수련자에게 수련감독 과정에서 실제로 상담을 실시해 도 된다는 의미인가? 수련감독에서의 상담자 역할과 수련감독 관계를 떠나 따로 상담자와 내담자 관계를 형성하는 것을 구분해야 한다(Betcher & Zinberg, 1988;

Bradley, Kottler, & Lehrman-Waterman, 2001; Cottone & Tarvydas, 2007; Solnit, 1970). 즉, 수련감독자는 수련감독 이외의 치료적인 관계를 따로 가져서는 안 된다. 상담 관계 형성과 개입에 방해를 주는 수련자의 개인적인 문제는 상담 진행에서 어떤 영향을 줄 것인지의 관점에서 다루어야 하며, 이러한 문제는 수련감독 내에서 다루도록 해야 한다.

다음의 예처럼 수련자들이 수련감독자에게 상담을 요청하는 경우가 있는 것이 사실이다. 하지만 수련자가 상담 관계를 따로 원하더라도 수련감독자는 수련자에게 직접 상담 서비스를 제공해서는 안 되며(ACES, 1993), 아래 사례와 같이 다른 전문가에게 의뢰하는 것이 바람직하다.

> 상담자 H는 최근에 남편과의 관계에서 어려움을 가지고 있었다. 의뢰된 내담자도 이와 비슷한 문제를 가지고 있었다. 상담 진행 상황을 점검하던 수련감독자는 내담자의 남편과의 관계적인 어려움에 대해 필요 이상으로 너무 많은 회기를 다루고 있다는 것을 깨달았다. 수련감독자는 H에게 남편과의 어려움에 대해 이렇게 많은 시간을 할애하기로 한 결정에 대해 탐색해 보도록 하였다. 그리고 H에게 필요하다면 자신의 감정을 다룰 수 있도록 따로 다른 전문가에게 상담을 받아 보는 것을 고려해 보도록 격려하였다.

(4) 관계의 경계와 힘의 사용

수련감독 관계에서의 '경계(boundary)'라는 용어는 수련감독자가 선을 넘어서는 안 된다는 것을 확실하게 하기 위해 사용되고 있다. 이러한 경계에는 수련감독자/수련자/내담자 관계에서 수련감독자는 수련자와 직접적으로 상호작용하고, 내담자와는 수련자가 직접적으로 상호작용해야 한다는 것을 포함하고 있다. 또한 치료 관계라든가 순수한 교육이나 자문 관계와 구분되는 수련감독 관계, 즉 평가라는 측면을 가지고 있는 수련감독자와 수련자 간의 관계를 의미하기도 한다. 이렇게 수련감독 관계의 고유한 측면 중 하나가 평가이다 보니 훈련과 수련감독 과정에서 발생하는 다중 관계의 주요 문제 중 하나가 수련감독자가 힘(power)을 남용할 가능성이 있다는 점이다(Corey, Corey, & Callanan, 2007). 수련감독자는 수련자에 비해 훨씬 큰 힘을 가지고 있고, 힘이라는 측면에서 불평등하기 때문에 수련자는 상처받기 쉬운 입장에 있다. 그래서 ACA 윤리 기준(2005)에서는 이 문제에 대해 아래와 같이 명시함으로써 수련감독자가 수련자와의 관계에서 힘의 차이가 있다는 것을 명심하고 수련자를 보호하도록 하고 있다.

수련감독자들은 자신들의 학생이나 수련자들 사이의 경계를 윤리적·전문적·사회적 관계로 확실히 정의하고 유지해야 한다. 그들 사이에 존재하는 힘의 차이를 알고, 이러한 힘의 차이에 대해 학생이나 수련자가 잘 이해하지 못하고 있을 가능성에 대해 인식하고 있어야 한다. 수련감독자들은 관계가 착취적이 될 가능성에 대해 학생들과 수련자들에게 설명해야 한다.

스페리(Sperry, 2007)는 수련감독자가 수련자에게 경계에 대해 수련감독 시작 전에 설명해 줄 것을 제안하였다. 그 설명은 다음과 같이 이루어질 수 있을 것이다.

수련감독 관계는 복잡하고 어쩌면 모순되는 점을 가지고 있어 보입니다. 저와 ○○가 서로 개방하고 신뢰해야 수련감독이 가장 잘 이루어질 수 있는 반면에, 수련감독의 평가 측면을 피해 갈 수 없기 때문이지요. 저는 수련감독의 성격에 대해 잘 알고 있으며, 특히 수련감독자에게 주어지는 힘에 대해서도 잘 알고 있습니다. 나 자신도 수련감독에서 좋은 경험을 하기도 하고 그리 좋지 못한 경험을 하기도 했습니다. ○○는 어떤 수련감독 경험을 했는지 궁금하네요. 좋았던 경험이나 그렇지 못했던 경험에 대해 이야기해 볼까요? 오늘 하고 있는 수련감독과 예전의 수련감독이 비슷하다면, 예전에 했던 수련감독과 비슷하게 반응하고 있나요? 아니면 다르게 반응하고 있나요? 수련감독 과정이나 평가적인 측면에서 두렵지 않고 안전하게 느끼도록 도왔던 것은 무엇이었나요? 내가 남성/여성이라서 성이 다르다는 사실이 우리가 작업하는 데 어떤 영향을 미칠지에 대해 염려하고 있는 것이 있나요?

그리고 언제든지 수련감독 과정에서 내가 묻는 것에 대한 질문을 해도 좋고, 그에 대한 ○○의 생각을 말해 주기를 바라요. 내가 제시하는 제안에 대해 동의하지 않으면, 나에게 말해 주었으면 좋겠어요. 그러면 우리가 같이 다른 시각에서 그것들을 볼 수 있을 거예요. 사례를 보면서 ○○의 생각이 명확하지 않거나 혼란스럽다고 느끼면, 그것에 대해 질문할 거예요. ○○도 나처럼 내가 말하는 것이 불명확하거나 혼란스러우면 또는 내 생각에 의문이 생기면, 내가 말하는 중간에라도 멈추도록 하고 질문해 주기를 바라요. 수련감독 내내 내 목소리에 ○○의 목소리가 묻히지 않았으면 좋겠어요.

수련감독자가 힘을 남용한다는 것은 많은 경우 어떤 형태로든 수련자를 착취하는 경우를 의미하고 있다. 수련감독자는 수련자를 착취하지 않도록 해야 할 뿐 아니라, 수련감독자가 힘을 책임 있게 사용한다는 것에는 수련자가 과도하게 의존하지 않도록 하는 것과 수련자의 숫자를 제한하는 것도 포함될 수 있다(Kurpius et al., 1991; Welfel, 2006). 우선 수련자가 수련감독자에게 과도하게 의존하도록 수련감독자가 조장하는 것은 수련감독자에게 주어진 힘을 오용하는 것이라 할 수 있다. 수련감독의 목적은 수련자가 모든 결정을 수련감독자에게 맡기는 것이 아니고, 수련자가 기술과 판단력을 증진시키고 언제 독립적으로 내담자와 작업할 것인지와 언제 도움을 요청할 것인지를 정확하게 구분할 수 있는 자신감을 가질 수 있도록 돕는 것이다. 물론 초심자들은 수련감독자에게 다소 의존적일 수 있다. 여기서 문제가 되는 것은 수련자의 독립을 방해하는 수련감독 스타일이나 의존을 적극적으로 조장하는 것이다.

다음으로 수련감독자는 수련자와 그들의 내담자 요구를 충족시킬 수 있도록 하기 위해서 적절한 수준으로 수련자의 숫자를 제한해야 한다. 어느 정도가 적당할 것인가를 결정하는 데 고려해 볼 수 있는 요소들은 수련감독자의 상담과 수련감독 경험과 능력, 수련자의 경험과 능력, 수련감독자와 수련자의 수련감독 활동에 사용 가능한 시간, 서비스를 제공하고 있는 내담자 집단의 성격 등이다(Welfel, 2006). 보통은 서비스를 제공하는 내담자 집단의 요구와 수련자의 요구가 높고 수련감독자의 활용 가능한 시간이 적을수록, 그리고 수련감독 경험이 적을수록 수련자의 숫자는 더욱 작아야 한다. 많은 경우 전문가 한 명당 최대 3~5명 정도의 수련자가 적당하다고 되어 있으나, 때로는 3명 이하로 제한하기도 한다(Association of State and Provincial Psychology Boards, 2003). 제한된 인원보다 더 많은 수련자를 두려고 하는 전문가들의 경우는 자신의 수련감독에 대한 동기를 점검해 볼 필요가 있을 것이다.

5) 정당한 절차

수련감독에서의 정당한 절차(due process)라는 개념은 법률 용어인 적법절차(due process of law)에서 유래한 것이다. 정당한 절차의 목적은 개인의 권리 행사를 보호하려는 것이며, 권력을 행사할 때는 정당한 목적과 함께 반드시 정당한 절차에 따라서 이 권력이 행사되어야 한다는 것이다. 수련감독에서의 정당한 절차는 수련자가 수련감독을 받은 것에 대한 피드백과 정기적인 평가를 받을 권리가 있으며, 부당하다고 생각되는 수련감독자의 행위에 대해서는 이의를 제기할 수 있는 권리가 주어져야 한다는 것이다(Welfel, 2006).

정당한 절차에 대해 ACA 윤리규정(2005)에서 자세하게 기술하고 있다. 이 규정에 따르면, 수련감독에 대한 오리엔테이션은 수련감독이나 훈련과정 내내 지속적으로 이루어져야 하는 것이다. 그리고 수련감독자는 수련감독이나 훈련을 받고자 하는 지원자들을 받아들이기 전에 상담자 교육 프로그램에서 지원자들에게 기대되는 다음의 것들을 알려 주어야 한다.

- 훈련을 성공적으로 마치기 위해 요구되는 기술이나 지식 습득 수준
- 훈련 프로그램의 목적, 목표, 사명 그리고 다룰 내용
- 평가의 근거
- 훈련과정의 일부로서 자기 성장과 자기 개방을 격려하는 훈련 요소들
- 수련감독 상황은 어떤지와 임상 현장 경험을 위해 기관에서 요구하는 점들
- 훈련생이나 수련자 평가와 제적에 대한 정책과 그 절차
- (기관의 경우) 훈련을 마친 후 고용 전망

수련자의 정당한 절차에 대한 권리와 관련되어 가장 많이 위반하는 사례는 아래 상담자 B의 사례에서와 같이 수련자가 사전에 현재의 수행 능력이 유의한 정도로 기준에 못 미치고 있다는 점을 알려 주지 않은 상태에서 나쁜 평가를 마지막에 줄 때다(Bernard & Goodyear, 2004; Ladany, Hill, Corbet, & Nutt, 1996).

상담자 B는 대학 생활상담센터에서 인턴십을 마쳤다. 한 학기 동안 B는 내담자와의 상담 약속 시간에 세 번 나타나지 않았고, 생활상담센터 소장이나 직원들에게도 상담 약속을 지키지 못할 것이라는 사실을 알리지 않았다. 수련감독인 생활상담센터 소장은 B에게 처음 두 번 상담에 불참할 때까지는 전문가로서의 행동과 책무의 중요성과 내담자의 버림받은 느낌 등에 대해 알려 주었다. B는 개인적으로 처리하기 힘든 문제가 있어서 그랬을 뿐 전문가로서의 행동을 모른다거나 내담자를 버릴 의도가 전혀 없다고 하였다. 그리고 상담실에 내담자를 상담해 줄 다른 사람들이 있을 것이라 생각했다고 하였다. 세 번째 사건이 있은 후에 소장은 B에게 낙제 점수를 주었다. 소장은 두 번이나 말했는데 개선의 기미가 보이지 않는 것으로 보아 더 이상 말하는 것이 불필요하다고 생각한 것이다. 소장은 처음 두 번 B와 이야기한 내용들과 상담에 참석하지 않은 사실에 대한 수련감독 기록을 작성해 놓았다(Sperry, 2007).

수련감독자가 정당한 절차의 권리를 보장해야 하는 의무를 위반하지 않기 위해서는 수행에 대한 부정적인 평가 결과라 하더라도 정기적으로 알려 주어야 하며, 이때 적절한 수행 정도는 어느 정도인지를 함께 알려 주는 것이 좋다. 이러한 조처는 성공하기 위해서 얼마나 향상되어야 하는가에 대해 수련자가 오해하지 않을 수 있도록 도울 수 있다.

또 하나의 사례는 수련생이나 수련자가 기관의 정책으로부터도 정당한 절차에 대한 권리를 가진다는 것(Frame & Stevens-Smith, 1995)과 관련된 것이다. 아래의 사례에서는 H가 지속적으로 피드백을 받았으나 실습과정에 대한 학교 정책이 어떤지에 대해서는 잘 모르고 있었다. H가 실습과정과 관련한 학교 정책에 대해 제대로 알고 있지 못했다는 점에서 그가 정당한 절차의 권리를 모두 보장받았는지에 대해 생각해 보게 한다.

H는 상담 석사과정 중에 있다. 그녀는 10개 과목을 이수하였고, 현재는 실습과정에 있다. H는 실습과정 내내 많은 부분에서 향상이 필요하다는 여러 번의 피드백을 받았다. 실습과정이 끝나고 H는 이 과정에서 F 학점을 받았다. H는 이때 실습과정에서 F를 받으면 퇴학당할 수 있는 근거가 된다는 소식을 들었다. H는 실습과정을 재이수할 수 있지만 실습기관의 수련감독자들은 H가 기준 학점인 B 이상을 받을 수 있을지 낙관할 수 없었다. 비록 H는 다른 학생들처럼 실습과정에서 잘하지 못했다는 것을 알고는 있었지만 마지막 평가가 있기 전까지 퇴학당할 수 있는 위기에 처해 있다는 것을 모르고 있었다(Bernard & Goodyear, 2004).

정당한 절차에 대한 권리는 수련감독자가 불충분한 증거에 기초해 임의적으로 조치를 취하는 것으로부터 수련자를 보호하기 위한 장치다. 하지만 이 정당한 절차를 모든 훈련과정에 있는 수련자들이 통과할 수 있는 성적이나 긍정적인 평가를 받아야 한다는 것으로 오해해서는 안 된다. 수련감독자의 의무 중 하나가 무능한 상담자로부터 일반 대중을 보호하는 것도 포함된다는 점을 명심해야 한다.

3. 요 약

수련자의 전문성 발달과 내담자와 수련자 보호를 위해서는 수련감독이 필수적이다. 수련감독자는 수련자가 윤리적이고 합법적인 행동을 하도록 책임을 지고 있을 뿐 아니라, 수련자의 상담 수행과 전문적 발달을 점검하고 평가하며 인증하는 역할을 수행해야 한다. 또한 내담자를 보호하기 위해 상담이 내담자의 요구에 맞게 진행되고 있는지를 감독할 책임이 있다.

수련감독에서의 관계는 상담 관계와는 다른 독특한 특성을 가진다. 특히 수련 감독은 수련감독자, 수련자, 내담자가 포함된 위계적인 관계라는 측면에서 그 독특함을 찾아볼 수 있다. 이는 수련감독자가 수련자와 내담자 모두의 복지를 고려해야 한다는 것을 의미하기도 하지만, 수련감독자가 수련자에 비해 큰 권력을 가지고 있다는 것을 의미하기도 한다. 이렇게 상담 관계와 다르기 때문에 발행할 수 있는 문제들을 제거하고 효율적으로 수련감독이 이루어지기 위해서는 수련감독자가 지켜야 할 윤리적 측면이 있다. 이 장에서는 수련감독자가 반드시 알고 지켜야 할 윤리 문제들에 국한해서 살펴보았다.

우선 비밀보장은 수련감독 상황에서 알게 된 수련자에 대한 정보를 보호하는 것과 수련자로 하여금 내담자 정보에 대한 비밀이 유지될 수 있도록 감독하는 두 가지 측면에서 이루어져야 한다. 마찬가지로 수련감독자는 수련자가 내담자에게 가지는 경고와 신고의 의무에 대해서도 잘 알고 지킬 수 있도록 도와야 한다.

사전동의에서는 수련자가 내담자에게 사전동의 절차를 잘 따랐는지 확인하고, 특히 상담자와 내담자 간의 관계에 영향을 미칠 수 있는 수련감독 과정에 대해 내담자에게 정보를 제공했는지 확인해야 한다. 또한 수련감독자는 수련자에게 수련감독에 대한 정보를 충분히 제공한 후 수련감독에 동의할 기회를 주어야 한다. 이 때 수련자에게 알려 주어야 할 정보들로는 수련감독 목표, 수련감독 진행 시간과 장소, 수련감독 진행 방식, 평가, 역할과 책임, 수련감독 절차, 수련감독 윤리 사항 등이다.

수련감독자는 상담에 대한 전문성과 수련감독에 대한 전문적인 역량을 갖추어야 한다. 그러나 수련자보다 뛰어난 영역에 대해서만 수련감독을 하는 것이 원칙이지만 때로는 그 결정이 쉽지 않을 수 있다. 그렇기 때문에 수련감독자는 어떤 수련자의 경우에 수련감독이 가능한지를 알기 위해서 자신의 상담 능력에 대해 정확하게 평가하고 인지하는 것이 중요하다. 또한 수련감독자가 수련감독을 시행하기 전에 수련감독 방법과 기술에 대해 훈련되어 있어야 한다.

수련감독자와 수련자 관계는 보통 다중 관계를 맺는 경우가 많기 때문에 수련감독자나 수련자가 이와 관련된 윤리규정을 잘 인지하고 지킬 수 있어야 한다. 수련감독이 실시되면서 수련감독자와 수련자는 이러한 다중 관계와 관련된 문제들에 대해 미리 철저하게 의논하고 위험 요소들에 어떻게 대처할 것인지 대책을 세워야 한다. 특히 다중 관계를 피하기 어려운 경우 수련감독자와 수련자 간의 역할 경계를 분명하게 하는 작업이 요구되며, 수련감독자와의 다중 관계가 가져올 수 있는 손해의 가능성을 인식하여 가능한 한 피해를 줄이기 위해 노력해야 한다. 이러한 과정은 사전동의와 같이 문서로 작성해 놓을 필요가 있다. 다중 관계에서 가장 위험한 관계라 할 수 있는 수련감독자와 수련자 간의 성적인 관계는 피해야 하며, 수련자가 성적인 위협의 대상이 되어서도 안 된다. 수련감독자의 객관성과 전문적인 판단을 해칠 가능성이 있는 관계는 피하거나 관계를 끝내야 한다. 성적인 매력을 느끼는 경우는 다른 전문가로부터 자문을 구하는 것이 필요하다. 그리고 수련자를 상담해 준다거나 하는 수련감독 이외의 치료적인 관계를 따로 만드는 것도 피해야 한다.

수련감독 윤리는 상대적으로 약자인 수련자의 권리를 보호하려는 입장에 있다. 그 일환으로 부당한 수련감독자의 행위에 대해서는 이의를 제기할 수 있는 권리가 보장되어야 한다는 것과, 수련감독에 대한 오리엔테이션이 과정 내내 지속적으로 이루어지도록 해서 수련자가 이를 미리 알고 대처할 수 있도록 해야 한다는 것이다. 즉, 정당한 절차에 대한 권리는 수련감독자가 불충분한 증거에 기초해 임의적으로 조치를 취하는 것으로부터 수련자를 보호하기 위한 장치다.

참고문헌

강병철, 하경희. (2005). 청소년 동성애자의 동성애 관련 특성이 자살 위험성에 미치는 영향. 청소년학연구, 12(3), 267-289.

강진령, 손현동. (2006). 상담교사 슈퍼비전 모형 기초 연구. 상담학연구, 7(1), 131-146.

강진령, 이종연, 손현동. (2007). 학교 상담자들이 직면하는 윤리적 갈등과 대처방법 분석. 청소년상담 연구, 15(1), 17-27.

강진령, 이종연, 유형근, 손현동. (2007). 학교 상담자 윤리 교육 및 인지 실태 분석. 상담학연구, 8(2), 751-768.

공성욱, 오강섭, 노경선. (2002). 남성 동성애자와 남성 이성애자의 삶의 질과 정신건강 비교. 신경정신의학, 41(5), 930-941.

권재열, 김광록, 김남철, 김대환, 김상일, 유선봉, 이충훈, 이희성, 임상규. (2006). 법학개론 (제 3판). 서울: 법원사.

김계현. (1992). 상담교육방법으로서의 개인 슈퍼비전 모형에 관한 복수사례연구. 한국심리학회지: 상담 및 심리치료, 4(1), 19-53.

김계현. (2000). 상담심리학 연구. 서울: 학지사.

김문현, 김선욱, 김인호, 김현철, 송덕수, 신인령, 양명조, 옥무석, 이철수, 장영민, 최승원, 최원목. (2006). 법학입문 (제 3판). 경기도 파주: 법문사.

김정한. (2003). 장학론: 이론, 연구, 실제. 서울: 학지사.

김진숙. (2001). 상담자 발달모형과 청소년상담자 발달연구의 필요성. 한국심리학회지: 상담 및 심리치료, 13(3), 19-37.

김헌진. (2007). 법학개론. 서울: 학교방.

남상인. (2005). 21세기 사이버세계와 상담문화. 인문과학논총, 16, 105-128.

박인현. (2000). 최신 법학개론 (개정판). 서울: 교육과학사.

생명의전화. (2006). 사이버 상담의 이론과 실제. 서울: 한국생명의전화.

손현동. (2007a). 학교상담 슈퍼비전 모형 개발. 박사학위논문, 한국교원대학교.

손현동. (2007b). 현행법에 나타난 학교 상담자의 비밀보장과 그 한계 고찰. 청소년상담 연구, 15(2), 3-14.

신아상, 윤용웅. (1986). 대학생의 도덕판단 유형분석. 학생생활연구, 5, 1-23, 동의대학교 학생생활연구소.

심흥섭. (1998). 상담자 발달 수준 평가에 관한 연구. 한국심리학회지: 상담과 심리치료, 10(1), 1-28.

안중만. (2001). 법학개론 (제 6개정판). 서울: 박영사.

연문희, 강진령. (2002). 학교상담: 21세기 학생 생활지도. 서울: 양서원.

이영선, 박정민, 최한나. (2001). 사이버 상담의 기법과 윤리. 서울: 한국청소년상담원.

이종연. (2005). 학교 상담자에게 특수한 윤리적 책임. 교육연구논총(충북대학교), 26(3), 119-133.

이형득, 김성회, 설기문, 김창대, 김정희. (2003). 집단상담. 서울: 중앙적성출판사.

이희경. (2000). 사이버 상담에 대한 실태조사. 대학생활연구, 18, 242-271. 한양대학교 학생생활상담 연구소.

임은미, 김지은, 박승민. (1998). 청소년 사이버 상담의 실제와 발전방향. 청소년상담 연구, 6(1), 115-132.

장재홍. (2002). 슈퍼비전의 내용과 방법. 김계현, 유성경, 안현의, 금명자, 장재홍 (편), 청소년상담 슈퍼비전 (pp. 175-227). 서울: 한국청소년상담원.

장혁표. (1999). 상담에서의 윤리적 문제: 상담자 자질, 비밀보장, 이중역할관계를 중심으로. 사대논문집(부산대학교), 38, 1-15.

정옥분. (2005). 청년심리학. 서울: 학지사.

최한나. (2005). 상담자 발달연구의 동향과 과제. 상담학연구, 6(3), 713-727.

최해림. (1999). 상담자 교육과 슈퍼비전의 현재. 한양대학교 학생생활연구소 대학생활연구, 17(1), 1-18.

한국교육학술정보원. (2001). 사이버 상담을 통한 효과적인 진학/진로 상담 모형 개발 연구. 서울: 저자.

한국상담심리학회. (2005). 상담심리사 자격규정. Retrieved August 27, 2007 from http://www.krcpa.or.kr

한국상담학회. (2007). 윤리규정. Retrieved August 27, 2007 from
    http://www.counselors.or.kr

한국학교상담학회. (2004). 학교상담학회 윤리강령. 충북 청원: 저자.

허애지. (2003). 청소년 사이버 상담의 이용 실태 및 효용성에 관한 연구. 서강대학교 공공정책
    대학원.

홍성찬. (2008). 법학개론 (제4전정판). 서울: 박영사.

홍혜영. (1999). PC 상담 속의 청소년 심리 특성과 PC 상담의 제역할. 서울청소년상담 연
    구, 1(1), 51-64.

Acker, M., & Holloway, E. L. (1986). *Engagement and power in clinical
    supervision*. Workshop presented at the Oregon Association of Counselor
    Education and Supervision, Corvallis, OR.

Ahia, C. (2003). *Legal and ethical dictionary for mental health professionals*.
    Lanham, MD: University Press of America.

American Association of Marriage and Family Therapy. (2001). *AAMFT code of
    ethical principles for marriage and family therapists*. Washington, DC:
    Author.

American Counseling Association. (1995). *Code of ethics and standards of
    practice*. Alexandria, VA:Author.

American Counseling Association. (2005). *Code of ethics and standards of
    practice*. Alexandria, VA: Author.

American Psychological Association (APA) Committee on Professional Practice
    and Standards. (2001). Legal issues in the professional practice of
    psychology. *Professional Psychology: Research and Practice, 34*, 595-600.

American Psychological Association. (2002). *The ethical principles of
    psychologists and code of conduct*. Washington, DC: Author.

American Psychological Association, Ethics Committee. (2004). Report of the
    Ethics Committee, 2003. *American Psychologist, 59*, 434-441.

American Psychological Association. (1993). *Guidelines for providers of psychological services to ethnic, linguistic and culturally diverse populations.* Washington, DC: Author.

American Psychological Association. (2000). Guidelines for psychotherapy with lesbian, gay, and bisexual clients. *American Psychologist, 55*(12), 1440-1451.

American Psychological Association. (2003). Guidelines for multicultural education, training, research, practice, and organizational change for psychologists. *American Psychologist, 58,* 337-402.

American School Counselor Association. (2004). *Ethical standards for school counselors.* Retrieved August 17, 2008, from http://www.schoolcounselor. org/content.asp? contentid=173

Anderson, J. R. (Ed.). (1981). *Cognitive skills and their acquisition.* Hillsdale, NJ: Erlbaum.

Anderson, S. K., & Kitchener, K. S. (1998). Nonsexual posttheraphy relationships: A conceptual Framework to assess ethical risks. *Professional Psychology: Research and Practice, 29,* 91-99

Aponte, H. J. (1994). How personal can training get? *Journal of Marital and Family Therapy, 20*(1), 3-15.

Appelbaum, P. S., & Greer, A. (1993). Confidentiality in group therapy. *Hospital and Community Psychology, 44,* 311-313.

Appelbaum, P. S., Lidz, C. W., & Meisel, A. (1987). *Informed consent: Legal theory and clinical practice.* New York: Oxford University Press.

Association for Counselor Education and Supervision. (1993). Ethical guidelines for counseling supervisors. *Counselor Education and Supervision, 34,* 270-276.

Association for Specialists in Group Work. (2000). *Professional Standards for the Training of Group Workers.* The Group Worker, *29*(3), 1-10.

Association of State and Provincial Psychology Boards. (2003). ASPPB supervision guidelines. Retrieved July 11, 2005, from http://asppb.org/ publications/pdf/supervisionGuidelines.pdf.

Bartell, P. A., & Rubin, L. J. (1990). Dangerous liaisons: Sexual intimacies in supervision. *Professional Psychology: Research and Practice, 21*, 442-450.

Bates, C. M., & Brodsky, A. M. (1989). *Sex in the therapy hour: A case of professional incest.* New York: Guilford.

Bear, B. E., & Murdock, N. L. (1995). Nonerotic multiple relationships between therapists and clients: The effects of sex, Theoretical orientation and interpersonal boundaries. *Ethics and Behavior, 5*, 131-145.

Beauchamp, T. L., & Childress, J. E. (1983). *Principles of biomedical ethics.* Oxford, England: Oxford University Press.

Beauchamp, T. L., & Childress, J. F. (2001). *Principles of biomedical ethics* (5th ed.). Oxford, England: Oxford University Press.

Beeman, D. G., & Scott, N. A. (1991). Therapists' attitudes toward psychotherapy informed consent with adolescents. *Professional Psychology: Research and Practice*, 22, 230-234.

Behnke, S. H., Winick, B. J., & Perez, A. M. (2000). *The essentials of Florida mental health law: A straightforward guide for clinicians of all discipline.* New York: Norton.

Bellah, R., Madsen, R., Sullivan, W., Swidler, L., & Tipton, S. (1985). *Habits of the heart: Individualism and commitment in American life.* New York: Harper & Raw.

Bennett, B., Bryant, B., VanderBos, G., & Greenwood, A. (1990). *Professional liability and risk management.* Washington, DC: American Psychological Association.

Bergin, A. E. (1985). Proposed values for guiding and evaluating psychotherapy. *Counseling and Values, 29*, 99-116.

Bergin, A. E. (1991). Values and religious issues in psychotherapy and mental health. *American Psychology, 46*(4), 393-403.

Bernard, J. L., & Jara, C. S. (1986). The failure of clinical psychologists to apply understood ethical principles. *Professional Psychology: Research and*

Practice, 17, 313-315.

Bernard, J. L., Murphy, M., & Little, M. (1987). The failure of clinical psychologists to apply understood ethical principles. *Professional Psychology: Research and Practice, 18*, 489-491.

Bernard, J. M. (1979). Supervisor training: A discrimination model. *Counselor Education and Supervision, 19*, 60-69.

Bernard, J. M., & Goodyear, R. K. (2004). *Fundamentals of clinical supervision* (3rd ed.) Boston: Allyn & Bacon.

Bernstein, B. E., & Hartsell, T. L. (2000). *The portable ethicist for mental health professionals: An A-Z guide to responsible practice.* New York: Wiley.

Bersoff, D. N. (1983). Children as participants in psychoeducational assessment. In G. B. Melton, G. P. Koocher, & M. J. Saks (Eds.), *Children's competence to consent* (pp. 149-177). New York: Plenum Press.

Bersoff, D. N. (2003). *Ethical conflicts in psychology* (3rd ed.). Washington, DC: American Psychological Association.

Betan, E. J., & Stanton, A. L. (1999). Fostering ethical willingness: Integrating emotional and contextual awareness with rational analysis. *Professional Psychology: Research and Practice, 30*, 295-301.

Betcher, R. W., & Zinberg, N. E. (1988). Supervision and privacy in psychotherapy training. *American Journal of Psychiatry, 145*, 796-803.

Biaggio, M., Paget, T. L., & Chenoweth, M. S. (1997). A model for ethical management of faculty-student dual relationships. *Professional Psychology: Research and Practice, 28*(2), 184-189.

Bierman, N. (2004, March 17). Shelter worker left teenage boy hanging. The Miami Herald, pp. B1-B2.

Bloom, J. W., & Walz, G. R. (2000). *Cyber counseling and cyber learning: Strategies and resources for the millennium.* Alexandria, VA: ACA.

Bombara, M. J. (2002). Relationships among school counselors' level of moral reasoning, demographic characteristics, and their use of ethical decision making resources. *Dissertation Abstracts International, 62*(11), 3687B.

Bond, T. (2000). *Standards and ethics for counseling in action* (2nd ed.). London: Sage Publication.

Borders, L. D. (1991). A systematic approach to peer group supervision. *Journal of Counseling and Development, 69*, 248-252.

Borders, L. D., & Leddick, G. R. (1987). *Handbook of counseling supervision.* Alexandria, VA: American Association for Counseling and Development.

Borys, D. S., & Pope, K. S. (1989). Dual relationships between therapists and clients: A national study of psychologists, psychiatrists and social workers. *Professional Psychology: Research and Practice, 20*, 283-293.

Bouhoutsos, J. C., Holroyd, J., Lerman, J., Forer, B., & Greenberg, M. (1983). Sexual intimacy between psychotherapists and patients. *Professional Psychology: Research and Practice, 14*, 185-196.

Bowman, V. E., Hatley, L. D., & Bowman, R. (1995). Faculty-student relationships: The dual role controversy. *Counselor Education and Supervision, 24*(3), 232-242.

Braaten, E. E., Otto, S., & Handelsman, M. M. (1993). What do people want to know about psychotherapy? *Psychotherapy, 30*, 565-570.

Bradley, L. J., & Kottler, J. (2000). Overview of counselor supervision. In L. I. Bradley & N. Ladany (Eds). *Counselor supervision: Principles, process, and practice* (3rd eds, pp. 93-124). Ann Arbor, MI: Braun-Brumfield.

Bradley, L. J., Kottler, J. A., & Lehrman-Waterman, D. (2001). Ethical issues in supervision. In L. J. Bradly & N. Ladany (Eds.), *Counselor supervision: Principles, process, and practice* (3rd eds, pp. 93-124). Ann Arbor, MI: Braun-Brumfield.

Brems, C. (2000). The challenge of preventing burnout and assuring growth: Self-care. In C. Brem, *Dealing with challenges in psychotherapy and counseling* (pp. 262-296). Pacific Groove, CA: Brooks/Cole.

Brincat, C., & Wike, V. (2000). *Morality and professional life: Values at work.*

Upper Saddle River, NJ: Prentice-Hall.

Brodsky, A. (1980). Sex role issues in the supervision of therapy. In A. K. Hess (Ed.), *Psychotherapy supervision: Theory, research, and practice* (pp. 509-524). New York: Wiley.

Brown, L. (1988). Harmful effects of posttermination sexual and romantic relationships between therapists and their former clients. *Psychotherapy, 25*, 249-255.

Burian, B. K., & O'Connor Slimp, A. (2000). Social dual-role relationships during internship: A decision-making model. *Professional Psychology: Research and Practice, 31*(3), 332-338.

Campbell, C. D., & Gordon, M. C. (2003). Acknowledging the inevitable: Understanding multiple relationships in rural practice. *Professional Psychology: Research and Practice, 34*, 430-434.

Canter, M. B., Bennett, B. E., Jones, S. E., & Nagy, T. E. (1994). *Ethics for psycholagists: A commentary on the 1992 APA ethics code.* Washington, DC: American Psychological Association.

Canterbury v. Spence, 464 E2d 772 (D.C. Cir. 1972).

Chi, M. T. H., Feltovich, P. J., & Glaser, R., (1981). Categorization and representation of physics problems by experts and novices. *Cognitive Science, 5*, 121-125.

Chickering, A. (1975). *Adult development: Implications for higher education.* Conference Proceedings: Designing Diversity 1975, 2nd National Conference on Open Learning and Non-Traditional Study, Lincoln, Nebraska, June 1975.

Christman-Dunn, R. (1998). *The necessity of providing clinical supervision for school counselors.* ERIC Digest. Retrieved December 3, 2006, from 2/content_storage_01/ 0000000b/80/11/40/0f.pdf

Chung, R. C., & Bemak, F. (2002). The relationship of culture and empathy in crosscultural counseling. *Journal of Counseling and Development, 80*,

154-159.

Claiborn, C. D., Berberoglu, L. S., Nerison, R. M., & Somberg, D. R. (1994). The client's perspective: Ethical judgments and perceptions of therapist's practices. *Professional Psychology: Research and Practice, 25*, 268-274.

Coale, H. W. (1998). *The vulnerable therapist: Practicing psychotherapy in and age of anxiety*. New York: Howorth Press.

Cohen, E. D. (1997). Ethical standards in counseling sexually active clients with HIV. *In The Hatherleigh guide to ethics in therapy* (pp. 211-233). New York: Hartherleigh Press.

Cohen, E. D., & Cohen, G. S. (1999). *The virtuous therapist: Ethical practice of counseling and psychotherapy*. Pacific Grove, CA: Brooks/Cole.

Committee on Professional Practice and Standards, Board of Professional Affairs. (1993). Record keeping guidelines. *American Psychologist, 48*, 984-986.

Corey, G., Corey, M. S., & Callanan, P. (2007). *Issues & ethics in the helping professions* (7th ed.). Pacific Grove, CA: Brooks/Cole, Thomson Learning.

Corey, M. S., & Corey, G. (2006). *Groups: Process and practice* (7th ed.). Belmont, CA: Thomson Learning.

Cottone, R. R. (2005). Detrimental therapist-client relationships-beyond thinking of multiple roles: Reflections on the 2001 AAMFT Code of Ethics. *American Journal of Family Therapy, 33*, 1-17.

Cottone, R. R., Tarvydas, V., & House, G. (1994). The effect of number and type of consulted relationships on the ethical decision making of graduate students in counseling. *Counseling and Values, 39*, 56-68.

Cottone, R. R., & Clous, R. E. (2000). Ethical decision making models: A review of the literature. *Journal of Counseling and Development, 78*, 275-283.

Cottone, R. R., & Tarvydas, V. M. (2003). *Ethical and professional issues in counseling* (2nd ed.). Upper Saddle River, NJ: Merrill/Prentice-Hall.

Cottone, R. R., & Tarvydas, V. M. (2007). *Counseling ethics and decision making* (3rd ed.). Upper Saddle River, NJ: Pearson Prentice Hall.

Crawford, R. L. (1994). *Avoiding counselor malpractice.* Alexandria, VA: American Counseling Association.

Croarkin, P., Berg, J., & Spira, J. (2003). Informed consent to psychotherapy: A look at therapists' understanding, opinions, and practices. *American Journal of Psychotherapy, 57,* 384-401.

Davidson, J., & Caddell, D. (1994). Religion and the meaning of work. *Journal for the Scientific Study of Religion, 33,* 135-147.

Dinger, T. J. (1997). The relationship between two ethical decision making models and counselor trainees' responses to an ethical discrimination task and their perceptions of ethical therapeutic behavior. *Dissertation Abstracts International, 58*(03), 750B

Dishion, T. J., McCord, J., & Poulin, F. (1999). When interventions harm: Peer groups and problem behavior. *American Psychologist, 54,* 755-764.

Disney, M. J., & Stephens, A. M. (1994). *Legal issues in clinical supervision.* Alexandria, VA: ACA Press.

Doromal, Q. S., & Creamer, D. C. (1988). An evaluation of the Ethical Judgement Scale. *Journal of College Student Development, 29,* 151-158.

Downing, C., & Maples, M. (1979). School counselor field supervision: A model. *Counselor Education and Supervision, 19*(2), 153-160.

Drane, J. F. (1982). Ethics and psychotherapy: A philosophical perspective. In M. Rosenbaum (Ed.), *Ethics and values in psychotherapy* (pp. 15-50). New York, Free Press.

Dreyfus, H., & Dreyfus, S. (1986). *Mind over machine.* New York: Free Press.

Duke, D. L. (2004). The role and influence of ethics consultation in psychology. *Dissertation Abstracts International, 65*(06), 3153B.

Eberlein, L. (1987). Introducing ethics ti beginning psychologists: A problem-solving approach. *Professional Psychology: Research and Practice, 18,* 353-359.

Ebert, B. W. (1997). Multiple relationship prohibitions: A concept whose time never should have come. *Applied and Preventive Psychology, 6,* 137-156.

Ellis, M. V., & Douce, L. A. (1994). Group supervision of novice clinical supervisors: Eight recurring issues. *Journal of Counseling and Development, 72,* 520-525.

Ericsson, K. A., & Smith, J. (1991). Prospects and limits of the empirical study of expertise: An introduction. In K. A. Ericsson and J. Smith (Eds.), *Toward a general theory of expertise* (pp. 1-38). Cambridge, MA: Cambridge University Press.

Farber, B. A. (1984). Stress and burnout in suburban teachers. *Journal of Educational Research, 77*(6), 325-331.

Farber, B., & Heifetz, L. (1982). The process and dimensions of burnout in psychotherapists. *Professional Psychology: Resource and Practice, 13,* 293-301.

Fischer, K. W. (1980). A theory of cognitive development: The control and construction of hierarchies of skills. *Psychological Review, 87,* 477-531.

Fischer, K. W., Kenny, S. L., & Pipp, S. L. (1990). How cognitive processes and environmental conditions organize discontinuities in the development of abstractions. In G. N. Alexander & E. J. Langer (Eds.), *Higher stages of human development: Perspectives on adult growth.* New York: Oxford University Press.

Fleck-Henderson, A. (1995). Ethical sensitivity: A theoretical and empirical study. *Dissertation Abstracts International, 56,* 2862B.

Flemming, J. (1953). The role of supervision in psychiatric training. *Bulletin of the Menninger Clinic, 17,* 157-159.

Flower, J. T. (1992). A comparative study of how psychologist gender relate to moral sensitivity. *Dissertation Abstracts International, 53*(05), 2527B.

Ford, G. G. (2001). *Ethical reasoning in the mental health professions.* Boca Raton, FL: CRC Press.

Fox, P. (2003, August). *Walking the walk: Does moral judgment equal ethical behavior?* Paper presented at the annual meeting of the American Psychological Association, Toronto, CA.

Fox, P. J. (2003). Walking the walk: *Does moral judgement equal ethical behavior?* Paper presented at the annual meeting of the American Psychological Association, Toronto, CA.

Frame, M. S., & Stevens-Smith, P. (1995). Out of harm's way: Enhancing monitoring and dismissal processes in counselor education programs. *Counselor Education and Supervision, 35,* 118-129.

Freeman, S. J. (2000). *Ethics: An introduction to philosophy and practice.* Belmont, CA: Wadsworth.

Gabbard, G. O. (1994). Reconsidering the American Psychological Association's Policy on sex with former patients: Is it justifiable? *Professional Psychology: Research and Practice, 25,* 329-335.

Garcia, J. G., Cartwright, B., Winston, S. M., & Borzuchowska, B. (2003). A transcultural integrative model for ethical decision making in counseling. *Journal of Counseling and Development, 81,* 268-277.

Gentner, D. (1988). Expertise in typewriting. In M. T. H. Chi, R. Glaser, & M. J. Farr (Eds.), *The nature of expertise* (pp. 1-22). Hillsdale, NJ: Lawrence Earlbaum Associates.

Gibb, J. J. (2005). Patients' experience of friendship with their therapists: A phenomenological study of non-sexual dual relationships. *Dissertation Abstracts International, 65*(1), 3707B.

Gibson, W. T., & Pope, K. S. (1993). The ethics of counseling: A national survey of certified counselors. *Journal of Counseling and Development, 71,* 330-336.

Gladding, S. T. (1995). *Group work: A counseling specialty* (3rd ed.). Upper Saddle River, NJ: Merrill/Prentice Hall.

Glaser, R. D., & Thorpe, J. S. (1986). Unethical intimacy: A survey of sexual contact and advances between psychology educators and female graduate students. *American Psychologist, 41,* 43-51.

Glaser, R., & Chi, M. T. (1988). Overview. In M. T. H. Chi & R. Glaser (Eds.). *The nature of expertise* (pp. xv-xxviii). Hillsdale, NJ: Lawrence Earlbaum Associates.

Glick, I. D., Berman, E. M., Clarkin, J. F., & Rait, D. S. (2000). *Marital and family therapy* (4th ed.). Washington, DC: American Psychiatric Press.

Glosoff, H. L. (1997). Multiple relationships in private practice. In B. Herlihy & G. Corey, *Boundary issues in counseling* (pp.114-120). Alexandria, VA: American Counseling Association.

Goodyear, R. K., & Sinnett, E. D. (1984). Current and emerging ethical issues for counseling psychologists. *Counseling Psychologist, 12*, 87-98.

Goodyear, R. K., Coleman, T., & Brunson, B. I. (1986, August). *Informed consent for clients: Effects in two counseling settings.* Paper presented at the annual meeting fo the American Psychological Association, Washington, DC.

Gustafson, K. E., & McNamara, J. R. (1987). Confidentiality with minor clients: Issues and guidelines for therapists. *Professional Psychology: Research and Practice, 18*, 503-508.

Handelsman, M. M., Gottlieb, M. C., & Knapp, S. (2005). Training ethical psychologists: An acculturation model. *Professional Psychology: Research and Practice, 36*(1), 59-65.

Handler, J. F. (1990). *Law and the search for community.* Philadelphia: University of Pennsylvania Press.

Hart, G. (1982). *The process of clinical supervision.* Baltimore: University Park Press.

Helbok, C. M. (2003). The practice of psychology in rural communities: Potential ethical dilemmas. *Ethics and Behavior, 13*, 367-384.

Hendrick, S. S. (1988). Counselor self-disclosure. *Journal of Counseling and Development, 66*, 419-424.

Herlihy, B., & Corey, G. (1997). *Boundary issues in counseling.* Alexandria, VA:

American Counseling Association.

Herlihy, B., & Corey, G. (Eds.). (2006). *ACA Ethical standards casebook* (6th ed.). Alexandria, VA: American Counseling Association.

Herr, E. L., & Niles, S. (1988). The values of counseling: Three domains. *Counseling and Values, 33,* 4-17.

Hess, A. K. (1980). Training models and the nature of psychotherapy supervision. In A. K. Hess (Ed.), *Psychotherapy supervision: Theory, research, and practice* (pp. 29-39). New York: Wiley.

Hewson, J. (1999). Training supervisor to contract in supervision. In E. Holloway & M. Carroll (Eds.), *Training counseling supervisors* (pp. 67-91). London: Sage.

Hill, A. L. (2004). Ethical analysis in counseling: A case for narrative ethics, moral visions, and virtue ethics. *Counseling and Values, 48,* 131-148.

Hill, C. E. (2004). *Helping skills: Facilitating exploration, insight, and action* (3nd ed.). Washington, DC: American Psychological Association.

Hill, C. E., Charles, D., & Reed, K. G. (1981). A longitudinal analysis of changes in counseling skills during doctoral training in counseling psychology. *Journal of Counseling Psychology, 28,* 428-436.

Hoffman. M. L. (1970). Moral development. In P. H. Mussen (Ed.), *Manual of child psychology* (3rd ed. Vol. 2). New York: Wiley.

Hogan, R. (1964). Issues and approaches in supervision. *Psychotherapy: Theory, Research, and Practice, 1,* 139-141.

Holloway, E. L. (1995). *Clinical supervision: A system approach.* Sage.

Hubble, M. A., Duncan, B. L., & Miller, S. D. (1999). *The heart and soul of change: What works in therapy.* Washington, DC: American Psychological Association.

Huey, W. C., & Remley, T. P., Jr. (1990). *Ethical and legal issues in school counseling. Highlights: An ERIC/CAPS Digest.* Ann Arbor, MI: ERIC Clearinghouse on Counseling and Personnel Services.

Hummel, D. L., Talbutt, L. C. M., & Alexander, D. (1985). *Law and ethics in counseling.* New York: Van Nostrand Reinhold Co.

Hunt, D. (1971). *Matching models of education.* Toronto, Ontario: Institute for Studies in Education.

Ibrahim, F. A., & Arredondo, P. M. (1986). Ethical Standards for Cross-Cultural Counseling: Counselor Preparation, Practice, Assessment, and Research. *Journal of Counseling & Development, 64*(5), 349-352.

International Association of Marriage and Family Counselors. (2002). *IAMFC ethical codes.* Available from http://www.iamfc.org/ethicalcodes.htm

Jaffee v. Redmond et al. WL 315841 (U.S. June 13, 1996).

Jennings, F. L. (1992). Ethics of rural practice. *Psychotherapy in private Practice, 10,* 85-104.

Jensen, J. P., & Bergin, A. E. (1988). Mental health values of professional therapists: A national interdisciplinary study. *Professional Psychology: Research and Practice, 19,* 290-297.

Kalichman, S. C., & Brosig, C. L. (1993). Practicing psychologists' interpretations of compliance with child abuse reporting law. *Law and Human Behavior, 17,* 83-93.

Kalichman, S. C., & Craig, M. E. (1991). Professional psychologists' decisions to report suspected child abuse: Clinician and situation influences. *Professional Psychology: Research and Practice, 22*(1), 84-89.

Kaplan, L., & Allison, M. C. (1994). Family ethics. *Family Journal, 2*(1), 54-57.

Keaton, B., & Yamatani, H. (1993). Benefits of mandatory EAP participation: A study of employees with last-chance contracts. *Employee Assistance Quarterly, 9,* 67-77.

Keith-Spiegel, P., & Koocher, G. P. (1998). *Ethics in psychology: Professional standards and cases* (2nd ed.). New York: Oxford.

Kern, C. (1996). Counseling supervision for school counselors professional and personal growth. *TCA-Journal, 24*(2), 1-8.

Kitchener, K. S. (1984). Intuition, critical evaluation and ethical principles: The foundation for ethical decisions in counseling psychology. *Counseling Psychologist, 12,* 43-55.

Kitchener, K. S. (1988). Multiple role relationships? What makes them so problematic? *Journal of Counseling and Development, 67,* 217-221.

Kitchener, K. S. (2000). *Foundations of ethical practice, research and teaching in psychology.* Mahwah, NJ: Lawrence Erlbaum.

Kitchener, K. S., & Harding, S. S. (1990). Dual role relationships. In B. Herlihy & L. B. Golden (Eds.), *Ethical Standards Casebook.* Alexandria, VA: American Counseling Association.

Klerman, G. L. (1990). The psychiatric patient's right to effective treatment: Implications of Osheroff v Chestnut Lodge. *American Journal of Psychiatry, 147,* 419-427.

Knapp, S., & VandeCreek, L. (2003). *A guide to the 2002 revision of the American Psychological Association's ethics code.* Sarasota, FL: Professional Resource Press.

Kohlberg, L. (1973). Continuities in childhood and adulthood moral development revisited. In P. Baltes and K. Schaie (Eds.), *Life-span developmental psychology: Personality and socialization* (pp. 179-204). New York: Academic Press.

Kohlberg, L. (1984). *The psychology of moral development: The nature and validation of moral stages.* San Francisco: Harper & Row.

Kohlberg, L. (1976). Moral stages and moralization: The cognitive development approach. In T. Likona (Ed.), *Moral development and behavior: Theory, research, and social issues.* New York: Holt, Rinehart, & Winston.

Kurpius, D., Gibson, G., Lewis, J., & Corbet, M. (1991). Ethical issues in supervision counseling practitioners. *Counselor Education and Supervision, 31,* 48-57.

Ladany, N., Hill, C. E., Corbet, M., & Nutt, E. A. (1996). Nature, extent and importance of what psychotherapy trinees do not disclosure to their supervisors. *Journal of Counseling Psychology, 43*, 10-24.

Lakin, M. (1994). Morality in group and family therapies: Multiperson therapies and the 1992 ethics code. *Professional Psychology: Research and Practice, 25*, 344-348.

Lamb, D. H., Catanzaro, S. J., & Moorman, A. S. (2003). Psychologists reflect on their sexual relationships with clients, supervisees, and students: Occurrence, impact, rationales. and collegial interventions. *Professional Psychology: Research and Practice, 34*, 102-107.

Lamb, D., Presser, N., Pfost, K., Baum, M., Jackson, R., & Jarvis, P. (1987). Confronting professional impairment during the internship: Identification, due process, and remediation. *Professional Psychology: Resource and Practice, 18*, 597-603.

Lambert, M. J. (Ed.). (2003). *Bergin and Garfield's Handbook of psychotherapy and behavior change.* New York: Wiley.

Lambert, M. J. (Ed.). (2003). *Bergin and Garfield's Handbook of psychotherapy and behavior change.* New York: Wiley.

Langer, J., & Kuhn, D. (1971). Relations between logical and moral development. In L. Kohlberg & E. Turiel (Eds.), *Recent research in moral development.* New York: Holt, Reinhart and Winston.

Larkin, J. H. (1983). The role of problem representation in physics. In D. Gentner & A. L. Stevens (Eds.), *Mental models* (pp. 75-100). Hillsdale, NJ: Lawrence Earlbaum Associates.

Lawrence, G., & Kurpius, S. E. R. (2000). Legal and ethical issues involved when counseling minors in nonschool settings. *Journal of Counseling & Development, 78*(2), 130-136.

Lazarus, A., & Zur, O. (2002). *Multiple relationships and psychotherapy.* New York: Springer.

Lee, L., & Snarey, J. (1988). The relationship between ego and moral development: A theoretical review and empirical analysis. In D. Lapsley &

C. Power (Eds.), *Self, ego, and identity: Integrative approaches* (pp. 151-178). New York: Springer-Verlag.

Levy, C. (1974). On the development of a code of ethics. *Social Work, 19*, 207-216.

Lindsey, R. T. (1985, August). *Moral sensitivity: The relationship between training and experience.* Paper presented at the annual meeting of the American Psychological Association, Los Angeles.

Littrell, J. M., Lee-Borden, N., & Lorenz, J. A. (1979). A developmental framework for counseling supervision. *Counselor Education and Supervision, 19*(2), 129-36.

Loevinger, J. (1970). *Measuring ego development.* San Francisco: Jossey-Hass.

Loganbill, C., Hardy, E., & Delworth, U. (1982). Supervision: A conceptual model. *Counseling Psychologist, 10*, 3-42.

London, P. (1986). *Modes and morals of psychotherapy* (2nd ed.). New York: Holt, Rinehart & Winston.

Magnuson, S., Norem, K., & Bradley, L. J. (2000). Supervising school counselors. In L. J. Bradley & N. Ladany (Eds.), *Counselor supervision: Principles, process, and practice* (3rd ed. pp. 207-221). Ann Arbor, MI: Braun-Brumfield.

Magnuson, S., Norem, K., & Wilcoxon, A. (2000). Clinical supervision of prelicensed counselors: Recommendations for consideration and practice. *Journal of Mental Health Counseling, 22*(2), 176-188.

Mallon, G. P. (1998). *Foundation of social work practice with lesbian and gay persons.* The Harrington Park Press.

Mappes, D. C., Robb, G. P., & Engels, D. W. (1985). Conflicts between ethics and law in counseling and psychotherapy. *Journal of Counseling and Development, 64*, 246-249.

Margolin, G. (1998). Ethical issues in marital therapy. In R. M. Anderson, T. L. Needles, et al. (Eds.), *Avoiding ethical misconduct in specialty areas* (pp. 78-94). Springfield, IL: Charles C. Thomas.

McCartney, J. (1966). Overt transference. *Journal of Sex Research, 2*, 227-237.

McDivitt, K. L. (2001). Ethics in group work with children and adolescents. *Dissertation Abstracts International, 61*(12), 4673A.

McWhirter, J. J., McWhirter. B. T., McWhirter, E. H., & McWhirter, R. J. (2004). *At-risk youth: Comprehensive response* (3rd ed.). Belmont, CA: Brooks/Cole.

Meara, N. M., Schmidt, L. D., & Day, J. D. (1996). Principles and virtues: A foundation for ethical decisions, policies and character. *Counseling Psychologist, 24*, 4-77.

Melchert, T. P., & Patterson, M. M. (1999). Duty to warn and interventions with HIV-positive clients. *Professional Psychology: Research and Practice, 30*(2), 180-186.

Moleski, S. M., & Kiselica, M. S. (2005). Multiple relationships: A continuum ranging from the destructive to the therapeutic. *Journal of Counseling and Development, 83*, 3-11.

Munson, C. E. (2002). *Handbook of clinical social work supervision* (3rd ed.). New York: Haworth Press.

Natanson v. Kline, 186 Kans. 393, 406, 350P.2d 1093 (1960).

National Board of Certified Counselors. (2001). *The Practice of Internet Counseling.* Greensboro, NC: National Board for Certified Counselors, Inc. and Center for Credentialing and Education, Inc.

Nelson, M. D., & Johnson, P. (1999). School counselors as supervisors: An integrated approach for supervising school counseling interns. *Counselor Education and Supervision, 39*(2), 89-100.

Nigro, T. (2004a). Multiple relationships in counseling: A survey of British Columbian counselors. *Canadian Journal of Counseling, 38*, 36-53.

Nigro, T. (2004b). Counselors' experiences with problematic multiple relationships. *Ethics and Behavior, 14*, 51-64.

O'Malley, P. (2002). Demystifying the AAMFT code of ethics principle three:

Professional competence and integrity. *Family Therapy Magazine, 1*(4), 50-56.

Osborn, C. J., & Davis, T. E. (1996). The supervision contract: Making it perfectly clear. *Clinical Supervisor, 14*(2), 121-134.

Page, S., & Wosket, V. (1994). *Supervising the counselor: A cyclinical model.* London: Routledge.

Paradise, L. V., & Kirby, P. C. (1990). Some perspectives on the legal liability of group counseling in private practice. *Journal for Specialists in Group Work, 15*, 114-118.

Patel, U. L., & Groen, G. J. (1986). Knowledge based solution strategies in medical reasoning. *Cognitive Science, 10*, 91-116.

Peace, S. D. (1995). Addressing school counselor induction issues: A developmental counselor mentor model. *Elementary School Guidance & Counseling, 29*(3), 177-180.

Pedersen, P. B. (1995). Cross cultural ethical guidelines. In J. B. Proterotto, J. M. Casas, L. A., Suzuki, & C. M. Alexander (Eds.), Handbook of multicultural counseling (pp. 34-50). Thousand Oaks, CA: Sage.

Pedersen, P. B. (1997). The cultural context of the American Counseling Association code of ethics. *Journal of Counseling and Development, 76*, 23-28.

Pedersen, P. B., Draguns, J. G., Lonner, W. J., & Trimble, J. E. (2002). *Counseling across cultures* (5th ed.). Thousand Oaks, CA: Sage.

Perry, W. G. (1970). *Forms of intellectual and ethical development in the college years.* New York: Holt, Rinehart, & Winston.

Peters, R. H., & Murrin, M. R. (2000). Effectiveness of treatment-based drug courts in reducing criminal recidivism. *Criminal Justice and Behavior, 27*, 72-96.

Piaget, J. (1954). *The construction of reality in the child.* New York: Basic Books.

Piaget, J. (1965). *The moral judgement of the child.* New York: Free Press.

Piaget, J. (1972). Intellectual evolution from adolescent to adulthood. *Human*

Development, 15, 1-12.

Pietrofesa, J. J., Hoffman, A., Splete, H., & Pinto, D. (1978). *Counseling theory, research, and practice.* Chicago: Rand McNally.

Pines, A., & Aronson, E. (1988). *Career burnout: Causes and cures.* New York: Free Press.

Podbelski, J., & Weisgerber, K. (1988, August). *Differences in moral sensitivity of master's level counselors.* Paper presented at the annual meeting of the American Psychological Association, Atlanta, GA.

Pope, K. S. (1990). Therapist-patient sexual involvement: A review of the research. *Clinical Psychology Review, 10,* 477-490.

Pope, K. S., & Vasquez, M. A. (1998). *Ethics in psychotherapy and counseling: A practical guide* (2nd ed.). San Francisco: Jossey-Bass.

Pope, K. S., Tabachnick, B. G., & Keith-Spiegel, P. S. (1987). Ethics of practice: The beliefs and behaviors of psychologists as therapists. *American Psychologist, 42,* 993-1006.

Reamer, F. G. (1998). *Ethical standards in social work: A review of the NASW Code of Ethics.* Washington, DC: NASW Press.

Remley, T. P., Jr. (1996). The relationship between law and ethics. In B. Herlihy & G. Corey (Eds.), *ACA ethical standards casebook* (5th ed., pp. 285-292). Alexandria, VA: American Counseling Association.

Remley, T. P., Jr. (2002). Special issue: Legal and ethical issues in school counseling. *Professional School Counseling, 6*(1), 1-2.

Remley, T. P., Jr., & Herman, M. A. (2000). Legal and ethical issues in school counseling. In J. Wittmer (Ed.), *Managing your school counseling program: K-12 developmental strategies* (pp. 314-329). Minneapolis, MN: Educational Media Corporation.

Remley, T. P., Jr., & Herlihy, B. (2005). *Ethical, legal and professional issues in counseling* (2nd ed.). Upper Saddle River, NJ: Pearson.

Remley, T. P., Jr., Herlihy, B., & Herlihy, S. B. (1997). The US Supreme Court decision in Jaffee v. Redmond: Implications for counselors. *Journal of Counseling and deveopment, 75*, 213-218.

Rest, J. R. (1983). Morality. In J. Flavell & E. Markman (Eds.), *Cognitive development.* In P. Mussen (General Ed.), *Manual of child psychology* (Vol. 4, pp. 550-629). New York: Wiley.

Rest, J. R. (1984). Research on moral development: Implications for training counseling psychologists. *The Counseling Psychologist, 12*, 19-29.

Rest, J. R. (1994). Background: Theory and research. In J. R. Rest & D. Navarez (Eds.), *Moral development in the profession: Psychology and applied ethics* (pp. 1-26). Hillsdale, NJ: Lawrence Erlbaum.

Rich, J. (1984). *Professional ethics in education.* Springfield, IL: Charles C. Thomas.

Richards, P. S., Rector, J. M., & Tjeltveit, A. C. (1999). Values, spirituality, and psychotherapy. In W. R. Miller (Ed.), *Integrating spirituality into treatment: Resources for practitioners* (pp. 133-160). Washington, DC: American Psychological Association.

Ridley, C. R., & Lingle, D. W. (1996). Cultural empathy in multicultural counseling: A multidimensional process model. In P. B. Pedersen, J. C. Draguns, W. J. Lonner, & J. E. Trimble (Eds.), *Counseling across cultures* (4th ed., pp. 21-46). Thousand Oaks, CA: Sage.

Riester, A. E. (2002). Group counseling in the American high school. In S. Aronson & S. Scheidlinger (Eds.), *Group treatment of adolescents in context: Outpatient, inpatient, and school* (pp. 191-203). Madison, CT: International Universities Press.

Ritchie, M. H., & Huss, S. N. (2000). Recruitment and screening of minors for group counseling. *Journal for Specialists in Group Work, 25*, 145-156.

Roback, H. B., Ochoa, E., Bloch, F., & Purdon, S. (1992). Guarding confidentiality in clinical groups: The therapist's dilemma. *International Journal of Group Psychotherapy, 42*, 81-103.

Rodolfa, E., Hall, T., Holms, V., Davena, A., Komatz, D., Antunez, M., et al. (1994). The management of sexual feelings in therapy: *Professional Psychology: Research and Practice, 25*, 168-172.

Rogers, C. R. (1970). *Encounter groups.* New York: Harper & Row.

Rooney, R. (2001). Guidelines for counseling mandated and nonvoluntary clients. In E. R. Welfel & R. E. Ingersoll (Eds.), *The mental health desk reference: A sourcebook for counselors and therapists* (pp. 94-98). New York: Wiley.

Rowley, W. J., & MacDonald, D. (2001). Counseling and the law: A cross-cultural perspective. *Journal of Counseling and Development, 79*(4), 422-429.

Rowson, R. (2001). Ethical principles. In F. P. Barnes, & L. Murdin (Eds.), *Values and ethics in the practice of psychotherapy and counseling* (pp. 6-22). Buckingham: Open University Press.

Royer, R. I. (1985). *Ethical orientation of mental health practitioners: A comparative study.* Paper presented at the annual meeting of the American Psychological Association, Los Angeles.

Sabella, R. A. (1999). *SchoolCounselor.com: A friendly and practical guide to the World Wide Web.* Minneapolis, MN: Educational Media Corporation.

Sabella, R. A. (2000). School counseling and technology. In J. Wittmer (Eds.) *Managing your school counseling program: K-12 developmental strategies* (2nd ed., pp. 337-359).

Salisbury, W. A., & Kinnier, R. T. (1996). Posttermination friendship between counselors and clients. *Journal of Counseling and Development, 74*, 495-500.

Sampson, J. P., Jr. (1990). Computer-assisted testing and the goals of counseling psychology. *The Counseling Psychologist, 18*, 227-239.

Seligman, M. E. P. (1995). The effectiveness of psychotherapy: The Consumer Reports study. *American Psychologist, 50*, 965-974.

Sexton, T. L., & Whiston, S. C. (1994). The status of the counseling relationship: An empirical review, theoretical implications, and research directions.

Counseling Psychologist, 22, 6-78.

Sexton, T. L., Whiston, S. C., Bleuer, J. C., & Walz, G. R. (1997). *Integrating outcome research into counseling practice and training.* Alexandria, VA: American Counseling Association.

Shaffer, D. R. (2005). 발달심리학 (제6판) (송길연, 장유경, 이지연, 정윤경 공역). 서울: 시그마프레스. (원저 2002 출판)

Shaw, L. R., Chan, F., Lam, C. S., & McDougall, A. G. (2004). Professional disclosure practices of rehabilitation counselors. *Rehabilitation Counseling Bulletin, 48,* 38-50.

Shechtman, A. (2002). Child group psychotherapy in the school at the threshold of a millennium *Journal of Counseling and Development, 80,* 293-299.

Shechtman, A., & Yanuv, H. (2001). Interpretive interventions: Feedback, confrontation, and interpretation. *Group Dynamics, 5,* 124-135.

Sherry, R. (1991). Ethical issues in the conduct of supervision. *The Counseling Psychologist, 19*(4), 566-584.

Simon, R. I. (1992). Treatment of boundary violations: Clinical, ethical and legal considerations. *Bulletin of the American Academy of Psychiatry and the Law, 20,* 269-288.

Sinnot, J. D. (1989). Life-span relativistic postformal thought: Methodology and data from everyday problem-solving studies. In M. L. Commons, J. D. Sinnot, F. A. Richards, & C. Armon (Eds.), *Adult development, Vol 1: Comparisons and applications of developmental models.* New York: Praeger.

Skovholt, T. (2001). *The resilient practitioner: Burnout prevention and self-care strategies.* Boston: Allyn and Bacon.

Skovholt, T. M., & Ronnestad, M. H. (1992). *The evolving professional self: Stages and themes in therapist and counselor development.* Chichester: John Wiley & Sons.

Skovholt, T., & Jennings, L. (2004). *Master therapists: Exploring expertise in therapy and counseling.* Boston: Allyn and Bacon.

Skovholt, T., & Ronnestad, M. (1995). *The evolving professional self: Stages and theories in therapists and counselor development.* New York: Wiley.

Smith, D., & Fitzpatrick, M. (1995). Patient-therapist boundary issues: An integrative review of theory and research. *Professional Psychology: Research and Practice, 26,* 499-506.

Smith, T. S., McGuire, J. M., Abbott, D. W., & Blau, B. I. (1991). Clinical ethical decision making: An investigation of the rationales used to justify doing less than one believes one should. *Professional Psychology: Research and Practice, 22,* 235-239.

Solnit, A. J. (1970). Learning from psychoanalytic supervision. *International Journal of Psycho-Analysis, 51,* 359-362.

Somberg, D. R., Stone, G. L., & Claiborn, C. D. (1993). Informed consent: Therapists' beliefs and practices. *Professional Psychology: Research and Practice, 24*(2), 153-159.

Sommers-Flanagan, J., & Sommers-Flanagan, R. (1995). Intake interviewing with suicidal patients: A systematic approach. *Professional Psychology: Research and Practice, 26*(1), 41-47.

Sommers-Flanagan, R., Elliott, D., & Sommers-Flanagan, J. (1998). Exploring the edges: Boundarys and breaks. *Ethics and Behavior, 8,* 37-48.

Sonne, J. L. (1994). Multiple relationships: Does the new ethics code answer the right questions? *Professional Psychology: Research and Practice, 25,* 336-343.

Sperry, L. (2005). Health counseling with individual couples, and families: Three perspectives on ethical and professional practice. *The Family Journal: Counseling and Therapy for Couples and Families, 22,* 10.

Sperry, L. (2007). *The ethical and professional practice of counseling and psychotherapy.* Boston: Allyn & Bacon

Spooner, S. E., & Stone, S. C. (1977). Maintenance of specific counseling skills over time. *Journal of Counseling Psychology, 24,* 66-71.

Stadler, H. A. (1990). Confidentiality. In B. Herlihy & L. Golden (Eds.), *Ethnical standards casebook* (pp. 102-110). Alexandria, VA: AACA Press.

Stoltenberg, C. D. (1981). Approaching supervision from a developmental perspective: The counselor complexity model. *Journal of Counseling Psychology, 28,* 59-64.

Stoltenberg, C. D., & Delworth, U. (1987). *Supervising counselors and therapists.* San Francisco, CA: Jossey-Bass.

Stoltenberg, C. D., McNeill, B., & Delworth, U. (1998). *IDM supervision: An integrated developmental model for supervising counselors and therapists.* San Francisco: Jossey-Bass.

Stone, A. (1976). The Tarasoff decisions: Suing psychotherapists to safeguard society. *Harvard Law Review, 90,* 358-378.

Strupp, H. H. (1980). Humanism and psychotherapy: A personal statement of the therapist's essential values. *Psychotherapy: Theory, Research and Practice, 17,* 396-400.

Studer, J. R. (2005). *The professional school counselor: An advocate for students.* Belmont, CA: Thomson Brooks/Cole.

Styczynski, L. E. (1980). The transition from supervisee to supervisor. In A. K. Hess (Ed.), *Psychotherapy supervision: Theory, research, and practice* (pp. 29-39). New York: Wiley.

Sue, D. W., & Sue, D. (1999). *Counseling the culturally different: Theory and practice* (3rd ed.). New York: Wiley.

Sue, S., Fujino, D., Takeuchi, D., Hu, L-T., & Zane, N. (1991). Community mental health services for ethnic minority groups: A test of the cultural responsiveness hypothesis. *Journal of Consulting and Clinical Psychology, 59,* 533-540.

Sullivan, T., Martin, W. L., & Handelsman, M. M. (1993). Practical benefits of an informed-consent procedure: An empirical investigation. *Professional*

Psychology: Research and Practice, 24, 160-163.

Szasz, T. S. (1971). The sane slave: An historical note on the use of medical diagnosis as justificatory rhetoric. *American Journal of Psychotherapy, 25*, 228-239.

Tan, S. K. (1997). The elements of expertise. *Journal of Physical Education, Recreation, and Dance, 68*(2), 30-33.

Thompson, A. (1990). *Guide to ethical practice in psychotherapy.* New York: John Wiley & Sons.

Tjelveit, A. C. (1986). The ethics of value conversion in psychotherapy: Appropriate and inappropriate therapist influence on client values. *Clinical Psychology Review, 6*, 515-537.

Tomlinson-Keasey, C., & Keasey, C. B. (1974). The mediating role of cognitive development in moral judgement. *Child Development, 45*, 291-298.

Treppa, J. A. (1998). A practitioner's guide to decision making. In R. M. Anderson, T. L. Needels, & H. V. Hall (Eds.), *Avoiding ethical misconduct in psychology specialty areas* (pp. 26-41). Springfield, IL: Charles C. Thomas.

Tubbs, P., & Pomerantz, A. M. (2001). Ethical behavior of psychologists: Changes since 1987. *Journal of Clinical Psychology, 57*, 395-399.

Turkington, C. (1984). The growing use and abuse of computer testing. *APA Monitor, 15*(7), 26.

Urofsky, R. I., & Engels, D. W. (2003). Philosophy, moral philosophy, and counseling ethics: Not an abstraction. *Counseling and Values, 47*, 118-130.

Uthe-Burow, C. M. (2002). An exploratory study of ethical training as a factor of moral development. *Dissertation Abstracts International, 63*(4-A), AA13048768.

Van Hoose, W. H., & Kottler, J. (1985). *Ethical and legal issues in counseling and psychotherapy* (2nd ed.). San Francisco, CA: Jossey-Bass.

Vansandt, C. V. (2002). An examination of the relationship between ethical work climate and moral awareness. *Dissertation Abstracts International, 62*(7-

A), 2486.

Volker, J. M. (1983, August). *Counseling experience, moral judgment, awareness of consequences and moral sensitivity in counseling practice.* Paper presented at the annual meeting of the American Psychological Association, Toronto, CAN.

Voss, J. F., Greene, T. R., Post, T. A., & Penner, B. C. (1983). Problem solving skill in the social sciences. In G. H. Bower (Ed.), *The psychology of learning and motivation: Vol. 17* (pp. 175-215). New York: Academic Press.

Walker, L. J. (1980). Cognitive and perspective taking prerequisities of development. *Child Development, 51,* 131-139.

Walter, M. I., & Handelsman, M. M. (1996). Informed consent for mental health counseling: Effects of information specificity on clients' ratings of counselors. *Journal of Mental Health Counseling, 18,* 253-262.

Weber, M. (1958). *The Protestant ethics and the spirit of capitalism.* New York: Scribners.

Weinstein, B., Livine, M., Kogan, N., Harkavy-Friedman, J., & Miller, J. M. (2000). Mental health professionals' experiences reporting suspected child abuse and maltreatment. *Child Abuse & Neglect, 24,* 1317-1328.

Welfel, E. R. (2001). Responsible interactions with managed care organizations. In E. R. Welfel & R. E. Ingersoll (Eds.), *The mental health desk reference* (pp. 496-502). New York: Wiley.

Welfel, E. R. (2006). *Ethics in counseling and psychotherapy: Standards, research, and emerging issues* (3rd ed.). Belmont, CA: Thomson Brooks/Cole.

Welfel, E. R., & Lipsitz, N. E. (1983). Ethical orientation of counselors: Its relationship to moral reasoning and level of training. *Counselor Education and Supervision, 22,* 35-45.

Whiting, P. P., Bradley, L. J., & Planny, K. J. (2001). Supervision-based developmental models of counselor supervision. In L. J. Bradley, & N.

Ladany (3rd Eds.), *Counselor supervision: Principles, process, and practice* (pp. 125-146). Ann Arbor, MI: Braun-Brumfield.

Wiley, M. O., & Ray, P. B. (1986). Counseling supervision by developmental level. *Journal of Counseling Psychology, 33*, 439-445.

Wilkins, M., McGuire, J. M., Abbott, D. W., & Blau, B. I. (1990). Willingness to apply understood ethical principles. *Journal of Clinical Psychology, 46*, 539-547.

Williams, A. (1995). *Visual and active supervision: Roles, focus, technique.* New York: Norton.

Williams, M. H. (1992). Exploitation and interference: Mapping the damage from patient-therapist sexual involvement. *American Psychologist, 47*, 412-421.

Wilson, L. S., & Ranft, V. A. (1993). The state of ethical training for counseling psychology doctoral students. *Professional Psychology: Research and Practice, 27*, 445-456.

Woody, R. H., & associates (1984). *The law and the practice of human services.* San Francisco: Jossey-Bass.

Worthington, E. L., Jr. (1987). Changes in supervision as counselors and supervisors gain experience: A review. *Professional Psychology: Research and Practice, 18*(3), 189-208.

Wrzesniewski, A., McCaukley, C., Rozin, P., & Schwartz, B. (1997). Jobs, careers, and callings: People's relations to their work. *Journal of Research in Personality, 31*, 21-33.

Yalom, I. (1995). *The theory and practice of group psychotherapy* (4th ed.). New York: Basic Books.

Yarhouse, M. A., & VanOrman, B. T. (1999). When psychologists work with religious clients: Applications of the general principles of ethical conduct. *Professional Psychology: Research and Practice, 30*(6), 557-562.

Younggren, J. N., & Gottlieb, M. C. (2004). Managing risk when contemplating multiple relationships. *Professional Psychology: Research and Practice, 35*,

255-260.

Ziebert, J., Engels, D. W., Kern, C. W., & Durodoye, B. A. (1998). Ethical knowledge of counselors. *Counseling and Values, 43*, 34-39.

Zuckerman, E. L. (2003). *The paper office: Forms, guidelines, resources* (3rd ed.). New York: Guilford.

부 록

01

한국상담학회 윤리규정

전 문

한국상담학회는 교육적 · 학문적 · 전문적 조직체이다. 상담자는 각 개인의 가치, 잠재력 및 고유성을 존중하며, 다양한 조력활동을 통하여 상담 수혜자가 전인적 발달을 할 수 있도록 촉진하고, 보다 바람직한 사회생활을 할 수 있도록 돕는 데 헌신한다. 이러한 역할을 수행하는 과정에서 상담자는 상담 수혜자의 복지를 가장 우선시한다. 상담 수혜자를 돕는 과정에서 상담자는 문의 및 의사소통의 자유를 갖되, 그에 대한 책임을 지며 상담 수혜자의 성장과 사회 공익을 위하여 최선을 다한다. 이를 위해 상담자는 다음의 윤리 내용을 준수한다.

1. 사회관계

(1) 상담자는 자기가 속한 기관의 목적 및 방침에 모순되지 않는 활동을 할 책임이 있다. 만일 그의 전문적 활동이 소속 기관의 목적과 모순되고, 윤리적 행동 기준에 관하여 직무 수행 과정에서의 갈등을 해소할 수 없을 경우에는 그 소속 기관과의 관계를 종결해야 한다.

(2) 상담자는 사회윤리 및 자기가 속한 지역사회의 도덕적 기준을 존중하며, 사회 공익과 자기가 종사하는 전문직의 올바른 이익을 위하여 최선을 다한다.

(3) 상담자는 자기가 실제로 갖추고 있는 자격 및 경험의 수준을 벗어나는 인상을 타인에게 주어서는 안 되며, 타인이 실제와 다른 인식을 가지고 있을 경우 이를 시정해 줄 책임이 있다.

2. 전문적 태도

(1) 상담자는 상담에 대한 이론적 지식, 전문적 실습, 교수, 상담 활동, 연구를 향상시키기 위해 지속적인 노력으로 전문성을 발달시키도록 해야 한다.
(2) 상담자는 내담자를 보다 효과적으로 도울 수 있는 방법에 관하여 꾸준히 연구하고 노력하며, 내담자의 성장 촉진과 문제의 해결 및 예방을 위하여 최선을 다한다.
(3) 상담자는 자기의 능력 및 기법의 한계를 인식하고, 전문적 기준에 위배되는 활동을 하지 않는다. 만일, 자신의 개인 문제 및 능력의 한계 때문에 도움을 주지 못하리라고 판단될 경우에는 다른 동료 전문가 및 관련 기관에 의뢰한다.

3. 정보의 보호

(1) 상담자는 사생활과 비밀 유지에 대한 내담자의 권리를 최대한 존중해야 할 의무가 있다.
(2) 상담자는 내담자에 대한 상담 기록 및 보관을 윤리 규준에 따라 시행한다. 또한 상담자는 녹음 및 기록에 관해 내담자의 동의를 구해야 한다.
(3) 상담자는 아래와 같은 내담자 개인 및 사회에 임박한 위험이 있다고 판단될 때 매우 조심스러운 고려 후에, 내담자에 관한 정보를 적정한 전문인 혹은 사회 당국에 제공한다. 이런 경우 상담 시작 전에 이러한 비밀보호의 한계를 알려 준다.
① 내담자의 생명이나 사회의 안전을 위협하는 경우
② 내담자가 감염성이 있는 치명적인 질병이 있다는 확실한 정보를 가졌을 경우
③ 법적으로 정보의 공개가 요구되는 경우
(4) 상담자는 내담자에 대한 정보를 동료 상담자 혹은 슈퍼바이저에게 제공할 경우 사실적이고 객관적인 정보로 구성하며, 내담자의 구체적 신분에 대해 파악할 수 없도

록 할 책임이 있다. 더 많은 사항을 밝히기 위해서는 사적인 정보의 공개에 앞서 내담자에게 알린다.

(5) 내담자에 관한 정보를 교육 및 연구의 목적으로 사용할 경우에는 내담자와 합의를 거쳐야 하며, 그의 신분이 전혀 노출되지 않도록 해야 한다.

4. 내담자의 복지

(1) 상담자는 상담 활동의 과정에서 소속 기관 및 비전문인과의 갈등이 있을 경우, 내담자의 복지를 우선적으로 고려하고 자신의 전문적 집단의 이익을 부차적인 것으로 간주한다.

(2) 내담자에게 적절한 전문적인 도움을 주는 것이 어렵다고 판단되면 상담자는 상담 관계를 시작하지 말아야 하며, 이미 시작된 상담 관계인 경우는 즉시 종결하여야 한다. 이 경우 상담자는 내담자에게 적절한 다른 대안을 제시해 주어야 한다.

(3) 상담자는 상담의 목적에 위배되지 않는 경우에 한하여 검사를 실시하거나 내담자 이외의 관련 인물을 면접한다.

5. 상담 관계

(1) 상담자는 내담자와의 친밀한 관계를 인식하고, 내담자에 대한 존중감을 유지하며 내담자를 이용하여 상담자 개인의 필요를 충족하고자 하는 활동 및 행동을 해서는 안 된다.

(2) 상담자는 상담 전에 상담 관계에 영향을 줄 수 있는 상담의 목표, 기술, 규칙, 한계 등에 관해서 내담자에게 알려 주어야 한다.

(3) 상담자는 객관성과 전문적인 판단에 영향을 미칠 수 있는 이중 관계를 피해야 한다. 단, 내담자의 복지를 위해 상담자와 내담자가 사전동의를 한 경우와 그에 대한 자문이나 감독이 병행될 때는, 상담 관계를 맺을 수도 있다.

(4) 상담자는 내담자와 어떤 형태의 성적 관계도 가져서는 안 된다. 상담자는 내담자와 성적 관계를 맺었거나 유지하는 경우 상담 관계를 형성해서는 안 된다. 특히 상담

관계가 종결된 이후에도 최소 2년 내에는 내담자와 성적 관계를 맺지 않는다.

6. 상담 연구

(1) 상담 연구자는 연구의 결과가 상담의 이론과 실제에 바람직한 기여를 하도록 노력해야 하고, 연구로 인한 문제에 대해 책임을 져야 한다.

(2) 상담 연구자는 피험자에게 연구의 필요성을 포함하여 연구에 관한 전반적인 사항에 대해 상세히 설명하여 동의를 얻어야 하며, 그들이 자발적으로 연구에 참여하도록 해야 한다.

(3) 연구 결과를 발표할 때는 그 결과와 관련된 모든 정보를 정확하게 서술해야 하며, 객관적이고 공정한 발표가 되게 하고, 연구 결과가 다른 상담자의 연구를 위한 자료가 될 수 있도록 해야 한다.

7. 심리검사

(1) 상담자는 내담자의 환경(사회적 · 문화적 · 상황적 특성 등)과 개별적 특성을 고려한 후, 내담자를 조력하기 위한 목적에 적합한 심리검사를 선택해야 한다.

(2) 심리검사를 실시할 때는 자격이 있는 사람이 표준화된 절차에 따라 실시해야 하며, 그 과정을 경시해서는 안 된다.

(3) 상담자는 내담자에게 심리검사 결과의 수치만을 알리거나 제삼자에게 알리는 등 검사 결과가 잘못 통지되지 않도록 해야 한다.

8. 타 전문직과의 관계

(1) 상담자는 상호 합의한 경우를 제외하고는 타 전문인으로부터 도움을 받고 있는 내담자를 대상으로 상담을 하지 않는다. 공동으로 도움을 줄 경우에는 타 전문인과의 관계와 조건에 관하여 분명히 할 필요가 있다.

(2) 상담자는 자기가 아는 전문/비전문인의 윤리적 행동에 관하여 중대한 의문을 발견했을 경우, 그러한 상황을 시정하는 노력을 할 책임이 있다.

(3) 상담자는 자신의 전문적 자격이 타 전문 분야에서 오용되는 것에 적절하게 대처하며, 자신의 이익을 위해 타 전문직을 손상시키는 언어 및 행동을 삼간다.

9. 윤리 문제해결

(1) 상담자는 본 윤리강령 및 시행세칙을 숙지하고 이를 실천할 의무가 있다.

(2) 상담자는 본 학회의 윤리강령뿐만 아니라 상담 관련 타 전문 기관의 윤리 규준에 대해서도 충분히 이해하고 있어야 한다. 상담자에게 주어진 윤리적 책임에 대한 지식의 결여와 이해 부족이 상담자의 비윤리적 행위에 대한 면책 사유가 되지 않는다.

(3) 상담자가 윤리적인 문제에서 의구심을 유발하는 근거가 있을 때, 윤리위원회는 본 윤리강령 및 시행세칙에 따라 적절한 조치를 취할 수 있다.

(4) 상담자는 윤리강령을 위반한 것으로 지목되는 사람에 대해 윤리위원회의 조사, 요청, 소송 절차에 협력한다. 또한 자신이 연루된 사안의 조사에도 적극 협력해야 한다. 아울러 윤리 문제에 대한 불만 접수로부터 불만 사항 처리가 완료될 때까지 본 학회와 윤리위원회에 협력하지 않는 것 자체가 본 윤리강령의 위반이며, 위반 시 징계 등 상응하는 조치를 취할 수 있다.

02

집단상담학회 윤리강령

전 문

집단상담학회는 집단상담 전문 상담자들의 교육적 · 과학적 · 전문적 조직체이다. 집단상담자는 집단상담 이론 및 기법의 연구, 개발, 보급을 통해 지역사회 상담 수혜자의 정신건강 복지와 지역사회 공익을 위해 최선을 다한다. 이러한 역할 수행과정에 있어서 집단상담자는 상담 수혜자의 인격을 존중하며 그들의 성장과 잠재력 개발을 최우선 과제로 한다. 집단상담자는 다양한 상담 활동과 기법을 적용하되, 이에 대한 윤리적 책임을 신중하게 받아들여야 한다. 따라서 집단상담자는 집단상담 서비스의 전반적 활동에 관한 구체적 지침을 명시하고 있는 다음의 윤리 조항과 실천강령을 준수한다.

1. 사회적 관계

(1) 집단상담자는 자신이 속한 기관의 목적 및 방침에 모순되지 않는 활동을 할 책임이 있다. 만일 소속 기관의 방침이 상담 수혜자의 성장 및 복지에 큰 위협이 된다면, 소속 기관 내에서 상담자로서의 활동을 중단한다.

(2) 집단상담자는 자신이 속한 지역사회의 도덕적 기준과 윤리를 존중하고, 전체 지역사회의 공익과 상담 전문직의 발전을 위해 최선을 다한다.

(3) 집단상담자는 자신이 실제로 갖추고 있는 자격 및 경험을 벗어나는 활동이나 업무를 수행해서는 안 되며, 실제 사실과 다르게 오도되었을 때는 시정해야 할 의무가 있다.

2. 전문적 태도

(1) 집단상담자는 전문상담자로서 갖추어야 할 이론적 지식, 임상 경험 및 연구 능력을 유지 및 향상시키기 위해 지속적으로 노력한다.
(2) 집단상담자는 집단 역동에 대한 전문적 이해를 바탕으로 상담 수혜자의 정신건강 향상에 노력한다.
(3) 집단상담자는 자신의 능력 및 기법의 한계를 잘 인식하고, 상담 수혜자에게 도움을 줄 수 없다고 판단될 경우에는 다른 전문가 및 관련 기관으로 의뢰한다.

3. 비밀보장

(1) 집단상담자는 비밀보장과 그 한계를 규정함으로써 상담 수혜자를 보호할 조치를 취한다. 단, 상담 수혜자 개인 및 사회에 심각한 위협을 줄 수 있다고 판단될 경우에는 충분히 고려한 후, 상담 수혜자에 관한 정보를 가족, 보호자, 적정한 전문인, 사회기관, 정부기관에 공개한다.
(2) 집단상담자는 집단의 특성상 집단 내에서는 비밀 유지가 완벽하게 보장될 수 없다는 사실을 집단 구성원들에게 분명히 전달한다.
(3) 집단상담자는 상담 수혜자에 대한 정보를 상담 사례 발표, 상담교육, 연구의 목적으로 사용할 경우에는 상담 수혜자의 동의를 받아야 하며, 동의를 받았다 하더라도 구체적 신분에 대해 익명성이 보장되도록 한다.
(4) 집단상담자는 상담 수혜자에 관한 정보를 보관 혹은 처분할 경우 소속 기관의 방침에 따르도록 한다.

4. 상담 수혜자의 복지

(1) 집단상담자는 상담 활동 과정에서 소속 기관 및 비전문인과의 갈등이 있을 경우, 상담 수혜자의 복지를 최우선으로 고려하고 자신의 전문적 활동 및 집단의 이익은 부차적인 것으로 간주한다.

(2) 집단상담자는 상담 환경, 기간 및 기타 여건으로 인해 상담 수혜자에게 적절한 전문적 도움을 주기 어렵다고 판단될 경우 상담 관계를 시작하지 말아야 하며, 이미 시작된 상담 관계는 즉시 종결해야 한다. 이 경우 집단상담자는 상담 수혜자에게 적절한 대안을 제시해 주어야 한다.

(3) 집단상담자는 상담 수혜자에게 도움이 된다고 판단되는 경우에 한하여 상담 수혜자의 동의를 얻은 후, 검사를 실시하거나 가족 및 관련 인물을 면접한다.

5. 상담 관계

(1) 집단상담자는 상담 수혜자와 성적인 친밀 관계를 맺어서는 안 된다.

(2) 집단상담자는 교육과정의 일부로서 학점에 큰 영향을 미칠 수 있는 상담 수혜자와는 상담 관계를 형성하지 않는다.

(3) 집단상담자는 상담 시작 때 상담 수혜자에게 상담 서비스의 목적, 목표, 기법, 절차 및 한계점 등을 알려 준다.

(4) 집단상담자는 집단 장면에서 상담 수혜자들이 신체적 혹은 심리적 외상을 겪지 않도록 적절히 예방하고 신중을 기한다.

6. 심리검사

(1) 심리검사를 실시할 때는 자격이 있는 검사 실시자가 표준화된 절차에 따라 실시하도록 하며, 소속 기관에서 부적격자로 하여금 심리검사를 실시하게 할 경우에는 이를 시정하도록 노력한다.

(2) 심리검사 채점 및 해석에는 충분한 교육 및 훈련을 받은 사람이 실시하며, 단순 수
치만을 통보하거나 상담 수혜자의 동의 없이 검사 결과를 제삼자에게 통보하는 행
위를 하지 않도록 한다.

7. 상담 연구

(1) 집단상담자는 연구 실시 전에 상담 연구 피험자에게 연구의 필요성을 포함하여 연
구에 관한 전반적인 사항에 대해 충분히 설명하고 피험자의 동의를 얻는다.
(2) 집단상담자는 연구 결과를 발표할 때 상담 수혜자의 신상 정보가 노출되지 않도록
한다.

8. 다른 전문가와의 관계

(1) 집단상담자는 다른 상담 전문가 집단의 고유한 전통과 상담 접근법을 존중한다.
(2) 집단상담자는 자신의 상담 수혜자가 다른 정신건강 전문가의 치료를 받고 있음을 알
게 되는 경우, 상담 수혜자에게 다른 전문가에 대한 정보를 요구할 수 있으며, 상담
수혜자의 복지를 위해 그와 긍정적인 협조 관계를 유지한다.

아동청소년상담학회 윤리강령

전 문

아동청소년상담학회는 아동·청소년의 다양한 심리적 발달적 문제를 해결하는 방안과 아동·청소년 개개인의 잠재력 개발을 촉진시킬 수 있는 다양한 프로그램들을 개발하고 연구하는 전문 상담자의 조직체이다. 아동·청소년 상담자는 아동·청소년의 성장과 발달을 촉진하고 성장과 발달과정에서 발생하는 문제를 예방하고 해결하도록 돕는 데 헌신한다. 이러한 역할을 수행하는 과정에서 아동·청소년 상담자는 아동·청소년의 복지와 안녕을 최우선 순위에 두며 아동·청소년 상담자로서 자신의 행동에 대해 책임을 진다. 이를 위해 아동·청소년 상담자는 다음의 윤리강령을 준수하기 위하여 성실히 노력한다.

1. 전문적 태도

(1) 아동·청소년 상담자는 자기 자신의 교육과 수련, 경험 등에 의해 준비된 범위 안에서 전문적인 서비스와 교육을 제공한다.

(2) 아동·청소년 상담자는 자신의 활동분야에 있어서 최신의 과학적이고 전문적인 정보와 지식을 유지하기 위해 지속적인 교육과 연수의 필요성을 인식하고 참여하며, 지속적인 자기반성이나 평가가 있어야 하며, 필요한 경우 지도감독을 받아야 한다.

(3) 아동·청소년 상담자는 자신의 능력의 한계나 개인적인 문제로 상담 수혜자를 적절하게 도와줄 수 없을 때는 상담을 시작해서는 안 되며, 다른 상담 전문가나 정신건강 전문가에게 의뢰하는 등 상담 수혜자를 도와줄 수 있는 방법을 강구한다.

(4) 아동·청소년 상담자는 자신의 신념체계, 가치, 제한점 등이 상담에 미칠 영향력을 자각하고, 상담 수혜자에게 상담의 목표, 기법, 한계점, 위험성, 상담의 이점, 자신의 강점과 제한점, 상담료, 상담료 지불 방법 등을 명확히 알린다.

2. 사회적 책임

(1) 아동·청소년 상담자는 사회의 윤리와 도덕 기준을 존중하고, 사회 공익과 자신이 종사하는 전문직의 바람직한 이익을 위해 최선을 다한다.

(2) 아동·청소년 상담자는 경제적 이득이 없는 경우에도 자신의 전문적 활동에 헌신함으로써 사회에 공헌한다.

(3) 아동·청소년 상담자는 자신이 속한 기관의 목적 및 방침과 모순되지 않는 활동을 할 책임을 가진다. 만일 자신의 상담 활동이 소속한 기관의 목적과 모순되거나 윤리적 행동 기준에 대하여 직무 수행 활동과정에서 갈등을 해결할 수 없을 경우에는 소속 기관과의 관계를 종결해야 한다.

3. 상담 관계

(1) 아동·청소년 상담자는 상담 수혜자의 잠재력을 개발하여 건강한 삶을 영위하도록 도움을 주며, 어떤 방식으로도 해를 끼치지 않는다.

(2) 아동·청소년 상담자는 상담 관계에서 오는 친밀성과 책임감을 인식하고, 상담자의 개인적 욕구 충족을 위해서 상담 수혜자를 희생시켜서는 안 된다.

(3) 아동·청소년 상담자는 가족이 아동·청소년의 삶에 미치는 중요성과 영향력을 인식하고, 적극적으로 가족의 이해와 참여를 얻기 위해 노력한다.

(4) 아동·청소년 상담자는 객관성과 전문적인 판단에 영향을 미칠 수 있는 이중 관계를 피해야 한다.

(5) 아동·청소년 상담자는 상담료 이외의 어떠한 금전적·물질적 거래 관계도 맺어서
   는 안 되며, 상담료는 아동·청소년과 직접 협의하지 않고 부모나 책임 있는 보호
   자와 협의한다.

(6) 아동·청소년 상담자는 상담 수혜자와 어떠한 종류이든 성적 관계를 피해야 한다.

4. 정보의 보호

(1) 아동·청소년 상담자는 사생활과 비밀 유지에 대한 상담 수혜자의 권리를 최대한
   존중해야 할 의무가 있다.

(2) 상담 수혜자의 생명이나 사회의 안전을 위협하는 경우가 발생한 경우에 한하여 상
   담 수혜자의 동의 없이도 상담 수혜자에 대한 정보를 관련 전문인이나 사회에 알릴
   수 있다. 이런 경우 상담 시작 전에 이러한 비밀보호의 한계를 알려 준다.

(3) 아동·청소년 상담자는 상담 수혜자가 미성년자일 경우 상담 수혜자의 성장과 발
   달을 위하여 반드시 부모나 책임 있는 보호자가 알아야 할 필요가 있거나 상담 수
   혜자의 성장과 발달을 심각하게 저해할 수 있는 정보에 대해서는 부모나 책임 있는
   보호자에게 정보를 제공하여야 한다. 이때 아동·청소년 상담자는 아동·청소년이
   이러한 필요성을 인식할 수 있도록 설명하여 최대한 동의를 얻도록 노력하여야 하
   며, 상담이 시작될 때와 상담과정 중 필요한 때에 아동·청소년 상담자는 상담 수
   혜자에게 이와 같은 비밀보호의 한계를 미리 알려 준다.

(4) 아동·청소년 상담자는 자발적인 언행이 불가능하거나 미성년인 상담 수혜자를 상
   담할 때, 상담의 과정에서 필요하면 부모나 보호자가 참여할 수 있음을 알리고, 부
   모나 보호자의 도움을 활용하고 이때 상담 수혜자의 동의하에 상담한 내용을 공개
   한다.

(5) 아동·청소년 상담자는 면접 기록, 심리검사 자료, 편지, 녹음·녹화 테이프, 기타
   문서 기록 등 상담과 관련된 기록들이 상담 수혜자를 위해 보존된다는 것을 인식하
   며, 상담기록의 안전과 비밀보호에 책임진다.

(6) 아동·청소년 상담자는 상담과 관련된 기록과 자료를 타인에게 공개할 때에는 상담
   수혜자의 직접적인 동의가 있을 때만 가능하다. 상담 수혜자가 미성년자일 경우에

는 부모나 책임 있는 보호자의 동의가 있을 때만 가능하다.

(7) 만약 상담이 여러 전문가로 구성된 팀에 의한 지속적인 관찰을 포함하고 있다면, 팀의 존재와 구성을 상담 수혜자에게 알린다.

(8) 교육이나 연구 또는 출판을 목적으로 상담 관계로부터 얻어진 자료를 사용할 때는 상담 수혜자로부터, 상담 수혜자가 미성년자일 경우에는 부모나 책임 있는 보호자로부터 동의를 구하고, 각 개인의 익명성이 보장되도록 자료 변형 및 신상정보의 삭제와 같은 적절한 조치를 취하여 상담 수혜자의 신상에 피해를 주지 않도록 한다.

5. 심리검사

(1) 아동 · 청소년 상담자는 교육 및 심리평가 방법을 활용하여 상담 수혜자의 복지와 이익을 추구하여야 한다.

(2) 아동 · 청소년 상담자는 자신의 능력의 한계를 알고, 훈련받은 검사와 평가만을 수행하며, 지도감독자로부터 적합한 심리검사 도구를 제대로 이용하는지의 여부를 평가받아야 한다.

(3) 아동 · 청소년 상담자는 심리검사를 선택할 때, 타당도, 신뢰도, 검사의 적절성, 제한점 등을 충분히 알고 신중히 고려해야 한다.

(4) 아동 · 청소년 상담자는 심리검사와 보고서의 목적과 용도에 대해 상담 수혜자가 이해할 수 있는 말로 정확한 정보를 제공하고 오해가 없도록 해야 한다.

6. 상담 연구

(1) 아동 · 청소년 상담자는 더 나은 상담을 위하여 실제 상담에 충실할 뿐만 아니라 상담 연구 활동에도 힘써야 한다.

(2) 아동 · 청소년 상담자는 상담 수혜자를 보호하고 동시에 사회에 기여하면서도 연구 목적을 달성할 수 있는 상담 연구를 수행하도록 해야 한다.

(3) 아동 · 청소년 상담자는 상담 연구의 결과가 상담의 이론과 실제에 바람직한 기여를 하도록 노력하고 연구로 인한 문제에 대해 책임을 져야 한다.

(4) 아동 · 청소년 상담자는 상담 연구 대상자에게 연구의 필요성을 포함하여 연구에 관한 전반적인 사항에 대해 설명하고 동의를 얻어 그들이 자발적으로 연구에 참여하도록 해야 한다. 상담 연구 대상자가 미성년자일 경우 부모나 책임 있는 보호자에게 동의를 얻으며, 미성년자인 연구 대상자에게도 그들이 이해할 수 있는 수준에서 연구의 필요성과 연구에 관한 전반적인 사항에 대해 설명하고 동의를 얻어야 한다. 연구의 특성상 사실과 다르게 보고한 경우에는 연구가 끝난 뒤 가능한 한 빨리 사실 그대로를 알려 주어야 한다.

(5) 아동 · 청소년 상담자는 상담 연구 결과를 발표할 때 그 결과와 관련된 모든 정보를 정확하게 서술한다.

(6) 아동 · 청소년 상담자는 자신이 수행한 연구 및 기여한 연구에 대해서만 책임과 공로를 갖는다.

대학상담학회 윤리강령

전 문

한국대학상담학회는 대학 구성원의 학교생활 적응과 관련된 다양한 심리적 · 교육적 문제를 해결하는 방안과 미래 사회의 주역인 대학생 개개인의 잠재력 개발을 촉진시킬 수 있는 다양한 프로그램들을 개발하고 연구하는 전문 상담자의 조직체이다. 대학 상담자는 대학이라는 조직과 대학 구성원들이 가지고 있는 특수성에 대한 이해를 바탕으로 대학 생활 기간 내에 미래 사회생활에 밑거름이 되는 학문적 · 인격적 성취를 이룰 수 있도록 돕는 데 헌신한다. 대학 상담자는 역할 수행에 있어서 상담 수혜자의 인간적 성장과 잠재력 개발을 최우선 과제로 한다. 이러한 과제를 수행하기 위하여 다양한 활동과 상담 기법의 적용을 자유롭게 하되, 이에 대한 책임을 지며, 상담 수혜자의 안녕과 복지를 위하여 최선을 다한다. 이를 위해 대학 상담자는 다음의 윤리 내용을 준수한다.

1. 대학과의 관계

(1) 대학 상담자는 자신이 속한 대학의 목적 및 방침에 모순되지 않는 행동을 할 책임이 있다. 만일 대학의 방침이 상담 수혜자의 인간적 성장 및 안녕과 복지에 큰 위협이 된다면, 대학 내에서 상담자로서의 활동을 중단하여야 한다.

(2) 상담 활동이 대학생의 인간적 성장과 잠재력 개발에 중요한 활동임을 대학구성원에게 널리 알려 많은 대학생들이 상담 수혜를 받을 수 있도록 최선을 다한다.

(3) 대학 상담자는 자신이 실제로 갖추고 있는 자격 및 경험을 벗어나는 활동이나 업무 수행을 대학이 요구할 때는 이를 시정하도록 하여야 하며 자신의 한계 내에서 상담 활동을 하여야 한다.

2. 전문적 태도

(1) 대학 상담자는 전문 상담자로서 갖추어야 할 이론적 지식, 실제 상담 능력, 연구 능력을 향상시키기 위하여 지속적인 노력을 하여야 한다.

(2) 대학 상담자는 대학생의 신체적 · 심리적 발달 특성과 대학 사회의 문화적 특징에 대한 전문적 이해를 바탕으로 하여 상담할 수 있는 능력을 배양하여야 한다.

(3) 대학 상담자는 자신의 능력 및 기법의 한계를 넘어서거나 대학 상담기관의 활동 한계를 넘어서서 도움을 줄 수 없다고 판단되는 상담 수혜자에게는 다른 동료 전문가 및 타 전문기관에 의뢰하여 적절한 상담 수혜를 받을 수 있도록 하여야 한다.

3. 정보의 보호

(1) 대학 상담자는 상담 수혜자 개인, 대학 및 사회에 심각한 위협을 줄 수 있다고 판단될 때만 조심스럽게 고려한 다음, 상담 수혜자에 관한 정보를 적정한 전문인, 대학, 담당교수, 학부모, 사회기관 혹은 정부기관에 공개한다.

(2) 대학 상담자는 (1)항의 사항을 제외하고는 대학, 담당교수, 학부모 혹은 사회기관, 정부기관 등에 상담 수혜자의 동의를 받지 않은 상태에서 정보를 공개하지 않는다.

(3) 대학 상담자는 상담 사례회 및 상담교육 과정에서 상담 수혜자의 동의를 받지 않은 상태에서 정보를 공개하지 않아야 하며 동의를 얻었다 하더라도 상담 수혜자에 대한 구체적 신분을 파악할 수 없도록 하여야 한다.

(4) 대학 상담자는 상담 수혜자의 정보를 상담교육 및 연구 목적으로 사용할 경우에는 동의를 얻어야 하며, 수혜자의 개인 신상 정보가 노출되지 않도록 하여야 한다.

4. 상담 수혜자의 복지

(1) 대학 상담자는 상담 활동 과정에서 대학, 담당교수 및 비전문인과의 갈등이 있을
경우, 상담 수혜자의 복지를 우선적으로 고려하고 자신의 전문적 활동 및 집단의
이익은 부차적인 것으로 간주한다.

(2) 상담 환경, 기간 및 기타 여러 상황으로 인해 상담 수혜자에게 적절한 전문적 도움
을 주기 어렵다고 판단될 경우, 상담 관계를 시작하지 말아야 하며, 이미 시작된 상
담 관계는 즉시 종결하여야 한다. 이 경우 대학 상담자는 상담 수혜자에게 적절한
다른 대안을 제시해 주어야 한다.

(3) 상담과정에서 상담 수혜자에게 도움이 된다고 판단되는 경우에 한하여 동의를 얻
은 후, 관련 인물과 면접하거나 검사를 실시한다.

5. 상담 관계

(1) 대학 상담자는 학점 및 여타 대학생활에 큰 영향을 미칠 수 있는 상담 수혜자와는
상담 관계를 형성하지 않는다.

(2) 대학 상담자는 자신의 학문적 활동 등 상담자 개인의 필요를 충족하기 위하여 상담
수혜자를 이용하는 활동 및 행동을 해서는 안 된다.

(3) 대학 상담자는 상담 수혜자와 성적인 친밀감과 같은 형태의 관계를 맺어서는 안
된다.

6. 심리검사

(1) 심리검사를 실시할 때는 자격이 있는 사람이 표준화된 절차에 따라 실시하여야 하
며, 만약 대학에서 부적격자로 하여금 심리검사를 실시하게 할 경우는 이를 시정하
도록 노력하여야 한다.

(2) 심리검사의 해석은 충분한 교육 및 훈련을 받은 사람이 실시하여야 하며, 단순 수
치만을 알려 주거나 검사 결과를 제삼자를 통하여 알려 주는 등의 행위를 하지 않

도록 한다.

(3) 연구 목적으로 대학생들을 대상으로 심리검사를 실시하였다 하더라도 동의를 얻은 후 실시하여야 하며 적절한 절차에 따라 검사 대상자들에게 결과를 충실히 설명해 주어야 한다.

7. 상담교육

(1) 대학, 대학원 및 사회교육 기관에서 실시하는 상담 관련 교육은 적절한 교육 및 자격을 소유한 상담 전문가로 하여금 이루어지도록 하여야 하며, 대학에서 비전문인으로 하여금 교육을 실시할 경우 이를 시정하도록 하여야 한다.

(2) 상담교육에 활용하는 상담 내용은 신중을 기하여 사용하여야 하며 상담 수혜자의 신상정보가 노출되지 않도록 한다.

(3) 대학 상담기관에서 상담교육을 위하여 실습 상담을 할 경우에는 상담 수혜자의 동의를 얻은 후 실시하고 감독 전문가의 사례지도를 반드시 받아야 한다.

진로상담학회 윤리강령

전 문

진로상담학회는 학문적이고 교육적인 전문 조직체로서 진로상담 전문 상담자들의 단체이다. 진로상담자는 각 상담 수혜자들의 특성, 능력, 가치 및 개별성을 존중하고 진로상담을 통하여 상담 수혜자가 자신에게 보다 알맞은 진로를 설계할 수 있도록 촉진하고 행복한 직업 및 사회생활을 할 수 있도록 돕는 데 헌신한다. 이러한 역할을 수행하는 과정에서 진로상담자는 상담 수혜자의 인격을 존중하며 그들의 복지를 가장 우선하여 노력한다. 상담 수혜자를 조력하는 과정에서 진로상담자는 의사소통의 자율성을 가지고 임하되 또한 그에 대한 책임을 지며 상담 수혜자의 발전과 지역사회의 공익을 위하여 최선을 다한다. 이를 위해 진로상담자는 다음의 윤리강령을 정하고 이 뜻이 실현되도록 성실히 노력할 것을 다짐한다.

1. 사회적 관계

(1) 진로상담자는 자신이 속한 기관의 목적 및 방침과 모순되지 않는 활동을 할 책임을 가진다. 만일 자신의 상담 활동이 소속한 기관의 목적과 모순되거나 윤리적 행동 기준에 대하여 직무 수행 활동과정에서 갈등을 해결할 수 없을 경우에는 소속 기관과의 관계를 종결해야 한다.

(2) 진로상담자는 자신이 속한 지역사회의 도덕적 기준과 윤리를 존중하고 전체 사회 공익과 자기가 종사하는 상담 전문직의 바람직한 이익을 위하여 최선을 다한다.

(3) 진로상담자는 자신이 실제로 갖추고 있는 자격 및 경험 수준 이상의 능력이 있는 것처럼 행동해서는 안 되며 실제 사실과 다르게 오도되었을 때는 시정해야 할 의무가 있다.

2. 상담자의 전문적 태도

(1) 진로상담자는 진로상담에 대한 전문적인 자질과 능력을 갖춤과 동시에 진로상담에 대한 이론적 지식, 진로 관련 심리검사, 교수, 상담 활동, 연구를 향상시키기 위한 지속적인 노력을 통해 진로상담에 대한 전문성을 발달시키도록 노력해야 한다.

(2) 진로상담자는 상담 수혜자의 진로 문제를 도울 수 있는 방법에 관하여 꾸준히 연구 노력하고 상담 수혜자의 진로 의식의 성숙과 진로 결정 및 직업 선택 등을 위하여 최선을 다한다.

(3) 진로상담자는 상담 수혜자에게 전문적 도움을 주기 위해 최선을 다하지만 상담 수혜자의 무리한 요구에는 응하지 않거나 거절할 권리가 있다.

(4) 진로상담자는 자기 능력의 한계를 잘 인식하고, 자신의 개인 문제 및 능력의 한계 때문에 상담 수혜자에게 도움을 주지 못한다고 판단될 경우에는 다른 전문가 및 관련 기관으로 의뢰한다.

3. 상담의 비밀보장

(1) 진로상담자는 상담 수혜자의 정보에 관한 비밀보장을 위하여 노력하여야 한다. 단, 상담 수혜자 개인 및 사회에 임박한 위험이 있다고 판단될 때는 충분히 고려한 후, 상담 수혜자에 관한 정보를 가족이나 보호자 및 적정한 전문가 혹은 사회 당국에 공개한다.

(2) 진로상담자는 상담 수혜자에 대한 정보를 동료 상담자 혹은 슈퍼바이저에게 제공할 경우, 사실적이고 객관적인 정보로 구성하며 상담 수혜자의 동의를 받아 구체적

신분에 대해 익명성을 띠도록 할 책임이 있다.

(3) 진로상담자는 상담 수혜자에 관한 정보를 상담교육 및 연구의 목적으로 사용할 경우에는 상담 수혜자와 미리 합의를 거쳐야 하며 개인 정보가 노출되지 않도록 해야한다.

(4) 진로상담자는 상담 수혜자와 관련된 정보를 유지 또는 처분할 때는 소속 기관의 방침에 따라서 하도록 한다.

(5) 진로상담자는 상담의 비밀보장에 대한 한계성에 대해 상담 수혜자에게 미리 알리고 숙지시키도록 한다.

4. 상담 수혜자의 복지

(1) 진로상담자는 상담 활동의 과정에서 소속 기관 및 비전문인과의 갈등이 있을 경우, 상담 수혜자의 복지를 가장 우선적으로 고려하고 자신의 전문적 집단의 이익을 우선하지 않는다.

(2) 진로상담자는 상담 수혜자에게 적절한 전문적인 도움을 주는 것이 어렵다고 판단되면 상담 관계를 시작하지 않도록 하며, 이미 시작된 상담 관계인 경우는 즉시 종결하여야 한다. 이 경우 진로상담자는 상담 수혜자에게 적절한 다른 대안을 제시해 주어야 한다.

(3) 진로상담자는 진로상담의 목적에 위배되지 않고 상담 수혜자에게 필요한 도움을 주기 위한 경우에 한하여서만 검사를 실시하고 상담 수혜자 이외의 가족 및 관련 인물을 면접하여야 한다.

5. 상담 관계

(1) 진로상담자는 상담 수혜자와의 친밀한 관계를 인식하고 상담 수혜자에 대한 존중감을 가지고 상담 수혜자를 이용하여 상담자 개인의 필요를 충족시키고자 하는 어떠한 행동도 해서는 안 된다.

(2) 진로상담자는 진로상담에 영향을 줄 수 있는 진로상담의 목표, 기술, 규칙, 한계 등

에 관해서 상담 수혜자에게 사전에 알려 주어야 한다.

(3) 진로상담자는 상담 수혜자 또는 동료와 성관계를 맺거나 어떤 성적인 말이나 행동을 해서도 안 되며, 상담 진행 중에 성과 관련된 어떠한 내용을 다룰 때라도 유의하여야 한다.

6. 상담 연구

(1) 진로상담자는 더 나은 진로상담을 위해서 실제 상담에 충실할 뿐만 아니라 상담 연구 활동에도 힘써야 한다.

(2) 진로상담자는 상담 수혜자를 보호하고 동시에 사회에 기여하면서도 연구목적을 달성할 수 있는 상담 연구를 수행하도록 해야 한다.

(3) 진로상담자는 상담 연구의 결과가 진로상담의 이론과 실제에 바람직한 기여를 하도록 노력하고 연구로 인한 문제에 대해 책임을 져야 한다.

(4) 진로상담자는 상담 연구 피험자에게 연구의 필요성을 포함하여 연구에 관한 전반적인 사항에 대해 설명하고 동의를 얻어 그들이 자발적으로 연구에 참여하도록 해야 한다.

(5) 진로상담자는 상담 연구 결과를 발표할 때 그 결과와 관련된 모든 정보를 정확하게 서술해야 하며, 객관적이고 공정한 발표가 되게 하고, 연구 결과가 다른 상담자의 연구를 위한 자료가 될 수 있도록 해야 한다.

7. 심리검사

(1) 진로상담자는 상담 도중 상담 수혜자의 진로에 도움을 주기 위해 좀 더 객관적인 정보가 필요할 때만 상담 수혜자의 동의를 받아 심리검사를 실시하도록 해야 한다.

(2) 진로상담자는 상담 수혜자를 조력하기 위해 목적에 맞고 실시하는 상담 수혜자에게 적합한 심리검사를 선택해야 한다.

(3) 진로상담자는 심리검사를 실시할 때, 자격이 있는 검사 실시자가 표준화된 절차에 따라 실시하도록 해야 하며 실시하는 과정을 생략하거나 경시해서는 안 된다.

(4) 진로상담자는 심리검사를 채점할 때 객관적인 채점이 되도록 해야 한다.

(5) 진로상담자는 상담 수혜자에게 심리검사 결과의 수치만을 알리거나 본인에게 알리지 않고 제삼자에게 알리는 등 검사 결과를 잘못 통지하는 일이 없도록 해야 한다.

8. 타 전문인과의 관계

(1) 진로상담자는 상호 합의한 경우를 제외하고는 타 전문인으로부터 도움을 받고 있는 상담 수혜자를 대상으로 상담을 하지 않는다. 공동으로 도움을 줄 경우에는 타 전문인과의 관계와 조건에 관하여 분명히 할 필요가 있다.

(2) 진로상담자는 자기가 아는 비전문인의 윤리적 행동에 관하여 중대한 의문이나 문제를 발견했을 경우, 그러한 상황을 시정하는 노력을 할 책임이 있다.

(3) 진로상담자는 자신의 전문적 자격이 타 전문 분야에 오용되는 것에 적절하게 대처하며, 자신의 이익을 위해 타 전문직을 손상시키는 언어나 행동을 하는 일이 없도록 한다.

학교상담학회 윤리강령

전 문

학교상담학회는 학교 장면에서의 상담을 학문적으로 연구하고 전문적으로 실시하는 학교 상담 전문 상담자들로 구성된 전문적인 단체이다. 학교상담자는 상담 수혜자들을 존중하며, 그들을 교육적 · 직업적 · 성격적 그리고 사회적인 측면에서 최대한 성장하고 발달할 수 있도록 도와준다. 학교상담자는 또한 학교 제도의 구조 내에서 상담 수혜자들의 안녕과 복지를 위해 전문적인 상담 활동을 수행할 수 있도록 최선을 다한다. 이를 위해 학교상담자는 학교상담 학회가 제정한 다음과 같은 윤리강령을 숙지하고 준수한다.

1. 학생에 대한 책임

학교상담자는:

(1) 상담자의 개인적 가치관, 생활양식, 계획, 결정, 신념을 의식적으로 상담 수혜자에 게 받아들이도록 하는 것을 삼가도록 한다.

(2) 상담 관계가 시작될 때 또는 시작되기 전에 상담 목적, 상담 목표, 상담 기법 그리고 상담 절차에 대해 상담 수혜자에게 알려 준다. 상담 수혜자 자신이나 다른 사람에 게 명백하게 위험이 있거나, 비밀을 공개하라는 법적인 요구가 있는 경우를 제외하

고는 상담자가 상담을 통해 알게 된 상담 수혜자의 정보에 대해 비밀을 보장한다. 비밀보장의 의미와 한계에 대하여 서면상으로 또는 배부된 진술문을 통하여 상담 수혜자에게 분명하게 전달한다. 상담자 스스로 판단하기 어려운 의문 상황이 생길 때는 다른 전문가들에게 자문을 구한다.

(3) 상담 수혜자의 허락 없이 비밀정보를 공개하는 것이 내담자에게 해를 끼칠 잠재 가능성이 있을 때는 법정에 공개요구를 하지 말라고 요청한다.

(4) 자신의 객관성을 손상시키거나 상담 수혜자에게 해를 끼칠 위험을 증가시킬 수도 있는 이중 관계(가족, 가까운 친구 또는 동료를 상담하는 것 등)는 피한다. 이중 관계를 피할 수 없는 상황이라면, 상담자는 해를 끼칠 잠재적 가능성을 없애거나 줄이기 위해 조치를 취해야 할 책임이 있다. 그러한 안전 조치에는 사전동의, 자문, 지도감독, 상담 기록 등이 포함될 수 있다.

(5) 상담 수혜자의 상황이 상담 수혜자나 다른 사람에게 분명하고 급박한 위험을 시사할 때는 관계 당국에 이를 알려야 한다. 관계 당국에 알릴 때는 심사숙고를 한 후에, 그리고 가능하다면 다른 상담 전문가들에게 자문을 받은 후에 해야 한다. 상담자는 혼란을 최소화하고 상담 수혜자와 상담자의 기대를 분명하게 하기 위해서 상담 수혜자에게 이러한 행동 조치를 알린다.

(6) 상담 수혜자의 개인적인 정보가 들어 있는 기록을 보호하고, 개인적인 정보를 유출할 때는 규정된 법률과 학교정책에 따른다. 컴퓨터로 보관된 개인적인 정보는 전통적인 개인 정보에 대한 기록과 마찬가지로 취급한다.

(7) 집단장면에서는 비밀보장에 대한 규준을 철저하게 설정하고 비밀보장의 중요성을 더욱 강조한다. 그러나 집단상담에서는 상담자가 비밀보장을 보증할 수 없다는 것을 명확히 언급한다.

(8) 통합적이고 효과적인 상담 계획을 세울 수 있도록 상담 수혜자와 함께 협력한다. 이러한 계획은 상담 수혜자와 상담자의 능력과 상황에 합치되도록 하고, 상담 수혜자의 자유로운 선택을 존중하면서 실행 가능성과 효과성이 있는지를 확인하기 위해 정기적으로 검토한다.

(9) 상담 수혜자에게 적절한 도움을 제공하기 힘든 경우에는 다른 적당한 상담자에게 의뢰한다. 적절한 의뢰가 이루어지려면, 상담자 스스로가 이용 가능한 자원을 알아

야 되고, 상담 중단을 최소한 적게 하면서 상담자를 바꾸도록 적절한 계획을 세운 다. 상담 수혜자는 언제든지 상담 관계를 중단할 권리가 있다.

(10) 집단상담의 경우에, 집단의 목표에 맞추어 집단 참여 대상자를 선발하고 참여자 들의 욕구와 목표들을 알고 있어야 한다. 상담자는 집단 내에서의 상호작용에 의 해 집단원들이 신체적 · 심리적 해를 입지 않도록 집단원들을 보호하기 위해 적절 한 조치를 취한다.

(11) 평가도구를 선택하고, 실시하고, 해석할 때는 모든 전문적인 표준을 따른다. 상담 수혜자가 이해할 수 있는 언어로 평가도구의 특성, 목적, 결과를 설명해 준다. 평 가 결과와 해석을 오용하지 않아야 하고, 다른 사람들도 오용하지 않도록 적절한 조치를 취한다. 특정 도구가 표준화된 규준 집단에 속하지 않는 사람들의 수행 정 도를 평가하고 해석할 때는 신중하게 한다. 컴퓨터를 기반으로 한 검사 프로그램 들의 경우 상담자는 검사를 실시하고, 채점하고, 해석하는 데 있어서 전통적 평가 의 경우와는 다른 보다 특별한 훈련이 필요하다는 것을 알아야 한다.

(12) 인터넷 상담을 하는 경우에는 웹상담윤리강령(National Board for Certified Counselors: The Practice of Internet Counseling: NBCC, 2001)을 따른다.

(13) 자신이 주도하는 동료 상담자 프로그램에 참가하는 학생들의 복지에 대하여 책임 을 갖는다. 동료 상담자 훈련과 감독의 역할을 할 경우에는 전문 상담자 학회에서 규정한 준비와 감독 규준에 따르도록 한다.

2. 학부모에 대한 책임

학교상담자는:

(1) 자녀에 대한 학부모의 권리와 의무를 존중하고, 상담 수혜자가 최대한 발달하도록 촉진하기 위해 학부모와 적절한 협력적인 관계를 형성하도록 노력한다.

(2) 가족들의 문화적 · 사회적 다양성에 민감해야 하고, 모든 학부모들은 양육권이 있 든 없든, 학부모로서의 역할 때문에, 그리고 법에 의해 자신들의 자녀들의 복지를 위해 정해진 권리와 책임을 가지고 있다는 것을 인식한다.

(3) 상담 수혜자와 상담자 간에 형성된 상담 관계에 대한 비밀보장은 상담자의 중요한

역할임을 학부모에게 알린다.

(4) 학부모들에게 제공되는 정보는 정확하고, 종합적이며, 적절하고, 객관적이며, 배려하는 태도로 제공되고, 상담 수혜자에 대한 윤리적 책임과 적절하게 상응해야 한다.

(5) 학부모나 보호자가 상담 수혜자에 관한 정보를 공유하기를 원하는 바람이 존중되도록 적절하게 노력한다.

3. 동료와 다른 전문가에 대한 책임

학교상담자는:

(1) 최적의 상담 서비스를 제공해 주기 위해 동료교사 및 행정 직원들과 전문적인 협력 관계를 형성하고 유지한다. 그러한 관계는 상담자가 자신의 역할의 범위와 수준에 대한 정의와 기술에 기초한다.

(2) 전문 요원들에게 정확하고, 객관적이고, 간결하며, 의미 있는 자료를 제공하여 그가 상담 수혜자를 적절하게 평가하고 상담하도록 도와준다.

(3) 상담 수혜자가 다른 상담자나 정신건강 전문가에게 서비스를 받고 있다면, 상담 수혜자의 동의를 얻어, 그 상담자나 전문가에게 자신과의 상담 관계를 알리고, 상담 수혜자의 혼란과 갈등을 피하기 위하여 분명하게 의견 일치를 보아야 한다.

(4) 학교의 사명, 구성원 및 재산에 손상을 가하거나 해를 입힐 가능성이 있는 경우에는 상담 수혜자와 상담자 간의 비밀보장을 지키면서 해당 직원에게 알린다.

(5) 상담 수혜자의 욕구를 충족시켜야 할 상담자의 역할과 기능에 대해 서술하고 홍보한다. 상담자는 프로그램과 상담을 제공하는 데 있어서 효과를 저해하고 제한을 가하는 상황을 해당 직원에게 알린다.

4. 학교와 지역사회에 대한 책임

학교상담자는:

(1) 학생들의 이익을 최우선적으로 고려하며, 어떠한 침해도 일어나지 않도록 교육 프로그램을 지원하고 보호한다.

(2) 학교의 사명, 구성원 및 재산에 잠재적으로 피해를 줄 가능성이 있는 경우에는 적절한 관계 직원에게 알린다.

(3) 상담 수혜자의 필요를 충족시키기 위한 상담자의 역할과 기능을 기술하고 홍보한다. 프로그램과 상담을 제공하는 데 있어서의 효율성을 제한하고 감소시키는 상황이 있을 때는, 적절한 관계 직원에게 통보하여 개선하도록 한다.

(4) 자신이 교육, 훈련, 슈퍼비전을 받은 경험, 전문 상담자 자격증 그리고 적절한 전문적 경험을 바탕으로 자격을 인정받은 직책에 대해서만 서비스를 제공하는 일을 수락한다.

(5) 학교와 지역사회에 적합한 교육과정 및 환경 조건을 조성하고, 학생들의 발달적 욕구를 충족시키는 교육과정과 프로그램을 개발하고, 종합적인 학교상담 프로그램과 서비스를 제공하기 위해 체계적인 평가과정을 개발하도록 조력한다.

(6) 개인적인 보상에 관계없이 상담 수혜자에게 최대한 이익을 주기 위하여 학교와 지역사회의 사람들과 적극적으로 협력한다.

5. 자신에 대한 책임

학교상담자는:

(1) 자신의 전문 능력 범위 내에서 직무를 수행하고, 자신의 행동 결과에 책임을 진다.

(2) 자신의 기능 수행과 효율성에 대해 스스로 평가하고, 전문적인 상담으로서 적절하지 못하거나 상담 수혜자에게 해를 끼치는 활동은 하지 않는다.

(3) 상담 전문직의 혁신과 경향을 숙지하며, 전문적인 능력을 유지하기 위해 주도적으로 노력한다.

(4) 자신에게 상담을 받는 상담 수혜자들의 다양한 문화적 배경을 이해하도록 노력한다. 이것은 학교상담자 자신의 문화, 민족, 인종적 정체성이 자신의 상담과정에 대한 가치와 신념들에 어떻게 영향을 미치는지를 학습하는 것을 포함하지만, 그것에만 국한된 것은 아니다.

6. 전문직에 대한 책임

학교상담자는:

(1) 학교상담학회 회원으로 가입하게 되면 윤리 위반을 다루기 위한 정책과 과정을 따른다.

(2) 자신과 상담 전문직을 발전시키는 데 공헌하도록 처신한다.

(3) 연구를 할 때는 수용 가능한 교육학 및 심리학 연구와 일치하는 방식으로 수행하고 결과물을 보고한다. 연구나 통계적 목적, 프로그램을 계획하려는 목적으로 상담 수혜자의 자료를 사용할 때는 각 상담 수혜자의 신원을 확실히 보호한다.

(4) 자신의 사설 상담 활동을 위하여 상담 수혜자나 자문 대상을 모집하거나 유인하고, 부당한 개인적 이익, 불공정한 이득, 성적 애정, 노력하지 않고 얻는 물건이나 서비스를 얻기 위하여 자신의 전문적 직책을 이용해서는 안 된다.

(5) 학교상담의 발전과 향상을 위한 지역 및 전국 학회 활동에 적극적으로 참여한다.

(6) 기술, 아이디어, 전문성을 동료와 공유해 나감으로써 전문직의 발전에 공헌한다.

7. 기준 유지

학교상담자는 학회 회원이든 회원이 아니든 항상 윤리적 행동을 해야 한다. 동료의 행동에 윤리적으로 매우 의심스러운 점이 있을 때나 학교상담자 윤리요강에 제시된 기준을 반영하지 못하는 상황에서 일하거나 정책에 따르도록 강요받을 때는, 상담자는 그러한 조건을 개선하기 위해 적절한 행동을 취할 의무가 있다. 다음과 같은 절차는 그러한 지침서로서 사용될 수 있다.

(1) 상담자는 윤리위반 상황인지 확인해 보기 위하여 불만 상황의 본질을 비밀스럽게 동료 전문 상담자와 협의한다.

(2) 가능하다면, 상담자는 문제 행동을 하는 당사자인 동료와 불만스러운 문제에 대해 논의하고 해결하기 위하여 그 동료에게 직접 이야기하고 해결책을 찾아본다.

(3) 개인적인 수준에서 해결책이 도출될 수 없다면, 상담자는 학교나 학구, 전국 학교
상담자 학회의 윤리위원회에서 설정한 루트를 이용한다.

(4) 만약 문제가 해결되지 않은 상태로 그대로 남아 있다면, 지역 학교상담학회, 전국
학교상담학회 순으로 검토와 적절한 조치를 취하도록 의뢰한다.

초월·영성상담학회 윤리강령

전 문

한국 초월·영성상담학회는 초월·영성적 탐구 및 명상과 관련된 삶의 기술의 안내와 가르침을 제공함으로써 개인의 삶의 질을 향상시킬 수 있도록 도움을 주고자 한다. 더불어 상담에서의 초월 영성적 기법을 연구하고 이와 관련된 기술을 안내하고 가르침을 목적으로 한다. 이를 수행하기 위하여 다양한 활동과 상담기법을 적용하고 이에 대한 책임을 지며, 상담 수혜자의 영적 성장과 복지와 공익사회를 위하여 최선을 다한다.

이를 위하여 초월·영성 상담자는 다음의 윤리강령을 준수한다.

1. 사회적 관계

(1) 초월·영성 상담자는 자신이 속한 기관의 목적 및 방침과 모순되지 않는 활동을 할 책임을 가진다. 만일 자신의 상담 활동이 소속한 기관의 목적과 모순되거나 윤리적 행동 기준에 대하여 직무 수행 활동과정에서 갈등을 해결할 수 없을 경우에는 상담자로서의 활동을 중단하여야 한다.

(2) 초월·영성 상담자는 자신이 속한 지역사회의 도덕적 기준과 윤리를 존중하고 전체 사회 공익과 자기가 종사하는 기관과 상담 전문직의 바람직한 이익을 위하여 최

선을 다한다.

(3) 초월·영성 상담자는 자신이 실제로 갖추고 있는 자격 및 경험의 수준으로 상담 수 혜를 줄 수 있도록 해야 하고, 그 이상의 능력이 있는 것처럼 행동해서는 안 되며 실 제 사실과 다르게 오도되었을 때는 시정해야 할 의무가 있다.

2. 상담자의 전문적 태도

(1) 초월·영성 상담자는 상담에 대한 전문적인 자질과 능력을 갖춤과 동시에 초월· 영성 상담에 대한 이론적 지식, 상담 관련 심리검사, 교수, 상담 활동, 연구를 향상 시키기 위한 지속적인 노력을 통해 초월·영성 상담에 대한 전문성을 배양하여야 한다.

(2) 초월·영성 상담자는 상담 수혜자의 상담 문제를 도울 수 있는 방법에 관하여 꾸준 히 연구 노력하고, 상담 수혜자의 영적 성장을 위하여 최선을 다한다.

(3) 초월·영성 상담자는 상담 수혜자에게 전문적 도움을 주기 위해 최선을 다하지만, 상담 수혜자의 무리한 요구에는 응하지 않거나 거절할 권리가 있다.

(4) 초월·영성 상담자는 자기 능력의 한계를 잘 인식하고, 자신의 개인 문제 및 능력 의 한계 때문에 상담 수혜자에게 도움을 주지 못한다고 판단될 경우에는 다른 전문 가 및 관련 기관으로 의뢰한다.

3. 상담의 비밀보장

(1) 초월·영성 상담자는 상담 수혜자의 정보에 관한 비밀보장을 위하여 노력하여야 한다. 단, 상담 수혜자 개인 및 사회에 심각한 위험 요소가 있다고 판단될 때는 신중 히 검토 후, 상담 수혜자에 관한 정보를 가족이나 보호자 및 적정한 전문가 혹은 사 회 당국에 공개한다.

(2) 초월·영성 상담자는 (1)의 경우를 제외하고 상담 수혜자에 대한 정보를 동료 상담 자 혹은 슈퍼바이저에게 제공할 경우, 사실적이고 객관적인 정보로 구성하며, 상담 수혜자의 동의를 받아 구체적 신분을 파악할 수 없도록 하여야 한다.

(3) 초월 · 영성 상담자는 상담 수혜자에 관한 정보를 상담교육 및 연구의 목적으로 사용할 경우에 상담 수혜자와 미리 합의를 거쳐야 하며, 개인 정보가 노출되지 않도록 해야 한다.

(4) 초월 · 영성 상담자는 상담 수혜자와 관련된 정보를 유지 또는 처분할 때는 소속 기관의 방침에 따라서 하도록 한다.

(5) 초월 · 영성 상담자는 정보 노출 시에 상담의 비밀보장의 한계성에 대해 상담 수혜자에게 미리 알리고 숙지시키도록 한다.

4. 상담 수혜자의 복지

(1) 초월 · 영성 상담자는 상담 활동의 과정에서 소속 기관 및 비전문인과의 갈등이 있을 경우, 상담 수혜자의 복지를 가장 우선적으로 고려하고 자신의 전문적 활동 및 집단의 이익은 부차적인 것으로 간주한다.

(2) 초월 · 영성 상담자는 상담 환경, 기간 및 기타의 상황으로 상담 수혜자에게 적절한 전문적인 도움을 주는 것이 어렵다고 판단될 경우에 상담 관계를 시작하지 않도록 하며, 이미 시작된 상담 관계인 경우는 즉시 종결하여야 한다. 단, 이 경우, 초월 · 영성 상담자는 상담 수혜자에게 적절한 다른 대안을 제시해 주어야 한다.

(3) 초월 · 영성 상담자는 상담의 목적에 위배되지 않고 상담 수혜자에게 필요한 도움을 주기 위한 경우에 한하여, 동의를 얻은 후 상담 수혜자 이외의 가족 및 관련 인물과 면접하거나 검사를 실시한다.

5. 상담 관계

(1) 초월 · 영성 상담자는 상담 수혜자를 이용하여 상담자 개인의 필요를 충족시키고자 하는 어떠한 언행을 해서는 안 된다.

(2) 초월 · 영성 상담자는 상담에 영향을 줄 수 있는 상담의 목표, 기술, 규칙, 한계 등에 관해서 상담 수혜자에게 사전에 알려 주어야 한다.

(3) 초월 · 영성 상담자는 상담 수혜자 또는 동료와 성관계를 맺거나 어떤 성적인 말이

나 행동을 해서도 안 되며, 상담 진행 중에 성과 관련된 내용을 다룰 때는 신중하여야 한다.

6. 상담 연구

(1) 초월 · 영성 상담자는 더 나은 상담을 위해서 실제 상담에 충실할 뿐만 아니라 상담 연구 활동과 영적 성장에 정진해야 한다.

(2) 초월 · 영성 상담자는 상담 수혜자의 신상정보를 보호하면서 사회에 기여하고 연구 목적을 달성할 수 있는 상담 연구를 수행하도록 해야 한다.

(3) 초월 · 영성 상담자는 상담 연구의 결과가 상담의 이론과 실제에 바람직한 기여를 하도록 노력하고, 연구로 인한 문제에 대해 책임을 져야 한다.

(4) 초월 · 영성 상담자는 상담 연구를 할 때 피험자에게 연구의 필요성을 포함하여 연구에 관한 전반적인 사항에 대해 설명하고 동의를 얻어, 그들이 자발적으로 연구에 참여하도록 해야 한다.

(5) 초월 · 영성 상담자가 상담 연구 결과를 발표할 때는 그 결과와 관련된 모든 정보를 정확하고 공정한 발표가 되게 하고, 연구 결과가 다른 상담자의 연구를 위한 자료가 될 수 있도록 해야 한다.

7. 심리검사

(1) 초월 · 영성 상담자는 상담 도중 상담 수혜자에게 도움을 주기 위하여 객관적인 정보가 필요할 때만 상담 수혜자의 동의를 받아 심리검사를 실시하도록 해야 한다.

(2) 초월 · 영성 상담자는 심리검사를 실시할 때, 자격이 있는 검사 실시자가 표준화된 절차에 따라 실시하도록 해야 하며, 실시하는 과정을 생략하거나 간과해서는 안 된다.

(3) 초월 · 영성 상담자는 심리검사를 채점할 때 공정성과 객관적인 채점을 유지하도록 해야 한다.

(4) 초월 · 영성 상담자는 상담 수혜자에게 정확하게 알리지 않거나 제삼자에게 제공하

는 등 검사 결과를 잘못 활용 · 통지하는 일이 없도록 해야 한다.

8. 타 전문인과의 관계

(1) 초월 · 영성 상담자는 상호 합의한 경우를 제외하고는 타 전문인으로부터 도움을 받고 있는 상담 수혜자를 대상으로 상담을 하지 않는다. 공동으로 도움을 줄 경우에는 타 전문인과의 관계와 조건에 관하여 명확한 관계를 유지해야 한다.

(2) 초월 · 영성 상담자는 자기가 아는 비전문인의 윤리적 행동에 관하여 중대한 의문이나 문제를 발견했을 경우, 그러한 상황을 시정하는 노력을 할 책임이 있다.

(3) 초월 · 영성 상담자는 자신의 전문적 자격이 타 전문 분야에 오용되는 경우에 적절하게 대처하며, 자신의 이익을 위해 타 전문직을 손상시키는 언행을 하는 일이 없도록 유의한다.

(4) 초월 · 영성 상담자는 타전문인과의 관계를 우호적으로 유지하며, 타전문인의 영역에 관여하지 않는다.

가족상담학회 윤리강령

전 문

가족상담학회는 가족, 부부 및 개인의 심리적 및 관계적 문제와 관련된 교육, 연구, 상담 활동을 하는 전문 상담자들의 조직체로서, 공공의 신뢰를 얻고 유지하기 위해 노력한다. 가족상담자는 각 가족 및 개인의 가치, 잠재력 및 고유성을 존중하며 다양한 조력 활동을 통하여 상담 수혜자가 전인적 발달을 할 수 있도록 촉진하고, 보다 바람직한 가정생활 및 사회생활을 할 수 있도록 돕는 데 헌신한다. 이러한 역할을 수행하는 과정에서 가족상담자는 상담 수혜자의 복지를 가장 우선시한다. 상담 수혜자를 돕는 과정에서 가족상담자는 문의 및 의사소통의 자유를 갖되, 그에 대한 책임을 지며 상담 수혜자의 성장과 사회 공익을 위하여 최선을 다한다. 이를 위해 가족상담자는 다음의 윤리 내용을 준수한다.

1. 사회관계

(1) 가족상담자는 자기가 속한 기관의 목적 및 방침에 모순되지 않는 활동을 할 책임이 있다. 만일 그의 전문적 활동이 소속 기관의 목적과 모순되고, 윤리적 행동 기준에 관하여 직무 수행 과정에서의 갈등을 해소할 수 없을 경우에는 그 소속 기관과의 관계를 종결해야 한다.

(2) 가족상담자는 사회윤리 및 자기가 속한 지역사회의 도덕적 기준을 존중하며, 사회 공익과 자기가 종사하는 전문직의 바람직한 이익을 위하여 최선을 다한다.

(3) 가족상담자는 자기가 실제로 갖추고 있는 자격 및 경험의 수준을 벗어나는 인상을 타인에게 주어서는 안 되며, 타인이 실제와 다른 인식을 가지고 있을 경우 이를 시 정해 줄 책임이 있다.

2. 전문적 태도

(1) 가족상담자는 가족상담에 대한 이론적 지식, 전문적 실습, 교수, 상담 활동, 연구를 향상시키기 위한 지속적인 노력을 통해 전문성을 발달시키도록 해야 한다.

(2) 가족상담자는 상담 수혜자를 보다 효과적으로 도울 수 있는 방법에 관하여 꾸준히 연구 노력하고, 상담 수혜자의 성장 촉진과 문제의 해결 및 예방을 위하여 최선을 다한다.

(3) 가족상담자는 자기의 능력 및 기법의 한계를 인식하고, 전문적 기준에 위배되는 활 동을 하지 않는다. 만일 자신의 개인 문제 및 능력의 한계 때문에 도움을 주지 못하 리라고 판단될 경우에는, 적절한 전문적 도움을 받거나 다른 동료 전문가 및 관련 기관에 의뢰한다.

3. 정보의 보호

(1) 상담 관계에 있어서 한 사람 이상의 상담 수혜자들이 동시에 참여할 수 있기 때문 에, 가족상담자는 상담 수혜자들 각각의 정보를 존중하고 보호해야 할 책임이 있 다. 따라서 상담 수혜자들 이외의 사람들에게뿐만 아니라 상담 수혜자들 사이에 있 어서도 각 사람의 정보가 노출될 때는 해당 상담 수혜자의 동의가 반드시 있어야 한다.

(2) 가족상담자는 상담 수혜자 개인 및 사회에 임박한 위험이 있다고 판단될 때만, 매 우 조심스러운 고려 후에 상담 수혜자에 관한 정보를 적절한 전문인 혹은 사회 당 국에 공개한다.

(3) 가족상담자는 상담 수혜자에 대한 정보를 동료 상담자 혹은 슈퍼바이저에게 제공할 경우 사실적이고 객관적인 정보로 구성하며, 상담 수혜자의 구체적 신분에 대해 파악할 수 없도록 할 책임이 있다.

(4) 상담 수혜자에 관한 정보를 교육 및 연구의 목적으로 사용할 경우에는 상담 수혜자와 합의를 거쳐야 하며, 그의 정체가 전혀 노출되지 않도록 해야 한다.

4. 상담 수혜자의 복지

(1) 가족상담자는 상담 활동의 과정에서 소속 기관 및 비전문인과의 갈등이 있을 경우, 상담 수혜자의 복지를 우선적으로 고려하고 자신의 전문적 집단의 이익은 부차적인 것으로 간주한다.

(2) 상담 수혜자에게 적절한 전문적인 도움을 주는 것이 어렵다고 판단되면 가족상담자는 상담 관계를 시작하지 말아야 하며, 이미 시작된 상담 관계인 경우는 즉시 종결하여야 한다. 이 경우 가족상담자는 상담 수혜자에게 적절한 다른 대안을 제시해 주어야 한다.

(3) 가족상담자는 상담의 목적에 위배되지 않는 경우에 한하여 검사를 실시하거나 상담 수혜자 이외의 관련 인물을 면접한다.

(4) 가족상담자는 상담 수혜자가 동거, 결혼, 이혼, 별거, 재결합, 자녀 양육권, 자녀 방문 등의 가족 관계와 관련하여 결정을 내릴 수 있는 권리를 존중하며, 그 결정의 결과를 이해할 수 있도록 도와야 한다.

(5) 가족상담자는 상담 장면을 녹화 또는 녹음하거나 제삼자로 하여금 관찰하게 하고자 할 경우, 사전에 상담 수혜자에게 알리고 그로부터 동의를 얻어야 한다.

5. 상담 관계

(1) 가족상담자는 상담 수혜자와의 친밀한 관계를 인식하고, 상담 수혜자에 대한 존중감을 유지하며, 상담 수혜자 및 상담 수혜자의 가족을 이용하여 상담자 개인의 필요를 충족하고자 하는 활동 및 행동을 해서는 안 된다.

(2) 가족상담자는 상담 전에 상담 관계에 영향을 줄 수 있는 상담의 목표, 기술, 규칙, 한계 등에 관해서 상담 수혜자에게 알려 주어야 한다.

(3) 가족상담자는 상담 수혜자 및 상담 수혜자의 가족과 성적으로 친밀한 관계를 맺어서는 안 된다.

(4) 가족상담자는 상담 수혜자 및 상담 수혜자의 가족과 상담 관계 외에 사업적인 또는 개인적인 관계 등의 이중적 관계를 맺지 않도록 최선의 노력을 기울여야 한다. 만일 이중적 관계로 인하여 전문적 판단이 흐려지거나 관계 남용의 가능성이 발생하는 경우, 상담자는 적절한 조치를 취하거나 상담 관계를 종결하여야 한다.

6. 학생 및 피감독자에 대한 책임

(1) 가족상담자는 학생이나 피감독자에 대한 영향력을 이용하여 부당한 이득을 취해서는 안 된다. 가족상담자는 교육 또는 감독 관계 외에 사업적인 또는 개인적인 관계 등의 이중적 관계를 맺지 않도록 최선의 노력을 기울여야 한다. 만일 이중적 관계로 인하여 전문적 판단이 흐려지거나 관계 남용의 가능성이 발생하는 경우, 상담자는 적절한 조치를 취하거나 교육이나 감독 관계를 종결하여야 한다.

(2) 가족상담자는 현재 교육하고 있는 학생이나 피감독자와 별도의 상담 관계를 가져서는 안 된다.

(3) 가족상담자는 학생 또는 피감독자와 성적으로 친밀한 관계를 맺어서는 안된다.

(4) 가족상담자는 자신의 학생 또는 피감독자로 하여금 그들의 훈련, 경험, 능력 이상의 전문적 상담을 제공하지 않도록 해야 한다.

(5) 가족상담자는 피감독자가 제공하는 상담이 전문적 수준을 유지하도록 적절한 통제와 감독을 실시하여야 한다.

(6) 가족상담자는 피감독자의 개인 정보를 보호해야 하며, 타인에게 그 정보를 노출할 경우 피감독자의 동의를 반드시 얻어야 한다. 단, 교육이나 행정적인 이유로 인하여 두 사람 이상의 감독자가 동시에 감독할 경우, 해당 피감독자의 훈련 및 감독에 참여하고 있는 다른 감독자 또는 고용자에게는 정보 공개가 가능하다.

7. 상담 연구

(1) 상담 연구자는 연구의 결과가 상담의 이론과 실제에 바람직한 기여를 하도록 노력해야 하고, 연구로 인한 문제에 대해 책임을 져야 한다.

(2) 상담 연구자는 피험자에게 연구의 필요성을 포함하여 연구에 관한 전반적인 사항에 대해 상세히 설명하여 동의를 얻어야 하며, 그들이 자발적으로 연구에 참여하도록 해야 한다.

(3) 연구 결과를 발표할 때는 그 결과와 관련된 모든 정보를 정확하게 서술해야 하며, 객관적이고 공정한 발표가 되게 하고, 연구 결과가 다른 상담자의 연구를 위한 자료가 될 수 있도록 해야 한다.

8. 심리검사

(1) 가족상담자는 검사 대상자를 조력하기 위한 목적에 적합한 심리검사를 선택해야 한다.

(2) 심리검사를 실시할 때는 자격이 있는 사람이 표준화된 절차에 따라 실시해야 하며, 그 과정을 경시해서는 안 된다.

(3) 가족상담자는 검사대상자에게 심리검사 결과의 수치만을 알리거나 제삼자에게 알리는 등 검사 결과가 잘못 해석되거나 통지되어 오용되지 않도록 해야 한다.

(4) 가족상담자는 미성년자에게 심리검사를 실시할 경우 성인 보호자의 동의를 얻은 후에 실시하여야 하며, 그 결과 또한 성인 보호자에게 알려 주어야 한다.

9. 타 전문직과의 관계

(1) 가족상담자는 상호 합의한 경우를 제외하고는 타 전문인으로부터 도움을 받고 있는 상담 수혜자를 대상으로 상담을 하지 않는다. 공동으로 도움을 줄 경우에는 타 전문인과의 관계와 조건에 관하여 분명히 할 필요가 있다.

(2) 가족상담자는 자기가 아는 비전문인의 윤리적 행동에 관하여 중대한 의문을 발견했을 경우, 그러한 상황을 시정하는 노력을 할 책임이 있다.

(3) 가족상담자는 자신의 전문적 자격이 타 전문 분야에서 오용되는 것에 적절하게 대처하며, 자신의 이익을 위해 타 전문직을 손상시키는 언어 및 행동을 삼간다.

상담심리사 자격규정(한국상담심리학회 윤리강령)

(2005. 04. 16. 개정)

전 문

한국상담심리학회는 학회 회원들이 모든 인간의 존엄성과 가치를 존중하고 다양한 조력 활동을 통해 인간 개개인의 잠재력과 독창성을 신장하여 저마다 자기를 실현하는 건전한 삶을 살도록 돕는 데 헌신한다.

본 학회에서 인증한 상담심리사(1급, 2급)는 전문적 지식과 기술을 개발하고 전문가로서의 능력과 자질을 향상시키며, 상담심리사의 역할을 하는 데 있어서 내담자의 복지를 최우선 순위에 둔다. 상담심리사는 전문적인 상담 활동을 통해 내담자의 개인적인 성장과 사회 공익에 기여하는 데 최선을 다하고 상담심리사로서 자신의 행동에 책임을 진다. 이를 위하여 본 학회에서 인증한 상담심리사는 다음과 같은 윤리강령을 숙지하고 준수할 것을 다짐한다.

1. 전문가로서의 태도

가) 전문적 능력

(1) 상담심리사는 자기 자신의 교육과 수련, 경험 등에 의해 준비된 범위 안에서 전문적인 서비스와 교육을 제공한다. 상담심리사는 자신의 능력의 한계를 인정하

고 교육이나 훈련, 경험을 통해 자격이 주어진 상담 활동만을 한다.

(2) 상담심리사는 자신이 가진 능력 이상의 것을 주장하거나 암시해서는 안 되며, 타인에 의해 능력이나 자격이 오도되었을 때는 수정해야 할 의무가 있다.

(3) 상담심리사는 자신의 활동 분야에 있어서 최신의 과학적이고 전문적인 정보와 지식을 유지하기 위해 지속적인 교육과 연수의 필요성을 인식하고 참여한다.

(4) 상담심리사는 정기적으로 전문인으로서의 능력과 효율성에 대한 자기반성이나 평가가 있어야 하며, 필요한 경우 자신의 효율성을 증진시키기 위해 지도감독을 받을 책무가 있다.

(5) 상담심리사는 윤리강령과 시행 세칙을 준수할 책임이 있다.

(6) 상담기관에 상담심리사를 고용할 때는 전문적인 능력을 갖춘 이를 선발해야 한다.

나) 성실성

(1) 상담심리사는 자신의 신념체계, 가치, 제한점 등이 상담에 미칠 영향력을 자각하고, 내담자에게 상담의 목표, 기법, 한계점, 위험성, 상담의 이점, 자신의 강점과 제한점, 심리검사와 보고서의 목적과 용도, 상담료, 상담료 지불 방법 등을 명확히 알린다.

(2) 상담심리사는 개인의 이익을 위해 상담 전문직의 가치와 권위를 훼손하는 행동을 해서는 안 된다.

(3) 상담심리사는 능력의 한계나 개인적인 문제로 내담자를 적절하게 도와줄 수 없을 때는 상담을 시작해서는 안 되며, 다른 상담심리사나 정신건강 전문가에게 의뢰하는 등 내담자를 도와줄 수 있는 방법을 강구한다.

(4) 상담심리사는 자신의 질병, 죽음, 이동 또는 내담자의 이동이나 재정적 한계 등과 같은 요인에 의해 상담이 중단될 경우, 이에 대한 적절한 조치를 취해야 한다.

(5) 상담을 종결하는 데 있어서 어떤 이유보다도 우선적으로 내담자의 관점과 요구에 대해 논의해야 하며, 내담자가 다른 전문가를 필요로 할 경우에는 적절한 과정을 거쳐서 의뢰한다.

(6) 상담심리사는 내담자나 학생, 연구 참여자, 동료들이 피해를 입지 않도록 적절한 조치를 취한다.

(7) 상담심리사는 자신의 기술이나 자료가 다른 사람들에 의해 오용될 가능성이 있거나, 개선의 여지가 없는 활동에 참여해서는 안 되며, 이러한 일이 일어난 경우에는 이를 바로잡거나 최소화하는 조치를 취한다.

다) 상담심리사 교육과 연수

(1) 상담심리사 교육은 학술적인 연구와 지도감독하의 실습을 통합하는 과정으로 설정되어야 하며, 교육 프로그램은 교육생들이 상담 기술, 지식, 자기 이해를 넓힐 수 있는 방향으로 설정되어야 한다.

(2) 상담심리사 교육에 들어가기 전에 교육 프로그램의 내용, 기본적인 기술 개발, 진로 전망에 대해 알려 준다.

(3) 교육 프로그램은 개인과 사회를 위하는 상담의 이상적 가치를 교육생들에게 고무해야 하며, 따라서 재정적 보상이나 손실보다는 직업애와 인간애에 더 가치를 두도록 한다.

(4) 교육생들에게 다양한 이론적 입장을 제시하여, 교육생들이 이 이론들의 비교를 통해서 스스로 자신의 입장을 선택할 수 있도록 한다.

(5) 교육 프로그램은 학회의 최근 관련 지침과 보조를 맞추어 진행되어야 한다.

(6) 상담심리사 교육에서는 교육생들에 대한 지속적인 평가를 통해, 장래의 상담 활동을 수행하는 데 장애가 될 수도 있는, 교육생들의 한계를 알아내야 한다. 지도 교육하는 상담심리사는 교육생들이 상담자로서 성장할 수 있도록 도와주는 한편, 교육 프로그램을 통해서 바람직한 상담 활동을 할 수 없는 사람을 가려낼 수 있어야 한다.

(7) 상담심리사는 상담심리사 교육과 훈련 프로그램을 전문적으로 실시하고, 윤리적인 역할 모델이 되어 교육생들이 윤리적 책임과 윤리강령을 잘 인식하도록 돕는다.

(8) 상담심리사는 상담 성과나 훈련 프로그램을 홍보하기 위해 내담자 또는 수련생과의 관계를 이용하지 않는다.

(9) 상담심리사가 교육 목적으로 저술한 교재는 교육과 연수과정에 채택할 수 있다.

라) 자격증명서

(1) 본 학회에서 인증한 상담심리사는 자신의 자격을 일반 대중에게 알릴 수 있다.

(2) 상담심리사는 자격증에 명시된 것 이상으로 자신의 자격을 과장하지 않는다.

(3) 상담이나 혹은 정신건강 분야에 관련된 석사학위를 가지고 있으나 박사학위는 그 이외의 분야에서 취득한 상담심리사는 그들의 상담 활동에서 '박사'라는 말을 사용하지 않으며, 그 상담 활동이나 지위와 관련하여 박사학위를 가진 상담심리사인 것처럼 대중에게 알리지 않는다.

2. 사회적 책임

가) 사회와의 관계

(1) 상담심리사는 사회의 윤리와 도덕 기준을 존중하고, 사회 공익과 자신이 종사하는 전문직의 바람직한 이익을 위해 최선을 다한다.

(2) 상담심리사는 경제적 이득이 없는 경우에도 자신의 전문적 활동에 헌신함으로써 사회에 공헌한다.

(3) 상담 비용을 책정할 때 상담심리사들은 내담자의 재정 상태와 지역성을 고려하여야 한다. 책정된 상담료가 내담자에게 적절하지 않을 때는, 가능한 한 비용에 적합한 서비스를 받을 수 있는 방법을 찾아 줌으로써 내담자를 돕는다.

(4) 상담 전문가가 되기 위해 수련하는 학회 회원에게는 상담료나 교육비 책정에 있어서 특별한 배려를 한다.

나) 고용 기관과의 관계

(1) 상담심리사는 자신이 종사하는 기관의 목적과 방침에 공헌할 수 있는 활동을 할 책임이 있다. 만일 자신의 전문적 활동이 기관의 목적과 모순되고, 직무 수행에서 갈등이 해소되지 않을 때는 기관과의 관계를 종결해야 한다.

(2) 상담심리사는 근무기관의 관리자 및 동료들과의 관계를 통해서 상담 업무, 비

밀보장, 공적 자료와 개인 자료의 구별, 기록된 정보의 보관과 처분, 업무량, 책임에 대한 상호 간의 동의가 이루어져야 한다. 이러한 동의는 구체적이어야 하며, 관련된 모든 사람이 알고 있어야 한다.

(3) 상담심리사는 그의 고용주에게 손해를 끼칠 수 있는 상황이나, 기관의 효율성에 제한을 줄 수 있는 상황에 대해 미리 경고를 해 주어야 한다.

(4) 상담심리사의 인사 배치는 내담자의 권리와 복지를 보장하고 증진시킬 수 있도록 해야 한다.

(5) 상담심리사는 수련생에게 적절한 훈련과 지도감독을 제공하고, 수련생이 이 과정을 책임 있고 유능하게 수행할 수 있도록 도와야 하며, 만일 기관의 정책과 실제가 이런 의무의 수행을 막는다면, 가능한 범위에서 그 상황을 바로잡도록 노력한다.

다) 상담기관 운영자

(1) 상담기관 운영자는 다음 목록을 작성해 두어야 한다. 기관에 소속된 상담심리사의 증명서나 자격증은 그 중 최고 수준의 것으로 하고, 자격증의 유형, 주소, 연락처, 직무 시간, 상담의 유형과 종류, 그와 관련된 다른 정보 등이 정확하게 기록되어야 한다.

(2) 상담기관 운영자는 자신과 현재 종사하고 있는 직원의 발전에 책임이 있다.

(3) 상담기관 운영자는 직원들에게 기관의 목표와 상담 프로그램에 대해 알려 주어야 한다.

(4) 상담기관 운영자는 고용, 승진, 인사, 연수 및 지도 시에 나이, 문화, 장애, 성, 인종, 종교 혹은 사회경제적 지위 등을 이유로 어떤 차별적인 행동을 해서는 안 된다.

(5) 상담기관 운영자는 직원이나 학생, 수련생, 동료 등을 교육, 감독하거나 평가 시에 착취하는 관계를 가져서는 안 된다.

(6) 상담심리사가 개업 상담가로서 상담을 홍보하고자 할 때는 일반인들에게 상담의 전문적 활동, 전문지식, 활용할 수 있는 상담 기술 등을 정확하게 알려 주어야 한다.

(7) 기관에 재직 중인 상담심리사는 상담 개업 활동에 적극적으로 종사하고 있지 않다면, 자신의 이름이 상업 광고에 사용되도록 해서는 안 된다.

(8) 상담심리사는 다른 상담심리사나 정신건강 전문가와 협력체제를 맺을 수 있는데, 이럴 때 기관의 특수성을 분명히 인지하고 있어야 한다.

(9) 상담심리사가 자신의 개업 활동에 대해 내담자에게 신뢰감을 주기 위해 학회나 연구단체의 회원임을 거론하는 것은 비윤리적이다.

(10) 내담자나 교육생을 모집하기 위해 개인 상담소를 고용이나 기관 가입의 장소로 이용해서는 안 된다.

라) 다른 전문직과의 관계

(1) 상담심리사는 자신의 방식과 다른 전문적 상담 접근을 존중해야 한다. 상담심리사는 함께 일하는 다른 전문적 집단의 전통과 실제를 알고 이해해야 한다.

(2) 공적인 자리에서 개인 의견을 말할 경우, 상담심리사는 그것이 자기 자신의 관점에서 나온 것이고, 모든 상담심리사의 견해를 대변하는 것이 아님을 분명히 해야 한다.

(3) 내담자가 다른 정신건강 전문가의 서비스를 받고 있음을 알게 되면, 내담자의 동의하에 상담 사실을 그 전문가에게 알리고, 긍정적이고 협력적인 치료 관계를 맺도록 노력한다.

(4) 상담심리사는 다른 전문가로부터 의뢰 비용을 받으면 안 된다.

마) 자 문

(1) 자문이란 개인, 집단, 사회단체가 전문적인 조력자의 도움이 필요하여 요청한 자발적인 관계를 말하는데, 상담심리사는 자문을 요청한 내담자나 기관의 문제 혹은 잠재된 문제를 규명하고 해결하는 데 도움을 준다.

(2) 상담심리사와 내담자는 문제 규명, 목표 변경, 상담 성과에 서로의 이해와 동의를 구해야 한다.

(3) 상담심리사는 자신이 자문에 참여하는 개인 또는 기관에게 도움을 주는 데 필요한, 충분한 자질과 능력을 갖추었는지를 합리적인 방법으로 명시해야 한다.

(4) 자문을 할 때 개인이나 기관의 가치관을 바꾸는 데 도움을 주고자 한다면 상담심리사 자신의 가치관, 지식, 기술, 한계성이나 욕구에 대한 깊은 자각이 있어야 하고, 자문의 초점은 문제를 가진 사람이 아니라 풀어 나가야 할 문제 자체에 두어야 한다.

(5) 자문 관계는 내담자가 스스로 성장해 나가도록 격려하고 고양하는 것이어야 한다. 상담심리사는 이러한 역할을 일관성 있게 유지해야 하고, 내담자가 스스로의 의사결정자가 되도록 도와주어야 한다.

(6) 상담 활동에서 자문의 활용에 대해 홍보할 때는 학회의 윤리강령을 성실하게 준수해야 한다.

바) 홍 보

(1) 상담심리사는 전문가로서의 자신의 자격과 상담 활동에 대해 대중에게 홍보하거나 설명할 수 있으나, 그 내용은 정확해야 하며, 오해를 일으킬 수 있거나 거짓된 내용이어서는 안 된다.

(2) 상담심리사는 상담 수주를 위해 강연, 출판물, 라디오, TV 혹은 다른 매체의 홍보에 대해 보수를 지급해서는 안 된다.

(3) 내담자의 추천을 통해서 새로운 내담자의 신뢰를 얻고자 할 때는 상황이 특수한 상태이거나 취약한 상태인 내담자에게는 추천을 의뢰해서는 안 된다.

(4) 상담심리사는 출판업자, 언론인 혹은 스폰서 등이 상담의 실제나 전문적인 활동과 관련된 잘못된 진술을 하는 경우 이를 시정하고 방지하도록 노력한다.

(5) 상담심리사가 워크숍이나 훈련 프로그램을 홍보할 때는 소비자의 선택을 위해서 적절한 정보를 제공하고 정확하게 홍보해야 한다.

3. 인간 권리와 존엄성에 대한 존중

가) 내담자 복지

(1) 상담심리사의 일차적 책임은 내담자의 복지를 증진하고 존엄성을 존중하는 것이다.

(2) 상담심리사는 내담자의 잠재력을 개발하여 건강한 삶을 영위하도록 도움을 주며, 어떤 방식으로도 해를 끼치지 않는다. 상담심리사는 내담자로 하여금 의존적인 상담 관계를 형성하지 않도록 노력하여야 한다.

(3) 상담심리사는 상담 관계에서 오는 친밀성과 책임감을 인식하고, 상담심리사의 개인적 욕구 충족을 위해서 내담자를 희생시켜서는 안 된다.

(4) 상담심리사는 내담자의 가족이 내담자의 삶에 중요하다는 것을 인식하고, 필요하다면 가족의 이해와 참여를 얻기 위해 노력한다.

(5) 상담심리사는 직업 문제와 관련하여 내담자의 능력, 일반적인 기질, 흥미, 적성, 욕구, 환경 등을 고려하면서 내담자와 함께 노력하지만, 내담자의 일자리를 찾아 주거나 근무처를 정해 줄 의무가 있는 것은 아니다.

나) 다양성 존중

(1) 상담심리사는 모든 인간의 기본적인 권리, 존엄성, 가치를 존중하며 연령이나 성별, 인종, 종교, 성적인 선호, 장애 등을 이유로 내담자를 차별하지 않는다.

(2) 상담심리사는 내담자의 다양한 문화적 배경을 이해하려고 적극적으로 시도해야 하며, 상담심리사 자신의 고유한 문화적 정체성이 상담과정에 어떤 영향을 주는지를 인식해야 한다.

(3) 상담심리사는 자신의 고유한 가치, 태도, 신념, 행위를 인식하여 그것이 어떻게 다양한 사회에서 적용되는지를 깨닫고 있어야 하고, 내담자에게 자신의 가치를 강요하지 않는다.

다) 내담자의 권리

(1) 내담자는 비밀 유지를 기대할 권리가 있고 자신의 사례 기록에 대한 정보를 가질 권리가 있으며, 상담 계획에 참여할 권리, 어떤 서비스에 대해서는 거절할 권리, 그런 거절에 따른 결과에 대해 조언을 받을 권리 등이 있다.

(2) 상담심리사는 내담자에게 상담에 참여 여부를 선택할 자유와 어떤 전문가와 상담할 것인가를 결정할 자유를 주어야 한다. 내담자의 선택을 제한하는 제한점을 내담자에게 모두 설명해야 한다.

(3) 미성년자 혹은 자발적인 동의를 할 수 없는 사람이 내담자일 경우, 상담심리사
는 이런 내담자의 최상의 복지를 염두에 두고 행동한다.

4. 상담 관계

가) 이중 관계

(1) 상담심리사는 객관성과 전문적인 판단에 영향을 미칠 수 있는 이중 관계를 피
해야 한다. 가까운 친구나 친인척 등을 내담자로 받아들이면 이중 관계가 되어
전문적 상담의 성과를 기대할 수 없으므로, 다른 전문가에게 의뢰하여 도움을
준다.

(2) 상담심리사는 상담할 때 내담자와 상담 이외의 다른 관계가 있다면, 특히 자신
이 내담자의 상사이거나 지도교수 혹은 평가를 해야 하는 입장에 놓인 경우라
면 그 내담자를 다른 전문가에게 의뢰한다. 그러나 다른 대안이 불가능하고,
내담자의 상황을 판단해 볼 때 상담 관계 형성이 가능하다고 여겨지면 상담 관
계를 유지할 수도 있다.

(3) 상담심리사는 특별한 경우를 제외하고는, 내담자와 상담실 밖에서 사적인 관
계를 유지하지 않도록 한다.

(4) 상담심리사는 내담자와의 관계에서 상담료 이외의 어떠한 금전적, 물질적 거
래관계도 맺어서는 안 된다.

나) 성적 관계

(1) 상담심리사는 내담자와 어떠한 종류이든 성적 관계는 피해야 한다.

(2) 상담심리사는 이전에 성적인 관계를 가졌던 사람을 내담자로 받아들이지 않
는다.

(3) 상담심리사는 상담 관계가 종결된 이후 최소 2년 내에는 내담자와 성적 관계
를 맺지 않는다. 상담 종결 이후 2년이 지난 후에 내담자와 성적 관계를 맺게
되는 경우에도 상담심리사는 이 관계가 착취적인 특성이 없다는 것을 철저하
게 검증해야 한다.

다) 여러 명의 내담자와의 관계

(1) 상담심리사가 서로 관계를 맺고 있는 둘 혹은 그 이상의 내담자들(예, 남편과 아내, 부모와 자녀)에게 상담을 제공할 것을 동의할 경우, 상담심리사는 누가 내담자이며 각 사람과 어떠한 관계를 맺게 될지 그 특성에 대해 명확히 하고 상담을 시작해야 한다.

(2) 만약 그러한 관계가 상담심리사로 하여금 잠재적으로 상충되는 역할을 수행하도록 요구한다면, 상담심리사는 그 역할에 대해서 명확히 하거나, 조정하거나, 그 역할로부터 벗어나도록 한다.

5. 정보의 보호

가) 사생활과 비밀보호

(1) 상담심리사는 사생활과 비밀 유지에 대한 내담자의 권리를 최대한 존중해야 할 의무가 있다.

(2) 내담자의 사생활 보호에 대한 권리는 내담자나 내담자가 위임한 법적 대리인에 의해 유예될 수 있다.

(3) 상담심리사는 내담자의 사생활 침해를 최소화하기 위해서 문서 및 구두상의 보고나 자문 등에서 실제 의사소통된 정보만을 포함시킨다.

(4) 상담심리사는 고용인, 지도감독자, 사무보조원 그리고 자원봉사자들을 포함한 직원들에게도 내담자의 사생활과 비밀이 보호되도록 주지시켜야 한다.

나) 기 록

(1) 법, 규제 혹은 제도적 절차에 따라 상담심리사는 내담자에게 전문적인 서비스를 제공하기 위해서 반드시 기록을 보존한다.

(2) 상담심리사는 녹음 및 기록에 관해 내담자의 동의를 구한다.

(3) 상담심리사는 면접 기록, 심리검사 자료, 편지, 녹음·녹화 테이프, 기타 문서 기록 등 상담과 관련된 기록들이 내담자를 위해 보존된다는 것을 인식하며, 상담 기록의 안전과 비밀보호에 책임진다.

(4) 상담기관이나 연구단체는 상담 기록 및 보관에 관한 규정을 작성해야 하며, 그렇지 않을 경우 상담 기록은 상담심리사가 속해 있는 기관이나 연구단체의 기록으로 간주한다. 상담심리사는 내담자가 기록에 대한 열람이나 복사를 요구할 경우, 그 기록이 내담자에게 잘못 이해될 가능성이 없고 내담자에게 해가 되지 않으면 응하는 것이 원칙이다. 단, 여러 명의 내담자를 상담하는 경우, 다른 내담자와 관련된 사적인 정보를 제외하고 열람하도록 한다.

(5) 상담심리사는 기록과 자료에 대한 비밀보호가 자신의 죽음, 능력 상실, 자격 박탈 등의 경우에도 보호될 수 있도록 미리 계획을 세운다.

(6) 상담심리사는 상담과 관련된 기록을 보관하고 처리하는 데 있어서 비밀을 보호해야 하며, 이를 타인에게 공개할 때는 내담자의 직접적인 동의가 있을 때만 가능하다.

(7) 상담심리사는 다음에 정한 바와 같이 비밀보호의 예외가 존재하는 경우를 제외하고, 내담자의 서면 동의 없이는 제3의 개인, 단체에게 상담 기록을 밝히거나 전달하지 않는다.

다) 비밀보호의 한계

(1) 내담자의 생명이나 사회의 안전을 위협하는 경우가 발생한 경우에 한하여 내담자의 동의 없이도 내담자에 대한 정보를 관련 전문인이나 사회에 알릴 수 있다. 이러한 경우 상담 시작 전에 이러한 비밀보호의 한계를 알려 준다.

(2) 내담자가 감염성이 있는 치명적인 질병이 있다는 확실한 정보를 가졌을 때, 상담심리사는 그 질병에 위험한 수준으로 노출되어 있는 제삼자(내담자와 관계 맺고 있는)에게 그러한 정보를 공개할 수 있다. 상담심리사는 제삼자에게 이러한 정보를 공개하기 전에, 내담자가 자신의 질병에 대해서 그 사람에게 알렸는지, 아니면 조만간에 알릴 의도가 있는지를 확인한다.

(3) 법적으로 정보의 공개가 요구될 때는 비밀보호의 원칙에서 예외이지만, 법원이 내담자의 허락 없이 사적인 정보를 밝힐 것을 요구할 경우, 상담심리사는 내담자와의 관계를 해칠 수 있기 때문에 정보를 요구하지 말 것을 법원에 요청한다.

(4) 상황들이 사적인 정보의 공개를 요구할 때 오직 기본적인 정보만을 밝힌다. 더 많은 사항을 밝히기 위해서는 사적인 정보의 공개에 앞서 내담자에게 알린다.

(5) 만약 내담자의 상담이 여러 전문가로 구성된 팀에 의한 지속적인 관찰을 포함하고 있다면, 팀의 존재와 구성을 내담자에게 알린다.

(6) 상담이 시작될 때와 상담과정 중 필요한 때, 상담심리사는 내담자에게 비밀 보호의 한계를 알리고 비밀보호가 불이행되는 상황에 대해 인식시킨다.

(7) 비밀보호의 예외 및 한계에 관한 타당성이 의심될 때에 상담심리사는 동료 전문가의 자문을 구한다.

라) 집단상담과 가족상담

(1) 집단상담에서 상담심리사는 비밀보호의 중요성을 설명하고, 집단에서의 비밀보호와 관련된 어려움들을 토론한다. 집단 구성원들에게 비밀보호가 완벽하게는 보장될 수 없음을 알린다.

(2) 가족상담에서 한 가족 구성원에 대한 정보는, 허락 없이는 다른 구성원에게 공개될 수 없다. 상담심리사는 각 가족 구성원의 사생활에 대한 권리를 보호한다.

(3) 자발적인 언행이 불가능하거나 미성년인 내담자를 상담할 때, 상담의 과정에서 필요하면, 부모나 보호자가 참여할 수 있음을 알린다. 그러나 상담심리사는 내담자의 이익을 위해 최선을 다한다.

마) 기타 목적을 위한 내담자 정보의 사용

(1) 교육이나 연구 또는 출판을 목적으로 상담 관계로부터 얻어진 자료를 사용할 때는 내담자의 동의를 구해야 하며, 각 개인의 익명성이 보장되도록 자료 변형 및 신상 정보의 삭제와 같은 적절한 조치를 취하여 내담자의 신상에 피해를 주지 않도록 한다.

(2) 다른 전문가의 자문을 구할 경우, 상담심리사는 사전에 내담자의 동의를 구해야 하며, 적절한 조치를 통해 내담자의 사생활과 비밀을 보호하도록 노력한다.

바) 전자 정보의 비밀보호

    (1) 컴퓨터를 사용하면 광범위하게 자료를 보관하고 조사 · 분석할 수 있지만, 정보를 관리하는 데 한계가 있다는 사실을 알아야 한다.

    (2) 내담자의 기록이 전자 정보 형태로 보존되어 제삼자가 내담자의 동의 없이 접근할 수 있을 때, 상담심리사는 적절한 방법을 통해 내담자의 신상이 드러나지 않도록 조치를 취한다.

6. 상담 연구

가) 연구 계획

    (1) 상담심리사는 윤리적 기준에 따라 과학적인 방법으로 연구를 계획하고 수행한다.

    (2) 상담심리사는 연구가 잘못될 가능성을 최소화하도록 연구를 계획한다.

    (3) 연구를 계획할 때, 상담심리사는 윤리강령에 따라 하자가 없도록 한다. 만약 윤리적 쟁점이 명확하지 않다면, 상담심리사는 윤리위원회나 동료의 자문 등을 통해 쟁점을 해결한다.

    (4) 상담심리사는 최선을 다해 연구 대상자의 권리와 복지를 보호하기 위한 적절한 조치를 취해야 한다.

    (5) 상담심리사는 국가의 법과 기준 및 전문적 기준을 준수하는 태도로 연구를 수행한다.

나) 책 임

    (1) 상담심리사는 연구가 진행되는 동안 연구 대상자의 복지에 대한 책임이 있으며, 연구 대상자를 심리적 · 신체적 · 사회적 불편이나 위험으로부터 보호해야 한다.

    (2) 상담심리사는 자기 자신 혹은 자기 감독하에 수행된 연구의 윤리적 행위에 대해서 책임이 있다.

    (3) 연구자와 연구 보조자는 훈련받고 준비된 과제만을 수행해야 한다.

    (4) 연구를 수행하는 데 있어서 필요에 따라 숙련된 연구자의 자문을 구한다.

다) 연구 대상자의 참여 및 동의

(1) 연구에의 참여는 자발적이어야 한다. 비자발적인 참여는 그것이 연구 대상자에게 전혀 해로운 영향을 끼치지 않거나, 관찰연구가 필요한 경우에만 가능하다.

(2) 상담심리사는 연구 대상자를 구하기 위하여 부적절한 유인가를 제공하지 말아야 한다.

(3) 상담심리사는 연구 대상자가 이해할 수 있는 언어를 사용하여 연구의 목적, 절차 및 기대되는 효과를 설명한 후에 연구 동의를 받아야 한다.

(4) 상담심리사는 모든 형태의 촬영이나 녹음에 대해서 사전에 연구 대상자의 동의를 받아야 한다.

(5) 상담심리사는 정보를 숨기거나 사실과 다르게 알리는 것이 연구와 관찰에 필요한 경우를 제외하고는 모든 연구 대상자에게 연구의 목적 및 특성에 대해 사실대로 알려야 한다. 연구의 특성상 사실과 다르게 보고한 경우에는 연구가 끝난 뒤 가능한 한 빨리 사실 그대로를 알려 주어야 한다.

(6) 상담심리사는 연구 대상자의 참여에 영향을 줄 수 있는 물리적 위험, 불편함, 불쾌한 정서적 경험 등에 관하여 반드시 사전에 알려 주어야 한다.

라) 연구 결과 및 보고

(1) 상담심리사는 연구 대상자의 요구가 있을 경우, 연구 대상자에게 연구의 결과나 결론 등을 제공한다.

(2) 상담심리사는 연구 결과를 출판할 경우에 자료를 위조하거나 결과를 왜곡해서는 안 된다.

(3) 출판된 자신의 자료에서 중대한 오류가 발견된 경우, 상담심리사는 그러한 오류에 대해 수정 · 철회 · 정정하여야 한다.

(4) 상담심리사는 타 연구의 결과나 자료의 일부 혹은 기본적인 내용에 대해서 아무리 자주 인용된다 하더라도 자신의 것으로 보고해서는 안 된다.

(5) 상담심리사는 자신이 수행한 연구 및 기여한 연구에 대해서만 책임과 공로를 갖는다. 연구에 많은 공헌을 한 자는 공동 연구자로 하거나, 공인을 해 주거나, 각주를 통해 밝히거나 혹은 다른 적절한 수단을 통하여 그 공헌에 맞게 인정해

주어야 한다.

(6) 전문적이고 과학적인 가치가 있는 것으로 판명된 연구 결과는 다른 상담심리
사들과 상호 교환해야 하며, 연구 결과가 연구소의 프로그램, 상담 활동, 기존
관심과 일치하지 않는다는 이유로 철회되어서는 안 된다.

(7) 상담심리사는 자신의 연구를 제삼자가 반복하기 원하고, 그만한 자격이 있으
면, 연구 자료를 충분히 이용하도록 할 의무가 있다. 단, 연구 대상자의 정보를
보호해야 한다.

(8) 상담심리사는 이미 다른 논문이나 출판물에 전체 혹은 일부분이 수록된 원고
를 전 출판사의 승인이나 인가 없이 이중 발표하지 않는다.

7. 심리검사

가) 기본 사항

(1) 교육 및 심리 평가의 주된 목적은 객관적이면서 해석이 용이한 평가도구를 제
공하는 데 있다.

(2) 상담심리사는 교육 및 심리 평가 방법을 활용하여 내담자의 복리와 이익을 추
구하여야 한다.

(3) 상담심리사는 평가 결과와 해석을 오용해서는 안 되고, 다른 사람들이 평가도
구를 개발하고 출판 또는 사용함에 있어서 정보를 오용하지 않도록 적절한 조
치를 한다.

(4) 상담심리사는 검사 결과에 따른 상담심리사들의 해석 및 권유의 근거에 대한
내담자들의 알 권리를 존중한다.

(5) 상담심리사는 규정된 전문적 관계 안에서만 평가, 진단, 서비스 혹은 개입을
한다.

(6) 상담심리사의 평가, 추천, 보고 그리고 심리적 진단이나 평가 진술은 적절한
증거 제공이 가능한 정보와 기술에 바탕을 둔다.

나) 검사를 사용하고 해석하는 능력

(1) 상담심리사는 자신의 능력의 한계를 알고, 훈련받은 검사와 평가만을 수행해야 한다. 또한 상담심리사는 지도감독자로부터 적합한 심리검사 도구를 제대로 이용하는지의 여부를 평가받아야 한다.

(2) 컴퓨터를 이용한 검사를 활용하는 상담심리사는 원 평가도구에 대해 훈련받아야 한다.

(3) 수기로 하든지, 컴퓨터를 사용하든지, 상담심리사는 평가도구의 채점, 해석과 사용, 응용에 대한 책임이 있다.

(4) 상담심리사는 타당도와 신뢰도, 검사에 대한 연구 및 검사지의 개발과 사용에 관한 지침 등 교육 · 심리적 측정에 대해 철저하게 이해하고 있어야 한다.

(5) 상담심리사는 평가도구나 방법에 대해 언급할 때, 정확한 정보를 제공하고 오해가 없도록 해야 한다. 지능지수나 점수 등이 근거 없는 의미를 내포하지 않도록 특별한 노력을 기울여야 한다.

(6) 상담심리사는 심리 평가를 무자격자에게 맡겨서는 안 된다.

다) 사전동의

(1) 평가 전에 내담자의 동의를 미리 얻지 않았다면, 상담심리사는 그 평가의 특성과 목적 그리고 결과의 구체적인 사용에 대해 내담자가 이해할 수 있는 말로 설명해야 한다. 채점이나 해석이 상담심리사나 보조원에 의해서 이루어지든지, 아니면 컴퓨터나 기타 외부 서비스 기관에 의해서 이루어지든지, 상담심리사는 내담자에게 적절한 설명을 하도록 조치를 취해야 한다.

(2) 내담자의 복지, 이해 능력 그리고 사전동의에 따라 검사 결과의 수령인을 결정짓는다. 상담심리사는 어떤 개인 혹은 집단의 검사 결과를 제공할 때 정확하고 적절한 해석을 함께 제공하여야 한다.

라) 유능한 전문가에게 정보 공개하기

(1) 상담심리사는 검사 결과나 해석을 포함한 평가 결과를 오용해서는 안 되며, 다른 사람들의 오용을 막기 위한 적절한 조치를 취한다.

(2) 상담심리사는 특별한 경우를 제외하고는 내담자나 내담자가 위임한 법적 대리인의 동의가 있을 경우에만 그 내담자의 신분이 드러날 만한 자료(예, 계약서, 상담이나 인터뷰 기록 혹은 설문지)를 공개한다. 그와 같은 자료는 그 자료를 해석할 만한 능력이 있다고 상담심리사가 인정하는 전문가에게만 공개되어야 한다.

마) 검사의 선택

(1) 상담심리사는 심리검사를 선택할 때 타당도, 신뢰도, 검사의 적절성, 제한점 등을 신중히 고려한다.

(2) 상담심리사는 다문화 집단을 위한 검사를 선택할 때, 사회화된 행동과 인지 양식을 고려하지 않은 부적절한 검사를 피할 수 있도록 주의한다.

바) 검사 시행의 조건

(1) 상담심리사는 표준화된 조건과 동일한 조건에서 검사를 시행한다. 검사가 표준화된 조건에서 시행되지 않거나 검사 시간에 비정상적인 행동이 발생할 경우, 그러한 내용을 기록해야 하고, 그 검사 결과를 무효 처리하거나 타당성을 의심할 수 있다.

(2) 상담심리사는 컴퓨터나 다른 전자식 방법을 사용하였을 때, 시행 프로그램이 내담자에게 정확한 결과를 적절히 제공하도록 보장할 책임이 있다.

(3) 인사, 생활 지도, 상담 활동에 주로 활용되는 검사 결과가 유의미하기 위해서는 검사 내용에 대한 선수 지도나 내용을 언급하면 안 된다. 그러므로 검사지를 안전하게 보호하는 것도 상담심리사의 책임이다.

사) 검사 점수화와 해석, 진단

(1) 상담심리사는 검사 시행과 해석에 있어서 나이, 인종, 문화, 장애, 민족, 성, 종교, 성적 기호, 그리고 사회경제적 지위의 영향을 고려하고, 다른 관련 요인들과 통합 비교하여 검사 결과를 해석한다.

(2) 상담심리사는 기술적 자료가 불충분한 평가도구의 경우 그 결과를 해석할 때

신중해야 한다. 그러한 도구를 사용하는 특정한 목적을 내담자에게 명백히 알려 주어야 한다.

(3) 정신 장애를 진단하기 위해서 상담심리사는 특별한 관심을 가져야 한다. 내담자에 대한 치료 장소, 치료 유형 또는 후속 조치를 결정하기 위한 개인 면담 및 평가 방법을 주의 깊게 선택하고 사용한다.

(4) 상담심리사는 내담자의 문제를 정의할 때, 내담자가 속한 문화의 영향을 받는다는 것을 인지한다. 내담자의 정신 장애를 진단할 때 사회경제적 및 문화적 경험을 고려해야 한다.

아) 검사의 안전성

(1) 상담심리사는 공인된 검사 또는 일부를 발행자의 허가 없이 사용, 재발행, 수정하지 않는다.

(2) 상담심리사는 시대에 뒤진 자료나 검사 결과를 사용하지 않는다. 다른 사람이 쓸모없는 측정이나 검사 자료를 사용하지 않도록 상담심리사는 도와준다.

8. 윤리 문제해결

가) 윤리위원회와 협력

(1) 상담심리사는 본 윤리강령 및 적용 가능한 타 윤리강령을 숙지해야 할 의무가 있다. 윤리적 기준에 대해 모르고 있거나, 잘못 이해하고 있다는 사실이 비윤리적 행위에 대한 근거가 되지는 못한다.

(2) 상담심리사는 윤리강령의 시행과정을 돕는다. 상담심리사는 윤리강령을 위반한 것으로 지목되는 사람들에 대해 윤리 위원회의 조사, 요청, 소송 절차에 협력한다.

나) 위반

(1) 상담심리사가 윤리적으로 행동하는지에 대한 의구심을 유발하는 근거가 있을 때, 윤리위원회는 적절한 조치를 취할 수 있다.

(2) 특정 상황이나 조치가 윤리강령에 위반되는지 불분명할 경우, 상담심리사는 윤리강령에 대해 지식이 있는 다른 상담심리사, 해당 권위자 및 윤리위원회의 자문을 구한다.

(3) 소속 기관 및 단체와 본 윤리강령 간에 갈등이 있을 경우, 상담심리사는 갈등의 본질을 명확히 하고, 소속 기관 및 단체에 윤리강령을 알려서 이를 준수하는 방향으로 해결책을 찾도록 한다.

(4) 다른 상담심리사의 윤리 위반에 대해 비공식적인 해결이 가장 적절한 개입으로 여겨질 경우에는, 당사자에게 보고하여 해결하려는 시도를 한다.

(5) 명백한 윤리강령 위반이 비공식적인 방법으로 해결되지 않거나 그 방법이 부적절하다면 윤리위원회에 위임한다.

10

한국심리학회 심리학자 윤리규정

서 문

  한국심리학회 개인 정회원(이하 심리학자라 한다.)의 역할은 전문적이고 과학적인 활동을 통해서 인간에 대한 지식을 확장하고 개인과 사회의 안녕을 위해 자신의 지식과 능력을 발휘하는 것이다. 본 심리학자 윤리규정(이하 윤리규정이라 한다.)은 심리학자가 이러한 역할을 수행하는 과정에서 확립되어야 할 원칙과 기준을 규정한다. 심리학자는 언제나 최대한의 윤리적 책임을 지는 행동을 하도록 노력할 의무가 있다. 심리학자는 전문적이고 과학적인 기초 위에서 활동함으로써 자신의 지식과 능력의 범위를 인식할 의무가 있으며, 또 이를 남용하거나 악용하게 하는 개인적·사회적·경제적·정치적 영향으로부터 벗어나도록 노력해야 할 의무가 있다. 윤리규정에 어긋나는 행위를 한 심리학자는 윤리규정과 한국심리학회 회칙에서 정한 절차에 따라 회원자격 박탈, 회원자격 정지, 자격(면허) 상실, 자격(면허) 정지 등의 징계를 할 수 있다. 또 이 조처를 다른 기관이나 개인에게 알릴 수 있다.

제1장 윤리규정의 시행에 관한 지침

제1조 윤리규정

한국심리학회 회원으로 가입하기 위해서는 윤리규정에 서약해야 한다. 본 윤리규정의 발효 시 기존 회원은 본 윤리규정에 서약한 것으로 간주한다.

제2조 윤리규정과 현행법과의 갈등

현행법이 윤리규정을 제한할 경우는 전자가 우선적으로 적용된다. 만약 윤리규정이 현행법이 요구하는 것보다 엄격한 기준을 설정하고 있다면, 심리학자는 윤리규정을 따라야 한다.

제3조 윤리규정과 조직 요구와의 갈등

심리학자가 소속되어 있는 기관이 윤리규정에 반하는 요구를 할 경우, 심리학자는 자신이 윤리규정에 이미 서약하였음을 알리고, 윤리규정을 준수하는 방식으로 그 갈등을 해결하도록 노력한다. 또한 윤리규정에 반하는 기관의 요구를 학회 및 상벌위원회에 알리고 자문을 구하여야 하며, 위원회는 적절한 자문을 해 주어야 한다.

제4조 윤리위반의 보고

심리학자는 다른 심리학자가 윤리규정을 위반한 것을 인지하게 되면 그 심리학자로 하여금 윤리규정에 주목하게 함으로써 문제를 해결하도록 노력한다. 그러나 문제가 해결되지 않거나 명백한 윤리규정 위반으로 비공식적 방식이 적절하지 않은 경우, 한국심리학회 산하학회 또는 한국심리학회 상벌 및 윤리위원회에 보고한다. 한국심리학회 산하학회 또는 한국심리학회 상벌 및 윤리위원회는 문제를 학회에 보고한 심리학자의 신원을 외부에 공개해서는 안 된다.

제5조 상벌 및 윤리위원회와의 협조

윤리규정 위반으로 보고된 심리학자는 한국심리학회 산하학회 또는 한국심리학회 상벌 및 윤리위원회에서 행하는 조사에 협조해야 한다. 윤리 조사에 협조하지 않는 것 자체가 윤리규정 위반이 된다.

제6조 소명 기회의 보장

윤리규정 위반으로 보고된 심리학자에게 충분한 소명의 기회가 주어져야 한다.

제7조 징계심사 대상자에 대한 비밀 보호

윤리규정 위반에 대해 한국심리학회 이사회의 징계 결정이 내려질 때까지 한국심리학회 산하학회의 윤리위원과 한국심리학회 상벌 및 윤리위원은 해당 심리학자의 신원을 외부에 공개해서는 안 된다.

제8조 윤리규정의 수정

윤리규정의 수정 절차는 한국심리학회 회칙 개정 절차에 준한다. 윤리규정이 수정될 경우, 수정 전의 규정에 서약한 회원은 추가적인 서약 없이 새로운 규정에 서약한 것으로 간주한다.

제2장 일반적 윤리

제9조 심리학자의 기본적 책무

1. 심리학자는 인간의 정신 및 신체 건강의 향상을 위해 노력하여야 한다.

2. 심리학자는 개인과 사회의 발전을 위해 노력하여야 한다.

3. 심리학자는 학문 연구, 교육, 평가 및 치료의 제 분야에서 정확하고, 정직하며, 진실되게 업무를 수행하여야 한다.

4. 심리학자는 자신의 업무가 사회와 인류에 영향을 미칠 수 있음을 자각하여, 신뢰를 바탕으로 전문가로서의 책임을 다한다.

5. 심리학자는 심리학적 연구 결과와 서비스가 필요한 모든 사람에게 공정하게 제공될 수 있도록 최선의 노력을 기울여야 한다.

6. 심리학자는 인간의 가치와 존엄성을 존중하며, 아울러 사생활을 침해받지 않을 개인의 권리와 자기 결정권을 존중한다.

제10조 전문성

1. 심리학자는 자신의 능력과 전문성을 발전시키고 유지하기 위하여 지속적인 노력을 기울여야 한다.

2. 연구와 교육에 종사하는 심리학자는 전문 분야에 대한 과학적 지식을 추구하고 이를 정확하게 전달하기 위하여 끊임없이 노력하여야 한다.

3. 평가와 심리치료에 종사하는 심리학자는 교육, 훈련, 수련, 지도감독을 받고, 연구 및 전문적 경험을 쌓은 전문적인 영역의 범위 내에서 서비스를 제공하여야 한다. 긴급한 개입을 요하는 비상 상황인데 의뢰할 수 있는 심리학자가 없는 경우에는 자격을 갖추지 못한 심리학자가 서비스를 제공할 수 있다. 단, 이 경우에는 자격을 갖춘 심리학자의 서비스가 가능해지는 순간 종료하여야 한다.

4. 자신의 전문 영역 밖의 지식과 경험이 요구되는 서비스를 제공하고자 하는 심리학자는 이와 관련된 교육과 수련 및 지도감독을 받아야 한다.

제11조 업무 위임

심리학자가 피고용인, 지도감독을 받는 수련생, 조교에게 업무를 위임할 때는 다음과 같은 조처를 한다.

(1) 서비스를 받게 될 사람과 다중 관계를 가지고 있어서 착취하거나 객관성을 상실할 가능성이 있는 사람에게는 업무 위임을 피한다. (제14조 다중 관계, 참조)

(2) 이수한 교육, 수련 또는 경험상 독립적으로 또는 지도감독하에서 업무를 유능하게 수행할 것으로 여겨지는 사람에게만 업무를 위임한다.

(3) 위임받은 자가 위임받은 업무를 유능하게 수행하는지를 확인한다.

제12조 업무와 관련된 인간관계

1. 심리학자는 동료 심리학자를 존중하고, 동료 심리학자의 업무 활동에 대해 사실에 근거하지 않은 비판을 하지 않는다.

2. 심리학자는 성실성과 인내심을 가지고 함께 일하는 다른 분야의 종사자와 협조적으로 업무를 수행한다.

3. 심리학자는 학생이나 수련생에게 필요한 지식과 경험을 제공하여야 하며, 그들에게

종속적인 업무만을 하도록 하여서는 아니된다.(제13조 착취 관계, 참조)

4. 심리학자는 연구 참여자의 인격을 존중하여야 하며, 연구 참여과정 중에 이들이 위험에 처하지 않도록 안전과 복지를 보장하는 조치를 취하여야 한다. (제23조 연구 참여자에 대한 책임, 참조)

5. 심리학자는 내담자/환자와 신뢰 관계를 형성하여야 하며, 다중 관계나 착취 관계를 가지지 않는다. (제14조 다중 관계, 제13조 착취 관계, 참조)

제13조 착취 관계

심리학자는 자신이 지도감독하거나 평가하거나 기타의 권위를 행사하는 대상, 즉 내담자/환자, 학생, 지도감독을 받는 수련생, 연구 참여자 및 피고용인을 물질적, 신체적, 업무적으로 착취하지 않는다.

제14조 다중 관계

1. 다중 관계, 즉 어떤 사람과 전문적 역할 관계에 있으면서 동시에 또 다른 역할 관계를 가지는 것은 심리학자가 공정하고 객관적이며 효율적으로 업무를 수행하는 데 위험 요인이 될 수 있으며, 또한 상대방을 착취하거나 해를 입힐 가능성이 있으므로, 심리학자는 다중 관계가 발생하게 될 때 신중하여야 한다.

2. 심리학자는 자신의 업무 수행에 위험 요인이 되고 상대방에게 해를 입힐 수 있는 다음과 같은 다중 관계를 피하여야 한다.

(1) 사제 관계이면서 동시에 사적 친밀 관계인 경우 (제44조 학생 및 수련생과의 성적 관계, 참조)

(2) 사제 관계이면서 동시에 치료자-내담자/환자 관계인 경우 (제43조 개인치료 및 집단치료 2항, 참조)

(3) 같은 기관에 소속되어 사제 관계, 고용 관계 또는 상하 관계에 있으면서 기관 내의 치료자-내담자/환자에 대한 지도감독의 대가로 직접 금전적 관계를 형성하는 경우

(4) 치료자-내담자/환자 관계이면서 동시에 사적 친밀 관계인 경우 (제60조 내담자/환자와의 성적 친밀성, 참조)

(5) 내담자/환자의 가까운 친척이나 보호자와 사적 친밀 관계를 가지는 경우

(6) 기타 업무 수행의 공정성을 저해할 가능성이 있거나 착취를 하거나 피해를 입힐
가능성이 있는 다중 관계

3. 심리학자의 업무 수행에 위험 요인이 되지 않고, 또 상대방에게 해를 입히지 않을 것
으로 생각되는 다중 관계는 비윤리적이지 않다.
4. 예측하지 못한 요인으로 인해 해로울 수 있는 다중 관계가 형성된 것을 알게 되면, 심
리학자는 이로 인해 영향받을 사람들의 이익을 고려하여 합당한 조처를 하고 윤리규
정을 따르도록 한다.

제15조 이해의 상충

심리학자는 개인적·과학적·전문적·법적·재정적 관계 또는 기타 이해관계나 대인관계
에 있어서 다음과 같은 경우에는 전문적 역할을 맡는 것을 자제하여야 한다.
(1) 심리학자로서의 역할을 수행하는 데 객관성, 유능성 혹은 효율성을 해치는 경우
(2) 전문적 관계를 가지고 있는 개인이나 조직에 해를 입히거나 착취할 것으로 생각되
는 경우

제16조 성적 괴롭힘

심리학자는 성적 괴롭힘을 하지 않는다. 성적 괴롭힘은 심리학자로서의 역할과 활동을 하
는 과정에서 나타나는 성적 유혹, 신체적 접촉 또는 근본적으로 성적인 의미가 있는 언어적,
비언어적 품행을 포괄한다.

제17조 비밀 유지 및 노출

1. 심리학자는 연구, 교육, 평가 및 치료과정에서 알게 된 비밀정보를 보호하여야 할 일
차적 의무가 있다. 비밀 보호의 의무는 고백한 사람의 가족과 동료에 대해서도 지켜져
야 한다. 그러나 내담자/환자의 상담과 치료에 관여한 심리학자와 의사 및 이들의 업
무를 도운 보조자들 간에서나, 또는 내담자/환자가 비밀노출을 허락한 대상에 대해서
는 예외로 한다. 그러나 이 경우에도 실명 노출을 최소화하기 위해 노력한다.
2. 심리학자는 조직 내담자, 개인 내담자/환자 또는 내담자/환자를 대신해서 법적으로

권한을 부여받은 사람의 동의를 얻어 비밀정보를 노출할 수도 있다. 이는 전문적인 연구 목적에 국한하여야 하며, 이 경우에는 실명을 노출해서는 안 된다.

3. 법률에 의해 위임된 경우 또는 다음과 같은 타당한 목적을 위해 법률에 의해 승인된 경우에는 개인의 동의 없이 비밀정보를 최소한으로 노출할 수 있다.

   (1) 필요한 전문적 서비스를 제공하기 위한 경우

   (2) 적절한 전문적 자문을 구하기 위한 경우

   (3) 내담자/환자, 심리학자 또는 그 밖의 사람들을 상해로부터 보호하기 위한 경우

   (4) 내담자/환자로부터 서비스에 대한 비용을 받기 위한 경우

제18조 업무의 문서화 및 문서의 보존과 양도

1. 심리학자는 연구, 교육 및 평가, 치료과정에서 개인으로부터 받은 구두 동의, 허락, 승인 내용을 문서화하여야 한다.

2. 심리학자는 다음과 같은 목적으로 자신의 전문적 과학적 업무에 대해 기록하여 문서화하여야 한다.

   (1) 자신을 포함한 전문가들의 이후 연구, 교육, 평가 및 치료에 도움이 되도록 하기 위해

   (2) 연구설계와 분석을 반복 검증하기 위해

   (3) 기관의 요구에 부응하기 위해

   (4) 청구서 작성과 지불의 정확성을 보장하기 위해

   (5) 법률 준수를 보장하기 위해

3. 심리학자는 문서화한 기록과 자료를 저장하고 보존하여야 하며, 직책이나 실무를 그만두게 될 경우에는 기록과 자료를 양도하여야 한다.

제19조 공적 진술

1. 공적 진술에는 유료 또는 무료 광고, 제작물 품질보증, 연구비 신청서, 자격증 신청서 등 다양한 종류의 신청서, 소책자, 인쇄물, 주소록, 개인 이력서, 대중매체용 논평, 법적 소송에서의 진술, 강의와 구두 발표 및 출판물 등이 포함된다.

2. 심리학자가 강연, TV 프로그램, 인쇄물, 인터넷 또는 기타 매체를 통해 공적인 조언이나 논평을 할 때는 ① 과학적 근거가 있는 전문지식, 수련 또는 경험을 토대로, ② 사실에 의하여, ③ 본 윤리규정과 일치하게, ④ 수혜자와 심리학자 간에 특수 관계가 있는 것으로 여겨지지 않도록 진술하여야 한다.

3. 심리학자는 ① 학력, ② 경력, ③ 자격, ④ 연구기관이나 학회 가입, ⑤ 제공할 수 있는 서비스의 종류(전문 분야), ⑥ 자신이 제공하는 서비스의 과학적 임상 기초와 그 성과의 정도, ⑦ 치료비, ⑧ 업적이나 연구 결과에 관하여 허위 진술을 하지 않는다.

제20조 광고

심리학자는 거짓, 기만, 과장, 기타 비윤리적인 방식으로 영업, 상업 광고, 호객 행위 등의 활동을 하지 않는다. 다음 경우는 비윤리적인 활동에 해당되지 않는다.

(1) 사실에 근거한 자신의 업무와 전문성에 대한 정보를 기관 안내지, 안내 편지, 언론 매체, 인터넷 등의 정보매체를 이용하여 전달하는 것

(2) 이미 치료를 받은 내담자/환자에게 도움을 줄 목적으로 접촉을 시도하는 것

(3) 지역사회 봉사 활동의 일환으로 심리평가, 상담 및 치료 서비스를 제공하기 위하여 그 대상자를 찾는 것

제3장 연구 관련 윤리

제21조 학문의 자유와 사회적 책임

연구에 종사하는 심리학자는 학문의 자유에 대한 기본권을 가지며, 그에 따른 다음과 같은 사회적 책임과 의무를 가진다.

(1) 사상, 종교, 나이, 성별 및 사회적 계층과 문화가 다른 집단의 학문적 업적에 대하여 편견 없이 인정하여야 한다.

(2) 자신의 연구에 대한 비판에 개방적이고, 자신의 지식에 대하여 끊임없이 회의하는 자세를 가져야 한다.

(3) 자신의 주장을 반박하는 설득력 있는 증거를 발견하면, 자신의 오류를 수정하려는 자세를 가져야 한다.

(4) 새로운 연구 문제, 사고 체계 및 접근법에 대하여 편견 없이 검토하여야 한다.

제22조 기관의 승인

연구 수행 시 기관의 승인이 요구될 때, 심리학자는 연구를 수행하기 전에 연구계획에 대한 정확한 정보를 제공하고 승인을 얻는다. 또한 승인된 연구 계획안대로 연구를 수행하여야 한다.

제23조 연구 참여자에 대한 책임

심리학자는 연구 참여자에 대해 다음과 같은 책임을 가진다.

    (1) 연구 참여자의 인격, 사생활을 침해받지 않을 개인의 권리와 자기 결정권을 존중한다.

    (2) 연구 참여자의 안전과 복지를 보장하기 위한 조처를 하고, 위험에 노출되지 않도록 하여야 한다.

    (3) 연구 참여자에게 심리적 · 신체적 손상을 주어서는 아니되며, 예상하지 못한 고통의 반응을 연구 참여자가 보일 경우 연구를 즉시 중단하여야 한다.

제24조 연구 참여에 대한 동의

1. 연구 참여는 자유의지로 결정되어야 한다. 따라서 심리학자는 연구 참여자로부터 연구 참여에 대한 동의를 받아야 한다. 동의를 얻을 때는 다음 사항을 알려 주고, 이에 대해 질문하고 답을 들을 수 있는 기회를 제공한다.

    (1) 연구의 목적, 예상되는 기간 및 절차

    (2) 연구에 참여하거나 중간에 그만둘 수 있는 권리

    (3) 연구 참여를 거부하거나 그만두었을 때 예상되는 결과

    (4) 참여 자발성에 영향을 미칠 것으로 예상되는 잠재적 위험, 고통 또는 해로운 영향

    (5) 연구에 참여함으로써 얻을 수 있을 것으로 예상되는 이득

    (6) 비밀보장의 한계

    (7) 참여에 대한 보상

2. 실험 처치가 포함된 중재 연구를 수행하는 심리학자는 연구 시작부터 참여자에게 다음 사항을 분명하게 알려 준다.

(1) 실험 처치의 본질

(2) 통제집단에게 이용할 수 있거나 또는 이용할 수 없게 될 서비스

(3) 처치집단 또는 통제집단에의 할당 방법

(4) 개인이 연구에 참여하고 싶지 않거나, 연구가 이미 시작된 후 그만두고 싶어 할 경우 이용 가능한 처치 대안

(5) 연구 참여에 대한 보상이나 금전적인 대가

제25조 연구를 위한 음성 및 영상 기록에 대한 동의

자료 수집을 위하여 연구 참여자의 음성이나 영상이 필요한 경우에 심리학자는 기록하기 전에 연구 참여자로부터 동의를 받아야 하는데, 다음의 경우는 예외로 한다.

(1) 연구의 내용이 공공장소에서 자연관찰하는 것이거나, 그 기록이 개인의 정체를 밝히거나 해를 끼치는 데 사용될 것으로 예상되지 않을 경우

(2) 연구 설계에 속이기가 포함되어 있어서, 기록 후에 기록 사용에 대한 동의를 얻어야 하는 경우

제26조 내담자/환자, 학생 등 연구자에게 의존적인 참여자

1. 심리학자가 내담자/환자, 학생 등 자신에게 의존적인 사람을 대상으로 연구를 수행할 때 심리학자는 이들이 참여를 거부하거나 그만둘 경우에 가지게 될 해로운 결과로부터 이들을 보호하는 조처를 한다.

2. 연구 참여가 수강 과목의 필수 사항이거나 추가 학점을 받을 수 있는 기회가 될 경우, 수강학생에게 다른 대안적 활동을 제공하여 학생 스스로 선택할 수 있도록 한다.

제27조 연구 동의 면제

심리학자는 다음의 경우에 연구 참여자로부터 동의를 받지 않을 수 있다.

(1) 연구가 고통을 주거나 해를 끼치지 않을 것으로 판단되는 경우 ① 교육 장면에서 수행되는 교육 실무, 교과과정 또는 교실 운영 방법에 대한 연구, ② 연구 참여자

의 반응 노출이 참여자들을 형사상 또는 민사상 책임의 위험에 놓이지 않게 하거
나, 재정 상태, 고용 가능성 또는 평판에 손상을 입히지 않으며, 비밀이 보장되는
익명의 질문지, 자연관찰 또는 자료 수집 연구, ③ 조직 장면에서 수행되는 직업이
나 조직 효율성에 관련된 요인들에 대한 연구로, 참여자의 고용 가능성에 위험이
되지 않고, 비밀이 보장되는 경우

(2) 국가의 법률 또는 기관의 규칙에 의해 허용되는 경우

제28조 연구 참여에 대한 보상

1. 심리학자는 연구 참여에 대해 적절한 정도의 보상을 한다. 그러나 연구 참여를 강요하
게 될 정도로 지나치게 부적절한 금전적 또는 기타의 보상을 제공하지 않는다.

2. 연구 참여에 대한 보상으로 전문적 서비스를 제공할 시 심리학자는 그 서비스의 본질
뿐만 아니라, 위험, 의무, 한계를 분명히 하여야 한다.

제29조 연구에서 속이기

1. 심리학자는 속이기 기법을 사용하는 것이 연구에서 예상되는 과학적 · 교육적 혹은
응용 가치에 의해서 정당한 사유가 되고, 또한 속임수를 쓰지 않는 효과적인 대안적
절차들이 가능하지 않다고 결정한 경우를 제외하고는 속임수가 포함된 연구를 수행
하지 않는다.

2. 심리학자는 연구에 참여할 사람들에게 신체적 통증이나 심한 정서적 고통을 일으킬
수도 있다는 정보를 알려 주고 속이지 않는다.

3. 심리학자는 실험에 포함된 속임수를 가능한 빨리, 가급적이면 연구 참여가 끝났을 때,
아니면 늦어도 자료 수집이 완료되기 전에 설명함으로써, 참여자들에게 자신의 실험
자료를 철회할 수 있는 기회를 준다.

제30조 연구 참여자에 대한 사후 보고

1. 심리학자는 연구 참여자들에게 연구의 본질, 결과 및 결론에 대한 정보를 제공하는 것
이 과학적 가치와 인간적 가치를 손상시키지 않는 한, 연구 참여자들이 이에 대한 정
보를 얻을 수 있는 기회를 제공한다.

2. 심리학자는 연구 절차가 참여자들에게 피해를 입혔다는 것을 알게 되면, 그 피해를 최소화하기 위한 조처를 한다.

제31조 동물의 인도적인 보호와 사용

심리학 연구에서 동물실험은 불가피할 수 있다. 그러나 심리학자의 기본 의무는 생명을 존중하는 것이므로 동물을 대상으로 연구할 때 다음과 같은 기준에 따라야 한다.

(1) 연구를 위해 동물실험 이외의 대안적 방법이 없는지에 대해 신중히 생각하고, 대안이 없을 경우에만 동물을 대상으로 연구한다.

(2) 동물실험은 과학적 지식을 얻기 위한 목적으로만 수행되어야 하며, 실험 방법, 사용하는 동물의 종, 동물의 수가 적절한지에 대해 심사숙고하여야 한다.

(3) 현행 법률과 규정에 따라서 그리고 전문적 기준에 따라서 동물을 확보하고, 돌보고, 사용하며, 처리한다.

(4) 동물 피험자의 고통, 통증 및 상해를 최소화하기 위해 노력한다.

(5) 대안적인 절차 사용이 가능하지 않을 때만, 그리고 그 목적이 과학적, 교육적 또는 응용 가치에 의해 정당화될 때만 동물을 통증, 스트레스 혹은 박탈 상황에 노출시키는 절차를 사용할 수 있다.

제32조 연구 결과 보고

1. 심리학자는 자료를 조작하지 않는다.
2. 심리학자는 연구 대상 개개인이 식별될 수 있는 자료를 익명화하여 보고하여야 한다.
3. 심리학자는 출판된 자신의 자료에서 중대한 오류를 발견하면, 정정, 취소, 정오표 등 적절한 출판 수단을 사용하여 오류를 바로잡기 위한 조처를 취한다.

제33조 표절

심리학자는 자신이 수행하지 않은 연구나 주장의 일부분을 자신의 연구나 주장인 것처럼 논문이나 저술에 제시하지 아니한다. 비록 그 출처를 논문이나 저술에서 여러 차례 참조하더라도, 그 일부분을 자신의 연구나 주장인 것처럼 제시하는 것은 표절이 된다.

제34조 출판 업적

1. 심리학자는 자신이 실제로 수행하거나 공헌한 연구에 대해서만 저자로서의 책임을 지며, 또한 업적으로 인정받는다.

2. 논문이나 기타 출판 업적의 저자나 저자의 순서는 상대적 지위에 관계없이 연구에 기여한 정도를 상대적으로 정확하게 반영하여야 한다. 단순히 어떤 직책에 있다고 해서 저자가 되거나 제1저자로서의 업적을 인정받는 것은 정당화되지 않는다. 연구나 저술에 대한 작은 기여는 각주, 서문, 사의 등에서 적절하게 고마움을 표한다.

3. 예외적인 상황을 제외하고, 학생의 석사학위 또는 박사학위 논문을 토대로 한 여러 명의 공동 저술인 논문에서는 학생이 제1저자가 된다.

제35조 연구 자료의 이중 출판

국내외 출판을 막론하고 심리학자는 이전에 출판된 자료(출판 예정이나 출판 심사 중인 자료 포함)를 새로운 자료인 것처럼 출판하거나 출판을 시도하지 않는다. 이미 발표된 자료를 사용하여 출판하고자 할 때는, 출판하고자 하는 저널의 편집자에게 게재 요청 시에 이전 출판에 대한 정보를 제공하고 이중 출판에 해당하는지 여부를 확인하여야 한다.

제36조 결과 재검증을 위한 연구 자료 공유

1. 연구 결과가 발표된 후, 다른 연구자가 재분석을 통해 발표된 결과를 재검증하기 위한 목적으로 연구 자료를 요청하면, 연구 참여자에 대한 기밀이 보호될 수 있고, 또 소유한 자료에 대한 법적 권리가 자료 공개를 금하지 않는 한, 심리학자는 자료를 제공한다.

2. 전항에 의해 자료 제공을 받은 심리학자는 오로지 그 목적으로만 자료를 사용할 수 있으며, 그 외의 다른 목적으로 자료를 사용하고자 할 경우에는 사전에 서면 동의를 얻어야 한다.

제37조 심사

투고 논문, 학술발표 원고, 연구 계획서를 심사하는 심리학자는 제출자와 제출 내용에 대해 비밀을 유지하고 저자의 저작권을 존중한다.

제4장 교육 및 수련 관련 윤리

제38조 교육자로서의 심리학자

1. 심리학자는 과거로부터 현재에 이르기까지 수행된 여러 심리학 연구에서 밝혀진 과학적 사실들을 정확하고 이해하기 쉽게 전달하고자 노력하여야 한다.

2. 심리학자는 배우는 사람과 가르치는 사람의 역할 관계에 대하여 분명하게 인식하고 있어야 하며, 자신이 가르치는 사람으로서의 역할을 제대로 수행하고 있는지 스스로 자성하는 자세를 가져야 한다.

3. 심리학자는 학생이나 수련생에게 끼칠 수 있는 영향력을 인식하고, 그들의 인격을 손상하는 행위를 하지 않도록 노력하여야 한다.

제39조 교육 내용의 구성

심리학자가 교과목을 개설하거나 교육 및 수련 프로그램을 제공하는 경우, 학생 또는 수련생에게 필요한 지식과 경험을 제공할 수 있도록 그 내용을 구성한다. 제공하고자 하는 교육 프로그램이 자격증 취득과 관련된 것일 경우는 자격증 취득에 필요한 요건을 충족할 수 있도록 내용을 구성한다.

제40조 교육 내용에 대한 기술

1. 교과목을 개설하는 심리학자는 강의 계획서를 통해 교과목의 특징, 강의에서 다룰 주제, 평가 기준 등에 대한 정보를 제공하며, 강의계획서의 내용에 따라 강의를 진행하도록 한다.

2. 심리학자가 교육 및 수련 프로그램을 제공하는 경우, 프로그램의 내용, 수련 목적, 참가비 그리고 프로그램 이수증을 취득하기 위한 요건(예, 출석, 시험평가 등)을 프로그램 안내서에 명시한다.

제41조 정확한 지식 전달

심리학자는 과학적 근거에 기초한 지식을 객관적이고 정확하게 또 이해하기 쉽게 전달해야 한다. 개인적 견해를 전달하고자 할 때는 사적인 견해임을 밝힌다.

제42조 학생 및 수련생에 대한 수행 평가

1. 심리학자가 교과목을 수강하는 학생과 지도감독을 받는 수련생에 대한 수행을 평가할 때는 제때에, 공정한 기준에 의하여 평가하여야 하며, 평가에 대한 피드백을 제공해야 한다. 수행 평가 기준에 대한 정보를 강의 또는 지도감독을 시작할 때 학생 또는 수련생에게 제공한다.

2. 학생과 수련생을 평가할 때는 프로그램에서 요구하는 항목에 대한 실제 수행을 평가 기준에 따라 평가한다.

제43조 개인치료 및 집단치료의 위임

1. 심리학자는 자신의 업무 수행에 위험 요인이 되고 상대방에게 해를 입힐 수 있는 다중 관계를 가지지 않도록 하여야 한다. 따라서 학생의 학업 수행을 평가하거나 평가할 가능성이 있는 교수는 그 학생을 직접 치료하지 않는다. (제14조 다중 관계, 참조)

2. 개인치료나 집단치료가 프로그램 또는 교과과정의 필수과목일 때, 이 프로그램을 주관하는 심리학자는 다중 관계를 피하기 위해 프로그램 참여 학생들에게 이 프로그램과 직접 관계가 없는 다른 전문가로부터 치료를 받을 수 있도록 허락해야 한다. 그러나 교육을 목적으로 수업료 이외의 비용을 지불하지 않고 이루어지는 집단치료나 상담의 경우는 예외로 한다.

제44조 학생 및 수련생과의 성적 관계

심리학자는 자신의 학과, 기관 또는 수련 센터의 학생이나 수련생 혹은 자신이 평가 권한을 가지고 있거나 그럴 가능성이 있는 사람과 성적 관계를 가져서는 아니 된다. (제14조 다중 관계, 참조)

제45조 학생 및 수련생의 개인 정보 노출 요구

심리학자는 수업 또는 프로그램을 진행하는 과정에서 학생이나 지도감독을 받는 수련생에게 구두상으로나 서면상으로 개인 정보(성 관련 내력, 학대나 방치 내력, 심리학적 치료 경험 및 부모, 동료, 배우자 또는 중요한 타인들과의 관계 등)를 노출하도록 요구하지 않는다. 그러나 다음의 경우는 예외로 한다. (제17조 비밀 유지 및 노출 3항, 참조)

(1) 프로그램 신청 서류에 이 요건이 명시되어 있을 경우

(2) 학생의 개인적 문제가 학생 자신의 수련 활동과 전문적 활동에 방해가 되고 또 학생 자신과 타인에게 위협이 될 것으로 판단되어서, 학생에게 필요한 평가를 하여 도움을 주기 위해 학생에 대한 개인 정보가 필요한 경우

제46조 학생 및 수련생의 개인 정보에 대한 비밀 유지

심리학자가 수업 또는 프로그램을 진행하는 과정에서 알게 된 학생 또는 수련생의 개인 정보에 대해서는 비밀을 보장하여야 한다. (제17조 비밀 유지 및 노출 1항, 참조)

제5장 평가 관련 윤리

제47조 평가의 기초

1. 법정 증언을 포함한 추천서, 보고서, 진단서, 평가서에 의견을 기술할 때, 심리학자는 자신의 의견을 입증할 만한 객관적 정보 또는 기법에 근거하여야 한다.

2. 개인의 심리 특성에 대한 의견을 진술할 때, 심리학자는 자신의 진술을 지지하기 위한 면밀한 검사과정을 거쳐야 한다. 그러한 노력에도 불구하고 검사가 실제적이지 못할 경우, 심리학자는 자신이 기울인 노력의 과정과 결과를 문서화하고, 불충분한 정보가 자신의 견해의 신뢰도와 타당도에 영향을 미칠 수 있음을 밝히고, 결론이나 권고 사항의 본질과 범위를 제한한다.

3. 개인에 대한 개별검사가 보장되지 않는 상황에서 자료를 검토, 자문, 지도감독해야 할 경우에, 심리학자는 자신의 견해가 개별검사에 기초하지 않았다는 사실을 밝히고 자신의 견해를 뒷받침하는 근거 정보를 제시한다.

제48조 평가의 사용

1. 심리학자는 검사도구, 면접, 평가 기법을 목적에 맞게 실시하고, 번안하고, 채점하고, 해석하고, 사용하여야 한다.

2. 심리학자는 타당도와 신뢰도가 검증된 평가도구를 사용하여야 한다. 그렇지 못한 경우에는 검사 결과 및 해석의 장점과 제한점을 기술한다.

3. 심리학자는 평가서 작성 및 이용에 있어서, 객관적이고 학문적으로 근거가 있어야 하고 세심하고 양심적이어야 한다.

제49조 검사 및 평가 기법 개발

검사 및 기타 평가 기법을 개발하는 심리학자는 표준화, 타당화, 편파의 축소와 제거를 위해 적합한 심리측정 절차와 전문적 지식을 사용해야 한다.

제50조 평가에 대한 동의

1. 평가 및 진단을 하기 위해서는 내담자로부터 평가 동의를 받아야 한다. 평가 동의를 구할 때는 평가의 본질과 목적, 비용, 비밀 유지의 한계에 대해 알려야 한다. 그러나 다음의 경우는 평가 동의를 받지 않아도 된다.
   (1) 법률에 의해 검사가 위임된 경우
   (2) 검사가 일상적인 교육적 · 제도적 활동 또는 기관의 활동(예, 취업 시 검사)으로 실시되는 경우

2. 동의할 능력이 없는 개인과 법률에 의해 검사가 위임된 사람에게도 평가의 본질과 목적에 대해 알려 주어야 한다.
3. 검사 결과를 해석해 주는 자동화된 해석 서비스를 사용하는 심리학자는 이에 대해 내담자/환자로부터 동의를 얻어야 하며, 검사 결과의 기밀성과 검사 안정성이 유지되도록 해야 하며, 법정 증언을 포함하여 추천서, 보고서, 진단적, 평가적 진술서에서 수집된 자료의 제한성에 대해 기술해야 한다.

제51조 평가 결과의 해석

1. 평가 결과를 해석할 때, 심리학자는 해석의 정확성을 감소시킬 수 있는 다양한 검사 요인들, 예를 들어 피검사자의 검사받는 능력과 검사에 영향을 미칠 수 있는 상황이나 개인적 · 언어적 · 문화적 차이 등을 고려해야 한다.
2. 평가 결과의 해석은 내담자/환자에게 내용적으로 이해 가능해야 한다.

제52조 무자격자에 의한 평가

심리학자는 무자격자가 심리평가 기법을 사용하도록 허용해서는 안 된다. 단,적절한 감독 하에 수련 목적으로 사용하는 경우는 예외로 하며 다음과 같은 사항에 주의한다. 수련생의 교육, 수련 및 경험에 비추어 수행할 수 있는 평가 기법들에 한정해 주어야 하며 수련생이 그 일을 유능하게 수행할 수 있는지 지속적으로 감독해야 한다.

제53조 사용되지 않는 검사와 오래된 검사 결과

1. 심리학자는 실시한 지 시간이 많이 경과된 검사 결과에 기초하여 평가, 중재 결정, 중재 권고를 하지 않아야 한다.
2. 심리학자는 현재 사용되고 있지 않거나 현재의 목적에 유용하지 않은, 제작된 지 오래된 검사나 척도에 기초하여 평가, 중재 결정, 중재 권고를 하지 않아야 한다.

제54조 검사 채점 및 해석 서비스

1. 다른 심리학자에게 검사 또는 채점 서비스를 제공하는 심리학자는 절차의 목적, 규준, 타당도, 신뢰도 및 절차의 적용 그리고 사용할 수 있는 자격에 대해 정확하게 기술해야 한다.
2. 심리학자는 프로그램과 절차의 타당도에 대한 증거에 기초하여 채점 및 해석 서비스를 선택해야 한다.
3. 심리학자가 직접 검사를 실시, 채점, 해석하거나, 자동화된 서비스 또는 기타 서비스를 사용하더라도 평가도구의 적절한 적용, 해석 및 사용에 대해 책임을 져야 한다.

제55조 평가 결과 설명

검사의 채점 및 해석과 관련하여, 심리학자는 검사를 받은 개인이나 검사 집단의 대표자에게 결과를 설명해 주어야 한다. 그러나 관계의 특성에 따라서는 결과를 설명해 주지 않아도 되는 경우도 있다(예, 조직에 대한 자문, 사전 고용, 보안 심사, 법정에서의 평가 등). 이러한 사실을 평가받을 개인에게 사전에 분명하게 알려 주어야 한다.

제56조 평가서, 검사 보고서 열람

1. 평가서의 의뢰인과 피검사자가 동일하지 않을 경우에 평가서와 검사 보고서는 의뢰인이 동의할 때 피검사자에게 열람될 수 있다.
2. 건강에 피해를 줄 수 있다고 판단되지 않는 한, 피검사자가 원할 때는 평가서와 검사 보고서를 볼 수 있도록 도와야 한다.
3. 평가서를 보여 주어서 안 되는 경우, 사전에 피검사자에게 이 사실을 인지시켜 주어야 한다.

제57조 검사 자료 양도

내담자/환자를 다른 서비스 기관으로 의뢰할 경우, 심리학자는 내담자/환자 또는 의뢰기관에 명시된 다른 전문가에게 검사 자료를 제공할 수 있다. 그러나 검사 자료가 오용되거나 잘못 이해되는 것으로부터 내담자/환자를 보호하기 위해 검사자료를 양도하지 않을 수도 있다. 여기에서 검사 자료란 원점수와 환산점수, 검사 질문이나 자극에 대한 내담자/환자의 반응 그리고 검사하는 동안의 내담자/환자의 진술과 행동을 지칭한다.

제6장 치료 관련 윤리

제58조 치료 절차에 대한 설명과 동의

1. 심리학자는 내담자/환자에게 치료의 본질과 치료 절차를 알려 주고 동의를 얻어야 한다. 이때 치료비, 비밀 유지의 한계 및 제삼자의 관여 등에 대한 설명도 있어야 한다.
2. 치료에서 위험 요인이 있을 때는 그 사실과 다른 대체 치료 방법에 대한 설명도 하여야 한다.
3. 이에 더하여 심리학자는 내담자/환자에게 그 사람의 능력에 맞게 치료에 관하여 설명하여야 하며 치료에 대한 동의를 구하여야 한다.
4. 심리학자는 내담자/환자의 선호와 최상의 이익을 고려해야 한다.

제59조 집단치료

집단치료 서비스를 하는 경우, 심리학자는 치료를 시작할 때 모든 당사자의 역할과 책임 그리고 비밀 유지의 한계에 대하여 설명한다.

제60조 내담자/환자와의 성적 친밀성

1. 심리학자는 치료적 관계에서 내담자/환자와 어떤 성적 관계도 허용되지 않는다.
2. 심리학자는 내담자/환자의 보호자, 친척 또는 중요한 타인과 성적 친밀성을 가져서는 안 된다.
3. 심리학자는 과거 성적 친밀성을 가졌던 사람을 내담자/환자로 받아들이지 않아야 한다.
4. 심리학자는 치료 종결 후 적어도 3년 동안 자신이 치료했던 내담자/환자와 성적 친밀성을 가지지 않아야 한다. 그러나 가능하면 치료 종결 3년 후에라도 자신이 치료했던 내담자/환자와 성적 친밀성을 가지지 않는다.

제61조 치료의 중단

심리학자는 자신의 질병, 죽음, 연락 두절, 전근, 퇴직 또는 내담자/환자의 이사나 재정적인 곤란 등과 같은 요인으로 심리학적 서비스가 중단될 경우에 대비하여 내담자/환자에 대한 최상의 복지를 고려하고, 법적인 범위 안에서 이후의 서비스를 계획해 주는 적절한 조처를 취하는 노력을 하여야 한다.

제62조 치료 종결하기

1. 심리학자는 내담자/환자가 더 이상 심리학적 서비스를 필요로 하지 않거나, 계속적인 서비스가 도움이 되지 않거나 오히려 건강을 해칠 경우에는 치료를 중단한다.
2. 심리학자는 내담자/환자 또는 내담자/환자와 관계가 있는 제삼자의 위협을 받거나 위험에 처하게 될 경우에는 치료를 종결할 수 있다.

제63조 다른 기관에서 서비스받고 있는 사람에게 서비스 제공하기

다른 기관에서 정신건강 서비스를 받고 있는 사람에게 서비스를 제공할 것인지를 결정할 때, 심리학자는 치료의 쟁점과 내담자/환자의 복지에 대해 심사숙고해야 한다. 이러한 문제들과 관련하여 혼란과 갈등이 발생할 위험을 최소화하기 위해 심리학자는 내담자/환자 자신 또는 내담자/환자를 대신하여 법적인 권한을 부여받은 사람과 이러한 문제들에 대해 논의하고, 가능하다면 내담자/환자가 서비스를 받고 있는 다른 서비스 제공자의 자문을 구하면서 치료적 쟁점들을 주의 깊고 세심하게 처리한다.

제64조 치료에 관한 기록

1. 심리학자는 심리학적 서비스에 관한 기록을 최소한 10년 이상 보관하여야 한다.

2. 심리학자는 내담자/환자가 동의할 경우 다른 심리학자에게 치료 기록이나 기록의 요약을 넘길 수도 있다.

3. 심리학자가 퇴직하거나 개인 개업을 중단할 경우에는 보관 기간을 고려하여 기록을 없애고, 내담자/환자가 동의할 경우에만 기록을 후임 심리학자에게 넘길 수 있다.

4. 심리학자는 권리가 손상되지 않을 경우 치료의 종결 시점에서 내담자/환자가 희망할 경우 기록을 보게 할 수도 있다.

제65조 치료비

1. 심리학자와 내담자/환자는 가능한 빨리 치료비 관련 문제에 대해 논의하고 합의한다.

2. 심리학자는 치료비에 대하여 허위 진술을 하지 않는다.

3. 재정적인 한계로 인하여 서비스의 한계가 예상될 경우, 이 문제를 내담자/환자와 가능한 한 빨리 논의한다.

4. 내담자가 동의했던 서비스에 대한 치료비를 지불하지 않을 경우나 심리학자가 치료비를 받아 내기 위하여 법적인 수단을 이용하려고 하는 경우, 심리학자는 그러한 수단이 취해질 것임을 내담자에게 먼저 통지하여 신속히 지불할 기회를 준다.

2003년 8월 제정(2004년 8월 수정)

한국심리학회 상벌 및 윤리위원회

436

미국상담학회 윤리규정
(American Counseling Association Code of Ethics)

전 문(Preamble)

　미국상담학회(ACA)는 교육적·과학적·전문적 조직으로, 회원들은 다양한 장면에서 일하고 있으며 많은 역량을 발휘하여 서비스를 제공하고 있다. ACA 회원들은 전 생애를 통한 인간발달을 촉진하기 위해 헌신한다. 학회 회원들은 다양성을 인정하고, 사람들의 가치, 존엄, 가능성 그리고 그들의 사회적·문화적 환경 속에서 그들이 독특함을 지니고 있음을 지지하는 비교문화적 입장을 취한다.

　전문적인 가치는 윤리적 책임을 다할 수 있게 하는 중요한 수단이다. 가치들로 원칙들이 채워진다. 본래부터 가지고 있던 가치들은 우리의 행위를 인도하거나 또는 규정된 행위들을 넘어서게도 하는데, 이 가치들은 상담자 내에 뿌리 깊게 박혀 있으며 외부 조직에서 부여하는 강제 요건보다는 개인적인 헌신에 의해 발전하게 된다.

ACA 윤리규정의 목표

　ACA 윤리규정은 다섯 가지 주요 목적을 지닌다.

　　1. 윤리규정은 현재와 미래의 회원들 그리고 회원들로부터 서비스를 받는 사람들에게 회원들이 가지는 공통된 윤리적 책임의 성질이 어떤 것인지를 학회에서 분명하게 할

수 있게 한다.

2. 윤리규정은 학회의 사명을 지원하도록 돕는다.

3. 윤리규정은 학회 회원들의 윤리적 행위와 최선의 실천이 무엇인지를 밝혀 주는 원칙들을 세운다.

4. 윤리규정은 상담 서비스를 이용하는 사람들에게 최선을 다해 봉사하고 상담 전문직의 가치를 가장 잘 향상시킬 수 있는 전문가로서의 행동 방향을 만들어 갈 수 있도록 학회원들을 보조하기 위해 고안된 윤리적인 안내자의 역할을 수행한다.

5. 윤리규정은 학회 회원들에 대해 발의된 윤리적 고소와 심리 절차에 대한 기초로서의 역할을 한다.

ACA 윤리규정은 다음의 영역을 다루고 있는 여덟 개의 주요 부분(section)을 포함하고 있다.

Section A: 상담 관계

Section B: 비밀보장, 증언거부, 사생활 보호

Section C: 전문가 책임

Section D: 다른 전문가들과의 관계

Section E: 평가, 사정, 해석

Section F: 수련감독, 연수 그리고 교수

Section G: 연구 및 출판

Section H: 윤리적 문제해결

ACA 윤리규정의 각 부분들은 서문으로 시작된다. 각 부분의 서문들은 윤리적 행동과 책임과 관련하여 무엇을 염두에 두어야 할지를 거론한다. 서문은 그 특정 부분의 논조를 설정하도록 도와주며 ACA 윤리규정의 각 부분에 담겨 있는 윤리적 임무를 숙고하기 위한 출발점을 제공한다.

상담자들이 해결하기 어려운 윤리적 갈등에 처했을 때, 상담자들이 조심스럽게 윤리적 의사결정 과정을 고려하기를 바란다. 상담자들이 갈등하게 될 때 가치, 윤리원칙, 윤리 기준들을 어떤 방식으로 적용할 것인지에 관하여 상담자들 간에 어느 정도의 의견 차이는 있을 수 있고 실제로 이런 차이는 있기 마련이다. 가장 효율적인 특정한 윤리적 의사결정 모델은 없지만, 상담자들은 일반 대중의 감시를 견딜 수 있는 신뢰할 만한 의사결정 모델과 그 적용에 친숙해져야 한다.

선택한 윤리적 의사결정 절차와 상황적 맥락에 대한 평가를 통해 상담자들은 사람들이 성장하고 발전하는 역량을 확장시킬 수 있도록 돕는 의사결정을 할 수 있는 힘을 얻게 된다.

독자들에게는 ACA 윤리규정에서 사용되는 용어 중 일부에 대해 간단한 용어 풀이가 제공되어 있다.[1]

Section A: 상담 관계(Counseling Relationship)

서문(Introduction)

상담자들은 내담자들의 이익과 복지를 향상시키는 방식으로 내담자 성장과 발달을 촉진하고 건강한 관계 형성을 증진시킨다. 상담자들은 내담자들이 가지고 있는 다양한 문화적 배경을 적극적으로 이해하려고 한다. 상담자들은 또한 자신의 문화적 정체성이 어떤 것이고 이것들이 상담과정에 대한 자신의 가치와 신념에 어떤 영향을 주는지를 탐색한다.

상담자들에게 서비스에 대한 재정적인 대가가 거의 없거나 전혀 없어도 자신의 전문적인 활동의 일부를 할애함으로써 사회에 기여하기를 권장한다(공익을 위해서).

A.1. 상담 수혜자(내담자) 복지(welfare of those served by counselors)

A.1.a. 일차적 책임(primary responsibility)　상담자들의 일차적 책임은 내담자의 존엄성을 존중하고 복지를 증진시키는 것이다.

A.1.b. 기록(records)　상담자들은 내담자들에게 전문적인 서비스를 제공하기 위해, 그리고 법, 규정 또는 기관의 절차에서 요구하는 대로 필요한 기록을 유지한다. 상담자들은 요구되는 서비스 전달과 연계성을 높이기 위해 충분하고도 시의 적절하게 작성된

---

1) 이 책의 부록에서는 용어 해설을 따로 싣지 않고, 필요한 경우 원어를 병기하고 각주로 설명하였음

문서들을 내담자 기록에 포함시킨다. 상담자들은 기록 내의 문서들이 내담자의 진행 상황과 제공된 서비스가 반드시 정확하게 반영될 수 있도록 적절한 단계를 따른다. 내담자 기록에 오류가 있으면, 상담자는 기관의 정책에 따라서 그러한 오류들을 적절히 수정하기 위한 단계를 밟는다. (A.12.g.7., B.6., B.6.g., G.2.j. 참조)

A.1.c. **상담 계획(counseling plans)** 상담자들과 그들의 내담자들은 적당한 성공 가망이 있고 내담자의 능력과 상황에도 일치하는 통합된 상담 계획을 고안하는 데 협력한다. 상담자들과 내담자들은 계속해서 실행 가능성과 효율성을 평가하기 위해 상담 계획을 주기적으로 점검한다. 그리고 이 과정에서 상담자는 내담자가 가진 선택의 자유를 존중한다.

A.1.d. **지지 네트워크 참여(support network involvement)** 상담자들은 지지 네트워크가 내담자 삶에 있어서 다양한 의미를 가진다는 것을 인식한다. 그리고 내담자의 동의하에 적절한 시점에 다른 사람들(예, 종교/영성/지역 지도자들, 가족 구성원, 친구 등)의 지지, 이해 그리고 참여를 유익한 자원으로서 얻어 낼 것을 고려한다.

A.1.e. **고용 욕구(employment needs)** 상담자들은 내담자의 직업과 직업 환경을 고려한다. 즉, 상담자는 내담자의 전반적 능력, 직업적 제한, 신체적 한계, 일반적 기질, 흥미와 적성 유형, 사회 기술, 교육, 일반적 자격 그리고 다른 관련된 성격과 욕구와 일치하는 직업에의 고용을 고려하면서 내담자와 작업한다. 진로발달에 대해 잘 훈련된 상담자들은 적절한 때에 내담자를 내담자, 고용자 또는 대중들의 흥미, 문화 그리고 복지가 일치하는 곳에 자리 잡을 수 있도록 도울 것이다.

A.2. 상담 관계에서의 사전동의(informed consent in the counseling relationship)

(A.12.g., B.5., B.6.b., E.3., E.13.b., F.1.c., G.2.a. 참조)

A.2.a. **사전동의(informed consent)** 내담자들은 상담 관계를 시작할 것인지 유지할 것인지를 선택할 자유가 있고 상담과정과 상담자에 대한 적절한 정보가 필요하다. 상담자들은 서면과 구두로 내담자에게 상담자와 내담자의 권리와 책임에 대해 자세히 알려 줄 책임이 있다. 사전동의는 상담과정에서 지속되는 것으로 상담과정 내내 사전동의에 대해 이야기 나눈 것을 적절히 문서화한다.

A.2.b. **요구되는 정보의 유형**(types of information needed) 상담자는 내담자에게 제공되는 모든 서비스의 성질에 대해 명확하게 설명한다. 상담자들은 내담자에게 다음 사항들(이것에 제한되지는 않음)에 대해 알려 준다. 서비스의 목적, 목표, 기법, 절차, 한계, 잠재된 위험, 이점, 상담자의 면허, 자격, 관련된 경험, 상담자의 자격 박탈이나 사망 시 서비스 지속 방법, 기타 적절한 정보. 상담자들은 내담자들이 진단이 미치는 영향, 심리검사와 결과의 사용 의도, 상담료, 청구된 요금 조정에 대해 잘 이해할 수 있도록 조치를 취한다. 또한 내담자들은 다음과 같은 권리를 가진다. 비밀보장과 그 한계(수련감독자 또는 개입 팀의 전문가들이 어떻게 참여하는지를 포함하여)에 대해 설명받을 권리, 내담자 기록에 대해 명확한 정보를 받을 권리, 지속적인 상담 계획에 참여할 권리, 어떤 서비스나 상담 방식의 변경을 거부할 권리와 그런 거부의 결과에 대한 전문가적 의견을 받을 권리

A.2.c. **발달적 · 문화적 감수성**(developmental and cultural sensitivity) 상담자들은 발달단계와 문화에 적합한 방식으로 정보를 전달한다. 상담자들은 사전동의와 관련된 문제에 대해 논의할 때는 명확하면서도 이해 가능한 언어를 사용한다. 상담자가 사용하는 언어를 내담자가 이해하는 데 어려움이 있을 때는 내담자가 확실히 이해할 수 있도록 필요한 서비스를 제공한다(예, 자격증을 갖고 있는 통역자 또는 번역자를 배치함 또는 번역기를 마련하기). 상담자는 내담자와 협력하여 사전동의 절차가 가진 문화적 시사점을 고려하고, 가능하다면 상담자들은 상담 서비스 실천을 그에 따라 조정한다.

A.2.d. **동의에 대한 무능력**(inability to give consent) 미성년자나 자발적인 동의를 할 수 없는 사람들을 상담할 때는 상담자는 서비스에 대한 내담자의 승낙을 구하고, 적절히 의사결정에 참여시킨다. 상담자들은 내담자의 선택할 수 있는 윤리적 권리, 서비스에 대해 동의나 승낙할 수 있는 능력 그리고 부모나 가족이 내담자를 보호하고 그들을 대신해 의사결정할 법적 권리와 책임 간에 균형을 이루어야 할 필요가 있다는 것을 인식한다.

A.3. 타인의 서비스를 받는 내담자(clients served by others)

내담자가 다른 정신건강 전문가와 전문적 관계를 맺고 있는 것을 상담자가 알았을 때는 그

전문가에게 알리는 것이 허용되도록 내담자에게 요청하고 긍정적이고 협조적인 전문적 관계를 수립하도록 노력한다.

A.4. 위해 피하기와 가치 강요하기(avoiding harm and imposing values)

A.4.a. 위해 피하기(avoiding harm) 상담자들은 내담자, 연수생, 연구 참여자들에게 해를 입히는 것을 피하도록 하고, 피할 수 없거나 예측하지 못한 해를 끼쳤을 경우에는 최소화하거나 치유해 주도록 한다.

A.4.b. 개인적 가치(personal values) 상담자들은 자신이 가지고 있는 가치, 태도, 신념 그리고 행동들에 대해 알고 있으며 상담 목표와 일치하지 않는 가치를 강요하지 않는다. 상담자는 내담자, 연수생, 연구 참여자들의 다양성을 존중한다.

A.5. 내담자에 대한 역할 및 관계(roles and relationships with clients)

(F.3., F.10., G.3. 참조)

A.5.a. 현재 내담자(current client) 현재 내담자, 내담자의 배우자 또는 내담자의 가족 구성원들과의 성적 또는 낭만적인 상담자–내담자 상호작용이나 관계는 금지된다.

A.5.b. 이전 내담자(former clients) 이전 내담자, 내담자의 배우자 또는 내담자의 가족 구성원들과의 성적 또는 낭만적인 상담자–내담자 상호작용이나 관계는 마지막 전문적 접촉이 있은 지 5년 동안은 금지된다. 마지막 전문적 접촉이 있은 지 5년이 지나고 이전 내담자, 내담자의 배우자 또는 내담자의 가족 구성원들과의 성적 또는 낭만적인 상담자–내담자 상호작용이나 관계를 시작하기 전에, 상담자들은 그 상호작용이나 관계가 어떤 측면에서는 여전히 착취적으로 볼 수 있지는 않는지 또는 이전 내담자에게 아직도 해를 입힐 가능성은 있지 않는지에 대해 숙고했음을 보여 주고 이를 문서화해야 한다. 만약 착취나 위해의 가능성이 있다면 상담자는 상호작용이나 관계 시작을 피해야 한다.

A.5.c. 비전문적 상호작용 또는 관계(성적 또는 낭만적 상호작용이나 관계가 아닌) (nonprofessional interactions or relationships) 내담자, 이전 내담자, 그들의 배우자, 그들의 가족 구성원과의 상담자–내담자 비전문적 관계는 그 관계가 내담자에게 이익이 될 가능성이 있을 때를 제외하고는 피해야 한다. (A.5.d. 참조)

A.5.d. **잠재적으로 이익이 되는 상호작용**(potentially beneficial interactions) 내담자나 이전 내담자와의 상담자–내담자 간의 비전문적 상호작용이 내담자나 이전 내담자에게 잠재적으로 이익이 될 수 있을 때 상담자는 상호작용을 시작하기 전에 사례 기록에 그러한 상호작용의 정당성, 잠재적인 이익 그리고 내담자나 이전 내담자와 중요한 관계를 가지고 있는 다른 개인들에게 예상되는 결과를 문서로 남겨야 한다. 그러한 상호작용은 적절한 내담자의 동의하에 시작되어야 한다. 의도하지 않게 내담자나 이전 내담자에게 또는 내담자와 이전 내담자와 중요한 관계를 가지고 있는 개인에게 비전문적 상호작용으로 인해 해를 입히게 되면, 상담자는 그러한 위해를 치유하려 했다는 증거를 보여야만 한다. 잠재적으로 유익한 상호작용의 예는(이것들로만 제한되지는 않지만) 다음의 것들을 포함한다. 공식적인 행사에 참여하기(예, 결혼식/언약식 또는 졸업식), 내담자나 이전 내담자가 제공하는 서비스나 상품을 구매하기(자유로운 물물교환을 제외하고), 아픈 가족 구성원에게 병문안 가기, 전문 학회, 조직 또는 지역사회에서 상호 관계가 있는 회원가입하기 (A.5.c. 참조)

A.5.e. **전문적 관계에서의 역할 변화**(role changes in the professional relationship) 상담자가 최초의 또는 최근에 계약한 관계로부터 역할을 바꿀 때는, 내담자로부터 사전동의를 얻어야 하고 내담자에게 그러한 변화와 관련 있는 서비스를 거부할 권리가 있음을 설명해야 한다. 역할 변화의 예는 다음과 같다.

1. 개인상담에서 관계 또는 가족상담으로의 변화, 또는 그 역
2. 법과는 관련 없는 평가 역할에서 치유적인 역할로의 변화, 또는 그 역
3. 상담자에서 연구자 역할로의 변화(즉, 내담자를 연구 참여자로 편입), 또는 그 역
4. 상담자에서 중재자 역할로의 변화, 또는 그 역

내담자는 상담자 역할 변화로 인해 생길 수 있는 예상되는 결과(예, 재정적, 법적, 개인적 또는 치유적)에 대해 충분하게 사전에 정보를 제공받아야 한다.

A.6. 개인, 집단, 기관, 사회 수준에서의 역할 및 관계(roles and relationships at individual, group, institutional, and societal levels)

A.6.a. **지원**(advocacy)[2] 상담자는 적절한 때에 개인·집단·기관·사회 수준에서 내담자의 접근과 성장 및 발달을 가로막는 잠재적 방해물과 장애물 탐색을 지원한다.

A.6.b. 비밀보장 및 지원(confidentiality and advocacy) 상담자는 확인 가능한 내담자 지원에 앞서 내담자 동의를 얻어 서비스 제공을 개선하고 내담자 접근, 성장 그리고 발달을 저해하는 전반적인 방해물이나 장애물 제거를 꾀한다.

A.7. 복수 내담자들(multiple clients)

상담자가 이미 관계를 맺고 있는 둘 이상의 사람들에게 상담 서비스를 제공하기로 하였다면, 상담자는 시작할 때 어떤 사람들이 내담자이고 참여한 사람들 각자와 맺을 관계의 성질을 분명하게 한다. 만약 상담자가 갈등할 만한 역할을 수행하게 될 가능성이 분명하면, 상담자는 적절히 그 역할을 명료화하고 조정하며 안 되면 그만둔다. (A.8.a., B.4. 참조)

A.8. 집단 작업(group work)

(B.4.a 참조)

A.8.a. 선별(screening) 상담자는 예정된 집단상담/치료 참가자를 선별하다. 가능한 한 상담자는 참가 희망자 중 요구와 목표가 집단의 목표와 일치하는 사람, 집단 진행을 방해하지 않을 사람 그리고 집단 경험으로 인해 참가자의 안녕이 위협받지 않을 사람들을 선발한다.

A.8.b. 내담자 보호(protecting clients) 집단 장면에서 상담자는 내담자들을 신체적·정서적·심리적 외상으로부터 보호하도록 온당한 주의를 기울인다.

A.9. 불치병 내담자의 임종 보살핌(end-of-life care for terminally ill clients)

A.9.a. 보살핌의 질(quality of care) 상담자는 내담자가 다음의 것들이 가능하도록 조치를 취한다.

1. 신체적·정서적·사회적·영적 요구에 대해 높은 질의 임종 보살핌을 받을 수 있다.

2. 최고 수준의 자기 결정이 가능하도록 연습한다.

---

2) Advocacy-ACA 윤리규정 용어 정의에서 시스템과 조직 내에서의 개인과 집단 그리고 상담 전문가의 안녕 증진을 의미하며 접근, 성장, 발달을 방해하는 방해물과 장애물을 제거하는 것을 추구하는 의미로 사용된다.

3. 임종 보살핌과 관련하여 안내를 받고 결정할 수 있도록 가능한 모든 기회를 제공
받는다.

4. 합법적이고 합리적인 결정을 내릴 능력이 있는지에 대해 완전하고도 적절한 사정
(assessment)을 임종 보살핌 실습 경험이 있는 정신건강 전문가로부터 받는다.

A.9.b. **상담자 역량, 선택, 의뢰**(counselor competence, choice, and referral)   상담자는 임종
결정과 관련된 개인적, 도덕적 그리고 역량 관련 문제들을 인식하고, 치명적인 질병
을 앓고 있어 임종과 관련된 선택들을 탐색하고자 하는 내담자와 함께 작업을 할 것
인지 말 것인지를 결정한다. 작업하지 않기로 결정한 경우에는 내담자가 필요로 하
는 도움을 받을 수 있도록 적절한 의뢰 정보를 제공한다.

A.9.c. **비밀보장**(confidentiality)   치명적인 질병을 가진 개인에게 서비스를 제공하고 있는
상담자는 그 내담자가 자신의 죽음을 앞당기는 것에 대해 고려하고 있는 경우에 비
밀보장을 할 것인지 말 것인지에 대한 선택권이 있다. 이 선택권은 관련법이나 그
상황의 특수성에 따라 다를 수 있고, 적절한 전문가나 법 기관으로부터 자문이나 수
련감독을 받은 후에 생긴다.

A.10. 상담료 및 물품 교환(fees and bartering)

A.10.a. **기관 내담자들로부터 요금 받기**(accepting fees from agency clients)   상담자는 상
담자가 소속된 기관을 통해 어떤 서비스에 대한 자격을 가진 사람에게 그 서비스
를 양도한 것에 대해 사적인 요금이나 다른 보상을 받는 것을 거부한다. 특정 기관
의 정책은 기관 내담자가 직원으로부터 개인 상담실에서 상담 서비스를 받도록 명
시하는 경우도 있다. 이런 경우, 내담자가 사설 상담 서비스를 필요로 한다면 다른
가능한 선택권은 어떤 것들이 있는지에 대해 정보를 받아야 한다.

A.10.b. **상담료 책정**(establishing fees)   전문적 상담 서비스 요금을 책정하는 데 있어서, 상
담자는 내담자와 지역의 재정 상태를 고려한다. 책정된 요금 구조가 내담자에게
부적절할 시에 상담자는 내담자가 지불 가능하면서도 비슷한 서비스를 찾을 수 있
도록 조력한다.

A.10.c. **상담료 미납**(nonpayment of fees)   동의한 서비스에 대한 요금을 지불하지 않는 내
담자로부터 요금을 수금하기 위해 미수금 처리 대행 회사를 이용하거나 법적인 조

치를 취하려면, 상담자는 우선 계획된 행위에 대해 알리고 요금을 지불할 기회를 준다.

A.10.d. 물물교환(bartering) 상담자는 다음과 같은 경우에만 물물교환을 할 수 있다. 즉, 관계가 착취적이거나 해로운 것이 아니고, 상담자가 불공정한 이익을 취할 수 있는 것이 아니고, 내담자가 원하고 그리고 그런 합의가 지역사회 내의 전문가들 사이에서 수용할 만한 경우이다. 상담자는 물물교환의 문화적 의미를 고려하고 관련된 문제를 내담자와 의논하고 명확하게 서면 계약서에 동의 내용을 기록한다.

A.10.e. 선물 받기(receiving gifts) 상담자는 내담자의 선물을 수락하는 것이 갈등을 일으키는 도전거리임을 이해하고, 어떤 문화에서는 작은 선물이 존경에 대한 표시이고 감사를 표현하는 것이라는 것을 인식한다. 내담자의 선물을 받을 것인지 말 것인지에 대해 결정할 때, 상담자는 치료 관계, 선물의 금전적 가치, 선물을 주는 내담자의 동기, 상담자가 선물을 원하거나 또는 거절하려는 동기에 대해 고려한다.

A. 11. 종결 및 의뢰(termination and referral)

A.11.a. 포기금지(abandonment prohibited) 상담자는 상담 중인 내담자를 포기하거나 방치하지 않는다. 상담자는 필요하다면 휴가, 질병, 종결 후와 같이 상담이 중단되는 기간에도 내담자가 치료를 지속적으로 받을 수 있도록 적절한 조치를 취한다.

A.11.b. 내담자를 도와주지 못하는 경우(inability to assist clients) 상담자가 내담자에게 전문적인 도움을 주지 못할 것이라고 판단을 한다면 상담자는 상담 관계를 시작하거나 지속하지 않는다. 상담자는 문화적 · 임상적으로 적절한 의뢰 기관에 대해 알고 있으며, 이런 기관을 추천한다. 내담자가 추천된 의뢰를 거절하면, 상담자는 관계를 종결해야 한다.

A.11.c. 적절한 종결(appropriate termination) 상담자는 내담자가 더 이상 도움을 필요로 하지 않고, 이득이 되지 않으며 또는 상담을 지속하는 것이 해가 된다는 것이 비교적 확실해지면 상담 관계를 마친다. 상담자는 내담자나 내담자와 관계 있는 다른 사람으로부터 해를 입을 위험이 있는 경우 또는 동의한 요금을 지불하지 않는 경우 상담을 종결할 수 있다. 상담자는 종결 전 상담을 제공하고 필요하다면 다른 서비스 제공자를 추천해 준다.

A.11.d. **적절한 서비스 이양**(appropriate transfer of services) 상담자가 내담자를 다른 상담자에게 이양하거나 의뢰하는 경우, 적절한 임상적 · 행정적 절차가 완료되었는지 확인하고 그 내담자와 다른 상담자와 의사소통이 개방적으로 계속 이루어질 수 있도록 한다.

A.12. 테크놀로지 적용(technology application)

A.12.a. **혜택과 한계**(benefits and limitation) 상담자는 내담자에게 상담과정이나 사무/요금 청구 절차에 정보 테크놀로지를 이용함으로써 갖게 되는 이익과 한계에 대한 정보를 제공한다. 그런 테크놀로지는 컴퓨터 하드웨어나 소프트웨어에만 한정된 것이 아니고 전화, 인터넷, 온라인 사정 도구, 기타 통신 장비를 포함한다.

A.12.b. **테크놀로지 보조 서비스**(technology-assisted service) 테크놀로지를 활용한 원거리 상담 서비스를 제공할 때, 상담자는 내담자가 지적 · 정서적 · 신체적으로 그런 장비를 사용할 수 있는지 그리고 그런 장비를 사용하는 것이 내담자의 욕구에 적합한 것인지를 결정한다.

A.12.c. **부적절한 서비스**(inappropriate services) 상담자와 내담자가 테크놀로지를 활용한 원거리 상담 서비스가 부적절하다고 생각하면, 상담자는 면대면 상담 실시를 고려한다.

A.12.d. **접근**(access) 상담자가 테크놀로지를 활용한 원거리 상담 서비스를 제공할 때는 컴퓨터 적용 장비에 접근하는 적절한 방법을 제공한다.

A.12.e. **법규와 법령**(laws and statutes) 상담자는 테크놀로지를 활용하는 것이 법을 위반하지 않는지를 확인하고 관련된 모든 법령을 준수한다.

A.12.f. **도움**(assistance) 테크놀로지 적용을 활용할 때, 특히 그러한 활용이 주나 국가의 경계를 넘나들 때, 국경을 넘는 상담자는 업무, 법, 기술 차원의 도움을 구한다.

A.12.g. **테크놀로지와 사전동의**(technology and informed consent) 사전동의를 구하는 절차의 일부로, 상담자는 다음의 것들을 수행한다.

1. 전자로 전송되는 통신은 비밀 유지가 어렵다는 점과 관련된 문제를 전한다.

2. 전자 전송에 접근할 수 있는 권한을 갖고 있거나 갖고 있지 않을 수 있는 모든 동료들, 수련감독자들 그리고 정보기술(IT) 관리자들과 같은 모든 고용인들에

대해 내담자에게 알린다.

3. 내담자에게 상담과정에서 내담자가 사용할 수도 있는 어떤 테크놀로지에 접근 가능한 모든 사용자들(가족 구성원이나 동료들을 포함해서 권한을 갖고 있을 수도 또는 갖고 있지 않을 수도 있는)에 대해 알고 있어야 함을 촉구한다.

4. 주(州)나 국경을 넘어선 전문적 서비스 제공과 관련된 법적 권리와 한계에 대해 내담자에게 알린다.

5. 가능한 한 비밀 엄수를 위해서 암호화된 웹사이트와 이메일을 사용한다.

6. 암호 사용이 가능하지 않으면 상담자는 이 사실을 내담자에게 알리고 내담자만 해당되는 특수한 것이 아닌 일반적인 통신 내용으로 전자 전송을 제한한다.

7. 교류한 기록이 문서로 저장되어 유지되는지와 얼마 동안 유지되는지에 대해 알린다.

8. 테크놀로지 고장의 가능성과 서비스를 제공하기 위한 대체 방법에 대해 의논한다.

9. 상담자에게 연락이 안 되는 경우 119 전화나 지역 위기 직통 전화에 연락하는 것과 같은 응급 절차에 대해 내담자에게 알린다.

10. 서비스 제공에 영향을 미칠 수 있는 시간대 차이, 지역 풍습, 문화적 또는 언어적 차이에 대해 의논한다.

11. 테크놀로지에 의해 지원된 원거리 상담 서비스가 의료보험 혜택을 받을 수 없을 경우에는 내담자에게 알린다. (A. 2. 참조)

A.12.h. **인터넷 웹사이트**(sites on the world wide web) 인터넷 사이트를 유지하고 있는 상담자는 다음의 것들을 수행한다.

1. 링크가 잘 작동하는지 그리고 전문적으로 적절한지를 정기적으로 점검한다.

2. 테크놀로지가 고장인 경우 내담자가 상담자에게 연락할 수 있는 방법을 만들어 놓는다.

3. 소비자의 권리를 보호하고 윤리적인 관심을 불러일으키기 위해 관련 주(州) 면허 교부처와 전문적인 자격증 위원회에 링크할 수 있도록 제공한다.

4. 내담자 신분을 확인할 방법을 만든다.

5. 내담자가 미성년 아동이거나 법적으로 무능력한 어른 또는 사전동의를 할 능력

이 되지 않는 어른들의 경우에는 법정 보호자 또는 다른 법적 대리인의 서면 사전동의를 받는다.

6. 장애인들이 접근할 수 있는 사이트를 제공할 수 있도록 노력한다.

7. 다른 모국어를 사용하는 내담자에게 번역의 불완전성을 전하면서 번역을 제공하려 노력한다.

8. 인터넷과 다른 테크놀로지 적용을 통해 알게 된 정보의 타당성과 신뢰성을 내담자가 결정할 수 있도록 지원한다.

Section B: 비밀보장, 증언거부권, 사생활 보호 (confidentiality, privileged communication, privacy)

서문(Introduction)

상담자는 신뢰가 상담 관계의 초석이 됨을 인식한다. 상담자는 지속적인 파트너십을 만들어 나가고, 적절한 경계를 설정하고 유지하며, 비밀을 유지함으로써 내담자의 신뢰를 얻고자 노력한다. 상담자는 문화적으로 적절한 방식으로 비밀보장과 관련된 기본적인 사항들에 대해 전달한다.

B.1. 내담자 권리 존중(respecting client rights)

B.1.a. **다문화/다양성 고려**(multicultural/diversity considerations) 상담자는 비밀보장과 사생활 보호의 문화적 의미에 대한 인식과 민감성을 유지한다. 상담자는 정보 공개에 대한 다양한 다른 관점들을 존중한다. 상담자는 어떻게, 언제 그리고 누구와 정보를 공유할 것인지에 대해 지속적으로 논의한다.

B.1.b. **사생활 존중**(respect for privacy) 상담자는 내담자가 사생활 보호를 받을 권리를 갖고 있음을 존중한다. 상담자는 상담과정에 이익이 되는 때만 내담자에게 개인적인 정보를 말하도록 요구한다.

B.1.c. **비밀보장 존중**(respect for confidentiality) 상담자는 내담자의 동의 없이 또는 충분한 법적 또는 윤리적 정당성 없이 비밀정보를 공유하지 않는다.

B.1.d. 한계에 대한 설명(explanation of limitations)   상담 시작과 상담과정 내내 상담자는 비밀보장의 한계에 대해 내담자에게 알리며, 비밀정보를 누설해야 할 것이라고 예측할 수 있는 상황들을 알아내기 위해 노력한다. (A.2.b 참조)

B.2. 예외(exceptions)

B.2.a. 위험과 법적 요구(danger and legal requirements)   상담자의 비밀보장이 일반적인 원칙이기는 하지만, 내담자 혹은 다른 사람들이 절박한 위험에 처한 경우 또는 비밀정보의 개방이 법적으로 요구되는 경우는 적용되지 않는다. 상담자는 예외의 타당성에 대해 의심이 가면 다른 전문가에게 자문한다. 임종과 관련된 문제를 다룰 때는 추가적인 고려사항들이 적용된다. (A.9.c 참조)

B.2.b. 전염성, 생명을 위협하는 질병(contagious, life-threatening disease)   내담자 자신이 전염되는 동시에 치명적이라고 흔히 알려진 질병을 가지고 있다고 알렸을 때, 명백하고도 높은 질병 감염 위험에 처해 있는 제삼자를 알게 되는 경우, 상담자는 제삼자에게 정보를 공개할 정당성을 가질 수 있다. 정보를 공개하기 전에 상담자는 그러한 진단이 내려졌는지를 확인하고 자신의 질병을 다른 사람에게 알릴 의도가 있는지 또는 특정한 상대에게 해를 끼칠 수도 있는 행동을 할 의도가 있는지를 종합적으로 평가한다.

B.2.c. 법정 명령에 의한 정보개방(court-ordered disclosure)   법정이 내담자의 동의 없이 비밀정보를 개방하라는 명령을 내리는 경우에 상담자는 서면으로 된 사전동의서를 내담자로부터 받거나, 공개 금지 조치를 취하거나, 내담자 또는 상담 관계에 잠재적으로 위협을 줄 수 있으므로 가능한 한 최소한으로 한정해서 공개한다.

B.2.d. 최소한의 정보 개방(minimal disclosure)   가능한 한 비밀정보를 공개하기 전에 내담자가 사전에 그 사실을 알고 있고 공개에 대한 의사결정 과정에 참여하게 한다. 비밀정보를 공개해야만 할 상황이라면, 꼭 필요한 정보만 공개한다.

B.3. 타인들과의 정보 공유(information shared with others)

B.3.a. 하급자(subordinates)   상담자는 내담자의 사생활과 비밀이 피고용인들, 수련자들, 학생들, 보조원들, 자원봉사자들에 의해서도 유지될 수 있도록 모든 노력을 한다.

B.3.b. **치료 팀**(treatment teams) 내담자 치료에 치료 팀에 의한 지속적인 검토와 참여가 포함되어 있으면, 내담자에게 팀의 존재와 구성, 공유하는 정보, 그런 정보를 공유하는 목적에 대해 알린다.

B.3.c. **비밀보장 환경**(confidential settings) 상담자는 내담자의 사생활이 상당한 정도로 보장이 되는 환경에서만 비밀정보에 대해 의논한다.

B.3.d. **제3자 지불인**(third-party payers) 상담자는 내담자가 공개를 허가한 경우에만 제삼자 지불인에게 정보를 공개한다.

B.3.e. **비밀정보 전송**(transmitting confidential information) 상담자는 컴퓨터, 이메일, 팩시밀리, 전화, 음성메일, 자동응답기 그리고 다른 전자 또는 컴퓨터 테크놀로지를 사용해 정보를 전송할 때는 비밀이 유지될 수 있도록 사전에 주의를 기울인다. (A.12 참조)

B.3.f. **사망한 내담자**(deceased clients) 상담자는 사망한 내담자의 비밀을 보호하고, 법적 요구와 기관의 정책에 따른다.

B.4. 집단 및 가족(groups and families)

B.4.a. **집단 작업**(group work) 집단 작업 시 상담자는 특정 집단을 시작할 때 비밀보장의 중요성과 한계를 명확하게 설명한다.

B.4.b. **부부와 가족상담**(couples and family counseling) 부부와 가족상담에서 상담자는 누가 '내담자'로 간주될 것인지를 명확하게 정의하고 비밀보장에 대한 기대와 한계에 대해 논의한다. 각 개인의 비밀보장에 대한 권리와 그 비밀보장을 유지해야 할 의무와 관련해 동의 능력이 있는 참여한 모든 사람들로부터 상담자는 동의를 구하고 그 동의 사항을 문서에 기록한다.

B.5. 사전동의 능력이 결여된 내담자(clients lacking capacity to give informed consent)

B.5.a. **내담자에 대한 책임**(responsibilities to clients) 미성년 내담자나 자발적인, 사전동의 능력이 결여된 성인 내담자를 상담할 때, 상담자는 상담 관계에서 알게 된 정보에 대해 법, 정책, 관련 윤리강령에 명시된 대로 비밀을 보장한다.

B.5.b. **부모와 법적 보호자에 대한 책임**(responsibilities to parents and legal guardians)   상담자는 부모와 법적 보호자에게 상담자의 역할과 상담 관계의 비밀스러운 성질에 대해 알린다. 상담자는 가족의 문화적 다양성에 대해 민감하며 법에 따른 그들 자녀들/보호인의 복지에 대한 부모/보호자의 고유 권리와 책임을 존중한다. 상담자는 내담자에게 최고로 서비스할 수 있도록 부모/보호자와 함께 적절한 협력 관계를 형성한다.

B.5.c. **비밀정보의 공개**(release of confidential information)   미성년 내담자나 비밀정보 공개에 대한 자발적인 동의 능력이 결여된 성인 내담자를 상담할 때, 상담자는 적절한 제삼자로부터 정보 공개 허락을 받는다. 그러한 경우, 상담자는 내담자의 이해 수준에 맞게 알리고 내담자 비밀을 지키기 위해 문화적으로 적절한 조치를 취한다.

B.6. 기록(records)

B.6.a. **기록의 비밀보장**(confidentiality of records)   상담자는 기록을 안전한 장소에 보관하고 허가된 사람만 기록에 접근할 수 있도록 한다.

B.6.b. **기록에 대한 허락**(permission to records)   상담자는 전자 또는 다른 도구를 이용해 상담 회기를 기록하기 전에 내담자에게 동의를 구한다.

B.6.c. **관찰에 대한 허락**(permission to observe)   상담자는 수련감독자, 교수단, 동료, 훈련 상황에 있는 다른 사람들과 함께 상담 회기를 관찰하거나, 상담 회기 축어록을 검토하거나 또는 상담 회기를 녹음한 것을 보게 될 때는 사전에 내담자의 허락을 구한다.

B.6.d. **내담자 접근**(client access)   상담자는 능력이 있는 내담자로부터 요청이 있을 시 기록에 적절히 접근할 수 있도록 하고 기록 사본을 제공한다. 상담자가 내담자에게 기록에 접근하는 것을 제한하거나 기록의 부분을 제한하는 것은 오로지 그러한 접근이 내담자에게 해를 끼칠 수 있다는 명백한 증거가 있는 경우이다. 상담자는 내담자의 요청과 내담자 파일 안에 들어 있는 기록의 일부 또는 전부를 제한하는 것의 정당성을 문서로 기록한다. 여러 내담자들이 포함된 상황이라면 상담자는 내담자 개인에게 직접적으로 관계된 부분만 개별 내담자에게 제공하고 다른 내담자에게 관계된 비밀정보를 포함시키지 않는다.

B.6.e. **기록에 대한 조력**(assistance with records)   내담자가 자신의 기록에 접근하고자 요청하면, 상담자는 상담 기록 해석에 대한 지원과 자문을 제공한다.

B.6.f. **공개 또는 이전**(disclosure or transfer)   비밀보장의 예외가 아니라면, 상담자는 법적제삼자에게 공개하거나 기록을 이전하는 것에 대해 내담자에게 허락을 받는다. 상담 기록을 받은 사람이 기록의 비밀스러운 성질에 대해 민감한지 확인하는 절차를 밟는다. (A.3., E4. 참조)

B.6.g. **종결 후 보관 및 파기**(storage and disposal after termination)   상담자는 상담 종결 이후에도 미래에 접근이 가능하도록 기록을 보관하고 기록에 대한 법령에 따라 기록을 유지하며, 내담자 비밀을 보호할 수 있도록 내담자 기록이나 다른 민감한 자료들을 파기한다. 기록이 예술적인 성질을 가진 것이라면 상담자는 그 기록들 또는 문서들을 다루는 것과 관련하여 내담자(또는 보호자)의 동의를 얻는다. (A.1.b. 참조)

B.6.h. **합당한 사전 주의**(reasonable precautions)   상담자가 서비스를 제공하지 못하게 되는 일이나, 자격 박탈(incapacity) 또는 죽음 같은 사건이 있어도 내담자의 비밀이 보호되도록 사전에 충분히 주의를 기울인다.

B.7. 연구 및 연수(research and training)

B.7.a. **기관의 승인**(institutional approval)   기관의 승인이 요구되면, 상담자는 자신의 연구 계획에 대한 정확한 정보를 제공하고 연구를 수행하기 전에 승인을 받는다. 승인된 연구 절차에 따라서 연구를 수행한다.

B.7.b. **지침 준수**(adherence to guidelines)   상담자는 연구 수행에 있어서의 비밀보장과 관련된 정부, 기관, 상담소 정책 또는 지침을 준수한다.

B.7.c. **연구 활동 중 얻은 정보의 비밀보장**(confidentiality of information obtained in research)   참여자의 사생활 보호와 비밀보장에 대한 위반은 인간 참여자를 포함한 연구에서의 참여에 따른 위험이다. 조사자는 안전한 방식으로 모든 연구 기록을 유지한다. 그들은 참여자들에게 비밀보장과 사생활 보호 위반으로 인해 발생하는 위험을 설명하고 예상 가능한 비밀보장의 한계에 대해 알린다. 비밀이 얼마나 유지될지에 상관없이, 조사자들은 예상되는 비밀보장의 한계에 대해 참여자들에게 알린다. (G.2.e. 참조)

B.7.d. 연구 정보의 공개(disclosure of research information) 상담자는 사전에 동의를 얻지 않은 한 연구 참여자의 신원을 확인할 수 있는 비밀정보를 공개하지 않는다. 상담 관계에서 얻은 자료를 훈련, 연구 또는 출판을 위해 사용하는 것은 참여한 개인들의 익명성을 확실히 할 수 있도록 위장된 내용으로 제한된다. (G.2.a., G.2.d. 참조)

B.7.e. 신원 확인에 대한 동의(agreement for identification) 내담자, 학생 또는 수련자의 신원을 프리젠테이션이나 출판물에 밝히는 것은 그들이 자료를 살펴보고 프리젠테이션이나 출판에 동의했을 때만 허락된다.

B.8. 자문(consultation)

B.8.a. 동의(agreements) 자문자로서 활동할 때, 상담자는 관련된 모든 당사자들로부터 각 개인의 비밀보장을 받을 권리, 각 개인들이 비밀정보를 유지해야 하는 책임, 그리고 다른 사람들과 공유한 정보의 비밀보장의 한계에 대해 동의를 구한다.

B.8.b. 사생활 존중(respect for privacy) 자문 관계에서 획득한 정보는 그 사례와 직접적으로 관계가 있는 사람과만 전문적인 목적으로 논의된다. 서면 또는 구두 보고에는 자문의 목적과 밀접한 관계가 있는 자료만 나타내며, 내담자 신원을 보호하고 예상치 못하게 사생활을 침해하지 않도록 모든 노력을 한다.

B.8.c. 비밀정보 공개(disclosure of confidential information) 동료를 자문할 때, 상담자는 사전에 동의를 얻었거나 공개를 피할 수 없는 경우가 아니라면 비밀 관계를 가지고 있는 내담자 또는 다른 사람 또는 기관의 신원 확인을 할 수 있는 비밀정보를 공개하지 않는다. (D.2.d. 참조)

Section C: 전문적 책임(professional responsibility)

서문(introduction)

상담자는 대중들과 다른 전문가들과의 관계에서 개방적이고, 정직하고 그리고 정확한 의사소통을 추구한다. 그들은 전문가적 그리고 개인적 역량의 범위 내에서 차별적이지 않은 방식으로 상담을 하며 ACA 윤리규정을 준수할 책임을 가진다. 상담자는 적극적으로 지역과 전국적인 학회에 참여하여 상담 발전과 향상을 꾀한다. 상담자는 개인과 집단을 위한 삶의 질을 향상시킬 수 있도록 개인, 집단, 기관, 사회 수준에서 변화를 촉진하는 것을 지원하며, 제공되는 적절한 서비스를 공급하고 접근하는 것에 대한 잠재적인 장애물을 제거한다. 상담자는 대중들에게 엄격한 연구 방법에 기초한 상담을 실시할 책임을 가진다. 게다가 상담자는 자신의 전문적인 책임을 최대한 다하기 위해서 자신의 정서적 · 신체적 · 정신적 · 영적인 안녕을 유지하고 증진하기 위해 자신을 돌보는 활동에 참여한다.

C.1. 기준에 대한 지식(knowledge of standards)

상담자는 ACA 윤리규정을 읽고, 이해하고, 따르며 관련된 법과 규정을 준수할 책임을 가진다.

C.2. 전문적 역량(professional competence)

C.2.a. 역량의 범위(boundaries of competence) 상담자는 교육, 훈련, 수련감독 받은 경험, 주와 국가의 전문가 자격증, 적절한 전문적 경험 등에 바탕을 둔 자신의 역량 범위 내에서만 상담을 실시한다. 상담자는 다양한 내담자 집단과 작업을 하는 데 필요한 지식, 개인적인 자각, 감수성, 기술을 습득한다. (A.9.b., C.4.e., E.2., F.w., F.11.b. 참조)

C.2.b. 새로운 전문 영역의 상담(new specialty areas of practice) 상담자는 적절한 교육이나 훈련, 또는 수련감독의 경험이 있은 후에만 새로운 전문 영역을 상담한다. 새로운 전문 영역에서 능력을 발달시키는 동안에는 상담자가 자신의 상담 역량을 확인하고 다른 사람들이 해를 입지 않도록 절차를 밟는다.

C.2.c. 고용 자격(qualified for employment) 상담자는 교육, 훈련, 수련감독 등을 받은 경험, 주와 국가의 전문가 자격증, 적절한 전문적 경험 등에 의해 자격을 갖춘 후 상담자로서 일한다. 상담자는 전문적인 상담원 자리에 자격과 역량을 갖춘 사람들만 고용한다.

C.2.d. 효율성에 대한 점검(monitor effectiveness) 상담자는 전문가로서의 자신의 효율성을 지속적으로 점검하고 효율성을 증진시키기 위한 조치를 취한다. 개인 상담실에 종사하는 상담자는 상담자로서의 효율성을 평가하기 위해 필요하다면 동료에게 슈

퍼비전을 받을 필요가 있다.

C.2.e. **윤리적 책임에 대한 자문**(consultation on ethical obligations)　상담자는 윤리적 책임이나 전문적 상담 실시에 대해 의문이 생길 때 다른 상담자나 관련 전문가들에게 자문을 구하는 절차를 따른다.

C.2.f. **지속적인 교육**(continuing education)　상담자가 현장에서 활동하기 위해 최신의 과학적이고 전문적인 정보를 일정 수준 획득하고 유지하기 위해서는 지속적인 교육이 필요하다는 것을 인식한다. 상담자는 자신이 사용하고 있는 기술에 대한 역량을 유지하고, 새로운 절차에 개방적이고, 또한 그들이 현장에서 접하고 있는 다양하고 특별한 집단의 최신 경향을 파악한다.

C.2.g. **능력 상실**(impairment)　상담자는 자신의 신체적 · 정신적 · 정서적 문제로부터 생기는 능력 상실의 신호에 깨어 있으며 그러한 능력 상실이 내담자나 다른 사람들에게 해가 될 것 같은 경우, 전문적인 서비스를 제안하거나 제공하는 것을 금한다. 전문적인 능력 상실 수준에 이르게 한 문제에 대해 도움을 요청하고, 필요하다면 다시 안전하게 일을 시작할 수 있을 것이라는 결정이 이루어질 때까지 자신의 전문적 책임을 제한하거나, 연기하거나 또는 종료한다. 상담자는 동료나 수련감독자가 자신의 전문적인 능력 상실을 인식할 수 있도록 도우며 동료나 수련감독자가 능력 상실의 신호를 보이는 것이 확실할 때는 자문과 지원을 제공한다.

C.2.h. **상담자 자격 박탈 또는 상담 종결**(counselor incapacitation or termination of practice)　상담자가 상담 실천을 그만두게 될 때, 내담자와 파일을 이전하는 준비된 계획에 따른다. 자격 박탈, 죽음, 상담 실천 종결의 경우에 상담자는 내담자와 파일의 이전 계획을 동료나 '기록 보관자'에게 준비하고 알려 준다.

C.3. 홍보와 내담자 구인(advertizing and soliciting clients)

C.3.a. **정확한 홍보**(accurate advertising)　대중들에게 자신의 서비스를 홍보하거나 다른 방법으로 알리게 될 때, 상담자는 위조하거나, 현혹시키거나, 속이거나, 사기를 치지 않도록 정확한 방식으로 자신의 자격을 밝힌다.

C.3.b. **추천장**(testimonials)　추천장을 사용하는 상담자는 현재 내담자나 이전 내담자 또는 부당한 위압에 취약할 수 있는 다른 사람들에게 추천장을 간청하지 않는다.

C.3.c. **다른 사람에 의한 진술**(statements by others)　다른 사람들이 상담자 자신이나 상담 전문성에 대해 언급되는 것이 정확하도록 상담자는 합당한 노력을 한다.

C.3.d. **고용을 통한 구인**(recruiting through employment)　상담자는 자신이 고용된 지위나 기관과 관계를 맺고 있는 것을 이용하여 자신의 사설 상담을 위한 내담자, 수련자, 피자문자를 모집하거나 획득하지 않는다.

C.3.e. **상품과 훈련 홍보**(products and training advertisement)　자신의 전문성과 관련된 상품을 개발하거나 워크숍이나 훈련 행사를 개최하는 상담자는 이 상품과 행사에 관련된 홍보가 정확하고 소비자들이 충분히 정보를 접한 후 선택을 할 수 있도록 적절한 정보를 공개해야 한다.

C.3.f. **서비스 받는 사람들에게 판촉하기**(promoting to those served)　상담자는 상담, 교육, 훈련, 수련감독 관계를 자신의 상품이나 훈련 행사를 판촉하기 위해 속이거나, 거절하지 못할 수 있는 개인에게 부당한 위압을 가하는 방식으로 이용하지 않는다. 그러나 상담자 교육자들이 수업 목적으로 집필한 교재를 채택할 수는 있다.

C.4. 전문적 자질(professional qualifications)

C.4.a. **정확한 표현**(accurate representation)　상담자는 오로지 전문적인 자격을 실제로 가지고 있는 것에 한해서 주장하거나 포함시키며 다른 사람들이 자신의 자격에 대해 잘못 표시한 것을 알게 되는 경우 수정한다. 상담자는 솔직하게 자신의 전문가 동료의 자격을 나타내 준다. 상담자는 유급으로(paid) 일한 경험과 자원봉사로 일한 경험을 분명하게 구분하고 정확하게 지속적으로 교육받은 것과 특수하게 훈련받은 것을 기술한다. (C.2.a. 참조)

C.4.b. **자격 증명서**(credentials)　상담자는 현재의 그리고 완료한 자격증(license) 또는 증명서(certification)만 주장한다.

C.4.c. **학위**(educational degrees)　상담자는 획득한 학위와 명예상의 학위를 분명히 구분한다.

C.4.d. **박사급 역량 암시하기**(implying doctoral-level competence)　상담자는 상담 또는 인접 분야에서 받은 최고의 학위를 분명하게 기술한다. 상담자는 오직 상담이나 인접 분야에서 석사학위만 소지하고 있지만 박사학위가 상담이나 인접 분야가 아닌 경우

자신을 박사(Dr.)라고 상담 장면에서 지칭함으로써 박사급 역량이 있음을 암시하지 않는다.

C.4.e. **프로그램 인가 상태**(program accreditation status) 상담자는 학위를 획득한 때의 학위 프로그램의 인가 상태를 분명하게 기술한다.

C.4.f. **전문가 협회 회원**(professional membership) 상담자는 분명하게 전문가 협회에서 현재 적극적으로 활동하는 회원인지 이전에 회원이었는지를 구분한다. ACA 회원은 분명하게 전문가 회원(최소한 상담 석사학위를 소지하고 있음을 의미함)과 일반 회원(흥미와 활동이 ACA에서 하는 것과 일치하지만 전문적인 회원 자격을 갖추지 못한 개인들에게 열려 있음)을 반드시 구분해야 한다.

C.5. 무차별(nondiscrimination)

상담자는 나이, 문화, 장애, 민족, 인종, 종교/영성, 성(gender), 성 정체성, 성적 지향, 결혼 상태/동거, 언어 선호, 사회경제적 지위 또는 법으로 금지한 어떤 원칙으로 차별하는 것을 묵과하거나 관여하지 않는다. 상담자는 내담자, 학생, 피고용자, 수련자 또는 연구 참여자들에게 부정적인 영향을 끼치는 방식으로 차별대우하지 않는다.

C.6. 공적 책무(public responsibility)

C.6.a. **성적 위협**(sexual harassment) 상담자는 성적 위협에 관여하거나 묵과하지 않는다. 성적 위협은 성적 유인, 신체적 접근 또는 성적인 성격을 지니고 있으며 전문적인 행위나 역할과 연관되어 일어나는 다음의 두 가지 특징을 가진 언어적·비언어적 행위라 정의된다.

1. 싫어하고 불쾌하고, 공격적이고, 적대적인 직장이나 학습 환경을 만들고, 상담자가 이것을 알고 있거나 들었음

2. 그 행동이 발생한 맥락에서 볼 때 분별 있는 사람이라면 위협이라고 인식될 만큼 상당히 심하거나 강렬함

성적 위협은 하나의 강렬하거나 심한 행위 또는 지속적이고 광범위한 행위로 이루어질 수 있다.

C.6.b. **제삼자에게 보고**(reports to third parties) 상담자는 법정, 건강보험회사, 평가 보고

서를 받는 사람 그리고 기타의 사람들을 포함하는 적절한 제삼자에게 전문적인 활동과 판단을 정확하고, 정직하고, 객관적으로 보고한다.

C.6.c. 미디어 발표(media presentation) 상담자가 대중 강의, 실연(demonstration), 라디오나 TV 프로그램, 녹음된 테이프, 테크놀로지에 기반을 둔 장비, 인쇄된 논문, 우편물 또는 다른 미디어 수단을 이용하여 충고나 의견을 제시할 때는 다음과 같은 사항이 확실하도록 사전에 주의를 기울인다.

1. 자신의 진술이 상담 전문 이론과 실제에 근거한 것이다.

2. 자신의 진술이 ACA 윤리규정과 일치한다.

3. 정보의 수혜자들로 하여금 전문적인 상담 관계가 이미 설정된 것처럼 여기게 해서는 안 된다.

C.6.d. 타인 착취(exploitation of others) 상담자는 전문적인 관계로 다른 사람을 착취하지 않는다.

C.6.e. 치료 모형의 과학적 근거(scientific bases for treatment modalities) 상담자는 이론에 기초하고 경험적 또는 과학적 근거를 가진 기술/절차/모형을 사용한다. 그렇지 않은 경우 상담자는 '증명되지 않은' 또는 '개발 중'이라고 기술/절차를 정의해야 하고, 잠재적인 위험을 설명하고, 그러한 기술/절차를 사용하는 것의 윤리적 측면을 고려해야 하고, 내담자를 가능한 위험으로부터 보호하는 조치를 취해야 한다. (A.4.a., E.5.c., E.5.d. 참조)

C.7. 다른 전문가에 대한 책임(responsibility to Other professionals)

C.7.a. 개인적인 공적 진술(personal public statements) 공적인 상황에서 개인적인 진술을 할 때, 상담자는 다른 모든 상담자나 전문가 집단의 입장에서 말하는 것이 아니라 개인적인 관점에서 말한다는 것을 명확하게 해 준다.

Section D: 다른 전문가들과의 관계 (relationships with other professionals)

서문(Introduction)

전문 상담자는 동료와의 상호작용 질이 내담자에게 제공되는 서비스의 질에 영향을 줄 수 있다는 것을 인식한다. 상담 분야 내외의 동료들에 대해 알기 위해 노력한다. 상담자는 내담자에 대한 서비스를 향상시키기 위해 동료들과의 긍정적인 작업관계와 의사소통 시스템을 발전시킨다.

D.1. 동료, 고용인, 피고용인과의 관계(relationships with colleagues, employers, and employees)

D.1.a. 다른 접근(different approaches) 상담자는 자신의 상담 접근 방식과 차이가 있는 다른 전문가의 접근 방식을 존중한다. 상담자는 함께 근무하는 다른 전문가 집단의 전통과 관례를 존중한다.

D.1.b. 관계 형성(forming relationships) 상담자는 내담자에게 가장 잘 서비스하기 위해 다른 학문 분야의 동료들과 간학문적(interdisciplinary) 관계를 만들고 강화한다.

D.1.c. 간학문적 팀워크(interdisciplinary teamwork) 내담자에게 다양한 서비스를 제공하는 간학문적 팀의 한 구성원인 상담자는 내담자에게 어떻게 최상의 서비스를 제공할 것인지에 지속적으로 초점을 둔다. 이들은 상담 전문가로서의 그리고 다른 학문 분야에 종사하는 동료의 관점, 가치, 경험을 활용하여 내담자의 복지에 영향을 미칠 수 있는 결정에 참여하고 기여한다. (B.1.c., B.1.d., B.2.c., B.2.d., B.3.b. 참조)

D.1.d. 비밀보장(confidentiality) 상담자가 법, 기관 정책, 또는 특별한 상황에 의해 법적 또는 행정적 소송에서 한 가지 이상의 역할 수행을 요청받게 되면, 동료들과 함께 역할 기대와 비밀보장의 한계를 명확하게 한다.

D.1.e. 전문적 그리고 윤리적 책무 확립(establishing professional and ethical obligations) 간학문적 팀의 한 구성원인 상담자는 그 팀 구성원 전체의 그리고 각 구성원의 전문

적 그리고 윤리적 책무가 무엇인지를 분명하게 한다. 팀의 결정에 윤리적 문제가 제기되면, 상담자는 우선 팀 내에서 그 문제를 해결하도록 시도한다. 팀 구성원 간에 해결책에 도달하지 못하면, 상담자는 내담자의 복지에 부합하게 그 문제를 해결할 수 있는 다른 길을 찾는다.

D.1.f. **직원 선발과 배치**(personnel selection and assignment) 상담자는 유능한 직원을 선발하고 그들의 기술과 경험에 적합한 책무를 부과한다.

D.1.g. **고용 정책**(employer policies) 시설이나 기관에의 고용을 수락한다는 것은 상담자가 그 시설이나 기관의 전반적인 정책이나 원칙에 동의한다는 것을 의미한다. 상담자는 고용자와 내담자의 성장과 발전에 도움이 되는 방향으로 기관 정책을 변경하는 것이 허용되는 수용 가능한 관리 기준에 대해 합의할 수 있도록 노력한다.

D.1.h. **부정적 환경**(negative conditions) 상담자는 부적절한 정책과 실천에 대해 고용자에게 문제가 없음을 알린다. 상담자는 기관 내에서 건설적인 조치를 거쳐 그 정책이나 절차가 변화되도록 노력한다. 그 정책이 잠재적으로 내담자에게 파괴적이고 해가 된다면 또는 제공되는 서비스의 효율성에 제한을 가하게 되고 변화가 일어날 수 없다면, 상담자는 추가적으로 적절한 조치를 취한다. 그런 조치에는 적절한 자격과 인가, 또는 자격증 수여기관에의 의뢰 또는 고용 상태를 끝내는 것이 포함될 수 있다.

D.1.i. **징계로부터의 보호**(protection from punitive action) 상담자는 책임감 있고 윤리적인 방식으로 부적절한 고용주 정책과 실천을 드러낸 피고용인을 위협하거나 해고하지 않도록 주의한다.

D.2. 자문(consultation)

D.2.a. **자문가 역량**(consultant competency) 상담자는 자문 서비스를 제공할 때에는 자신이 적합한 자원과 역량을 가지고 있는지를 확인하도록 적절한 조치를 취한다. 상담자는 요청이 있거나 필요한 경우에는 적절한 의뢰 자원을 제공한다. (C.2.a. 참조)

D.2.b. **피자문자 이해**(understanding consultantees) 자문을 제공하는 경우 상담자는 피자문자와 함께 문제의 정의, 변화의 목표, 선택한 개입의 예상되는 결과에 대해 명확하게 이해할 수 있도록 노력한다.

D.2.c. **자문 목표**(consultant goals) 자문 관계는 피자문자의 적응력과 자기주도적 성장을

지속적으로 장려하고 계발하는 것이다.

D.2.d. **자문에서의 사전동의**(informed consent in consultation) 자문을 제공할 경우, 상담자는 서면이나 구두로 상담자와 피자문자의 권리와 책임에 대해 개관해 줄 의무가 있다. 상담자는 명확하고 이해 가능한 언어로 제공될 서비스의 목적, 비용, 잠재적인 위험과 이익, 비밀보장의 한계에 대해 관련된 모든 사람들에게 알린다. 피자문자와 함께 작업하는 데 있어 상담자는 문제에 대한 명확한 정의, 변화의 목표, 피자문자의 요구에 문화적으로 맞으면서도 적합한 개입의 예상되는 결과를 개발하도록 한다. (A.2.a., A.2.b. 참조)

Section E: 평가, 사정, 해석 (evaluation, assessment, and interpretation)

서문(Introduction)

상담자는 상담 과정의 한 부분으로서 사정도구를 사용하며, 내담자의 개인적·문화적 상황을 고려한다. 상담자는 교육·심리·진로 사정도구를 개발하고 사용함으로써 내담자 개인과 내담자 집단의 복지를 적절한 증진시킨다.

E.1. 일반(general)

E.1.a. **사정**(assessment) 교육·심리·진로 사정의 주요 목적은 상대적 또는 절대적 용어로 타당하고 신뢰할 만한 측정치를 제공하는 것이다. 이것은 능력, 성격, 흥미, 지능, 성취, 수행 측정을 포함하지만 이것에 제한되지는 않는다. 상담자는 이 부분에 기술되어 있는 것을 양적·질적 사정 모두에 적용되는 것으로 해석할 필요가 있다는 것을 인식한다.

E.1.b. **내담자 복지**(client welfare) 상담자는 사정 결과와 해석을 오용하지 않는다. 그리고 다른 사람들이 이러한 사정도구를 통해 얻은 정보를 오용하지 않도록 예방하기 위해 적절한 조치를 취한다. 상담자는 내담자에게 결과, 제시된 해석, 상담자의 결론과 추천의 근거를 알 권리가 있음을 존중한다.

E.2. 사정도구 사용과 해석 역량(competence to use and interpret assessment instruments)

E.2.a. 역량의 한계(limits of competence) 상담자는 오로지 훈련받고 유능한 검사와 사정 서비스에 대해서만 실시한다. 테크놀로지에 의해 지원을 받는 검사 해석을 사용하는 상담자는 테크놀로지에 기반을 둔 애플리케이션을 사용하기 이전에 측정되는 구인(construct)과 사용되는 특정 도구에 대해 훈련되어 있어야 한다. 상담자는 자신의 수련감독을 받는 사람들이 심리 및 진로 사정 기술을 적절히 사용하고 있는지를 확인할 수 있도록 적절한 조치를 취한다. (A.12 참조)

E.2.b. 적절한 사용(appropriate use) 상담자는 검사 채점과 해석을 상담자 자신이 하든지, 테크놀로지를 사용해서 하든지 혹은 다른 서비스를 사용하든지 상관없이 내담자의 요구에 적합한 사정도구를 적용하고, 채점하고, 해석하고, 활용하는 것에 대해 책임을 진다.

E.2.c. 결과에 근거한 결정(decisions based on results) 사정 결과에 근거하여 개인이나 정책에 관한 결정을 내릴 책임을 지고 있는 상담자는 타당도 기준, 사정 연구, 사정 개발과 활용 지침을 포함하여 교육 · 심리 · 진로 측정에 대해 완전히 이해한다.

E.3. 사정에서의 사전동의(informed consent in assessment)

E.3.a. 내담자에게 설명(explanation to clients) 사정 전에 상담자는 사정의 특성과 목적, 잠재적인 결과 수령자의 구체적인 결과의 사용에 대해 설명한다. 그 설명은 명확한 예외가 사전에 합의된 바가 없다면, 내담자(또는 내담자를 대신한 합법적인 권한을 가진 사람)가 이해할 수 있는 언어로 설명한다. 상담자는 내담자의 개인적 · 문화적 상황, 내담자의 결과 이해 정도, 결과가 내담자에게 미치는 영향을 고려한다. (A.2., A.12.g., F.1.c. 참조)

E.3.b. 결과 수령자(recipients of results) 상담자는 피검자의 복지, 명확한 이해, 사정 결과를 누가 수령할 것인지에 대한 결정에서 사전 합의를 고려한다. 상담자는 개인 또는 집단 사정 결과 발표에 정확하고 적절한 해석을 포함시킨다.

E.4. 유자격 전문가에게 자료 방출(release of data to qualified professionals)

상담자는 내담자 신원이 적혀 있는 사정 자료는 내담자나 내담자의 법적 대리인의 동의가 있는 경우에만 공개한다. 그러한 자료는 자료 해석에 유능하다고 상담자가 인정한 사람에게만 공개된다.

E.5. 정신장애 진단(diagnosis of mental disorders)

E.5.a. 적절한 진단(proper diagnosis)   상담자는 정신장애에 대해 적절한 진단을 하도록 특별한 주의를 기울인다. 상담자는 내담자 보살핌(예를 들면, 치료의 초점, 치료 유형, 추수상담 권유)을 결정하기 위해 사용되는 사정 기술(개인 면담을 포함한)을 신중하게 선택하고 적절하게 사용한다.

E.5.b. 문화적 감수성(cultural sensitivity)   상담자는 내담자의 문제를 규정하는 방식에 문화가 영향을 미친다는 점을 인식한다. 정신장애를 진단할 때는 내담자의 사회경제적 경험과 문화적 경험을 고려한다. (A.2.c. 참조)

E.5.c. 정신병리 진단에 있어서의 역사적 · 사회적 편견(historical and social prejudices in the diagnosis of pathology)   상담자는 어떤 개인들이나 집단들에 대해 오진을 내리고 정신병리화하는 역사적 · 사회적 편견과 진단과 치료를 통해 이러한 편견을 지속시키는 정신건강 전문가들의 역할을 인식한다.

E.5.d. 진단 자제(refraining from diagnosis)   상담자는 내담자나 다른 사람들에게 해를 끼칠 수 있다고 믿으면 진단을 하거나 보고하는 것을 자제할 수 있다.

E.6. 도구 선택(instrument selection)

E.6.a. 도구의 적절성(appropriateness of instruments)   상담자가 도구를 선택할 때 도구의 타당도, 신뢰도, 심리측정의 한계, 적절성을 신중하게 고려한다.

E.6.b. 의뢰 정보(referral information)   내담자가 제삼자에게 사정을 위해 의뢰될 때, 상담자는 적절한 사정도구가 사용될 수 있도록 내담자에 대한 구체적인 의뢰 문제와 충분한 객관적인 자료를 제공한다. (A.9.b., B.3. 참조)

E.6.c. 문화적으로 다양한 집단(culturally diverse populations)   상담자들은 문화적으로 다양한 집단을 위한 사정도구를 선택할 경우 그러한 내담자 집단에게 적절한 심리측

정 특성이 결여된 도구를 사용하지 않도록 조심한다. (A.2.c., E.5.b. 참조)

E.7. 사정 실시 조건(conditions of assessment administration)

E.7.a. 실시 조건(administration condition) 상담자는 표준화 과정에서 설정된 동일한 조건 하에 사정을 실시한다. 장애가 있는 내담자를 수용할 필요가 있는 상황과 같이 표준 화된 조건하에서 사정을 실시할 수 없는 경우, 또는 사정 실시 중 특이행동이나 부정 행위 발생 시, 이를 사정 해석 부분에 언급해서 사정 결과의 타당성 결여 혹은 타당 성에 문제가 있음을 명시해야 한다.

E.7.b. 기술적 실시(technological administration) 기술적 또는 다른 전자적 방법들이 사정 실시에 사용될 때 상담자는 실시 프로그램이 잘 기능하고 내담자에게 정확한 결과 를 제공하는지 확인한다.

E.7.c. 수련감독을 받지 않는 사정(unsupervised assessment) 사정도구가 스스로 실시하 고 채점하도록 설계되고 의도되고 타당화되지 않은 한, 상담자는 부적절한 수련감 독에 사정도구가 사용되는 것을 허용하지 않는다.

E.7.d. 양호한 조건 공개(disclosure of favorable conditions) 사정 실시 이전에 가장 양호한 사정 결과를 산출하는 조건들을 수검자에게 알린다.

E.8. 사정에서의 다문화적 쟁점 및 다양성(multicultural issues/diversity in assessment)

상담자는 내담자의 집단과 다른 집단을 대상으로 규준이 만들어진 사정 기술법을 사용할 때 는 신중을 기한다. 상담자는 연령, 피부색, 문화, 장애, 민족, 성(gender), 인종, 언어 선호, 종 교, 영성, 성(性)적 지향, 사회경제적 지위가 검사 실시와 해석에 영향을 미친다는 것을 인식하 고, 다른 관련된 요인들을 고려하여 적절하게 검사 결과를 평가한다. (A.2.c., E.5.b. 참조)

E.9. 사정 채점 및 해석(scoring and interpretation of assessments)

E.9.a. 보고(reporting) 사정 결과를 보고할 때, 상담자는 사정 상황이나 검사 받은 사람의 규 준이 부적합하기 때문에 타당도와 신뢰도와 관련하여 발생하는 제한점을 명시한다.

E.9.b. 연구 도구(research instruments) 상담자는 응답자의 결과를 지지해 주는 충분한 기

술적인 자료를 가지고 있지 않는 연구 도구를 해석할 때는 주의를 기울인다. 그런 도구를 사용하는 특별한 목적이 있다는 것을 피검자에게 알린다.

E.9.c. 사정 서비스(assessment services) 사정 절차를 지원하기 위해 사정 채점과 해석 서비스를 제공하는 상담자는 해석에 대한 타당성을 확인시켜 준다. 상담자는 절차의 목적, 규준, 타당성, 신뢰도, 적용에 대해 그리고 사용에 적용되는 어떤 특별한 자격 조건에 대해 정확하게 기술한다. 자동화된 검사 해석 서비스를 공적으로 제공하는 것은 전문가 대 전문가의 자문이라 여겨진다. 자문가의 공식적인 책임은 피자문자에게 있으나, 궁극적이고 보다 우위에 있는 책임은 내담자에게 있다.

E.10. 사정 보안(assessment security)

상담자는 검사와 다른 사정 기법들이 법과 계약 의무에 일치하도록 정직성과 보안을 유지한다. 상담자는 출판자의 승인이나 허락 없이 출판된 사정도구 또는 그 일부를 전유하거나, 복사하거나, 수정하지 않는다.

E.11. 시대에 뒤진 검사 및 시기가 지난 결과(obsolete assessment and outdated results)

상담자는 현재의 목적을 위해 시대에 뒤지거나 시기가 지난 사정에서 나온 자료나 결과를 사용하지 않는다. 상담자는 다른 사람이 시대에 뒤진 측정이나 사정 자료를 오용하지 않도록 모든 노력을 기울인다.

E.12. 사정 제작(assessment construction)

상담자는 교육과 심리 사정 기술을 개발하고, 출판하고, 사용하기 위해 확증된 과학적 절차, 적절한 기준, 사정 설계에 대한 최신의 전문지식을 이용한다.

E.13. 법정 평가: 법적 소송절차를 위한 평가(forensic evaluation: evaluation for legal proceedings)

E.13.a. 일차적 임무(primary obligations) 법정 평가를 제공할 때, 상담자의 일차적 임무는 객관적인 조사 결과를 제시하는 것이다. 이러한 객관적인 조사 결과는 그 개인을

조사하거나 기록을 검토하는 것을 포함한 평가에 적합한 정보와 기법에 근거해 입증될 수 있는 것이다. 상담자들은 자신의 전문적 지식과 평가에서 수집된 자료들에 의해 지지를 받을 수 있는 전문성을 근거로 하여 전문가 의견을 형성할 권한을 갖고 있다. 특히 개인을 조사하는 것이 아직 수행되지 않았을 때 상담자는 보고나 증언에 한계가 있음을 밝힌다.

E.13.b. **평가를 위한 동의**(consent for evaluation)　평가받는 개인들에게 관계의 목적은 평가를 위한 것이지, 본질상 상담이 아니며, 평가 보고서를 받을 주체나 개인의 신분이 밝혀져 있다는 것에 대한 정보를 서면으로 제공한다. 법정 명령으로 인해 평가받는 개인 그대로 서면 동의 없이도 평가가 이루어지는 것이 아니라면 평가받는 것에 대한 서면 동의를 평가받는 사람으로부터 받는다. 아동이나 취약한 어른이 평가받을 때는 서면으로 된 사전동의서를 부모나 보호자로부터 받는다.

E.13.c. **금지된 내담자 평가**(client evaluation prohibited)　상담자는 현재 상담 중이거나 과거에 상담했던 개인을 법적인 목적으로 평가하지 않는다. 상담자는 법적인 목적으로 현재 평가 중이거나 과거에 평가했던 개인을 상담 내담자로 받아들이지 않는다.

E.13.d. **잠재적 위험이 있는 관계 피하기**(avoid potentially harmful relationships)　법정 평가를 제공하는 상담자는 현재 평가 중이거나 과거에 평가했던 개인의 가족, 연인, 친한 친구와 잠재적 위험이 있는 전문적 또는 개인적인 관계를 피한다.

Section F: 수련감독, 훈련, 교육 (supervision, training, and teaching)

서문(Introduction)

상담자는 수련자와 학생과 의미 있고 존중하는 전문적인 관계를 촉진하면서도 적절한 경계선을 유지하기를 열망한다. 상담자는 자신의 일에 대해 이론적이고 교육적인 기초를 가지며, 훈련 중인 상담자를 공정하고, 정확하고, 정직하게 평가하고자 노력한다.

F.1. 상담자 수련감독 및 내담자 복지(counselor supervision and client welfare)

F.1.a. 내담자 복지(client welfare) 상담 수련감독자의 주요 임무는 다른 상담자 또는 훈련 중인 상담자가 제공하는 서비스를 점검하는 것이다. 상담 수련감독자는 내담자의 안녕과 수련자의 임상 수행과 전문적 발달을 점검한다. 이러한 임무를 완수하기 위해서 수련감독자는 사례 노트 점검, 임상 실습 사례, 실제 상담 관찰을 위해 정기적으로 수련자를 만난다. 수련자는 ACA 윤리규정을 이해하고 따라야 할 책임을 가진다.

F.1.b. 상담자 자격 증명(counselor credentials) 상담 수련감독자는 서비스를 제공하고 있는 수련자의 자격을 내담자가 확실히 알 수 있도록 한다. (A.2.b. 참조)

F.1.c. 사전동의와 내담자 권리(informed consent and client rights) 수련감독자는 수련자가 상담 관계에서 내담자의 사생활 보호와 비밀보장을 포함한 내담자의 권리를 알고 있도록 한다. 수련자는 내담자에게 전문적 공개(수련감독)에 대한 정보를 제공하고, 수련감독 과정이 어떻게 비밀보장 한계에 영향을 주는지 알린다. 수련자는 내담자에게 누가 상담 관계 기록에 접근할 것인지를 알게 하고 이러한 기록들이 어떻게 사용될 것인지에 대해서도 알린다. (A.2.b., B.1.d. 참조)

F.2. 상담자 수련감독 역량(counselor supervision competence)

F.2.a. 수련감독자 준비(supervisor preparation) 임상 수련감독 서비스를 제공하기 전에 상담자는 수련감독 방법과 기법에 대해 훈련을 받는다. 임상 수련감독 서비스를 제공하는 상담자는 상담과 수련감독에 대한 주제와 기술을 포함한 지속적인 교육 활동에 정기적으로 참여한다. (C.2.a., C.2.f. 참조)

F.2.b. 수련감독에서의 다문화 쟁점/다양성(multicultural issues/diversity in supervision) 상담 수련감독자는 수련감독 관계에서의 다문화주의/다양성의 역할을 인식하고 다룬다.

F.3. 수련감독 관계(supervisory relationships)

F.3.a. 수련자와의 관계 경계선(relationship boundaries with supervisees) 상담 수련감독자

는 수련자와의 윤리적, 전문적, 개인적, 사회적 관계를 명확하게 정의하고 유지한다. 상담 수련감독자는 현 수련자와 비전문적 관계를 맺는 것을 피한다. 만약 수련감독자가 수련자와 다른 전문적 관계(예, 임상적·행정적 수련감독자, 교수)를 맺어야만 한다면, 잠재적인 갈등을 최소화하기 위해 노력하며 수련자에게 각 역할에 따르는 기대와 책임에 대해 설명한다. 수련감독자는 수련감독 관계를 손상할 수 있는 어떤 형태의 비전문적 상호작용도 시작하지 않는다.

F.3.b. **성적 관계**(sexual relationships)   현 수련자와의 성적 또는 로맨틱한 상호작용이나 관계는 금지된다.

F.3.c. **성적 위협**(sexual harassment)   상담 수련감독자는 수련자에게 성적 위협을 가하거나 묵과하지 않는다. (C.6.a. 참조)

F.3.d. **친한 친척이나 친구**(close relatives and friends)   상담 수련감독자는 친한 친척, 연인, 친구를 수련자로 받는 것을 피한다.

F.3.e. **잠재적으로 이익이 되는 관계**(potentially beneficial relationships)   상담 수련감독자는 수련자와의 관계에서 권력의 차이를 인식한다. 만약 수련자와의 비전문적 관계가 수련자에게 잠재적으로 이익이 된다고 믿으면, 상담자들이 내담자와 작업할 때처럼 사전에 조치를 취한다. 잠재적으로 이익이 될 수 있는 상호작용이나 관계는 공식적인 행사 참여, 병원 방문, 스트레스 받는 일이 있을 때 지지 제공, 전문 학술단체·조직·지역사회에서의 회원 가입이 포함된다. 상담 수련감독자는 임상과 행정적 수련감독자로서의 역할에서 벗어난 관계를 시작하려 할 때는 수련자와 공개적으로 논의한다. 비전문적 관계를 시작하기 전에, 수련감독자는 그러한 상호작용을 해야 하는 합당한 근거, 잠재적인 이익 또는 약점, 그리고 수련자에게 기대되는 결과에 대해 수련자와 의논하고 문서화해 놓는다. 수련감독자는 수련자와 가지게 될 추가적인 역할의 구체적인 성격과 한계를 명확히 한다.

F.4. 수련감독자 책임(supervisor responsibilities)

F.4.a. **수련감독에 대한 사전동의**(informed consent for supervision)   수련감독자는 사전동의와 참여의 원칙을 수련감독에 반영할 책임이 있다. 수련감독자는 그들이 따를 정책과 절차, 그리고 개인적인 수련감독 활동에 대한 정당한 항의 절차 메커니즘에 대

해 수련자에게 알린다.

F.4.b. 응급상황과 부재 시(emergencies and absences) 수련감독자는 수련자가 수련감독자에게 연락할 수 있는 절차를 만들어 알리고 부재 시 위기 상황을 다루는 데 도와줄 수 있는 다른 수련감독자의 연락처를 알린다.

F.4.c. 수련자를 위한 기준(standards for supervisees) 수련감독자들은 수련자가 전문적 · 윤리적 기준과 법적 책임에 대해 알도록 한다. 학위를 마친 상담자의 수련감독자는 상담자가 전문적인 실천 기준을 지키도록 장려한다. (C.1. 참조)

F.4.d. 수련감독 관계 종결(termination of the supervisory relationship) 수련감독자나 수련자는 적절히 예고한 후에 수련감독 관계를 종결할 권리를 가진다. 그만두는 이유를 상대방에게 알린다. 문화적 · 임상적 · 전문적 문제가 수련감독 관계를 지속하는 데 있어서의 핵심적인 문제일 경우, 양쪽 모두 이런 차이를 해결하기 위해 노력한다. 종결이 확정되면, 수련감독자는 가능한 다른 수련감독자에게 적절하게 의뢰한다.

F.5. 상담 수련감독 평가, 개선, 인증(counseling supervision evaluation, remediation, and endorsement)

F.5.a. 평가(evaluation) 수련감독자는 지속적인 수행 평가와 평가 결과를 문서화하고 제공하며, 수련감독 관계를 갖는 동안 정기적인 공식적 평가 회기 일정을 계획한다.

F.5.b. 한계(limitations) 지속적인 평가와 사정을 통해, 수련감독자는 수행을 방해할 수도 있는 수련자의 한계에 대해 인식한다. 수련감독자는 필요한 경우 수련자에게 교정적 지원을 제공한다. 그 수련자가 유능한 전문적 서비스를 제공할 수 없을 때는 훈련 프로그램, 응용 상담 상황, 전문가 자격 과정을 그만두도록 권유한다. 수련감독자는 수련자가 그만두거나 원조를 받도록 의뢰하는 결정에 대해 자문을 구하고 문서에 기록한다. 수련감독자는 수련자가 그러한 결정을 다루는 데 가능한 선택들은 어떤 것들이 있는지 확실히 알도록 한다. (C.2.g. 참조)

F.5.c. 수련자에 대한 상담(counseling for supervisees) 수련자가 상담을 요청하는 경우, 수련감독자는 수용할 수 있는 의뢰를 제공한다. 상담자는 수련자에게 상담 서비스를 제공하지 않는다. 수련감독자는 이런 문제가 내담자, 수련감독 관계, 전문적 기능에 미치는 영향 측면에서 대인관계 능력 문제를 다룬다. (F.3.a. 참조)

F.5.d. 인증(endorsement)   수련감독자는 수련자가 인증을 받을 만큼 자격을 갖췄다고 믿을 때만 증명서, 자격증, 고용, 학위 또는 훈련 프로그램 수료에 대해 인증한다. 자질에도 불구하고 수련자가 인증과 관련된 임무 수행을 방해할 수도 있을 정도로 어떤 장애가 있다고 믿으면 수련감독자는 수련자에게 인증해 주지 않는다.

F.6. 상담자 교육자의 책임(responsibilities of counselor educators)

F.6.a. 상담자 교육자(counselor educators)   교육 프로그램 개발, 실시, 감독 책임을 맡은 상담자 교육자들은 교사로서 그리고 상담 실천가로서 능숙한 사람들이다. 그들은 전문가의 윤리적 · 법적 · 규율적인 측면에 대해 알고 있으며, 그 지식을 적용하는 데 능숙하고, 학생과 수련자가 그들의 책임을 인지하도록 돕는다. 상담자 교육자는 상담자 교육과 훈련 프로그램을 윤리적 방식으로 수행하며 전문적인 행위의 역할 모델이 된다. (C.1., C.2.a., C.2.c. 참조)

F.6.b. 다문화/다양성 삽입(infusing multicultural issues/diversity)   상담자 교육자는 전문적인 상담자 발달을 위해 다문화/다양성과 관련된 자료를 모든 과정과 워크숍에 포함시켜 넣는다.

F.6.c. 연구와 실천 통합(integration of study and practice)   상담자 교육자는 학술적인 연구와 수련감독하의 실천을 통합하여 교육과 훈련 프로그램을 개설한다.

F.6.d. 윤리 지도(teaching ethics)   상담자 교육자는 학생과 수련자가 전문가의 윤리적 책임과 기준 그리고 학생의 전문성에 대한 윤리적 책임에 대해 알도록 한다. 상담자 교육자는 교육과정 전반에 걸쳐 윤리적으로 고려할 사항들을 포함시켜 넣는다. (C.1. 참조)

F.6.e. 동료 관계(peer relationships)   상담자 교육자는 학생이나 수련자가 집단상담을 이끌거나 임상 수련감독을 제공할 때 동료들 권리가 손상되지 않도록 모든 노력을 다한다. 상담자 교육자는 학생과 수련자가 상담자 교육자, 훈련자, 수련감독자와 동일한 윤리적 의무를 가진다는 것을 이해하도록 조치를 취한다.

F.6.f. 혁신적인 이론과 기법(innovative theories and techniques)   상담자 교육자가 아직 경험적 근거를 갖고 있지 않거나 충분한 이론적 근거를 갖고 있지 않은 혁신적인 상담 기법이나 절차를 가르칠 때는 그 상담 기법이나 절차를 '증명되지 않은' 또는 '개발

중인 것임을 분명히 밝히고, 학생들에게 그 기법이나 절차를 사용하는 것의 잠재적인 위험과 윤리적으로 고려할 사항들에 대해 설명한다.

F.6.g. **현장 배치**(field placements) 상담자 교육자는 훈련 프로그램 내에 현장 배치와 다른 임상 경험에 관한 분명한 정책을 세운다. 상담자 교육자는 학생 또는 수련자, 현장 수련감독자, 프로그램 수련감독자에게 명확하게 진술된 역할과 책임을 제공한다. 상담자 교육자는 현장 수련감독자가 수련감독을 제공할 만한 자격이 있는지를 확인하고 현장 수련감독자에게 이 역할에 주어진 전문적 · 윤리적 책임이 무엇인지 알린다.

F.6.h. **전문가 공개**(professional disclosure) 상담 서비스를 시작하기 전에, 훈련 중인 상담자는 학생 신분임을 공개하고 이러한 상태가 비밀보장의 한계에 어떻게 영향을 미치는가에 대해 설명한다. 상담자 교육자는 배치된 현장에서 내담자가 제공되는 서비스와 그 서비스를 제공하는 학생과 수련자의 자격을 확실히 알도록 한다. 학생과 수련자는 훈련과정중에 가진 상담 관계에 대한 어떤 정보를 사용하기 전에 내담자의 승낙을 받는다. (A.2.b. 참조)

F.7. 학생 복지(student welfare)

F.7.a. **오리엔테이션**(orientation) 상담자 교육자는 오리엔테이션이 학생의 교육적 · 임상적 훈련 내내 지속되는 발달과정이라는 것을 인식한다. 상담 교수진은 예비 학생에게 다음과 같이 상담자 교육 프로그램에서 기대하는 것에 관한 정보를 제공한다.

1. 성공적인 훈련 수료에 요구되는 기술과 지식의 유형과 수준

2. 프로그램 훈련 목적, 목표, 임무, 이수 교과목

3. 평가 원칙

4. 훈련과정의 일부로서 자기 성장과 자기 개방을 장려하는 훈련 요소

5. 수련감독 상황 유형과 요구되는 임상 현장 경험을 위한 장소의 요건

6. 학생, 수련자 평가와 퇴학 정책과 절차

7. 졸업 후의 최근 고용 전망

F.7.b. **자기 성장 경험**(self-growth experiences) 상담교육 프로그램은 입학이나 프로그램 안내 자료집에 자기 개방이나 자기 성장 경험을 위한 필수요건들에 대해 기술한다. 상담자 교육자는 학생이나 수련자의 자기 성장이나 자기 개방을 요구하는 훈련 경

험을 설계할 때 전문적인 판단을 사용한다. 주요 역할이 교사, 훈련자, 수련감독자인 상담자가 전문성에 대한 윤리적 의무를 다하는 것이 요구될 때, 상담교육자는 학생이나 수련자에게 자기 공개가 가져올 수도 있는 결과에 대해 알게 한다. 경험에 의거한 훈련 경험에 대한 평가 요소는 학생의 자기 공개 수준에 따르는 것이 아닌 별도로 미리 결정된 학업 기준을 명확하게 기술한다. 상담자 교육자는 훈련받는 자들에게 그들의 역량에 영향을 미칠 수도 있는 개인적인 문제를 해결하기 위해 전문적인 도움을 받도록 요구할 수도 있다.

F.8. 학생 책임(student responsibilities)

F.8.a. 학생을 위한 기준(standards for students) 훈련 중인 상담자는 ACA 윤리규정을 이해하고 따를 책임이 있으며 기관이나 배치된 상담실에서 전문적인 직원의 근무 행위를 다루는 관련 법, 규제 정책, 규율을 준수한다. 학생들은 전문적인 상담자에게 요구되는 것과 똑같은 의무를 내담자들에게 가진다. (C.1., H.1. 참조)

F.8.b. 능력 상실(impairment) 훈련 중인 상담자는 자신의 신체적 · 정신적 · 정서적 문제가 내담자나 다른 사람들에게 해를 끼칠 것 같은 경우 상담 서비스를 제안하거나 제공하는 것을 삼간다. 그들은 능력 상실 신호에 경계를 늦추지 않으며, 문제에 대한 도움을 요청하고, 서비스를 효율적으로 제공할 수 없다는 것을 알게 될 때는 프로그램 수련감독자에게 알린다. 이와 함께 다른 사람에게 서비스를 제공할 능력을 방해하는 문제를 개선하기 위한 적절한 전문적 서비스를 스스로 찾는다. (A.1., C.2.d., C.2.g. 참조)

F.9. 학생 평가 및 개선(evaluation and remediation of students)

F.9.a. 평가(evaluation) 상담자는 학생들에게 훈련 프로그램 시작 전이나 진행되는 내내 기대되는 역량의 수준, 평가 방법, 교과 수업과 임상에서의 역량 평가 시간에 대해 명확하게 알려 준다. 상담자 교육자는 훈련 프로그램이 지속되는 동안 내내 학생들의 수행을 계속적으로 평가하고 그 평가 결과를 학생들에게 제공한다.

F.9.b. 한계(limitations) 상담교육자는 지속적인 평가와 사정을 통해 학생들이 상담 역량을 성취하는 데 수행을 방해할 수 있는 무능함에 대해 인식하고 다룬다. 상담자 교육자는

1. 필요한 경우 학생에게 보충적인 지원을 받도록 도와준다.

2. 학생을 퇴학하게 하거나 원조를 받도록 의뢰하는 결정에 대해 전문적인 자문을 구하고 문서화한다.

3. 학생에게 원조를 받거나 퇴학하도록 요청한 결정을 다루어 달라는 소구권(溯求權)이 시의적절하게 사용될 수 있도록 하고, 기관 정책이나 절차에 따른 정당한 절차를 학생에게 제공한다. (C.2.g. 참조)

F.9.c. **학생을 대상으로 한 상담**(counseling for students) 학생이 상담을 요청하거나 상담 서비스가 개선 절차의 한 부분으로 필요한 경우, 상담자 교육자는 적절한 의뢰를 제공한다.

F. 10. 상담자 교육자와 학생 간의 역할 및 관계(roles and relationships between counselor educators and students)

F.10.a. **성적 또는 로맨틱 관계**(sexual or romantic relationships) 현 학생과의 성적 또는 로맨틱한 상호작용이나 관계는 금지된다.

F.10.b. **성적 위협**(sexual harassment) 상담자 교육자는 학생에게 성적 위협을 가하거나 묵과하지 않는다. (C.6.a. 참조)

F.10.c. **이전 학생과의 관계**(relationships with former students) 상담자 교육자는 교수진과 학생 간의 관계에 힘의 차이가 있다는 것을 인식한다. 교수진은 이전 학생들과 사회적, 성적 또는 다른 친밀한 관계를 시작할 때는 개방적으로 논의한다. 교수진은 이전 관계가 관계 변화에 영향을 줄 수 있다는 점에 대해 이전 학생과 함께 논의한다.

F.10.d. **비전문적 관계**(nonprofessional relationships) 상담자 교육자는 학생에게 잠재적인 위험 요소가 있거나 훈련 경험이나 부과된 평점에 손상을 줄 수도 있는 학생과 비전문적 또는 지속적인 전문적 관계를 맺는 것을 피한다. 게다가 상담자 교육자는 학생이나 수련자를 배치한 것에 대해 그 상담소로부터 어떤 형태의 전문적인 서비스나 사례, 수수료, 배상, 보상을 받지 않는다.

F.10.e. **상담 서비스**(counseling services) 상담자 교육자는 훈련 경험과 관련된 간단한 역할이 아니라면 현재의 학생에게 상담자로서 봉사하지 않는다.

F.10.f. **잠재적으로 이익이 되는 관계**(potentially beneficial relationships)   상담자 교육자는 교수진과 학생의 관계 사이에는 힘의 차이가 있음을 인식한다. 만약 학생과의 비전문적 관계가 학생에게 잠재적으로 이익이 된다고 믿으면, 상담자들이 내담자와 작업할 때처럼 사전에 조치를 취한다. 잠재적으로 이익이 될 수 있는 상호작용이나 관계는 공식적인 행사 참여, 병원 방문, 스트레스 받는 일이 있을 때 지지 제공, 전문 학술단체 · 조직 · 지역사회에서의 회원 가입이 포함된다. 상담자 교육자는 교사나 수련감독자로서의 역할에서 벗어난 관계를 시작하려 할 때는 학생과 공개적으로 논의한다. 상담자 교육자는 그러한 상호작용을 해야 하는 합당한 근거, 잠재적인 이익과 약점, 그리고 학생에게 기대되는 결과에 대해 학생과 논의한다. 교육자는 비전문인인 관계를 시작하기 이전에 학생과 가지게 될 추가적인 역할의 구체적인 성격과 한계를 명확히 한다. 학생과의 비전문적 관계는 한시적이어야 하며 학생의 동의하에 시작되어야 한다.

F.11. 상담자 교육 및 훈련 프로그램에서의 다문화/다양성 역량(multicultural/ diversity competence in counselor education and training programs)

F.11.a. **교수진 다양성**(faculty diversity)   상담자 교육자는 다양한 교수진을 신규로 초빙하고 유지하기 위해 노력한다.

F.11.b. **학생 다양성**(student diversity)   상담자 교육자는 다양한 학생을 신입생으로 모집하고 유지하기 위해 적극적으로 노력한다. 상담자 교육자는 학생들이 훈련 경험에 가져오는 다양한 문화와 능력의 유형들을 인식하고 그것들에 가치를 부여함으로써 다문화/다양성에 대한 유능함을 보여 준다. 상담자 교육자는 다양한 학생들의 안녕과 학업 수행을 돕기 위해 적절한 편의를 제공한다.

F.11.c. **다문화/다양성 역량**(multicultural/diversity competence)   상담자 교육자는 훈련이나 수련감독 실천에 다문화/다양성 역량 배양을 위한 내용을 적극적으로 넣는다. 그들은 학생들이 다문화적 실천의 유능함에 대한 인식, 지식, 기술을 습득할 수 있도록 적극적으로 훈련시킨다. 상담자 교육자는 다양한 문화적 관점을 조장하고 표현할 수 있는 사례 예, 역할극, 토의 문제, 다른 교실 내 활동을 포함시킨다.

Section G: 연구 및 출판(research and publication)

서문(Introduction)

연구를 수행하는 상담자는 전문가의 지식 기반에 기여하고 건강하고 더 정의로운 사회로 인도하는 환경에 대한 더 명확한 이해를 촉진하는 것이 장려된다. 상담자는 가능한 한 충분히 그리고 기꺼이 참여함으로써 연구자들의 노력을 지원한다. 상담자는 연구 프로그램을 설계하고 실시하는 데 있어서 편향을 최소화하고 다양성을 존중한다.

G.1. 연구 책임(research responsibilities)

G.1.a. 인간 연구 참여자 이용(use of human research participants)　상담자는 인간 연구 참여자를 대상으로 한 연구를 수행할 때 윤리원칙, 법, 기관 규율, 과학적 기준에 합당한 방식으로 연구를 계획하고, 설계하고, 실행하고, 보고한다.

G.1.b. 표준 실천으로부터의 이탈(deviation from standard practice)　연구 문제가 표준이 되는 또는 수용 가능한 실천으로부터 벗어날 것임을 암시하는 경우 연구 참여자들의 권리를 보호하기 위해 자문을 구하고 엄중한 안전장치를 따른다.

G.1.c. 독립적인 연구자(independent researchers)　독립적인 연구자가 지정심사위원회(Institutional Review Board: IRB)에 접근하지 못할 때는 적절한 안전장치를 제공하는 IRB 절차에 친숙한 연구자에게 자문을 구해야 한다.

G.1.d. 상해를 피하기 위한 사전조치(precautions to avoid injury)　인간 참여자를 대상으로 연구를 수행하는 상담자는 연구 과정 내내 참여자의 복지에 책임이 있으며, 참여자에게 심리적 · 정서적 · 신체적 · 사회적으로 상해를 입힐 영향력을 피하기 위한 합당한 사전 조치를 취해야 한다.

G.1.e. 연구 책임자의 책임(principal researcher responsibility)　윤리적인 연구수행에 대한 궁극적인 책임은 연구책임자에게 있다. 연구 활동에 참여하는 다른 모든 사람은 윤리적 책임을 공유하며 각자의 행동에 대해 책임을 진다.

G.1.f. 최소의 간섭(minimal interference)　상담자는 연구 참여 때문에 연구 참여자의 삶에 혼란이 일어나는 것을 피하기 위해 합당한 사전 조치를 취한다.

G.1.g. **연구에서의 다문화/다양성 고려**(multicultural/diversity considerations in research)
연구 목적에 적합하다면, 상담자는 문화적인 고려를 참작해서 연구 절차를 구체화
하는 데 민감하도록 한다. 상담자는 필요할 때 자문을 구한다.

G.2. 연구 참여자의 권리(rights of research participants)

(참조 A.2, A.7.)

G.2.a. **연구에서의 사전동의**(informed Consent in Research) 개인은 연구 참여자가 되는
것에 동의할 권리를 가진다. 이러한 동의를 얻기 위해 상담자는 다음과 같은 언어를
사용한다.

1. 연구 목적과 수반되는 절차를 정확하게 설명한다.

2. 실험적인 또는 상대적으로 시도해 보지 않았던 어떤 절차가 있다면 분명히 밝힌
   다.

3. 참여에 따르는 불편함과 위험에 대해 기술한다.

4. 합리적으로 예상할 수 있는 개인이나 조직의 어떤 이득이나 변화가 있다면 설명
   한다.

5. 참여자에게 유리한 적합한 대안 절차를 알린다.

6. 절차에 관련된 질문에 응답한다.

7. 비밀보장의 한계에 대해 설명한다.

8. 연구 결과를 알릴 형식과 잠재적인 대상에 대해 설명한다.

9. 참여자가 자신의 동의를 철회하고 싶으면 언제든지 어떤 불이익 없이 철회할 수
   있고 프로젝트에 참가하는 것을 중단할 수 있음을 알린다.

G.2.b. **속임수**(deception) 상담자는 대안 절차가 실현 가능하지 않은 것이 아니고 기대되
는 연구의 가치가 속임수를 정당화해 주지 않는 한 속임수가 포함된 연구를 수행하
지 않는다. 그러한 속임수가 연구 참여자에게 신체적 또는 정서적 위해를 입힐 가능
성이 있으면, 기대되는 가치에도 불구하고 연구자는 그 연구를 수행하지 않는다. 연
구의 방법론적 필수요건이 은폐나 속임수가 필요한 경우에는 연구자가 가능하면
빨리 실험에 대해 말해 주는 동안 이렇게 하는 이유에 대해 설명한다.

G.2.c. **학생/수련자 참여**(student/supervisee participation) 학생이나 수련감독을 받는 사람

이 연구자로 포함된 경우, 연구자는 그들에게 연구 활동 참여 여부에 대한 결정이 학업 성적이나 수련감독 관계에 영향을 미치지 않는다는 것을 분명히 알린다.

G.2.d. 내담자 참여(client participation) 내담자를 포함시키는 연구를 수행하는 상담자는 사전동의 절차에서 내담자가 연구 활동에 참여할 것인지에 대해 자유롭게 선택할 수 있다는 점을 명확하게 한다. 상담자는 참여 거절이나 철회에 따라 내담자가 불리한 영향을 받지 않도록 보호하기 위해 필요한 사전 조치를 취한다.

G.2.e. 정보의 비밀보장(confidentiality of information) 연구 과정에서 연구 참여자에 대해 획득한 정보는 비밀로 유지한다. 다른 사람들이 그 정보를 얻을 가능성이 있는 경우, 윤리적인 연구 실행이 되기 위해서는 참여자들에게 사전동의를 얻는 절차의 하나로서 그러한 가능성과 더불어 비밀을 보장해 주기 위한 계획을 반드시 설명한다.

G.2.f. 사전동의를 할 수 없는 사람들(persons not capable of giving informed consent) 사전동의를 제공할 수 없는 사람인 경우, 상담자는 법적인 권한을 가진 사람에게 적절한 설명을 하고, 참여에 대한 동의를 얻고, 적절한 동의를 얻는다.

G.2.g. 참여자에 대한 헌신(commitments to participants) 상담자는 연구 참여자들에게 의무를 다하기 위한 합당한 조치를 취한다. (A.2.c. 참조)

G.2.h. 자료 수집 후의 설명(explanations after data collection) 자료가 수집된 후, 상담자는 연구에 대해 참여자들이 가질 수 있는 오해를 제거하기 위해 연구의 특성을 명확하게 설명한다. 과학적인 가치나 인간적 가치로 인해 정보를 지연하거나 보류하는 것이 정당할 경우, 상담자는 해를 입히지 않도록 합당한 조치를 취한다.

G.2.i. 후원자에게 알리기(informing sponsors) 상담자는 연구 절차와 결과에 대해 후원자, 기관, 출판 채널에 알린다. 상담자는 적합한 사람과 당국이 적절한 정보와 감사를 받도록 한다.

G.2.j. 연구 문서와 기록 파기(disposal of research documents and records) 학술 프로젝트나 연구가 완료되면 합당한 기간 내에 상담자는 연구 참여자의 신원을 확인할 수 있는 비밀 자료나 정보가 포함된 기록이나 문서(오디오, 비디오, 디지털, 인쇄물)를 파기하는 조치를 취한다. 기록이 예술적인 성격의 것이라면, 연구자는 그 기록이나 문서를 다루는 것에 대한 참여자의 동의를 얻는다. (B.4.a, B.4.g. 참조)

G.3. 연구 참여자와의 관계(relationships with research participants)

(연구가 집중적이고 광범위한 상호작용을 포함하는 경우)

G.3.a. 비전문적 관계(nonprofessional relationships)   연구 참여자와의 비전문적 관계는 금지된다.

G.3.b. 연구 참여자와의 관계(relationships with research participants)   현재 연구 참여자와 성적 또는 로맨틱한 상호작용이나 관계를 가지는 것은 금지된다.

G.3.c. 성적 위협과 연구 참여자(sexual harassment and research participants)   연구자는 연구 참여자에게 성적 위협을 가하거나 묵과하지 않는다.

G.3.d. 잠재적으로 이익이 되는 상호작용(potentially beneficial interactions) 연구자와 연구 참여자 간의 비전문적 상호작용이 잠재적으로 이익이 될 수도 있을 때는 연구자는 그런 상호작용을 시작하기 전에 상호작용을 해야 하는 합당한 근거, 잠재적인 이익, 그리고 기대되는 결과에 대해 문서로 작성해야 한다. 그러한 상호작용을 시작할 때에는 연구 참여자의 적절한 동의가 있어야 한다. 비전문적 상호작용으로 인해 연구 참여자에게 의도하지 않은 해를 입히게 되면, 연구자는 그러한 해를 제거하기 위해 노력하였다는 증거를 보여 주어야 한다.

G.4. 결과 보고(reporting results)

G.4.a. 정확한 결과(accurate results)   상담자는 연구를 정확하게 계획하고, 수행하고, 보고한다. 상담자는 연구 자료의 한계와 대안적인 가설에 대해 충분한 논의를 제공한다. 상담자는 오해의 소지가 있거나 속임수가 들어 있는 연구, 자료 왜곡, 허위 자료, 결과의 고의적인 편향에 관여하지 않는다. 연구자가 알게 된, 연구 결과나 자료 해석에 영향을 미칠 수 있는 모든 변인과 조건을 분명하게 언급한다. 결과가 어느 정도 다양한 집단에 적용 가능할지에 대한 범위를 기술한다.

G.4.b. 불리한 결과 보고의 의무(obligation to report unfavorable results)   상담자는 전문적으로 가치가 있다고 판단되는 연구 결과는 무엇이든지 보고한다. 기관, 프로그램, 서비스, 유력한 의견, 기득권에 불리한 영향을 줄 연구 결과도 보고한다.

G.4.c. 오류 보고하기(reporting errors)   상담자는 출판된 연구에서 중대한 오류를 발견하면, 정오표(correction erratum)나 다른 적절한 출판 수단을 통해 그 오류를 수정

하는 합당한 조치를 취한다.

G.4.d. **참여자 신분**(identity of participants) 자료를 제공하고, 다른 사람의 연구에서 보조하거나, 연구 결과를 보고하거나 또는 원자료를 이용 가능하게 만든 상담자는 참여자로부터 특별한 권한을 위임받지 않은 경우 참여자의 신분을 감추기 위한 합당한 조치를 취한다. 참여자가 연구에 참여하였다는 것을 스스로 드러내는 경우에, 연구자는 모든 참여자의 신분과 복지를 보호하기 위해 자료를 각색·변형하고 연구 결과에 대한 논의가 참여자에게 해를 끼치지 않도록 적극적인 조치를 취한다.

G.4.e. **반복 연구**(replication studies) 상담자는 반복 연구를 원하는 자격 있는 전문가에게 연구의 원자료를 충분히 이용할 수 있도록 해 줄 의무가 있다.

G.5. 출판(publication)

G.5.a. **기여도 인정**(recognizing contributions) 연구를 수행하고 보고할 때, 상담자는 그 주제에 대한 선행 작업에 대해 잘 알고 인정하며, 저작권법을 준수하고, 공로를 인정받아야 할 사람의 공로를 충분히 인정한다.

G.5.b. **표절**(plagiarism) 상담자는 표절하지 않는다. 즉, 다른 사람의 저작을 자신의 것처럼 나타내지 않는다.

G.5.c. **자료나 아이디어 심사/재출판**(review/republication of data or ideas) 상담자는 심사나 출판을 목적으로 아이디어나 자료를 제출할 때, 그런 아이디어나 자료가 이전에 이미 출판된 출판물이 있음을 충분히 인정하고 제출된 것이라는 것을 충분히 인정하고 편집 심사자들도 알린다.

G.5.d. **기여자**(contributors) 상담자는 공동 저자, 감사의 글, 각주 달기 또는 다른 적절한 방법을 통해 연구나 개념 발전에 상당한 기여를 한 사람들에게 그런 기여에 합당하게 공로를 인정한다. 주 공로자가 제1저자로 기재되고, 비교적 중요하지 않은 기술적 또는 전문적인 측면에서 기여를 한 사람에게는 주석이나 서문에 감사의 표시를 한다.

G.5.e. **기여자 동의**(agreement of contributors) 동료나 학생/수련감독을 받는 자와 공동 연구를 수행하는 상담자는 미리 역할 분배, 출판 공로, 받게 될 인정의 종류에 대해 합의한다.

G.5.f. 학생 연구(student research) 학생이 교과목을 수강하는 동안 준비한 보고서, 프로젝트, 학위논문, 학생이 주로 기여한 것에 사실상 기초한 논문은 학생을 주 저자로 명시한다.

G.5.g. 이중 제출(duplicate submission) 상담자는 한 번에 한 학술지에만 심사를 위해 원고를 제출한다. 다른 학술지나 출판물에 전체, 또는 상당한 부분이 출판된 원고는 이전 출판물의 인정이나 허락을 받지 않는 한 출판을 위해 제출하지 않는다.

G.5.h. 전문가 심사(professional review) 출판, 연구, 또는 다른 학술적 목적으로 제출된 자료를 심사하는 상담자는 비밀보장과 제출자의 소유권을 존중한다. 상담자는 타당하고 방어할 수 있는 기준에 근거해 출판 결정을 내리도록 주의를 기울인다. 상담자는 제출한 논문을 시의적절한 방식으로 그리고 연구 방법론 면에서 자신의 능력 범위에 근거해 심사한다. 편집장이나 출판사로부터 심사 의뢰를 받은 상담자는 자신의 능력 범위 내에 있는 자료를 심사하고 개인적인 편향을 피하도록 주의를 기울인다.

Section H: 윤리적 문제해결(resolving ethical issues)

서문(Introduction)

상담자는 자신의 전문적인 일을 수행하는 데 있어서 법적, 윤리적, 도덕적인 태도로 행동한다. 그들은 내담자 보호와 상담에 대한 신뢰가 높은 수준의 전문적 행위에 달려 있다는 것을 인식한다. 그들은 다른 상담자들도 같은 기준을 지키도록 하고 이러한 기준을 확실히 지키도록 하기 위한 적절한 행동을 기꺼이 한다. 상담자는 윤리적 갈등을 관련된 모든 사람들과 직접적이고 솔직하게 의사소통하여 해결하려 노력하며 필요하다면 동료나 수련감독자에게 자문을 구한다. 상담자는 매일매일의 전문적인 활동을 윤리적으로 실천한다. 그들은 상담에서 이슈가 되고 있는 최근의 윤리적·법적 주제에 관련해 지속적으로 전문성을 발달시킨다.

H.1. 기준과 법(standards and the law)

(F.9.a. 참조)

H.1.a. 지식(knowledge) 상담자는 ACA 윤리규정, 다른 관련 전문 단체의 윤리규정 또는

자신이 회원으로 소속되어 있는 면허나 자격증 발급 조직의 윤리규정을 이해한다. 비윤리적 행위로 고발되었을 때 윤리적 책임에 대한 무지나 오해는 방어책이 되지 못한다.

H.1.b. 윤리와 법 간의 갈등(conflicts between ethics and laws) 만약 윤리적 책임이 법, 규정 또는 다른 법적 권위자와 갈등이 생기면, 상담자는 ACA 윤리규정에 따른다는 것을 알리고 갈등을 해결하기 위한 조치를 취한다. 갈등이 그런 방법으로 해결되지 않으면, 상담자는 법, 규정, 다른 법적 권위자의 요구 사항을 따를 수 있다.

H.2. 위반 혐의(suspected violations)

H.2.a. 기대되는 윤리적 행위(ethical behavior expected) 상담자는 동료들이 ACA 윤리규정을 지킬 것을 기대한다. 다른 상담자가 윤리적으로 행동하는지에 대해 의심을 제기할 수 있는 정보를 상담자가 갖고 있을 경우, 상담자는 적절한 조치를 취한다. (H.2.b., H.2.c. 참조)

H.2.b. 비공식적 해결(informal resolution) 다른 상담자가 윤리 기준을 위반하고 있다고 믿을 만한 타당한 이유를 상담자가 가지고 있을 때, 상담자는 우선 가능하다면 그 위반 상담자와 비공식적으로 그 문제를 해결하려고 시도해 보되, 이 경우 그 행동이 관련된 비밀보장의 권리를 침해하지 않는 것이어야 한다.

H.2.c. 윤리 위반 보고(reporting ethical violations) 분명한 위반이 어떤 개인이나 조직에 상당한 정도로 해를 입혀 왔거나 상당히 해를 입힐 가능성이 있으면, 또는 비공식적인 해결에 적합하지 않거나 적절히 해결되지 않으면, 상담자는 그 상황에 적합한 추가적인 조치를 취한다. 그러한 조치에는 전문가 윤리를 다루는 국가 위원회, 자율적인 국가 면허 발급 단체, 국가 자격증 위원회 또는 적합한 기관의 권위자에게 의뢰하는 것이 포함될 수 있다. 개입이 비밀보장 권리를 위반하거나 전문적 행위에 대해 의심받는 다른 상담자의 작업을 검토하기 위해 고용되었을 경우에 이 기준은 적용되지 않는다.

H.2.d. 자문(consultation) 어떤 특정 상황이나 일련의 행동이 ACA 윤리규정을 위반하는지에 대해 확실하지 않을 때, 상담자는 윤리에 대해 식견이 있는 다른 상담자, 동료 또는 적절한 권위자에게 자문을 구한다.

H.2.e. **조직 갈등**(organizational conflicts)　상담자가 가입한 조직의 요구가 ACA 윤리규정과 갈등을 일으킬 때, 상담자는 그런 갈등의 성격을 구체화하고 수련감독자나 다른 책임 관계자에게 상담자 자신이 ACA 윤리규정을 따르고 있다는 것을 알린다. 상담자는 조직 내에서 ACA 윤리규정을 완전히 준수하는 것이 허용될 수 있도록 변화를 위해 노력한다. 그런 노력을 할 때, 비밀보장 문제는 꼭 다룬다.

H.2.f. **부당한 제소**(unwarranted complaints)　상담자는 그 주장이 그릇됨을 증명할 수 있는 사실을 무모하게 경시하거나 계획적으로 무시해서 생긴 윤리적 제소를 시작하거나, 참여하거나, 조장하지 않는다.

H.2.g. **제소자와 피소자에 대한 부당한 차별**(unfair discrimination against complainants and respondents)　상담자는 어떤 상담자가 윤리적 제소를 제기했다거나 피소되었다는 이유 하나만으로 임용, 진급, 학교나 프로그램 입학, 종신 재직, 승진을 거부하지 않는다. 이것은 그러한 절차의 결과에 바탕을 두고 조치를 취하는 것 그리고 다른 적절한 정보를 고려하는 것을 배제하지 않는다.

H.3. 윤리 위원회와의 협력(cooperation with ethics committees)

상담자는 윤리규정 집행과정을 돕는다. 상담자는 ACA 윤리위원회나 위반으로 제소된 사람에 대한 관할권을 가진 협회나 부처의 윤리위원회의 조사, 절차, 요구에 협력한다. 상담자는 윤리적 위반 제소 처리에 대한 ACA 정책과 절차에 능통하며, 그것을 ACA 윤리규정 집행 지원을 하는 데 참고 자료로 사용한다.

찾아보기

인명

🐦 내 용

저자 소개

강진령
미국 Indiana University 상담심리학 석 · 박사
미국 Illinois State University 임상 인턴
전 한국청소년상담원 상담교수
    한국교원대학교 교육과학계열 교수
현 경희대학교 교육대학원 교수

저서 및 역서
중학생을 위한 학교상담 프로그램(공저, 학지사, 2009)
고등학생을 위한 학교상담 프로그램(공저, 학지사, 2009)
상담심리용어사전(양서원, 2008)
간편 정신장애진단통계편람 / DSM-IV-TR: Mini-D(편역, 학지사, 2008)
집단상담의 실제(학지사, 2005)

논문
단회학생상담 모형 개발 연구(1999) 외 다수

이종연
서울대학교 대학원 교육학 석사
미국 University of Georgia 교육심리학 박사
전 University of Georgia 토랜스센터 연구조교와 박사후 연구원(Post Doc.)
현 충북대학교 교육학과 교수

역서
토랜스의 창의성과 교육(역, 학지사, 2005)

논문
Korean Teachers' Attitudes Toward Academic Brilliance 외 다수

유형근

한국교원대학교 대학원 교육심리(상담) 석·박사

전 한국교원대학교 학교생활상담센터 상담원

　　한국청소년상담원 상담교수

현 한국교원대학교 교육과학계열 교수

저서

중학생을 위한 학교상담 프로그램(공저, 학지사, 2009)

고등학생을 위한 학교상담 프로그램(공저, 학지사, 2009)

초등학교 저학년을 위한 학교상담 프로그램 I (공저, 학지사, 2004)

초등학교 고학년을 위한 학교상담 프로그램 II (공저, 학지사, 2004)

집단 괴롭힘(공저, 학지사, 2000)

논문

종합적인 학교상담 체제 구안에 관한 연구(2002) 외 다수

손현동

한국교원대학교 대학원 상담심리 석·박사

전 구로고등학교, 영등포고등학교 교사

현 경희대학교, 한국교원대학교, 충북대학교 강사

논문

학교상담자 윤리 교육 및 인지 실태 분석(2007)

현행법에 나타난 학교상담자의 비밀보장과 그 한계 고찰(2007) 외 다수

상담자 윤리

2009년 10월 5일 1판 1쇄 발행
2024년 8월 20일 1판 9쇄 발행

지은이 • 강진령 · 이종연 · 유형근 · 손현동
펴낸이 • 김 진 환
펴낸곳 • (주)**학지사**

04031 서울특별시 마포구 양화로 15길 20 마인드월드빌딩 5층

대표전화 • 02) 330-5114   팩스 • 02) 324-2345

등록번호 • 제313-2006-000265호

홈페이지 • http://www.hakjisa.co.kr
인스타그램 • https://www.instagram.com/hakjisabook

ISBN 978-89-6330-129-7 93180

정가 **18,000**원

출판미디어기업 **학지사**

간호보건의학출판 **학지사메디컬** www.hakjisamd.co.kr
심리검사연구소 **인싸이트** www.inpsyt.co.kr
학술논문서비스 **뉴논문** www.newnonmun.com
원격교육연수원 **카운피아** www.counpia.com
대학교재전자책플랫폼 **캠퍼스북** www.campusbook.co.kr